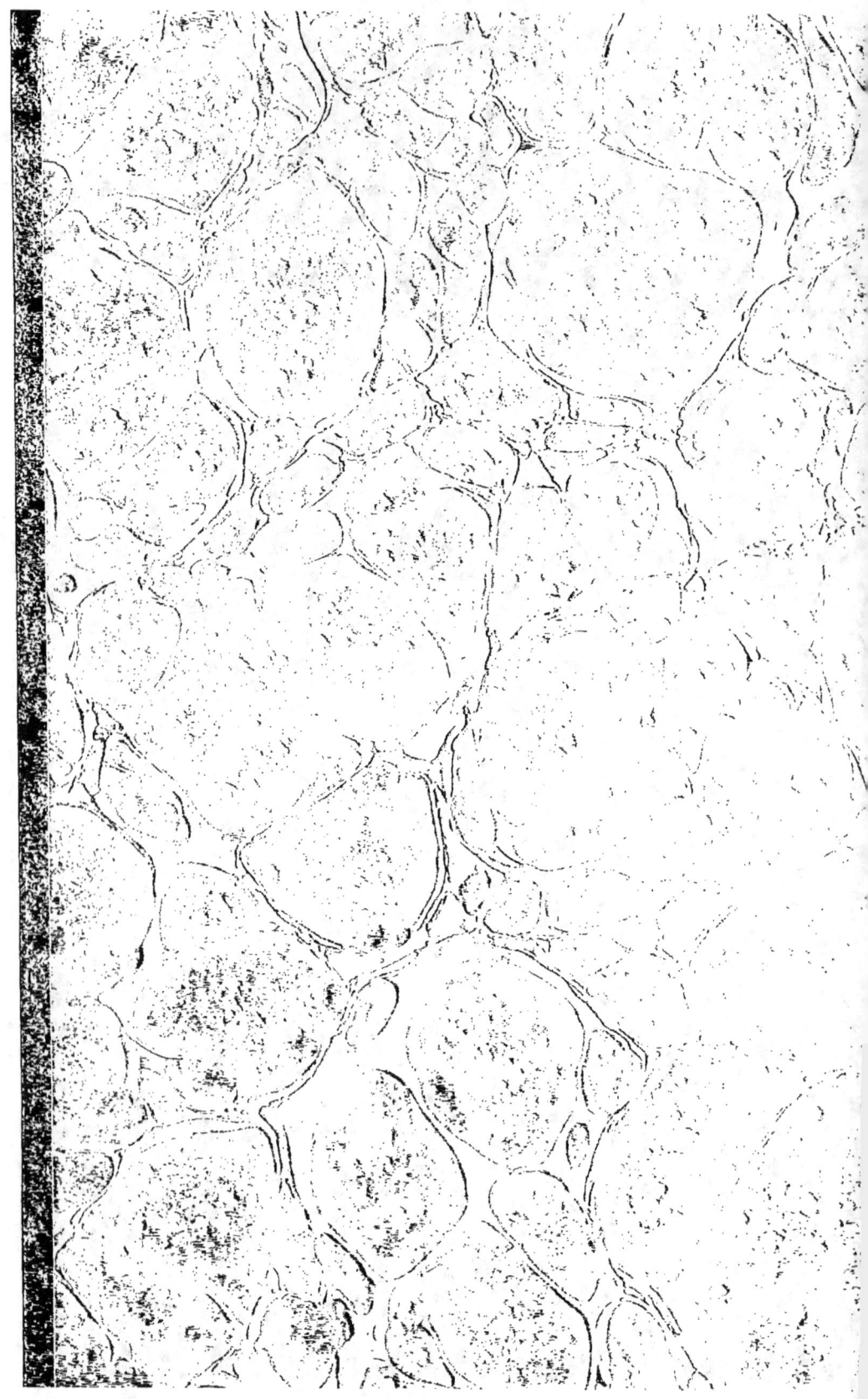

ROBERT 1978

L.K.⁷4077

HISTOIRE
DU
LIMOUSIN.

HISTOIRE
DE LIMOGES
ET
DU HAUT ET BAS LIMOUSIN,

MISE EN HARMONIE

AVEC

LES POINTS LES PLUS CURIEUX DE L'HISTOIRE DE FRANCE
SOUS LE RAPPORT DES MŒURS ET DES COUTUMES;

Par J. A. A. BARNY DE ROMANET,

Ex-Commandant du Dépôt de l'Armée Royale de France
en Belgique.

LIMOGES,

DE L'IMPRIMERIE DE P. ET H. BARBOU FRÈRES.

M. DCCC. XXI.

Tous les exemplaires qui ne seront pas revêtus de ma signature seront considérés comme contrefaits. Les délinquans seront poursuivis suivant toutes les rigueurs de la loi, les formalités qu'elle prescrit ayant été remplies.

Bonny de Comanet

AVANT-PROPOS.

Plusieurs écrivains se sont occupés de l'histoire du Limousin sous les rapports de la Religion, de la Politique et des Antiquités; mais il manquait à notre littérature un ouvrage que les gens du monde pussent lire avec fruit, et qui leur donnât des connaissances sur tout ce qui est du domaine de cette Histoire. C'est donc ce que j'ai entrepris de faire en livrant mon travail à l'impression. Présenter avec concision et clarté tout ce que les Annales du Limousin offrent de vraiment intéressant, élaguer de ma narration ce qui porte le type du merveilleux pour m'en tenir aux faits les plus incontestables, fronder enfin quelques vices et quelques ridicules, voilà le but que je me suis proposé. Dire que cette nouvelle Histoire a été entièrement puisée dans les auteurs les plus famés, dans les chroniques manuscrites les plus estimées et dans les registres de l'Hôtel-de-Ville de Limoges, c'est offrir, je pense, une garantie bien capable de désarmer la critique sur le fond du travail. Le lecteur judicieux n'aura donc plus qu'à prononcer sur le mérite de sa forme. Mais, quant à ce dernier objet, les soins particuliers que j'ai apporté dans la classification des nombreux matériaux qui ont concouru à la formation de cet ouvrage, ces soins, dis-je, me permettent d'espérer qu'il obtiendra un accueil favorable. Mon ambition n'aspire point aux palmes littéraires. Je n'écris point pour les savans. J'ai voulu seulement faire une histoire instructive et amusante. Néanmoins je me suis particulièrement attaché à être vrai et impartial dans tout le cours de ma narration, pénétré, que je suis, des devoirs que ma tâche m'impose.

Selon Lucien, « le premier devoir de l'homme « qui se voue à écrire l'histoire, c'est de n'avoir « aucun préjugé, de n'embrasser aucun parti, « de n'être dominé par aucune passion. » Le jésuite Strada, auteur de l'histoire des guerres de Flandre, pensait comme Lucien, et enchérissait encore sur lui, en disant : « Qu'il serait à désirer « qu'un historien ne fût d'aucun ordre, d'aucune « faction, d'aucun pays et d'aucune religion. »

On ne doit pas cependant trop exiger de l'historien, il est homme, il ne doit pas en dépouiller les sentimens; il doit les éprouver. Il doit être passionné, mais pour la vérité seule, et il ne doit être partial qu'en faveur de l'humanité. Un esprit juste, un discernement sûr, lui sont plus nécessaires encore qu'au Magistrat esclave de la loi, à laquelle son devoir soumet toujours sa conscience. La conscience de l'Historien n'est soumise qu'à son jugement. L'Historien doit peindre le grand tableau de l'humanité; il doit le peindre non tel qu'un poète qui l'exagère pour le rendre plus frappant; non tel qu'un peintre qui n'offre que des surfaces, qui trompe par son coloris, qui ne présente que le côté qui plaît, et qui charme par des illusions; il est le sculpteur chargé de faire la statue entière, d'offrir le modèle sous tous ses aspects. Il doit plaire et ne rien omettre; il doit plaire et doit être en tout de la plus rigoureuse vérité. Son but est manqué si on le soupçonne d'avoir amplifié ou altéré quelque chose pour être éloquent ou moraliste par esprit de parti, ou par esprit de système.

Voilà les préceptes que je me suis attaché à suivre scrupuleusement.

La table des matières, que j'ai eu soin de placer immédiatement après cet avant-propos, fera connaitre d'un coup d'œil le plan de cette Histoire. On y verra, que pour lui donner un nouveau degré d'intérêt, je l'ai mise constamment en harmonie avec les points les plus curieux de l'histoire générale de France.

Les citations, les renvois, les notes marginales

offrent sans doute un grand avantage pour faciliter les vérifications; mais elles ont l'inconvénient de couper le récit d'une manière désagréable et de fatiguer l'attention des lecteurs. C'est pourquoi je me suis abstenu d'en surcharger le texte de mon ouvrage. Je vais cependant indiquer les principales sources où j'ai puisé mes matériaux : j'ai consulté, avec le plus grand soin, l'histoire romaine de Tite-Live; les commentaires de César; Valère Maxime; les histoires de France par Grégoire de Tours, Dupleix, Daniel, Mézerai, Velly, Villaret, Garnier, Anquetil et Hénaut; l'ouvrage du père Anselme; le dictionnaire de Moreri; les annales du père Bonaventure et celles de Bouchet; les ouvrages de Baluze; celui de Bergier sur les voies Romaines; l'Art de vérifier les dates; l'histoire ecclésisastique par Fleury; l'ouvrage de l'abbé Banier; les mémoires de Brantôme; l'indicateur du diocèse de Limoges; la statistique de la H.te-Vienne; l'essai historique de M. Duroux sur la ci-devant Sénatorerie de Limoges; l'intéressant opuscule de M. Juge-de-Saint-Martin; enfin, les observations physico-médicales du docteur Jean Cruveilhier.

TABLE DES MATIÈRES

CONTENUES DANS CET OUVRAGE.

LIVRE PREMIER.

CHAPITRE Ier *Des Celtes et des Gaulois. De la Gaule et de sa division sous l'Empire romain. Province romaine à laquelle appartenait le Limousin; sa situation et ses limites; sa constitution météorologique.* . . . . Page 1

CHAP. II. *Du Limousin, depuis l'établissement de la monarchie française. De la Marche limousine.* 6

CHAP. III. *Ancienne position de la ville de Limoges; Noms divers sous lesquels elle est connue dans l'histoire.* 12

CHAP. IV. *Des productions du Limousin.* . . . 15

CHAP. V. *De la population du Limousin.*
Sect. Ire *Mouvement.* 19
Sect. II. *Caractère physique.* 21
Sect. III. *Maladies endémiques.* 24
Sect. IV. *Caractère moral.* 25

CHAP. VI. *Du Langage limousin.* 30

CHAP. VII. *De la Religion.*
Sect. Ire *Religion des Gaulois.* 35

Sect. II. *De l'Établissement du Christianisme dans les Gaules et parmi les Francs.* Page 37

Sect. III. *Organisation ecclésiastique des Diocèses de Limoges et de Tulle. Ordres monastiques.* 45

Sect. IV. *Juridiction ecclésiastique, compétence des Officiaux.* 53

Sect. V. *Des Conciles.* 55

CHAP. VIII. *De la Législation, et de l'Organisation judiciaire.*

Sect. I.re *Ancienne Législation. Combat judiciaire. Épreuves, etc.* 59

Sect. II. *Organisation judiciaire.* 69

CHAP. IX. *De l'État militaire.*

Sect. I.re *Ancienne organisation des Armées.* 80

Sect. II. *Armes offensives et défensives.*

§. I.er *Armes offensives et défensives des Gaulois.* 92

§. II. *Armes offensives et défensives en usage depuis la fondation de la Monarchie, jusqu'à l'invention des armes à feu.* 93

Sect. III. *Ordres de Chevaleries institués pour récompenser la valeur.* 95

Sect. IV. *Anciens Châtimens militaires.* ... 97

Sect. V. *Ancienne Tactique.* 107

CHAP. X. *De l'Administration civile.*

Sect. I.re *Généralités; Administrations centrales; Préfectures.* 110

Sect. II. *Administration municipale*. . . Page 115
CHAP. XI. *Des Finances*.
Sect. I.re *Anciens revenus de la Couronne. Création des impôts*. 118
Sect. II. *Anciennes Monnaies*. 123
CHAP. XII. *De l'Agriculture*. 126
CHAP. XIII. *Du Commerce et de l'Industrie.*
Sect. I.re *Du Commerce*. 131
Sect. II. *De l'Industrie.*
§. I.er *De l'Industrie honnête*. 134
§. II. *De l'Industrie illicite*. 135

LIVRE SECOND.

CHAPITRE I.er *De la Nourriture.*
Sect. I.re *Nourriture primitive des Gaulois.* 139
Sect. II. *Du Pain*. 140
Sect. III. *Alimens tirés du règne végétal.*
§. I.er *Des Légumes*. 143
§. II. *Des Fruits*. 145
Sect. IV. *Alimens tirés du règne animal*. . . 146
Sect. V. *De l'usage des Épices*. 150
Sect. VI. *Histoire de la Cuisine française*. . 151
Sect. VII. *Origine de l'art de la Pâtisserie*. 156
Sect. VIII. *Origine de l'usage du Vin, des Liqueurs, de la Bière, du Cidre, du Chocolat, du Pastillage, des Glaces, des Bonbons*. 158

Sect. IX. *Des Vases dans lesquels buvaient les Gaulois*.................. Page 170

Sect. X. *Heures des Repas; usage de porter des Santés; Amusemens; Galas des fêtes annuelles*.................. 172

Sect. XI. *De la composition des Festins*.... 175

Sect. XII. *Des Ustensiles de cuisine et de table*. 176

Sect. XIII. *De la Nourriture actuelle des Paysans limousins*.................. 180

CHAP. II. *Du Vêtement*.

Sect. I.re *Du costume des Gaulois*...... 185

Sect. II. *Du costume des Grands et du Peuple depuis Clovis jusqu'à nos jours. De la Chevelure; des Perruques; de la Barbe; des Moustaches; de la Coëffure; de la Chaussure; des Modes, etc*............. 186

Sect. III. *Des Vêtemens et Ornemens sacerdotaux*.................. 211

Sect. IV. *Du Costume de la Magistrature*... 218

Sect. V. *Du Costume des Gens de guerre, et des Couleurs et Marques nationales*.

§. I.er *De l'ancien Costume des Gens de guerre*.................. 220

§. II. *Des Couleurs et Marques nationales*. 225

Sect. VI. *Du Costume des Artisans et des Paysans limousins*............. 233

Sect. VII. *Lois somptuaires*.:........ 235

CHAP. III. *Des Habitations et de l'Ameublement*.

Sect. I.re *Des Habitations*............ Page 245
Sect. II. *De l'Ameublement.*............ 252
CHAP. IV. *Des Divertissemens.*
Sect I.re *Des Divertissemens publics.*..... 257
Sect. II. *Des Amusemens particuliers.*..... 271
CHAP V. *De l'Union conjugale, du Divorce et de la Prostitution.*
Sect. I.re *De l'Union conjugale.*......... 278
Sect. II. *Du Divorce.*................ 285
Sect. III. *De la Prostitution.*........... 288
CHAP. VI. *Des Funérailles.*............ 295
CHAP. VII. *De l'Éducation domestique et scholastique; des Professions les plus recherchées; Usages superstitieux, Erreurs populaires.*
Sect. I.re *De l'Éducation domestique et scholastique.*.................... 299
Sect. II. *Des Professions les plus recherchées.* 304
Sect. III. *Usages superstitieux, Erreurs populaires.*..................... 307

LIVRE TROISIÈME.

CHAPITRE I.er *Événemens mémorables depuis l'invasion des Romains jusqu'au règne de Clovis le Grand. Antiquités, Monumens de la Grandeur romaine.*.......... 321

Chap. II. *Événemens mémorables depuis l'expulsion des Visigoths par Clovis, jusqu'au divorce de Louis le Jeune. Monumens, Édifices publics.* . . . . Page 347

Chap. III. *Événemens mémorables arrivés en Limousin, pendant que cette province a été sous la domination des Anglais, (1152 à 1452). Monumens, Fondations, Édifices publics.* 373

Chap. IV. *Événemens mémorables depuis l'expulsion des Anglais du Limousin, jusqu'à la réunion de cette province à la couronne de France par Henri le Grand.* 413

Chap. V. *Notice sur les anciennes Seigneuries du Limousin. Hommes illustres de cette province. Coup d'œil sur les Arts.*

Sect. Ire *Anciennes Seigneuries du Limousin.* 487
Sect. II. *Hommes illustres de cette Province.* 490
Sect. III. *Coup d'œil sur les Arts.* 495

HISTOIRE DU LIMOUSIN.

LIVRE PREMIER.

CHAPITRE PREMIER.

Des Celtes et des Gaulois. — De la Gaule et de sa division sous l'Empire Romain. — Province Romaine à laquelle appartenait le Limousin; sa situation et ses limites; sa constitution météorologique.

Les Gaulois, les peuples des Isles Britanniques, ceux de l'Illyrie et de l'Espagne, portèrent jadis indistinctement le nom de Celtes. La conformité des mœurs et des coutumes de ces peuples, l'affinité de leur langage qui ne différait que par la diversité des dialectes, la terminaison semblable de plusieurs noms propres et appellatifs, prouvent clairement que ces divers peuples descendent d'une même famille. Cependant il faut remarquer, qu'avec le tems, le nom de Celtes fut restreint aux habitans de la Gaule et de la Germanie.

Les Gaulois n'ayant point eu d'histoire écrite, nous n'avons aucuns documens certains sur les premiers tems de ces peuples, que par les relations des Grecs et des Romains, qui, encore, en ont dit fort peu de chose. C'est pourquoi il est inutile de s'entretenir des rêveries que quelques auteurs ont publié à ce sujet. Je n'entrerai point dans le détail des actions militaires des Gaulois dans les différens pays où ils s'établirent par la force des armes ; je me contenterai de dire, avec tous les historiens, que leur vaillance impétueuse, après avoir fait trembler les peuples voisins, fut enfin obligée de céder à la discipline et à la valeur Romaines ; mais ce ne fut qu'après les guerres les plus longues et les plus meurtrières. L'empire des Gaulois, en Italie, se maintint pendant près de quatre siècles. En Asie, ils se rendirent pendant long-tems redoutables aux princes de l'Orient ; mais les Romains ayant défait Antiochus, parvinrent à anéantir leur domination dans cette dernière contrée.

Les Romains ayant subjugué toutes les colonies Gauloises, vinrent attaquer cette même Gaule qui avait produit tant d'essaims de héros. Les Marseillais leur facilitèrent cette conquête : ces étrangers (1)

---

(1) Les Marseillais tirent leur origine de la ville de Phocée, colonie grecque, en Ionie.

ayant imploré le secours des Romains contre leurs voisins, les Romains profitèrent de cette circonstance pour introduire en Gaule des armées nombreuses, et parvinrent successivement à en assujettir tous les peuples. Tant de succès furent un moment arrêtés par le débordement terrible des Cimbres et des Teutons; mais ces barbares ayant été complètement défaits par Marius à leur retour d'Espagne, les Romains réduisirent entièrement, sous leur joug, les peuples qu'ils avaient vaincu.

Jules-César, après avoir affermi sa puissance dans la Gaule Transalpine, s'appliqua à la division territoriale de cette contrée. Il la distingua d'abord en *Gallia Braccata* (1) et en *Gallia Comata* (2); de cette dernière partie il forma ensuite trois provinces sous le nom de Belgique, de Celtique et d'Aquitanique. Les *Lemovices* furent du nombre des quatorze peuples qui entrèrent dans la composition de l'Aquitaine, dont Bourges était la métropole.

---

(1) Ce surnom donné par les Romains à cette partie de la Gaule, dérivait du nom d'un haut-de-chausses appelé *Braccæ*, par opposition au vêtement des peuples de la Gaule, où la toge romaine était en usage. La Gaule *Braccata* était séparée de la Gaule *Comata* par les Alpes, le Var, le Rhône et la Méditerannée.

(2) La Gaule *Comata* était ainsi nommée, parce que les habitans avaient conservé l'usage de laisser croître leur chevelure.

Dioclétien sépara la Novempopulanie (1) de l'Aquitaine. Enfin, Honorius forma de cette dernière province deux nouvelles subdivisions, et les *Lemovices* furent classés dans la première, qui prit le nom d'*Aquitania prima*.

Je terminerai ce chapitre par dire un mot sur l'origine des noms de Gaule et de Gaulois : les uns prétendent que le nom de Gaule dérive d'un mot grec qui signifie *lait*, à cause de l'extrême blancheur qui distinguait les Gaulois ; d'autres veulent que ce soit d'un mot hébreu qui veut dire *jaune*, parce que ces mêmes Gaulois avaient, pour la plupart, les cheveux roux. Quelques auteurs conjecturent que les Gaulois ont été ainsi nommés, du mot Celtique *Wallen*, qui, en allemand, signifie *voyager*, et qu'on leur imposa ce nom lorsqu'ils commencèrent à émigrer de leur terre natale pour aller former des colonies. Ce qui semble donner quelque vraisemblance à cette dernière opinion, c'est que l'Italie s'appelle encore, en allemand, *Walleschen*, et en danois, *Walland*, comme qui dirait *terre des Gaulois*.

L'ancienne province du Limousin qui forme, avec la basse Marche, les départemens actuels de la Haute-Vienne et de la Corrèze, s'étend sur la majeure partie du territoire des Lémoviques. Elle est située entre le sud-ouest quart du sud et le sud

---

(1) Ainsi nommée, parce qu'elle contenait neuf cités. Eauze en était Métropole.

point central de la France, sous le 18.ᵉ degré, 54 min. 10 secondes de longitude, et sous le 45.ᵉ degré, 45 min. 50 secondes de latitude. Sa superficie est d'environ 626 lieues carrées. Ses limites sont au sud le Quercy; au nord la basse Marche et le Poitou; à l'est l'Auvergne; à l'ouest le Périgord et l'Angoumois.

Le climat du haut Limousin est plus froid que chaud, et moins tempéré que celui de Paris, quoiqu'il approche davantage de la ligne. La nature du sol, l'élévation et la direction de ses montagnes, la multiplicité de ses sources, et le grand nombre des ruisseaux qui arrosent ce pays, font que sa constitution météorologique éprouve des variations continuelles.

Le bas Limousin est plus tempéré et même assez chaud en quelques endroits, principalement dans le vallon de Brive et dans les coteaux d'alentour.

La Vienne, la Vézère, la Corrèze et la Dordogne sont les principales rivières qui arrosent le Limousin. Sa population est d'environ huit cents individus par lieue carrée.

CHAPITRE II.

Du Limousin, depuis l'établissement de la Monarchie Française. — De la Marche Limousine.

Cette province fit partie de l'Empire Romain jusqu'à l'époque des incursions des Barbares dans la Gaule. En 472 elle passa sous la domination des Visigoths, qui la possédèrent jusqu'au règne de Clovis : ce prince les en expulsa vers l'an 507, après avoir gagné sur eux la célèbre bataille de Vouillé. L'an 511, la Monarchie Française ayant été divisée entre les quatre fils de Clovis, Thierri, l'un d'eux, quoique roi d'Austrasie, devint possesseur du Limousin. Le règne de Théodebert, fils de Thierri, fut troublé par des guerres intestines dont l'Aquitaine fut plusieurs fois le théâtre ; mais elle jouit d'une paix profonde sous les successeurs de ce prince, qui la gouvernèrent jusqu'au septième siècle. Dans la suite, cette province changea plusieurs fois de maître, jusqu'à ce que le duc Eudes s'y fut rendu souverain absolu. En 768, le roi Pépin le Bref confisqua l'Aquitaine sur les descendans de ce Duc, et alors elle rentra sous la domination des Rois de France.

Charlemagne rétablit le royaume d'Aquitaine ; son fils Louis le Débonnaire le posséda jusques en 817. Dans le partage que ce dernier fit de ses états, il donna d'abord ce Royaume à Pépin son fils ; mais ensuite il en disposa en faveur de Charles le Chauve. Les Normands, qui dès l'an 836 avaient pénétré en France, se jetèrent, dix ans après, sur l'Aquitaine ; et après y avoir exercé pendant plus de deux années les plus affreux ravages, ils l'abandonnèrent enfin, en 848, emportant avec eux un butin immense. Louis le Bègue étant parvenu au trône de France, l'Aquitaine cessa de former un royaume particulier. Elle fut alors érigée en duché. Les ducs d'Aquitaine ne furent d'abord qu'amovibles ; mais dans la suite ils trouvèrent le moyen de rendre leur gouvernement héréditaire et d'en usurper la souveraineté. Ranulphe, l'un d'eux, porta même l'audace jusqu'à prendre le titre de Roi, en 888 ; mais il mourut empoisonné, l'an 893. Les héritiers de Ranulphe possédèrent le Limousin jusqu'à Aliénor, duchesse propriétaire d'Aquitaine, qui, après avoir été répudiée par Louis VII, dit le Jeune, apporta en dot tous ses grands biens à son second époux, Henri Plantagenet, duc de Normandie, lequel devint ensuite roi d'Angleterre, sous le nom de Henri II. La mort de ce dernier fit passer sa succession, d'abord à Richard Cœur-de-Lion, puis à Jean Sans-Terre, ses deux enfans. Jean Sans-Terre ayant encouru la confiscation de tous les états qu'il possédait en France, pour n'avoir pas comparu à la citation des pairs de France sur le meurtre d'Arthus son neveu, le Limousin passa de la domination anglaise sous celle de Philippe-Auguste. Mais Saint Louis ayant fait, en 1259, une paix perpétuelle avec Henri III, roi d'Angleterre, il rendit et céda à ce Monarque les villes de Saintes, Périgueux, Limoges, Cahors et Agen, avec leurs territoires et dépendances, à la charge, seulement, que le roi d'Angleterre lui en ferait hommage comme de tout le reste de l'Aquitaine. Ensuite, par le funeste traité de Bretigny, la France fut obligée de céder aux Anglais, non-seulement la propriété, mais encore la haute souveraineté de tous les pays situés entre la Loire et les Pyrénées. Charles V, successeur du roi Jean, répara les malheurs du règne de son père, et les Anglais furent expulsés de la presque totalité des pays qu'on leur avait abandonné.

Passons actuellement aux variations qu'a éprouvé le gouvernement particulier du Limousin, depuis Jules-César. Il eut d'abord, sous l'Empire Romain, des gouverneurs appelés Proconsuls, qui étaient des magistrats supérieurs tant pour le civil que pour le militaire. Sous les rois Visigoths, il eut sans doute aussi des gouverneurs; mais le règne de ces princes barbares fut si orageux et si court, qu'il n'est pas surprenant que l'histoire n'ait presque rien conservé de ce qui se passa de leur tems; il en est à peu près de même sous les rois de la première race. Le premier comte de Limoges qui soit bien connu, se nommait Nonnichius, et vivait en 582; après lui on remarque Térendiol qui fut tué d'un coup de pierre au siége de Carcassonne. Vers l'an 700, Lantarius, issu de nobles sénateurs, comte de Limoges, très-puissant en richesses, fit bâtir un monastère à Guéret; il épousa Colmania qui était veuve d'Oda, et qui est généralement regardée comme la bienfaitrice du couvent de Solignac. (1) En 778, Charlemagne, alors roi d'Aquitaine, établit un comte à Limoges, et donna ce titre à Roger, son parent. En 847, le comté de Limoges était possédé par Geraud qui épousa Adeltrude, mère de St. Gérald, comte d'Aurillac. Depuis cette époque, le comté de Limoges fut possédé par les comtes d'Auvergne, et ensuite par ceux de Poitiers, ducs d'Aquitaine. Il paraît que ce comté comprenait tout le haut et bas Limousin, et toute la haute et basse Marche; car on trouve que les comtes de Limoges ont fait des actes de possession et de juridiction dans l'étendue de ces divers pays; mais dans la suite il fut divisé, puisqu'on voit en même tems des comtes de Limoges et des comtes de la Marche. En remontant le plus haut qu'on peut dans l'his-

---

(1) Petite bourgade située sur la rive septentrionale de la Briance, à une lieue de Limoges.

toire, on trouve qu'un Fulcherius était *vicomte* (1) de Limoges vers l'an 888. Son fils Gérald et ses descendans prirent de même la qualification de *vicomte*. Mais, en 1275, cette vicomté passa par mariage dans la maison des ducs de Bretagne, où elle demeura plus de 200 ans; elle appartint ensuite à celle d'Albret par le mariage de Françoise de Bretagne avec Alain d'Albret, prince de Béarn; enfin par le mariage de Jeanne d'Albret reine de Navarre avec Antoine de Bourbon, père de Henri IV; et par l'avènement de celui-ci à la couronne de France, elle fut réunie au domaine royal vers le commencement du 17.e siècle, et depuis fut gouvernée comme le reste du Royaume.

La Marche fit jadis partie de la province du Limousin. Elle fut ainsi nommée, parce qu'elle était située sur les confins ou *marches* du Poitou et du Berry; d'où elle fut appelée aussi la Marche-Limousine. Elle fut détachée du Limousin vers la fin du 10.e siècle. Audebert, issu des comtes propriétaires de la Marche, vendit son comté à Henri II, roi d'Angleterre, qui en gratifia ensuite Hugues de Lusignan, dont les frères furent aussi très-puissans : savoir, Geoffroi vicomte de Châtelleraut, par Clémence sa femme; Guy qui fut roi de Jéru-

---

(1) On ignore à quelle époque le titre de comte, que prenaient les seigneurs de Limoges, fut changé en celui de vicomte.

salem et ensuite de Chypre; Émery son successeur dont descendirent les autres rois de Chypre de la maison de Lusignan; et enfin Raoul qui épousa Alix comtesse d'Eu. Le roi Philippe le Bel se saisit de la Marche et en fit don à son fils puîné Charles, qui, étant parvenu à la couronne, changea cette province contre le comté de Clermont. Mais Philippe de Valois ayant succédé à Charles, rendit le comté de Clermont à la maison de Bourbon qui en avait fait l'échange. Jacques de Némours hérita ensuite du comté de la Marche par son mariage avec Éléonore de Bourbon. Mais le duc de Némours fut condamné pour crime de lèze-majesté, et ses biens furent confisqués. Alors Louis XI disposa de la Marche en faveur de Pierre de Bourbon, son gendre. Leur fille Suzanne épousa le connétable de Bourbon. Elle mourut avant son mari, dont tous les biens ayant été confisqués, le comté de la Marche fut réuni à la couronne par François I.er, l'an 1531.

CHAPITRE III.

Ancienne position de la ville de Limoges. — Noms divers sous lesquels elle est connue dans l'Histoire.

On voit, dans le dictionnaire géographique de l'abbé d'Expilly, que la ville de Limoges s'étendait, dans les premiers tems, le long de la Vienne et aux environs du pont Saint-Martial, jusqu'auprès du château de Beauséjour. Elle fut ensuite partagée par cette rivière, comme nous l'apprend Puncteïus dans ses vers.

Nos anciennes chroniques, manuscrites et imprimées, attestent que la ville de Limoges fut jadis très-considérable. Il paraît qu'elle s'étendait depuis le Naveix jusqu'à la Roche-au-Got. La partie méridionale n'était ni aussi peuplée ni aussi étendue que la partie septentrionale; cependant on sait, par le résultat des recherches des savans, que le territoire du Masrome était dans son enclave. Elle se prolongeait vers les *Portes-Ferrées* et la *Fount-Péchiado*. La partie septentrionale comprenait la Cité, les faubourgs Boucherie et Manigne, le quartier du pont Saint-Martial, le quartier de la Maison

Commune et les jardins d'alentour, la rue des Argentiers, les quartiers de Beauséjour et de Saint-Cessateur, en remontant vers la place d'Orsay, ancien emplacement de l'amphithéâtre des Arênes.

L'époque de la fondation de cette Cité, l'une des plus célèbres parmi les anciennes villes de la Gaule, se perd dans la nuit des tems. Nous n'entreprendrons pas de concilier les opinions variées des historiographes à cet égard. Nous dirons seulement qu'elle resta pendant plus de cinq siècles sous la domination des Romains, qui l'embellirent de monumens somptueux, et qui la rendirent si florissante, qu'on la nommait *Altera Roma*, une seconde Rome. Elle fut ensuite assiégée par les Vandales, prise par les Goths, saccagée par Théodebert, détruite par Pepin. Rétablie bientôt après, elle fut pillée par les Normands, désolée par les Anglais, et livrée enfin à toutes les horreurs de la guerre civile : Nous donnerons, dans le cours de cet ouvrage, les détails relatifs à tous ces événemens.

Limoges était connue des Grecs sous le nom de *Lémos*, des Latins sous celui de *Lemovicum*.

Lors de la dédicace de l'Autel que la ville de Lyon érigea à Auguste, Limoges fut du nombre des 60 Cités Gauloises qui y firent placer leur statue, en reconnaissance de l'amour qu'elles portaient à cet Empereur, à cause de la douceur de son gouvernement. Ce fut à cette époque que les Lémoviques nommèrent leur capitale *Augustoritum*. Mais elle ne conserva ce nom que jusqu'au 4.e siècle, où elle reprit celui de Lemovicum.

St. Augustin (*acta ss.*) désigne Limoges sous le nom de *Lemovica;* Grégoire de Tours sous ceux de *Lemovicina urbs* et de *Lemovicinium;* Magnon le grammairien, sous celui de *Lemofex Augustoretum.*

En 401, Limoges est désignée sous le nom de *Civitas Lemovicum;* au 6.e siècle, sous celui de *Lemodia;* au 7.e siècle, sous celui de *Limodicas.* Sur les monnaies de nos Rois de la première race, on trouve écrit : *Lemovecas;* au 8.e siècle, *Limodia, Limodica, Limovica, Lemodia;* en 804, *Lemodicas;* enfin, en 879, *Limosina.*

Les habitans du château de Limoges, (c'est-à-dire de la première enceinte de la ville actuelle) se trouvant hors d'état de subvenir à la réparation des désastres causés par les guerres de Waiffre, duc d'Aquitaine, et encore par les fureurs des Normands, eurent recours, pour cet objet, à un abbé de Saint Martial, nommé Étienne. Ce ne fut pas en vain. Cet abbé fit relever à ses dépens une partie des murs de la ville et construire deux tours, l'une appelée Horlogette, et l'autre Fustinie, ainsi que les portes Argolet et Poulaillière. Ce qui fut cause que le château de Limoges porta le nom de *Stephanopolis.* Mais, après la mort d'Étienne, Limoges reprit son ancien nom.

CHAPITRE IV.

Des productions du Limousin.

Presque toute la surface du Limousin est couverte de bois châtaigniers; on n'y distingue aucune forêt royale et fort peu de bois propre à la construction. Les terres qui ne sont pas couvertes de châtaigniers, sont peu propres à la culture du froment; mais il y croît d'assez beau seigle. On y sème aussi beaucoup de blé noir, et on y cultive beaucoup de pommes de terre et de grosses raves. Ce blé noir, ces pommes de terre et ces grosses raves, forment, avec les châtaignes, la base de la nourriture des gens de la campagne. De sorte que, lorsque la moisson du froment et du seigle se trouve abondante, les paysans ne laissent pas de souffrir de très-grandes disettes, si ces trois dernières espèces de fruit viennent à leur manquer. Le terroir est assez propre pour les autres espèces de fruits, comme cerises, prunes, poires, pommes, etc.; mais les habitans ne sont guères curieux d'en planter des meilleures espèces.

L'exposition favorable de quelques coteaux sur

les bord de la Vienne, de la Gardempe et du Vincou, a permis d'y former quelques vignobles; mais leur produit est peu considérable, et de mauvaise qualité. Les gens aisés tirent leurs vins du Périgord et de l'Angoumois. Le bas Limousin produit cependant d'assez bons vins, principalement du côté d'Allassac, et de quelques cantons aux environs de Brive.

Le Limousin renferme quelques mines de plomb assez riches, ainsi que des mines de fer et plusieurs forges; mais ces forges sont moins considérables que celles de l'Angoumois. Les productions qui méritent le plus particulièrement de fixer l'attention, sont les belles carrières de kaolin et de pétuntsé, qui servent à la fabrication de la porcelaine, lesquelles sont situées dans l'arrondissement de Saint-Yrieix.

Le principal revenu du haut et du bas Limousin, consiste dans le trafic des bestiaux. Les moutons n'y sont pas en général d'une très-belle espèce; mais, en revanche, il y a des bœufs très-estimés, dont il se fait un grand débit pour l'approvisionnement de la Capitale.

On connaît la beauté et la bonté des chevaux de race Limousine; on sait que, lorsqu'ils ne sont montés qu'à l'âge de 7 à 8 ans, ils durent plus qu'aucuns autres de France. Je ne m'appesantirai pas sur cet article; je me contenterai de dire un mot sur nos haras.

Avant le ministère de Colbert, les haras du Limousin étaient presqu'anéantis ; ce grand homme s'occupa le premier du soin de les régénérer. Mais les successeurs de cet habile Ministre, peu jaloux de marcher sur ses traces, supprimèrent les gratifications accordées aux propriétaires, et négligèrent de renouveler les étalons. Le maréchal de Turenne gouverneur du Limousin, où il avoit des possessions considérables, tenta de rétablir cette branche précieuse d'économie publique. Il fit venir à cet effet, en Limousin, des étalons, Andaloux Barbes et Arabes. Dans la suite, la direction des haras ayant été confiée aux Intendans, ceux-ci y mirent beaucoup de négligence, et notre belle race fut sur le point de s'anéantir. Ce ne fut que vers la fin du règne de Louis XV qu'on la vit refleurir. Le prince de Lambesc créa le haras de Pompadour, et y plaça des chevaux Arabes et d'autres de race étrangère. Cet établissement prospérait lorsque la révolution arriva. L'assemblée nationale décréta la suppression des haras, et fit vendre les étalons. Les réquisitions occasionnées par les guerres de l'Ouest achevèrent de mettre le comble aux mesures déplorables de l'assemblée. Un petit nombre de rejetons survêquirent à ce désastre. Mais, depuis plusieurs années, le gouvernement s'applique à rendre à nos haras leur splendeur première. Les primes accordées aux propriétaires ont produit les plus salutaires effets ; ces encouragemens pécuniaires, joints aux institutions des courses annuelles, ont ranimé parmi eux l'émulation. Tout porte donc à croire qu'avec des soins et de la persévérance, on parviendra à rétablir, en Limousin, la race primitive de ses chevaux.

CHAPITRE V.

De la population du Limousin.

Section Première.

Mouvement.

Plusieurs recensemens ont été faits depuis la *révolution* ; mais presque tous ont été exagérés par divers intérêts de localité. Le désir immodéré que manifestaient presque toutes les communes, d'acquérir de l'importance ; la rivalité qui s'était établie entre quelques villes, pour obtenir des établissemens ; l'ambition de quelques hommes qui couraient aux places, tout contribuait à grossir les dénombremens. En 1790 sur-tout, le dénombrement offrit plusieurs motifs de suspicion, parmi lesquels il en est un, dont l'action fut très-puissante à cette époque ; c'est l'intérêt qu'avaient alors les curés dotés par l'assemblée constituante d'après le nombre de leurs paroissiens, d'en grossir les états, pour jouir de traitemens plus considérables. La suppression des ordres monastiques fit décroître momentanément la population des villes ;

mais elle augmenta, dans la suite, la population de la province, en diminuant le nombre des célibataires des deux sexes. La joie qu'éprouva le peuple, lorsqu'il se trouva rédimé des redevances seigneuriales et ecclésiastiques, fit faire, dans les premières années de la révolution, de rapides progrès à la population ; mais elle ne tarda pas à éprouver des pertes incalculables, par l'effet des dissentions civiles, des expatriations volontaires ou forcées, et principalement par celui des levées militaires. Ces désastres ont été en partie réparés, dans nos villes les plus populeuses (1), par l'affluence des étrangers qu'y ont amené le goût des arts et du commerce, les nouveaux établissemens d'administration, d'ordre judiciaire, et d'instruction publique; enfin par les bienfaits de la pacification générale. L'influence salutaire de la paix a accru considérablement, depuis quelques années, la population de nos campagnes, qui furent si long-tems et plus cruellement que les villes, désolées par les lois sanguinaires de la conscription.

---

(1) La population, sur-tout de Limoges, a éprouvé, depuis la révolution, un accroissement prodigieux.

Section II.

Caractère physique.

Les habitans de nos campagnes ne sont pas d'une constitution robuste ni d'une haute stature ; ceux des villes ont ordinairement une taille plus élevée. L'accroissement des uns et des autres est lent et tardif. Chez les deux sexes, le teint est en général frais et coloré pendant la jeunesse ; mais le cultivateur ne conserve pas long-tems ces avantages. Il ne tarde pas à devenir pâle et livide. La température froide et humide, détermine cette prédominance de la lymphe qui constitue le tempérament le plus ordinaire des habitans du Limousin. La grossièreté des alimens, l'abus ou la privation des liqueurs spiritueuses, la mal-propreté, l'insalubrité des habitations, l'entassement des immondices autour d'elles, enfin les conséquences de la maladie vénérienne, telles sont les causes qui tendent à aggraver une constitution déjà viciée par les variations fréquentes de l'atmosphère. Aussi voit-on la plupart des enfans avec une face bouffie. Leurs yeux sont bleus ou gris, très-rarement noirs ; leurs cheveux blonds ou châtain-clairs ; la lèvre supérieure volumineuse ainsi que les aîles du nez, la machoire inférieure large ; les dents rarement saines ; les articulations d'une grosseur surnaturelle ;

les mucosités nasales abondantes ; les croûtes au nez, les suintemens d'oreille, les flux puriformes des paupières, les croûtes à la tête, les engorgemens glanduleux extrêmement communs. Ces caractères sont un peu mitigés par l'âge et souvent par l'éducation et les remèdes. Mais le fond reste le même. Après le tempérament lymphatique, le sanguin est celui qu'on rencontre le plus ordinairement ; très-souvent aussi on les trouve combinés. Le tempérament lymphatico-sanguin, qui est celui de la majeure partie des femmes Limousines, leur donne cet air de fraîcheur et de santé, qui a fait dire que le sang des femmes est très-beau à Limoges.

Les montagnards Limousins ne sont pas plus robustes que ceux qui habitent les vallées et le voisinage des eaux. Leur teint est au contraire plus flétri et leur organisation physique plus dégénérée. Il existe de grandes nuances entre les paysans Limousins qui habitent les parties orientale et méridionale de la province, d'avec ceux qui habitent le centre, le couchant et le nord. La constitution des premiers est aussi misérable que le pays est ingrat. Mais si l'on descend des montagnes pour parcourir les parties moyenne et basse, l'œil se repose avec plus de satisfaction sur l'état de la population. On y trouve des constitutions plus robustes, et plus d'apparences d'une bonne santé.

En général les paysans Limousins portent dans tout leur extérieur, l'empreinte du terrain qu'ils cultivent; ils offrent l'aspect de la tristesse et de la souffrance; leur regard est timide et embarrassé, leur physionomie est sans expression; les longs cheveux qui flottent sur leurs épaules, leur cachent une partie de la figure et lui donnent quelque chose de sombre et de farouche. Le châtain est la couleur dominante de leur chevelure; cependant cette couleur se modifie suivant la disposition des lieux et suivant les températures. Elle est plus claire dans les cantons du nord et de l'est; elle se rembrunit à mesure qu'on s'avance vers le sud et le couchant. L'âge de la puberté, dans les deux sexes, varie suivant le genre de vie et les constitutions. Les habitans des villes sont plutôt nubiles que ceux des campagnes. Dans les villes, les garçons sont nubiles vers 16 à 17 ans, et les filles vers 14 ou 15 ans : dans les campagnes les garçons ne le sont que vers 17 ou 18 ans, et les filles vers 15 à 16 ans. Mais quoique plus tard nubiles, les gens de la campagne se sont toujours mariés plus jeunes. La fortune du laboureur consiste dans ses enfans : le citadin a une opinion contraire. L'excessive précocité des alliances qui se contractent à la campagne influe déplorablement sur la constitution physique des êtres qui en proviennent; et c'est à cette circonstance qu'on doit attribuer la grande mortalité qu'on a toujours remarquée parmi les enfans des paysans, ainsi que la débilité d'un très-grand nombre d'entre eux qui arrivent à un âge plus avancé sans devenir des hommes forts et robustes.

Malgré les vices de constitution qui règnent en général parmi les habitans du Limousin, il s'en trouve cependant un assez grand nombre qui joignent à une forte complexion une taille avantageuse ; il en est qui ne connaissent point les maladies et qui poussent fort loin leur carrière. C'est principalement dans la classe des cultivateurs que se rencontrent communément les plus belles vieillesses.

Section III.

Maladies endémiques.

Les variations subites et excessives de la température, rendent communes, en Limousin, toutes les maladies aiguës et chroniques, qui sont l'effet de la suppression de la transpiration insensible ; elles disposent aux rhumes, aux engorgemens du poumon, aux fièvres catharales bilieuses et malignes, à des toux épidémiques, à des coqueluches, à des péripneumonies, à des fausses pleurésies, à des esquinancies, à des rhumatismes, aux fluxions, aux apoplexies, aux paralysies et aux affections comateuses séreuses. La grossièreté des alimens du peuple, le dispose aux obstructions des viscères abdominaux, d'où naissent une multitude de fièvres dangereuses. Les enfans sont en général sujets aux affections vermineuses et convulsives. La plupart des nombreux accidens, occasionnés par les maladies dont nous venons de faire l'énumération, sont souvent moins l'effet des maladies elles-mêmes, que des moyens bizarres employés pour les combattre.

Section IV.

Caractère moral.

Les Gaulois passaient pour francs et généreux. Ils s'adonnaient à la danse et à la chasse. Ils avaient un goût passionné pour la parure et aimaient singulièrement à imiter leurs voisins. Ils cultivaient l'éloquence et en sentaient tout le prix. Les Aquitains sur-tout excellaient dans l'art oratoire ; ils prêtaient une telle attention aux harangues publiques, qu'ils avaient institué des officiers de paix, chargés uniquement de la police dans ces circonstances. Ces officiers étaient toujours armés de pied en cap. Ils punissaient les babillards en leur coupant un morceau de leur vêtement. La gloire militaire était pour ce peuple le comble de la félicité. Ils venaient toujours en armes dans leurs conseils de guerre, et le dernier arrivé était incontinent mis à mort.

Le caractère moral des habitans du haut Limousin diffère essentiellement de celui des habitans de la partie basse de cette Province. Les premiers sont en général grossiers et pesans, mais laborieux et entendus pour leurs affaires; vigilans, économes, la plupart jusqu'à l'avarice; jaloux, méfians et craignant le mépris; durs envers eux-mêmes et cependant honnêtes envers les étrangers, et sur-tout envers ceux dont les dehors en imposent.

Les habitans du bas Limousin et principalement ceux de Tulle sont d'un esprit plus subtil que les précédens; fort insinuans, cachant sous des dehors nobles des inclinations intéressées; on les accuse même d'être un peu vindicatifs.

Les habitans de Brive sont plus doux, mais moins spirituels.

En général, les facultés intellectuelles des Limousins sont peu précoces. Rarement voit-on briller parmi eux cette vivacité d'esprit qui caractérise les habitans du Midi. Leurs passions sont modérées et peu susceptibles de cette exaltation qui enfante à la fois les grands crimes et les grandes vertus. C'est sans doute ce qui a garanti jusqu'à ce jour le Limousin des excès, qui ont souillé tant d'autres pays. Aussi a-t'on vu pendant la durée de la tourmente révolutionnaire, une infinité de citoyens se jeter alternativement dans divers partis et professer tour à tour diverses doctrines. Aussi a-t'on vu les mêmes mains s'empresser de relever les autels qu'elles avaient renversé. Tout porte à croire que les agitations politiques, qui ont troublé le repos de tant de cités, n'auraient presque pas été sensibles dans nos pays, si elles n'y avaient été fomentées par quelques énergumènes et accréditées par l'exemple de quelques départemens voisins.

Les Limousins cultivent les Arts avec beaucoup de succès ; mais les Belles-Lettres sont, pour ainsi dire, pour eux, une sorte de luxe. La plupart des négocians de la *Vieille-Roche*, entièrement livrés à leurs affaires, ne connaissent que leurs livres et leurs calculs. Ils se communiquent peu. On les voit rarement dans les cafés, les spectacles et autres réunions publiques. Ils évitent soigneusement les plaisirs dispendieux.

Urbs antiquæ parcimoniæ : telle fut la qualification que M. de Thou donna jadis à la capitale du Limousin. Naguères ceux qui recherchaient les charmes de la société, se plaignaient de ne pas les trouver dans une ville considérable et opulente, comme Limoges, au même degré qu'ailleurs. Cependant, depuis plusieurs années, les progrès du luxe ont multiplié les jouissances, et tout porte à croire que bientôt Limoges rivalisera, sur ce point, avec les villes du meilleur ton. *Quantùm mutata ab illo!*....

Les paysans du plat-pays sont accoutumés à des émigrations périodiques, qui en conduisent annuellement 8 à 9000 dans différentes contrées de la France, où ils s'occupent des travaux de la maçonnerie. Leur patience, leur sobriété et leur assiduité au travail sont connues par-tout. Presque tous les ans ils reviennent chez eux, et y rapportent l'argent qu'ils ont gagné, ce qui leur sert à acquitter leurs contributions et à alimenter leurs familles. Comme tous les montagnards, les Limousins tiennent beaucoup au pays qui les a vu naître. Ils ont de la peine à s'enrôler; mais lorsqu'ils ont perdu de vue leurs foyers, ils deviennent de braves et intrépides soldats; ils supportent avec courage les fatigues et les privations de la guerre. Ils n'ont point dégénéré de la valeur de leurs ancêtres, qui, du tems de César, étaient l'un des peuples les plus vaillans d'entre les Gaulois.

La plupart des habitans des campagnes du Limousin sont tranquilles dans les souffrances, et quittent la vie presque sans regret; ils plaignent peu ceux de leurs parens ou de leurs amis qu'une mort prématurée ou violente, enlève à une vie laborieuse et dénuée de ce qui attache à l'existence. Un paysan riche ne ferait aucune dépense pour faire administrer des secours à sa femme, à son enfant, dangereusement malades, et il prodiguerait l'or pour appeler un artiste vétérinaire, ou pour se procurer des remèdes si son bœuf ou sa vache étaient en danger. Ce n'est pas qu'il n'y ait, dans la classe de nos laboureurs, de bons pères, de bon fils et de bons époux; mais les préjugés superstitieux dont ils sont imbus dès leur enfance, déterminent le peu de confiance qu'ils ont en l'art de guérir, pratiqué par les hommes. Les remèdes *surhumains* leur semblent plus propres à la cure des nombreuses maladies auxquelles les exposent l'insalubrité de l'atmosphère, ou celle de leurs habitations. S'il arrive qu'ils aient recours à quelque médecin, ils n'entreprennent ordinairement cette démarche que lorsque la maladie a acquis un tel degré de gravité, que tous les secours de l'art deviennent infructueux ; aussi n'oublient-ils pas d'amener en même tems le confesseur.

Les vieillards semblent désirer la prompte fin de leur vie, qu'ils regardent comme un fardeau dès qu'ils ne peuvent plus se rendre utiles ; leurs enfans ne paraissent que trop avoir la même idée. Cette faible appréhension de la mort, fait que les cérémonies funéraires ne présentent parmi eux rien de lugubre.

CHAPITRE VI.

Du langage Limousin.

La longue suite des siècles qui se sont écoulés depuis que les Celtes se furent établis en Europe, a dénaturé leur langue primitive. Mais malgré l'altération que lui ont fait éprouver la diversité des climats et le génie des peuples, elle a laissé dans notre langage des preuves certaines de son origine. La conquête des Gaules par Jules-César opéra des changemens notables dans l'idiôme Celtique. La domination des Romains s'étant étendue plus longtems dans les provinces méridionales de la Gaule que sur le reste de cette contrée, la langue de ces conquérans dût nécessairement y laisser des traces profondes et d'autant plus difficiles à effacer qu'elle était exclusivement employée dans la rédaction des lois Impériales, dans celle des sentences des tribunaux et dans celle des ordonnances des Proconsuls; néanmoins la langue Celtique continua d'être celle de la société et du commerce. Une des causes qui contribuèrent à la décadence de cette *langue mère*, fut la prédication de l'Evangile par les Apôtres ou leurs disciples, lesquels venaient de Rome, et faisaient leurs prières et leurs exhortations en latin. Les défenseurs du Christianisme n'écrivaient aussi qu'en cette langue; mais ce qui servit sur-tout à accélérer l'altération de l'idiôme Celtique, ce fut, sans doute, l'habitude où étaient les Gaulois de ne jamais rien écrire. Cependant, malgré l'altération qu'a produit la succession des temps dans la langue originaire des anciens peuples de cette contrée, on peut encore facilement démêler ce qui lui reste de son propre fond d'avec les changemens que les circonstances ont apporté à son état primitif. Un court exemple suffira pour prouver que tous les mots du patois Limousin, qui ne dérivent pas du Grec ou du Latin, appartiennent à la langue Celtique.

Français.	Patois Limousin.	Celte.
Foi,	*fé*,	fé.
Moi,	*mé*,	mé.
Toi,	*té*,	té.
Soi,	*sé*,	sé.
Rien,	*ré*,	ré.
Bien,	*bé*,	bé.
Eux,	*i*,	i.
Allons,	*anen*,	an.
Oui,	*abé*,	a.
Pareil,	*parei*,	par.
Pape,	*papo*,	pap.
Moissonner,	*médré*,	meder.
Poire,	*péro*,	péri.
Chien,	*chi*,	ki.
Je te battrai,	*te taporaï*,	te taporai.

Sous la première race de nos Rois, la partie la plus considérable de la Nation parlait Latin; tous les actes publics étaient écrits en cette langue. (Cet usage continua jusqu'au règne de François I.er); mais on ne commença généralement à s'exprimer en Latin que vers le règne de Charlemagne, époque à laquelle il se forma un idiôme mêlé de Latin et de Gaulois. Telle fut l'origine de la langue Romance. Le patois Limousin n'est autre chose que cette langue très-corrompue. On y remarque un bon nombre de mots Latins et même des phrases entières de basse latinité. Les verbes auxiliaires et les articles y sont employés, mais avec les terminaisons propres aux langues Italienne et Espagnole. L'absence des *e* muets, le grand concours des voyelles, qui forment presque toutes les terminaisons, rendent ce patois très-propre au chant.

Dans toutes les villes du Limousin, le peuple parle Français, mais avec une prononciation vicieuse et un accent détestable. Cet accent se perd difficilement, même chez les personnes qui font de longues absences.

Les habitans des campagnes entendent assez bien la langue Française; mais ils ne peuvent la parler qu'avec difficulté. Ils se servent habituellement de leur langage particulier, qui a plus ou moins de rudesse, et qui varie à l'infini quant au dialecte et à l'expression. Pour en faire connaître le mécanisme, je joins ici la traduction de l'Oraison dominicale en Patois, avec l'explication littérale, en Français, de cette traduction patoise. J'ai choisi pour exemple l'idiôme le plus généralement usité aux environs de Limoges, parce qu'il paraît être la base des autres dialectes en usage dans la province.

Le patois Limousin ne s'écrivant pas, et n'étant sujet, pour son orthographe, à d'autres règles que celles que le jugement de l'oreille peut déterminer, j'ai pensé qu'il était nécessaire de multiplier les accens, afin d'en faciliter la lecture et l'intelligence.

L'ORAISON DOMINICALE

En Latin, en Patois Limousin et en Français.

Pater noster qui es in cœlis, sanctificetur nomen tuum ;

Nôtré Païké seï au ceü, ké vôtré noum chio santifia;

Notre Père qui êtes aux cieux, que votre nom soit sanctifié ;

Adveniat regnum tuum ; fiat volontas tua ; sicut in cœlo et in terra.

Ké vôtré règné ribé; ké vôtro voulountà chio fâcho sur lo terro coumo din lou ceü.

Que votre règne arrive ; que votre volonté soit faite sur la terre comme dans les cieux.

Panem nostrum quotidianum da nobis hodie; et di-
mitte nobis debita nostra,

Boillià-nous oné nôtré po koutidien; et pardounà-nous nôtrâs offensas,

Donnez-nous aujourd'hui notre pain quotidien; et pardonnez-nous nos offenses,

Sicut et nos dimittimus debitoribus nostris; et ne nos inducas in tentationem;

Coumo nous las pardounen à kii ké nou an offensa; né nous induisé pas din lo tentotii;

Comme nous les pardonnons à ceux qui nous ont offensé; ne nous induisez pas en tentation;

Sed libera nos à malo. Amen.

Mâ delibrâ-nous doàu màou. En sin soit-ii.

Mais délivrez-nous du mal. Ainsi soit-il.

CHAPITRE VII.
De la Religion.

SECTION PREMIÈRE.
Religion des Gaulois.

Les habitans de l'ancienne Gaule adoraient plusieurs Divinités, entr'autres Mercure, Mars, Jupiter, Minerve, Vénus et Apollon. Ils redoutaient Saturne et croyaient l'apaiser en lui immolant des victimes humaines. Ils avaient encore des autels consacrés au Dieu inconnu ; ce qui a fait penser à plusieurs philosophes, qu'ils croyaient à l'immortalité de l'âme. Les Druïdes, qui étaient les ministres de la religion des Gaulois, entretenaient ces peuples dans l'ignorance la plus crasse et la superstition la plus aveugle. Ces Druïdes étaient répandus non-seulement dans toute l'étendue de la Gaule, mais encore sur presque toute la surface de l'Univers connu. Ils avaient une grande quantité de séminaires pour l'éducation des enfans qui se destinaient au culte des autels. Le Druïdisme était la profession la plus noble et l'état le plus puissant, Il fallait 20 années d'épreuves non-interrompues pour être admis dans cette corporation. Ces vingt années étaient employées à l'étude de l'Astrologie, de la Jurisprudence, de la Politique, de la Médecine, et en outre à celle des Mystères du culte. Ce culte, dont l'origine se perd dans la nuit des tems, fut d'abord extrêmement simple; mais, dans la suite, il fut surchargé d'un grand nombre de cérémonies qui en rendaient la connaissance aussi longue que pénible. Les Druïdes menaient une vie très-austère : on prétend même qu'ils faisaient vœu de chasteté. Afin de ne point être distraits dans leurs importantes occupations, ils faisaient leur séjour habituel dans les forêts de chênes et y tenaient leurs écoles en plein air.

Les Pères de l'Église assimilent les Druïdes, à cause de leur profond savoir, aux Mages de Perse, aux Chaldéens de Babylone, aux Gymnosophistes et aux Brachmanes des Indes. Ils prétendent que les prêtres Gaulois furent les auteurs et les modèles de la philosophie des Grecs. Ces Pères sont en cela d'accord avec Socrate, Sotion et les plus grands hommes de l'antiquité.

Les Druïdes étaient chargés du culte, exclusivement à tous autres. Ils veillaient au maintien des lois ; en établissaient de nouvelles; étaient juges compétens et suprêmes dans les causes criminelles et civiles; jugeaient publiquement ou à huis clos, selon leur bon plaisir. Ils déclaraient la guerre et faisaient la paix. Ils confirmaient ou rejetaient l'élection des Rois, des Vergobrets et des autres officiers de l'État.

Les aspirans au Druïdisme recevaient en commençant leur noviciat l'accolade de leurs confrères. On les revêtait ensuite d'une tunique si courte et si échancrée dans sa partie antérieure, que le sexe des candidats paraissait de manière à ne laisser aucun doute sur ce point. Il est à présumer que cette précaution avait pour but d'écarter des mystères du Sacerdoce, les femmes qui auraient pu s'introduire, à la faveur d'un déguisement, parmi eux.

Quant au costume des Druïdes, ils n'en avaient pas précisément d'uniforme, malgré qu'ils n'eussent tous qu'un même chef et une même doctrine. Ces prêtres adoptaient relativement à leurs habits, les usages reçus dans les provinces où ils résidaient.

Section II.

De l'établissement du Christianisme dans les Gaules et parmi les Francs.

Les commencemens de l'Église Gallicane suivirent de près la naissance du Christianisme : il paraît certain que St. Paul en jeta les premiers fondemens. Cet apôtre, allant en Espagne, laissa Crescent son disciple à Vienne (en Dauphiné), et St. Pierre envoya Trophime à Arles. St. Luc, lui-même, prêcha la foi dans les Gaules. Plusieurs

Pères Grecs et Latins assurent que l'Évangile y fut annoncé dès le tems des Apôtres. Cependant Grégoire de Tours et Sulpice-Sevère croient que ce pays ne doit point être compté avant le milieu du troisième siècle, parmi les nations soumises à Jésus-Christ. Les Églises qui attribuent leur origine aux premiers hommes Apostoliques, sont obligées de descendre jusqu'à cette époque, pour trouver les successeurs de ceux qu'elles se donnent pour fondateurs ; et c'est ce long intervalle qui a déterminé plusieurs savans à retarder la publication de l'Évangile chez les Gaulois ; mais on peut dire, avec beaucoup de vraisemblance, que la Religion Chrétienne, quoiqu'établie chez les Gaulois, dès sa naissance, n'y fit que peu de progrès pendant les deux premiers siècles. C'était le sentiment de sept Évêques qui écrivaient à Ste. Radegonde, reine de France ; et ces Prélats méritent plus de confiance que les prétendues traditions d'un grand nombre d'Églises qui se glorifient d'avoir été florissantes dès le tems des Apôtres ou de leurs disciples. Si l'on devait ajouter foi aux traditions, il faudrait croire que St. Martial de Limoges, St. Saturnin de Toulouse, St. Denis de Paris, St. Gatien de Tours, St. Front de Périgueux, St. Savinien et St. Potentien de Sens, St. Austremoine de Clermont, St. Ursin de Bourges, St. Paul de Narbonne, St. Julien du Mans, Sts. Euchaire, Valère et Materne de Trèves et de Cologne, St. Saintin de Meaux et de Verdun, St. Lucien de

Beauvais, St. Rieul de Senlis, St. Taurin d'Evreux, St. Eutrope de Saintes, St. Sinice de Soissons, St. Mange de Châlons-sur-Marne, St. Mansuy de Toul, et plusieurs autres, ont été envoyés dans les Gaules par St. Pierre ou par St. Clément, et qu'ils y ont établi, dès le premier siècle, de florissantes Églises. Mais il en est de ces traditions comme de celles de plusieurs peuples sur leur origine, ou comme des prétentions de différentes familles sur l'ancienneté de leur noblesse.

La décadence de l'Empire Romain changea la face de la religion dans les Gaules : Clovis s'étant converti à la foi Chrétienne, après la bataille de Tolbiac, la majeure partie de son armée, ainsi qu'un bon nombre de ses nouveaux sujets, imitèrent son pieux exemple. Ceux qui ne renoncèrent point au culte des Idoles se retirèrent dans les états de Ragnacaire, roi de Cambrai. Les canons de divers Conciles nous donnent assez à connaître que, dans plusieurs parties de notre Monarchie, l'abolition du Paganisme fut encore lente à s'opérer. Les décisions du Concile d'Orléans, tenu sur la fin du règne de Clovis, ne touchent pourtant point cet article. Il paraît, qu'à cette époque, quoique le Christianisme fut la religion dominante de l'état, néanmoins un grand nombre de Français et de Gaulois tenaient encore à leurs anciennes erreurs; et il n'entrait sans doute pas dans la politique du gouvernement, d'employer des voies acerbes contre les récalcitrans. Le second

Concile d'Orléans, lequel eut lieu sous Childebert, premier fils de Clovis, n'osa point encore heurter de front les coutumes du Paganisme; il se contenta d'excommunier les *relaps* qui, après leur conversion, retournaient au culte des faux-Dieux, ou s'avisaient de manger la chair des animaux immolés aux Idoles. Un autre Concile, tenu neuf années après celui-ci, dans la même ville et sous le même Roi, renouvela de semblables anathêmes. Il combattit sur-tout l'usage où étaient les Payens, de faire leurs sermens en imposant les mains sur la tête de certains animaux. Enfin, le même roi Childebert, fit, vers l'an 554, une constitution, par laquelle il défendit, sous les peines les plus sévères, l'exercice du Paganisme dans l'étendue de ses États. Il enjoignit, en outre, à ses sujets, sans distinction, d'avoir à briser les images des faux-Dieux, ou de permettre aux Prêtres Chrétiens de le faire. Cette défense n'empêcha ceux qui n'avaient pu abandonner le culte de leurs pères, d'en pratiquer les cérémonies secrètement et dans l'intérieur de leurs familles. Pour excuser leur désobéissance, ces Payens prétendaient que, par cela même qu'ils ne donnaient pas de publicité à leur culte, ils ne péchaient point contre l'édit Royal. C'est ce que nous apprenons par le second Concile de Tours, tenu sous le roi Caribert, neveu de Childebert et son successeur au trône de Paris. Quelques Français, devenus Chrétiens, avaient conservé l'usage de ne point travailler le jeudi ; un Concile, tenu à Narbonne en 589, défendit cet usage, qu'il considérait comme dérivant du culte de Jupiter. L'idolâtrie ne fut pas sitôt détruite dans le royaume d'Austrasie, ou dans ses dépendances, c'est-à-dire parmi les Français qui habitaient la rive droite du Rhin; car plus de 40 ans après l'édit de Childebert, St. Grégoire le Grand exhortait encore la reine Brunehaut, régente des royaumes d'Austrasie et de Bourgogne, à prendre des mesures énergiques pour anéantir, dans ses états, le culte des faux-Dieux.

Depuis l'introduction de la religion du Christ dans les Gaules, parmi les Français, jusqu'à l'élévation de Pepin au trône, c'est-à-dire pendant l'espace de plus de 250 ans, on ne vit point d'hérétiques en France. L'Arianisme, que les Français trouvèrent établi au-delà de la Loire, après la défection des Visigoths, y fut bientôt aboli.

Sous les Rois Fainéans, on avait vu tout à la fois chanceler le trône et l'autel, l'autorité royale méconnue, les biens ecclésiastiques usurpés et l'Épiscopat avili. La gloire de Pepin et de Charlemagne son fils, rejaillirent sur l'Église comme sur la Monarchie. De sages capitulaires firent refleurir l'une et l'autre avec une majesté nouvelle. Mais elles dégénérèrent bientôt, aussitôt que la postérité de Charlemagnes, et Hugues Capet, n'y trouvèrent plus que des débris. Dans ces siècles ténébreux, soumises à l'influence du corps politique, les Églises partagèrent les secousses de l'autorité souveraine, balancée par des vassaux puissans. Du sein de l'anarchie féodale, sortirent en foule des tyrans, qui opprimèrent ceux qu'ils devaient défendre. Enfin, tant que les règnes furent sans vigueur, le Clergé gémit sous le joug du caprice et de la tyrannie.

Les descendans de Hugues Capet reprenaient insensiblement les droits de la couronne, lorsque des secousses redoublées agitèrent l'Allemagne par les démêlés célèbres qui divisèrent l'Empire et le Sacerdoce. Le schisme enfin cessa, et fit place à la fameuse querelle des Investitures. Pendant cette querelle, l'ardeur guerrière s'empara tout à coup des états, des provinces, des villes et des campagnes. Armées par la religion et encore plus par la politique, les troupes Françaises franchirent les mers. Tout ce que la piété a de plus respectable, la superstition de plus bizarre, la débauche de plus scandaleux, s'offrit en spectacle aux Sarrazins. Jérusalem subit le joug des croisés. Neuf rois, tous Français, y régnèrent pendant près d'un siècle. Le Languedoc eut sa croisade ainsi que la Palestine et l'Afrique : déjà les Albigeois étaient domptés, lorsque les infidèles éprouvèrent nos derniers efforts. Le siége de Tunis fut le terme de nos victoires et de nos pertes.

Tandis que l'Europe entière allait se ruer sur l'Asie, le Dauphiné, la Picardie, le Languedoc et l'Italie furent le berceau des quatre ordres religieux. Bruno, Norbert, Dominique et Augustin en furent les fondateurs. De ces ordres célèbres on vit sortir, dans la suite, des hommes devant qui s'abaissèrent les trônes et les dominations.

La France retentissait encore du démêlé de son roi Philippe avec le pape Boniface, lorsque les mouvemens qui agitaient l'Italie et la Toscane déterminèrent la translation du Saint-Siége à Avignon. L'élection d'Urbain VI fut le signal de la discorde, et dès-lors commencèrent les scandaleuses scènes du grand schisme qui désola l'Église. L'église Gallicane, outre les troubles de l'église Universelle, eut encore ses propres malheurs à supporter : la France en proie à des ennemis victorieux, ravagée par une foule de brigands, désolée par des guerres intestines, la captivité de son Roi, et la puissance du Dauphin balancée par des états factieux, un roi de Navarre soufflant la discorde, le silence des lois, l'épuisement des finances, telles furent les causes du deuil profond qui couvrit nos Églises pendant que le roi Jean fut prisonnier des Anglais. Des guerres domestiques et étrangères, un Monarque chassé de son trône, obligé de le conquérir, enfin un nouveau schisme, donnèrent lieu à bien des désordres.

La pragmatique sanction, revêtue de l'autorité de Charles VII, éleva un mur de division entre les cours de Rome et de France. Louis XI osa l'abattre : mais, changeant au gré des caprices de sa politique, il tenta de le rétablir. Sixte IV sut temporiser, et le nuage se dissipa. Bien différens de ces deux hommes, Louis XII et Jules II firent éclater leurs querelles. Au lieu de ménager son ennemi par des délais, à l'exemple de Sixte IV, Jules se montra aussi prompt à prendre les armes qu'à lancer des anathêmes. Au lieu de se borner à des menaces, comme Louis XI, Louis XII se vengea de Sixte par les forces réunies du glaive et du ridicule. Léon X et François I.er ouvrirent une scène nouvelle : les restaurateurs des lettres, le furent de la discipline ecclésiastique. Le célèbre concordat qui eut lieu entre eux, quoique tout à l'avantage de la politique de la cour de Rome, fit néanmoins cesser, pour quelque tems, les réserves, les brigues et les expectatives. Ce concordat promettait à l'Église des jours sereins, lorsque parut le novateur Luther. La France fournit aussi à la réforme un zélateur dont les succès égalèrent les talens. Luther et Calvin, rivaux par l'amour de la célébrité, réunirent leurs efforts contre l'église Romaine. Plus austère et plus politique, Calvin fut plus respecté de sa secte ; moins impétueux que son précurseur, il parut moins hardi ; mais plus profond dans ses desseins, il fut plus dangereux. La licence sans frein, les temples profanés, les asiles de la piété violés et détruits, les ministres des autels égorgés, les villes transformées en des champs de combat, des fleuves de sang, voici quel fut le spectacle que produisirent ces querelles religieuses. Aux soldats du fanatisme, on vit se joindre une foule de mécontens et d'ambitieux. Chose inouïe ! on vit l'autorité du Roi défendue par les ennemis de sa religion, et la religion du Monarque défendue par les ennemis de sa puissance. Le rétablissement de l'ordre était réservé aux armes victorieuses de Louis XIII et au génie de Richelieu.

Section III.
Organisation Ecclésiastique des Diocèses de Limoges et de Tulle. — Ordres Monastiques.

Lors de l'établissement de la Religion Chrétienne dans les Gaules, les villes déjà reconnues comme Métropoles civiles furent désignées également Métropoles ecclésiastiques. On y plaça des Archevêques qui avaient sous eux un certain nombre d'Évêques que l'on nommait Suffragans. L'étendue de chacune de ces subdivisions ecclésiastiques fut nommée *Diocèse*, mot dont on se servait dans le bas Empire pour désigner un petit gouvernement. Les Métropoles ecclésiastiques de la Gaule étaient au nombre de 25 : savoir, Albi, Aix, Arles, Auch, Avignon, Besançon, Bordeaux, Bourges, Cambrai, Cologne, Embrun, Lyon, Malines, Mayence, Monstiers, Narbonne, Paris, Reims, Rouen, Sens, Toulouse, Trèves, Tours, Vienne et Utrecht. Cent quarante-deux Évêchés suffragans dépendaient de ces Métropoles. L'Évêché de Limoges était suffragant de l'Archevêché de Bourges.

En 1789, la France était divisée en 18 Métropoles et 112 Évêchés. Les 18 Métropoles étaient Cambrai,

Rouen, Paris, Reims, Sens, Tours, Bourges, Besançon, Lyon, Vienne, Embrun, Arles, Aix, Narbonne, Alby, Toulouse, Auch et Bordeaux. L'Évêque de Limoges était suffragant de celui de Bourges.

Le Diocèse de Limoges était jadis d'une telle étendue, que les Évêques se trouvaient dans l'impossibilité de vaquer avec exactitude au gouvernement de leur Église. On voit, dans nos annales, qu'un ancien Évêque de Limoges, nommé Eble, fit approuver qu'il aurait un suffragant pour partager ses travaux. Ce fut sans doute un des motifs qui portèrent le Pape Jean XXII à démembrer une portion de ce Diocèse pour en composer l'Évêché de Tulle. Il rendit en même tems ces deux Prélats suffragans de l'Archevêque de Bourges dont il venait d'ériger le siége. Avant ce démembrement, l'Évêché de Limoges avait Bordeaux pour Métropole. Nonobstant cela, l'Évêché de Limoges était encore très-considérable en 1789. Il comprenait, à cette époque, le haut Limousin en entier, une partie du bas : savoir, le canton de Brive, toute la Marche-Limousine et une partie de l'Angoumois. Cette étendue donna lieu à l'établissement de plusieurs Officiaux : savoir, un à Limoges, un à Brive, un à Guéret et un à Chenerailles.

Le 11 juillet 1790, l'assemblée nationale changea la constitution civile du Clergé de France. Le nombre des Métropoles fut réduit à 10, et celui des Évêchés à 83. Ces Métropoles étaient Rouen, Reims, Besançon, Rennes, Paris, Bourges, Bordeaux, Toulouse, Aix et Lyon. L'Évêché de Limoges devint alors suffragant de l'Archevêché de Bordeaux, et l'étendue de son Diocèse fut réduite à celle du département de la Haute-Vienne. L'Évêché de Tulle se trouva aussi compris dans le ressort de la même Métropole, et son étendue fut circonscrite par les limites du département de la Corrèze. Cette organisation eut dans le Limousin le même sort que dans le reste de la France; les divisions qu'elle fit naître parmi les ecclésiastiques et qui se propagèrent parmi le peuple, n'offrirent cependant rien d'alarmant et de dangereux. La multitude se conforma aux institutions nouvelles. Un petit nombre, croyant y voir l'anéantissement du culte de ses pères, s'éloigna des Églises, mais la paix publique ne souffrit presque aucune atteinte. Le gouvernement d'alors désirant éteindre ce schisme, signa au mois de juillet 1801 une convention avec la cour de Rome. Ce concordat porta la consolation dans tous les cœurs, et le calme dans tous les esprits. En vertu de ses dispositions, tous les siéges Archiépiscopaux et Épiscopaux de France furent déclarés vacans et ne furent remplis que de concert avec le gouvernement Français et la cour de Rome. Le Pape et les Évêques donnèrent aux nouveaux titulaires l'institution canonique. En conséquence, le 8 avril 1802, la division ecclésiastique de la France fut organisée en 10 nouvelles Métropoles : savoir, Paris, Malines, Besançon, Lyon, Aix, Toulouse, Bordeaux, Bourges, Tours et Rouen. En exécution du même concordat, le Diocèse de Limoges reçut une nouvelle circonscription et de nouvelles limites. Il fut composé, comme il l'est encore, des départemens réunis de la Haute-Vienne, de la Corrèze et de la Creuse. Il comprend la majeure partie de l'ancien Diocèse, tout celui de Tulle et quelques portions des anciens Diocèses de Poitiers, de Bourges, de Clermont et de Périgueux, en sorte qu'il est aujourd'hui presque aussi vaste qu'il l'était autrefois.

On comptait, avant la révolution, dans le Diocèse de Limoges, environ 900 cures ou paroisses, y compris les paroisses des commanderies de Malte et diverses églises succursales où s'exerçaient les fonctions curiales. Il y avait, en outre, environ 300 vicaires et autant d'autres prêtres pour le service des communautés ou des grandes paroisses. Les abbayes d'hommes étaient au nombre de 20, celles de femmes au nombre de 3. Il y avait, en outre, 13 chapitres et 54 communautés religieuses.

Les 13 chapitres étaient : 1.° le chapitre de Saint Étienne, en l'Église Cathédrale de Limoges, composé de 28 canonicats et de 18 semi-prébendes et vicairies. 2.° Le chapitre de Saint Martial dans la même ville, composé d'un abbé, d'un prévôt, d'un chantre, de 17 chanoines et de 12 semi-prébendes. 3.º Le chapitre de Saint-Junien, composé d'un prévôt, de 18 chanoines et de 10 titulaires du bas-chœur. 4.º Le chapitre d'Éymoutiers, composé d'un prévôt, de 13 chanoines et de 10 titulaires du bas chœur. 5.º Le chapitre de Saint-Léonard, composé d'un prieur commendataire, de 10 chanoines et de 8 titulaires du bas-chœur. 6.º Le chapitre de Saint-Yrieix, composé d'un doyen, d'un chantre, de 12 chanoines et de 6 titulaires du bas-chœur. 7.º Le chapitre de Brive, composé d'un prieur, de 10 chanoines et 8 titulaires du bas-chœur. 8.º Le chapitre du Dorat, composé d'un abbé, d'un doyen, d'un chantre, de 14 chanoines et de 8 titulaires du bas-chœur. 9.º Le chapitre de Saint-Germain, composé d'un doyen, d'un chantre, de 12 chanoines et de six titulaires du bas-chœur. 10.º Le chapitre de Taillefer, composé d'un doyen, de 15 chanoines et de 2 titulaires du bas-chœur. 11.º Le chapitre de Turenne, composé d'un prieur et de 6 chanoines, dont un était curé de la paroisse. 12.º Le chapitre d'Eymoutiers-Roseilles, transféré à Aubusson, composé d'un prévôt, 12 chanoines et 6 titulaires du bas-chœur. 13.º Le chapitre de Noailles, composé d'un doyen curé de la paroisse, avec 5 chanoines.

Il n'existe plus aujourd'hui qu'un seul chapitre de chanoines dans le Diocèse de Limoges. Ce chapitre qui a son siége à Limoges, est composé de huit chanoines titulaires et d'un nombre illimité de chanoines honoraires. L'Évêque a deux Vicaires généraux résidens près du Siége épiscopal. Deux Ecclésiastiques, investis de pouvoirs majeurs par ce Prélat, remplissent dans certains cas les fonctions du ministère Épiscopal. L'un réside à Tulle, et l'autre à Guéret.

Nous avons dit précédemment que le Diocèse de Limoges comptait jadis 17 abbayes d'hommes, et trois de femmes. Je vais en faire l'énumération : 1.º l'abbaye de Saint-Augustin-les-Limoges, ordre de St. Benoît réformé, avec un abbé claustral et triennal ; 2.º celle de Saint-Martin-les-Limoges, O. des Feuillans, avec un abbé claustral et triennal ; 3.º l'abbaye commendataire de Solignac, O. de St. Benoît, congrégation de Saint Maur ; 4.º l'abbaye de Beaulieu du même ordre ; 5.º l'abbaye de Meymac, O. de St. Benoît non-réformé ; 6.º l'abbaye du Vigeois du même ordre ; 7.º l'abbaye de Leyter, O. de St. Augustin, congrégation de Sainte Geneviève ; 8.º l'abbaye de Bénevent, O. de St. Augustin ; 9.º l'abbaye de Bonnaigue, O. de St. Bernard, où il y avait un abbé claustral perpétuel ; 10.º l'abbaye de la Colombe ; 11.º l'abbaye du Palais ; 12.º l'abbaye du Beuil ; 13.º l'abbaye de Dalou ; 14.º l'abbaye de Daubes ; 15.º l'abbaye de Beaulieu : ces six dernières de l'O. de Cîteaux, avec un abbé commendataire en chacune ; 16.º l'abbaye d'Aubasnie, O. de Cîteaux ; enfin 17.º l'abbaye de Grammont : les trois abbayes de femmes étaient de l'O. de

St. Benoît; elles étaient situées à la Règle à Limoges, aux Alloix, et à Bonnesaignes.

Les communautés régulières d'hommes étaient au nombre de 35: savoir, 1.º le prieuré de Saint-Angel, O. de St. Benoît réformé, près Meymac; 2.º la prévôté de Chambon, O. de Cluny; 3.º la prévôté de Vaux, O. de St. Augustin; 4.º la prévôté de Saint Gerald de Limoges; 5.º les Cordeliers de Limoges; 6.º les Cordeliers de Brive; 7.º les Cordeliers de Nontron; 8.º les Cordeliers de Saint-Junien; 9.º les Cordeliers de Donzenac; 10.º les Recollets de Sainte Valerie, à Limoges; 11.º les Recollets de Saint François, dans la même ville; 12.º les Recollets de Saint-Junien; 13.º les Recollets de Saint-Léonard; 14.º les Recollets d'Ussel; 15.º les Recollets d'Aubusson; 16.º les Recollets de Brive; 17.º les Recollets de Saint-Yrieix; 18.º les Recollets de Confolens; 19.º les Recollets de Guéret; 20.º les Recollets du Dorat; 21.º les Capucins de Turenne; 22.º les Carmes de Limoges; 23.º les Carmes Déchaussés de Limoges; 24.º les Augustins de Limoges; 25.º les Jacobins réformés de Limoges; 26.º les Jacobins réformés de Brive; 27.º les Jacobins non-réformés de Rochechouart; 28.º les Jacobins non-réformés de Saint-Junien; 29.º les Chartreux de Glandier; 30.º les Jésuites de Limoges; 31.º les Jésuites de l'hospice de Beaulieu; 32.º les Pères de la Doctrine chrétienne de Brive; 33.º les Doctrinaires de Treignac; 34.º les Doctrinaires de Bellac; 35.º les Pères de l'Oratoire de Limoges.

Les communautés régulières de femmes étaient au nombre de 19 : savoir, 1.° les Ursulines de Brive ; 2.° les Ursulines d'Ussel ; 3.° les Ursulines de Beaulieu ; 4.° les Ursulines de Limoges ; 5.° les Ursulines d'Eymoutiers ; 6.° les Filles de Notre-Dame de Limoges ; 7.° les mêmes Religieuses à Saint-Léonard ; 8.° les mêmes à Saint-Junien ; 9.° les Religieuses de la Visitation à Limoges ; 10.° les Carmelites de Limoges ; 11.° les Bénédictines du Dorat ; 12.° les Clairettes réformées de Limoges ; 13.° les Clairettes non-réformées de Brive ; 14.° les Clairettes non-réformées de Limoges ; 15.° les Clairettes non-réformées de Nontron ; 16.° les mêmes à Saint-Yrieix ; 17.° les Religieuses de la Providence à Limoges ; 18.° les Bernardines de Cairoux ; 19.° les Hospitalières de Saint Alexis.

Le Diocèse de Tulle était fort petit. Il ne contenait qu'environ huit lieues d'étendue. Cet Évêché n'était avant son érection qu'une abbaye connue sous le nom de Saint Martin. Il n'y avait dans ce Diocèse qu'un chapitre, 2 abbayes d'hommes, 2 de filles, 2 commanderies de Malte et 11 communautés dont 2 de prêtres séculiers.

Le chapitre unique du Diocèse existait à la cathédrale de Saint Martin à Tulle.

Les abbayes d'hommes étaient, celles de Bonnaigues, O. de St. Bernard, et celle de Notre-Dame de Lavalette, O. de Cîteaux, laquelle avait un abbé commendataire.

Les abbayes de filles étaient, celle de Saint Bernard à Tulle, et celle de Bonnesaigne, même ordre que la précédente.

Les commanderies étaient, celle de la Vinadière et celle de Belle-Chassaigne.

Les communautés d'hommes étaient au nombre de 7 : savoir, deux communautés de prêtres séculiers, les Jésuites, les Feuillans et les Carmes de Tulle, les Recollets d'Argentat.

Les communautés de filles étaient au nombre de 5 : savoir, les Ursulines, les Visitandines et les Clairettes de Tulle, les Ursulines et les Clairettes d'Argentat.

Le Diocèse de Tulle ne comprenait pas plus de 5o cures et environ 25 vicairies.

Section IV.

Juridiction Ecclésiastique, compétence des Officiaux.

La juridiction dans le for intérieur de la conscience était exercée par les Prélats, leurs pénitenciers, leurs curés et confesseurs, et au for extérieur par leurs *Officiaux*. Les Évêques ne pouvaient juger les matières contentieuses de leur juridiction : ils devaient les envoyer devant leurs *Officiaux*, à moins qu'ils ne pussent le faire dans le cours de leurs visites. Quant à la compétence civile des *Officiaux*; ils connaissaient des matières personnelles entre ecclésiastiques, ou quand le défendeur était ecclésiastique, tels que ceux qui étaient dans les ordres sacrés, les clercs, les bénéficiers ou étudians, et des matières du sacrement de mariage entre laiques, et des choses spirituelles ; comme aussi des dîmes ecclésiastiques, au pétitoire seulement. On pouvait appeler comme d'abus de leurs ordonnances, au parlement du ressort. Ils jugeaient provisionnellement jusqu'à 25 liv. ; et leurs sentences étaient exécutoires nonobstant appel, conformément à l'ordonnance de 1667. Les Officiaux connaissaient des excès commis par lesdits ecclésiastiques, dont la peine était susceptible d'être expiée par la détention, l'interdit, l'excommunication, les jeûnes, les prières, les privations pour un tems, du rang dans l'Église, des voix délibératives, des distributions d'une partie des fruits, les privations des bénéfices, la prison, les amendes pécuniaires applicables à des œuvres pies ; enfin les amendes honorables. Ils connaissaient aussi des crimes d'hérésie et de simonie. Quand les excès méritaient des peines plus graves, l'instruction de la procédure se faisait par le Juge royal et l'Official, chacun pour leur compétence. Les appels des Officiaux des Évêques se relevaient devant ceux des Archevêques, de-là à ceux des Primats et au Pape. Les Officiaux étaient tenus de procéder conformément à l'ordonnance de 1667. Il y avait un bureau ecclésiastique dans chaque Diocèse, composé du Syndic et des députés, où l'on faisait la répartition de toutes les charges du Diocèse ; ce bureau connaissait en première instance des contestations qui s'élevaient sur la répartition, dont les appels étaient portés à la chambre-souveraine du ressort. Ces chambres-souveraines étaient au nombre de huit : savoir, à Paris, à Lyon, à Rouen, à Tours, à Toulouse, à Bordeaux, à Bourges et à Aix.

Section V.

Des Conciles.

La Monarchie ayant été partagée, sous les successeurs de Clovis, les Prélats des divers Royaumes ne se réunirent, que lorsque les Rois furent amis. Quand toute la Nation rentra sous l'obéissance d'un seul Monarque, alors les Conciles devinrent nationaux. La seconde race de nos Rois est, pour ainsi dire, l'âge synodal de la France, vu le nombre prodigieux des Conciles qui se tinrent vers ce tems-là ; mais la plupart furent des assemblés mi-parties d'Ecclésiastiques et de Seigneurs séculiers. On y dressait en même tems des Canons et des Réglemens politiques. Depuis Philippe le Bel, jusqu'à nous, il s'est tenu peu de Conciles qu'on puisse appeler Nationaux.

Les grandes assemblées, qui étaient tout à la fois des Conciles et des Diètes, se tenaient ordinairement dans le palais du Prince. Le Clergé avait néanmoins, dans ces assemblées, le plus grand ascendant sur les affaires temporelles. Ce fut la puissance ecclésiastique qui sauva la Monarchie, sous les derniers Rois de la seconde race, en résistant, avec vigueur, aux Seigneurs laïcs qui usurpaient le domaine de la Couronne. Ce fut par les soins de cette même puissance que les Capétiens recouvrèrent les provinces et les villes dont leurs prédécesseurs avaient été dépouillés.

Les Conciles de Nicée, de Gangres, d'Arles, de Laodicée, dressèrent des Canons pour régler la durée et les divers genres de pénitence à imposer pour la répression de certains crimes. Ces pénitences consistaient dans une suite d'exercices laborieux et publics. Cette sévérité, dans la discipline de l'Église, dura jusqu'au tems des Croisades. Alors, à la place de ces peines canoniques, il fut enjoint aux pécheurs d'aller eux-mêmes, en réparation, combattre les Infidèles, ou de contribuer à cette guerre par le don de sommes proportionnées à leur fortune.

Canons Pénitenciaux.

Pour l'abandon de la Religion catholique, 10 ans de pénitence.

Pour la pratique de la magie et des enchantemens, 7 ans.

Pour la pratique de l'art divinatoire, ou la consultation des devins, 5 ans.

Pour le parjure, ou la provocation à icelui, 7 ans, après 40 jours de jeûne au pain et à l'eau.

Pour un blasphême, sept jours de jeûne par chaque fois.

Pour s'être adonné à quelque œuvre servile le Dimanche, trois jours de jeûne.

Pour avoir parlé à l'Église pendant l'office divin, dix jours de jeûne.

Violation du jeûne en carême, autant de 7 jours de jeûne que de violation.

Provocation à l'avortement, 3 ans de pénitence.

Destruction du fœtus, 10 ans.

Homicide volontaire, pénitence perpétuelle.

Homicide involontaire, 3 ans.

Provocation à l'homicide, 7 ans, dont 40 jours de jeûne.

Vol capital, 5 ans.

Vol léger, 1 an.

Usure, 3 ans, dont un an au pain et à l'eau.

Fornication simple, 3 ans.

Adultère, 10 ans.

Fornication d'un célibataire avec une femme mariée, 7 ans.

Inceste avec deux sœurs, toute la vie.

Pour s'être fardé le visage, 3 ans.

Pour avoir participé à une mascarade un jour de fête, ou devant une Église, 3 ans.

Pour avoir laissé mourir un enfant sans baptême, 3 ans, dont un an de jeûne au pain et à l'eau.

Pour faux témoignage, ou calomnie, 7 ans.

Pour désir manifesté du bien d'autrui, 3 ans.

Pour le désir de la fornication, 2 ans.

Pour les crimes qualifiés infâmes et abominables, au nombre desquels était la pédérastie, 15 ans de pénitence.

CHAPITRE VIII.

De la Législation, et de l'Organisation judiciaire.

SECTION PREMIÈRE.

Ancienne Législation. — Combat Judiciaire — Épreuves. — Etc.

La Gaule était régie par les lois Romaines, à l'époque de son invasion par les Francs. Ces conquérans n'y portèrent point de lois, mais simplement des coutumes. La manière de vivre des Francs ainsi que celle des Germains dont ils faisaient partie, ne donnant pas grande matière aux contestations, le mode suivant lequel ils les décidaient était aussi simple qu'expéditif. D'ailleurs, ces peuples ne faisaient pas de conquêtes pour acquérir de la gloire; mais uniquement pour accroître leur domination et recueillir du butin. Ils ne mettaient donc point d'importance à ce que les Nations vaincues adoptassent ou non leurs usages et leurs lois. Aussi voit-on que, dans les premiers siècles de la Monarchie Française, il était loisible à chaque citoyen de vivre sous l'empire de la loi qu'il préférait. Les

Gaulois qui étaient devenus pour ainsi dire Romains, n'étant donc point forcés par les Francs, leurs nouveaux vainqueurs, de se conformer aux lois de ces derniers, dûrent nécessairement conserver leurs anciennes institutions. Cela seul sert à expliquer comment le droit Romain à survécu en France à la conquête de cette contrée par les Francs.

Dans les premiers tems de la Monarchie Française, les lois étaient purement personnelles. Elles concernaient principalement la punition des crimes. Tous les crimes étaient rachetés par des amendes pécuniaires, excepté cependant les crimes d'État.

Le meurtre d'un Évêque était racheté par une amende de 900 sous d'or;

Celui d'un prêtre était racheté par une amende de 600 s.;

Le meurtre d'un laïc coûtait beaucoup moins;

Le meurtre d'un Franc, d'un Barbare, ou d'un autre homme vivant sous la loi Salique, pouvait être racheté pour la somme de 200 sous d'or;

Le meurtre d'un Romain, propriétaire, pouvait être racheté par une amende de 100 sous;

Celui d'un Romain, colon ou fermier, n'en coûtait que 45;

Un Romain qui enchaînait un Franc devait 30 s.;

Un Franc qui enchaînait un Romain n'en devait que 15;

Un Franc dépouillé par un Romain, recevait 62 sous et demi de composition;

Un Romain dépouillé par un Franc, n'en recevait que 30;

Tel était l'état de la législation criminelle des Francs : Quant à leur législation civile, on n'y découvre qu'un très-petit nombre de dispositions relatives aux successions et aux contrats. De-là vint que ces peuples, dans une infinité de cas, avaient recours aux lois Romaines, pour la décision des questions que leurs coutumes n'avaient pas prévu. Outre cela, leurs prêtres suivaient presque tous la loi Romaine, attendu qu'ils étaient presque tous Romains, et que, d'ailleurs, ils avaient un intérêt particulier à observer des lois qui leurs concédaient une multitude de priviléges. C'était ces prêtres qui dressaient tous les actes, parce qu'ils étaient à peu près les seuls qui sçussent écrire; et il est probable qu'ils dressaient ces actes conformément à leurs lois. Il est donc vrai de dire que les lois Romaines étaient à peu près, à cette époque, généralement observées en France.

Charlemagne ne changea point l'ordre qu'il trouva établi dans son Royaume, il respecta la liberté qu'avait chaque peuple de se conduire suivant ses institutions particulières. Ce Prince fit aussi un grand nombre de réglemens connus ainsi que ceux de ses successeurs sous le nom de Capitulaires. Ces Capitulaires sont sans doute un des plus beaux monumens de notre législation, eu égard au tems où ils furent composés; mais la plupart ne roulant que sur des matières ecclésiastiques ; et d'ailleurs étant dépouillés de ce style impératif qui sied à l'autorité souveraine, doivent être considérés plutôt comme des préceptes de morale que comme des lois.

L'insuffisance des lois obligea donc d'avoir un recours continuel aux lois Romaines.

Lorsque les Francs entrèrent dans la Gaule, ils y trouvèrent l'usage de l'écriture, que les Romains y avaient porté. A l'imitation de ces peuples, ils rédigèrent leurs coutumes par écrit et en firent des recueils. Les règnes malheureux qui suivirent celui de Charlemagne, les invasions des Normands, les guerres intestines, replongèrent la France dans les ténèbres d'où elle semblait être sortie. On ne sut plus en France, ni lire ni écrire. De-là l'entier oubli du droit Romain, des lois Barbares écrites et des Capitulaires.

Dans ces siècles d'ignorance, les Français adoptèrent pour code des usages également réprouvés par la raison et par l'humanité. Ce fut alors qu'on vit naître l'institution de la Chevalerie, institution par laquelle des hommes privés, non moins ignorans que le reste du peuple, mais faisant vœu de bravoure et de loyauté, s'établirent défenseurs du faible, appuis de l'innocence opprimée, protecteurs de l'ordre et de la justice, parcourant les chemins, cherchant les aventures, redressant les torts. Telle était la justice d'alors. *Le combat judiciaire, les épreuves, le serment* devinrent en vigueur, tout fut soumis à l'empire de la force et de l'adresse. On se battit au sang et même à mort pour un lopin de terre : le juge dont on appelait fut obligé de descendre de son tribunal pour soutenir son jugement. Au jour indiqué pour le combat, une lice de 80 pieds de long sur 40 de large était préparée en plein air : cette enceinte était gardée par des sergens d'armes. Avant d'en venir aux mains, il fallait qu'une sentence eut ordonné l'espèce, le lieu et l'heure du combat. Après le prononcé, l'accusé jetait un gant, qui était relevé par le Juge. Ensuite les deux champions étaient conduits en prison, ou confiés à des gardiens. Celui qui s'évadait était regardé comme convaincu du crime, ou mal fondé dans sa demande. Le juge fournissait des armes aux combattans. Ces armes étaient portées au son des instrumens de musique, et bénites par un prêtre qui faisait jurer sur le Crucifix aux deux champions, que leur droit était bon, qu'ils n'employaient ni dol ni artifice. Ce serment fait, le juge ou maréchal du camp jetait en l'air sa baguette, les deux combattans se précipitaient l'un sur l'autre, armés de toutes pièces, au bruit des fanfares. Après que le nombre de coups prescrit par ce cartel, avait été porté, le juge faisait annoncer que le combat était fini; s'il se prolongeait jusqu'à la nuit sans pouvoir être terminé, l'accusé était réputé vainqueur, et la peine du vaincu était celle que les lois admettaient lors de la conviction du crime. Si le crime imputé était du nombre de ceux pour lesquels la peine capitale était infligée, le vaincu était à l'instant désarmé, traîné hors de la lice et exécuté. Les vieillards, les infirmes, les femmes et les ecclésiastiques combattaient par procuration. Il y avait des *braves* qui, pour certaine somme, entraient en lice pour ceux qui les employaient. S'il s'agissait d'un crime emportant peine de mort, et si le champion remplaçant succombait, il était sans autre forme de procès mis à mort avec l'accusateur ou l'accusé qui le stipendiait.

Le combat judiciaire n'était ordinairement ordonné que dans les cas les plus graves, et lorsqu'il n'existait aucun indice capable d'éclairer la religion des juges. Dans les autres cas, le serment, les épreuves par l'eau, le fer ou la croix étaient les moyens usités.

On n'était reçu au serment qu'en faisant jurer avec soi des personnes de sa profession, de son sexe, de sa parenté, ou même de son voisinage, gens sans reproche, domiciliés et connus de l'accusateur. Le juge fixait le nombre des témoins qui devait être produit et les nommait souvent d'office. Le serment se faisait dans une Église, à jeun et avant midi, sur une Croix, sur un Autel, sur le livre des Évangiles, sur le Canon de la Messe, sur un Reliquaire, sur le Tombeau de quelque Saint, etc. Tandis que les jureurs touchaient un de ces objets, l'accusé étendait les mains sur les leurs, en jurant qu'il n'était point coupable. L'épreuve du serment déchargeait de l'accusation, à moins que l'accusateur ne proposât la preuve contraire : dans ce cas, il fallait recourir au combat judiciaire.

L'épreuve par l'eau bouillante, dans laquelle on plongeait les mains, se faisait également dans l'Église et avec de semblables cérémonies.

L'épreuve par l'eau froide, qui était l'épreuve du menu peuple, se faisait sans autant de cérémonies. Après quelques oraisons que le prêtre se hâtait de dire sur le patient, on lui liait pieds et poings, et on le jetait ainsi à l'eau. S'il surnageait il était regardé comme coupable, et comme innocent s'il enfonçait.

L'épreuve par le Fer était celle à laquelle se soumettaient les Nobles, les Prêtres et autres gens libres que l'on dispensait du combat. Il fallait empoigner une barre de fer brûlant, du poids de deux à trois livres, ou mettre sa main dans un gantelet de même métal, aussi brûlant, ou marcher pieds nus sur neuf lames de fer rouge. Ces fers étaient bénis et gardés soigneusement par certains ecclésiastiques privilégiés, à qui il revenait pour cela une rétribution. Trois jours avant que l'épreuve eut lieu, l'accusé qui voulait se disculper jeûnait au pain et à l'eau. Le jour de la cérémonie arrivé, il entendait la messe et communiait ; mais avant la communion il déclarait à haute voix son innocence. La messe finie, les Prêtres conduisaient le patient au lieu destiné à l'épreuve, en entounant des chants lugubres. Là on lui faisait baiser le livre des Évangiles, boire de l'eau bénite, et on en aspergeait son visage, sa tête, ses habits, et sur-tout les mains et les pieds qui devaient toucher le fer. L'accusé introduisait ensuite sa main dans le gant brûlant, ou il soulevait la barre de fer rouge deux ou trois fois, selon le dispositif du jugement, ou il marchait, pieds nus, sur plusieurs barres de fer brûlant. Après cette opération, les mains ou les pieds soumis à l'épreuve étaient enfermés dans un sac de peau, sur lequel le Juge et la partie adverse apposaient leurs sceaux. Trois jours après, ces scellés étaient levés. Si, sur la main ou sur le pied de l'accusé, la brûlure n'avait laissé aucune trace, on regardait le patient comme parfaitement innocent. Dans le cas contraire, sa culpabilité passait pour avérée.

Enfin on employait le jugement de la croix : ce jugement consistait à étendre ses bras en croix et à les laisser dans cette position plus long-tems que son adversaire.

Ces épreuves absurdes et cruelles composaient alors le droit Français. Arrivait-il une dispute sur un point de jurisprudence, deux champions étaient choisis pour la décider.

Les épreuves dont nous venons de parler étaient appelées Jugemens de Dieu : Gontran, roi de Bourgogne, accusait un jour un Ambassadeur de Childebert, roi d'Austrasie, de trahison envers son maître, et de peu de fidélité envers ses amis. Si tout autre qu'un Roi, répondit l'Ambassadeur, osait me faire un semblable reproche, nous nous battrions sur-le-champ, et Dieu en déciderait.

Si l'usage de l'écriture se perdit en France pendant les siècles d'ignorance qui suivirent le siècle brillant de Charlemagne; en revanche cet usage se conserva en Italie, où régnaient les Papes et les Empereurs Grecs, où il y avait des villes florissantes et presque le seul commerce qui se fit pour lors. Ce voisinage de l'Italie fit que le droit Romain resta en vigueur dans les contrées de la Gaule, autrefois soumises aux Goths et aux Bourguignons.

Dans les commencemens de la troisième race de nos Rois, on vit paraître des Chartes particulières et générales. Tels sont les Établissemens de Philippe-Auguste et ceux de Saint Louis. Ces derniers étaient un composé des lois Romaines, des Canons, des Conciles, des Décrétales des Papes, des différentes coutumes des Provinces, des Ordonnances des Rois précédens, enfin de celles de Saint Louis lui-même. Mais ce qui rendit cette époque justement célèbre, par l'influence qu'elle eut sur les mœurs, ce fut l'établissement du droit d'appel, qui amena la suppression du combat judiciaire, lequel avait lieu dans toutes les causes, tant civiles que criminelles.

Sous les premiers descendans de Hugues Capet, presque toute la classe inférieure du peuple était dans la servitude. Plusieurs raisons déterminèrent enfin les Rois et les Seigneurs à affranchir leurs Serfs. Ces Seigneurs en affranchissant leurs Serfs, leur concédèrent des propriétés. Il fallut leur donner des lois constantes qui servissent à régler la disposition de ces propriétés. Il en fallut aussi pour régler les droits que ces Seigneurs se réservaient pour l'équivalent des propriétés dont ils se dépouillaient. L'un et l'autre de ces objets furent réglés par des chartes d'affranchissement qui furent rédigées par écrit, et ne contribuèrent pas peu à la renaissance du droit Français.

Charles VII et ses successeurs firent ensuite rédiger par écrit dans tout le Royaume, les diverses coutumes locales, que l'on tâcha de rendre aussi générales que faire se put, sans néanmoins léser les intérêts des particuliers. Enfin, vinrent les règnes de Louis XIV et de Louis XV, fameux par le grand nombre et l'importance des lois qu'ils ont vu paraître. Cependant sous ces règnes brillans, notre législation encore à son enfance, se ressentait de la barbarie des époques où remonte son berceau. En vain sous le règne de Louis XVI, le projet d'un nouveau corps de droit avait été conçu; soit négligence, soit impéritie de la part des jurisconsultes chargés de ce travail, leur tâche était demeurée imparfaite. Pendant la révolution, plusieurs assemblées nationales tentèrent successivement cette glorieuse entreprise; mais aucun des projets présentés sur cette matière ne fut jugé susceptible de recevoir son exécution. Parmi les diverses causes qui semblèrent faire naître de puissans obstacles, on doit placer la fausse idée où l'on était alors, qu'il était impossible de régénérer en entier et de faire adopter un immense corps de lois. Cette novation qui pouvait aisément se réaliser chez un petit peuple naissant, paraissait impraticable à l'égard d'une grande Nation telle que la Nation Française, en raison des grandes nuances d'habitudes, de mœurs et de coutumes qui la plupart dérivaient d'une diversité de sols et d'industrie.

La gloire d'une pareille entreprise était réservée aux Jurisconsultes du dix-neuvième siècle. Un corps de lois complet, composé de plusieurs codes aussi étonnans par la sagesse de leurs dispositions que célèbres par la rapidité avec laquelle ils ont été rédigés, s'est élevé naguères comme par enchantement. Ainsi, par ce grand-œuvre, on a vu disparaître en France cet amas confus et informe de coutumes différentes, qui semblaient faire des habitans de deux provinces, et souvent même de ceux de deux villes voisines, des peuples étrangers.

Section II.

Organisation Judiciaire.

JADIS, en France, ceux qui avaient le gouvernement militaire d'une province ou d'une ville, y remplissaient, en même tems, les fonctions de juges avec quelques assesseurs dont ils prenaient conseil. Les premiers qui rendirent la justice furent donc les ducs et les comtes. Ceux-ci s'étant rendu propriétaires des gouvernemens qu'ils ne tenaient qu'à titre d'office, se déchargèrent alors d'une partie de l'administration de la justice sur des officiers qu'ils établirent en leurs noms, et qui prirent selon l'usage de chaque lieu les noms de Vicomtes, Prévôts et Viguiers. Ceux des bourgs fermés se qualifièrent de Châtelains et ceux des villages, de Maires. Les ducs et les comtes jugeaient avec leurs pairs l'appel des juges inférieurs, ainsi que les affaires majeures. Mais, dans la suite, ils se débarrassèrent encore de ce soin sur des officiers que l'on appela Baillis et en d'autres lieux Sénéchaux. A Paris et dans les autres villes du domaine royal, qui étaient en petit nombre, le Monarque établissait un prévôt pour rendre la justice en son nom. Le parlement, qui n'était pas encore sédentaire, avait l'inspection sur tous ces prévôts. Les Rois des deux premières races envoyaient en outre dans les provinces éloignées, des commisaires appelés *missi Dominici*, pour recevoir les plaintes que l'on pouvait avoir à former contre les seigneurs ou leurs officiers. Au lieu de ces délégués ambulans, il fut créé dans la suite quatre Baillis royaux permanens dont le siége fut établi à Vermand, aujourd'hui près Saint-Quentin, à Sens, à Mâcon et à Saint-Pierre-le-Moutier. Le nombre de ces Baillis fut augmenté à mesure que l'Autorité royale s'affermit. En 1190, Philippe-Auguste établit de ces Baillis dans les principales villes de son Royaume; et les anciens duchés et comtés ayant été peu à peu réunis à la couronne de France, les officiers créés par les ducs et les comtes devinrent Juges royaux. Du tems de Saint Louis, il fallait faire preuves de noblesse pour être apt à exercer les fonctions de juge, et nul ne pouvait être nommé juge dans son pays natal; sans doute pour prévenir les abus auxquels les magistrats pouvaient se livrer. Dans le neuvième siècle il fallait être à jeun pour juger, suivant le dispositif d'un des capitulaires de Charlemagne; mais dans la suite ces formalités tombèrent en désuétude.

Dès le premier âge de notre Monarchie, la haute-justice fut encore administrée par des parlemens. On nommait ainsi des assemblées nationales qui dans leur origine (laquelle remonte au tems de Charles Martel) furent composées de toutes les personnes libres indistinctement; mais vers la fin de la seconde race de nos Rois, on n'y admit plus que les barons du Royaume et les prélats. Dans ces assemblées, que le Souverain présidait, on traitait de la paix, de la guerre, des alliances, et généralement de toutes les affaires qui interressaient l'État; on y faisait des lois et des réglemens appropriés aux circonstances; on y jugeait les différends les plus graves entre les sujets; enfin tout ce qui était relatif à la sûreté du Monarque et à la liberté des peuples. Sous les Mérovingiens, ces assemblées se tenaient au mois de mars de chaque année; sous les Carlovingiens, au mois de mai; ce qui les fit appeler Champ-de-Mars et Champ-de-Mai. Ce ne fut que sous Pepin que l'on connut les Parlemens. Nous avons déjà dit qu'avant que le Parlement eut été rendu sédentaire, le Souverain envoyait dans les provinces des commissaires chargés de surveiller l'exécution de la justice. Ces commissaires se rassemblaient en certains tems, pour les affaires importantes, auprès du Roi et de son conseil ordinaire, et cette réunion formait alors la Cour *plénière* ou le plein Parlement. Différentes Cours supérieures furent ensuite établies à diverses époques, sous une semblable dénomination. Ces Cours souveraines étaient chargées de la vérification et de la promulgation des lois; de regler la compétence et de juger les appels des présidiaux des bailliages et des sénéchaussées, ainsi que des prévôtés. Ils étaient composés depuis 17..., ainsi que toutes les justices royales subalternes, de titulaires d'offices vénaux et héréditaires, tenant, moyennant finance, leurs provisions du Roi. Les Baillis et les Sénéchaux étaient hommes d'épée. Ils avaient pour lieutenans des gens de robe pourvus d'ofices. Les Présidiaux furent institués pour sauver une partie des inconvéniens attachés à la multiplicité des hautes, moyennes et basses justices des seigneurs. Les prévôtés étaient à un degré au-dessous des bailliages et des sénéchaussées.

Les Parlemens étaient au nombre de quatorze, séans à Paris, Toulouse, Grenoble, Bordeaux, Dijon, Aix, Rouen, Rennes, Pau, Metz, Besançon, Douai, Dombes et Nancy. Le ressort du Parlement de Bordeaux comprenait le Bordelais ou l'Aquitaine, partie de la Gascogne, les Landes, l'Agenois, le Bazadois, le Périgord, le Limousin, partie de la sénéchaussée de Martel en Quercy, la Saintonge. Bordeaux eut un Parlement dès l'an 1462. A cet effet Louis XI démembra quelques portions du territoire compris dans le ressort de Toulouse.

Toute la province du Limousin était jadis régie par le Droit Écrit, n'ayant aucune coutume particulière.

Le Présidial de Limoges fut créé en 1553. Il s'étendait sur environ quinze lieues de pays. Il n'avait dans son ressort aucune Sénéchaussée royale, mais plusieurs prévôtés ou justices royales subalternes, et plusieurs justices seigneuriales. Ces prévôtés étaient celles de Limoges, de Solignac, de Chalucet, de Champagnac, de Rancon et de Condat. Il y avait en outre deux justices qui appartenaient au Roi, en pariage : savoir, celle de Saint-Léonard avec l'évêque de Limoges, et celle de Saint-Yrieix avec le chapitre de ce lieu. Les principales justices seigneuriales étaient celle de la Cité de Limoges, celle de la Salle Épiscopale, celle d'Isle, celle de Saint-

Junien, celle d'Eymoutiers, et celle de St.-Léonard qui appartenait, comme nous l'avons dit, en pariage au Roi et à l'évêque de Limoges, la justice de Saint-Germain au chapitre de cette ville, celle de Bénevent à l'Abbé, celles de Pierre-Buffière, des Cars, de Châteauneuf, de Lastours, de Bonneval, de Châlus, d'Aixe, de Solon, de la Porcherie, de Vicq et de Saint-Vaulry qui appartenaient à leurs seigneurs respectifs, ainsi qu'une quantité d'autres petites justices moins considérables qui s'étaient multipliées en partie par l'effet du démembrement de la vicomté de Limoges, lors des aliénations qui en furent faites par Henri IV avant et depuis son avènement à la couronne.

Le présidial de Tulle fut créé comme celui de Limoges, l'an 1553. Il s'étendait sur 140 petites villes, bourgs ou paroisses. Les principales juridictions que comprenait son ressort étaient la sénéchaussée d'Uzerche, le siége ducal de Ventadour et une partie de la sénéchaussée de Martel. Les principales justices seigneuriales comprises dans ce même ressort étaient celles de Soudeilles, Lioteretz, Saint-Yrieix, Lascoux, la Roche, Montaignac, Bar, Malauze, Saint-Projet, Saint-Chamans, Treignac et Roussille.

Le présidial de Brive, qui était plus considérable avant qu'on eut composé celui de Tulle, comprenait néanmoins encore 140 petites villes, bourgs ou paroisses, 8 châtellenies et 150 justices seigneuriales. La justice ordinaire de la ville de Brive appartenait en même tems à trois co-seigneurs, aux ducs de Bouillon et de Noailles et aux Consuls. Ils n'avaient cependant tous qu'un même juge et un même procureur d'office. La principale juridiction qui ressortissait au présidial de Brive était le siége de la vicomté de Turenne qui comprenait beaucoup de justices particulières. Après cette justice, les plus considérables étaient celles de Noailles, de Malemort, d'Ayen, de Donzenac, de Saint-Aulaire, de Castelnouel, de Saint-Viance et de Cosnac. Le reste appartenait à des seigneurs ecclésiastiques. La sénéchaussée d'Uzerche s'étendait sur 150 paroisses. La justice ordinaire du lieu appartenait à l'Abbé. Les autres appartenaient pour la plupart aux religieux de l'ordre de St. Benoît et de celui de St. Maur, qui avaient des biens considérables dans ce pays.

Il y avait deux Sénéchaussées dans la basse Marche-Limousine, l'une au Dorat, l'autre à Bellac. La première avait plus d'étendue. Elle avait dans son ressort une Châtellenie, qui était celle du Dorat. Les plus considérables seigneuries de ce siége royal, étaient le Vigean et Magnac. La sénéchaussée de Bellac renfermait trois Châtellenies : savoir, celle de Bellac, unie au siége ; celle de Rançon et celle de Champagnac. Elle n'avait que six justices de seigneurs : savoir, Darnac, le Deffens, Thouron, Chabannes, Bonnat et Nantiat.

Les Présidiaux connaissaient en première instance ou par appel des sentences des juges de leur ressort, des causes mobilières et immobilières et des droits incorporels qui n'excédaient pas la somme de 2,000 l. au premier chef, dont les jugemens étaient souverains; et de 6,000 liv. au second chef, dont les jugemens étaient exécutoires par provision, conformément à l'édit de 1777. On se pourvoyait par requête civile contre les jugemens des présidiaux, dans six mois de leur signification. Si l'on appelait au Parlement d'un jugement en dernier ressort, on se pourvoyait au grand conseil, protecteur des présidiaux.

La compétence civile et criminelle des bailliages et sénéchaussées du ressort immédiat du Parlement était la même que celle du Châtelet de Paris. Les juges royaux connus sous les noms de Baillis, Prévôts, Châtelains, Viguiers et d'Appeaux, connaissaient de toutes matières civiles, personnelles, réelles et mixtes entre roturiers, et des matières de police, à l'exception des matières féodales et autres réservées aux sénéchaux. Ils connaissaient aussi des causes criminelles ordinaires, à l'exclusion des cas royaux et prévôtaux.

Les Juges seigneuriaux ordinaires de la haute, moyenne et basse justice, avaient la même connaissance que les Juges royaux ordinaires. Ils connaissaient aussi des causes des nobles domiciliés dans leur juridiction, à moins qu'il n'y eut titre ou privilége contraire : mais ils ne pouvaient connaître des causes du seigneur justicier contre ses justiciables, que pour ses droits seigneuriaux. Ils connaissaient aussi des sentences des juges de moyenne et basse justice.

La loi du 24 août 1790 donna à l'ordre judiciaire une organisation nouvelle. Par l'effet de cette organisation, les anciens tribunaux furent supprimés, et remplacés par des Justices de paix et des tribunaux de District, qui étaient tribunaux d'appel les uns à l'égard des autres. Il fut, en outre, institué des tribunaux de commerce. Ces tribunaux de district furent établis à Limoges, le Dorat, Bellac, Rochechouart, Saint-Yrieix, Saint-Léonard, Tulle, Brive, Uzerche et Ussel.

Antérieurement à cette dernière organisation, c'est-à-dire en 1788, parut une Ordonnance royale portant création de grands Bailliages dans tous les ressorts des parlemens du Royaume, et en même tems érection des bailliages et sénéchaussées en présidiaux, avec des attributions limitées. Suivant ce nouvel état de choses, le ressort du parlement de Bordeaux contenait quatre grands Bailliages : savoir, Bordeaux, Condom, Dax et Périgueux. Les sénéchaussées présidiales de Brive, Sarlat et Tulle ressortissaient du grand bailliage de Périgueux.

La loi du 27 ventôse an 8 (18 mars 1800) supprima les tribunaux civils, et les remplaça par un tribunal de première instance par arrondissement communal. Les tribunaux de commerce furent conservés de même que le nombre primitif des justices de paix qui depuis fut considérablement réduit. Il fut créé, à la même époque, un tribunal d'appel, dont la juridiction s'étendait sur les départemens de la Haute-Vienne, de la Creuse et de la Corrèze, et dont le siége fut fixé à Limoges. Ce tribunal était composé d'un président et de douze juges, dont trois exerçaient la présidence des tribunaux criminels de Limoges, de Tulle et de Guéret.

Aux cours d'appel succédèrent les Cours Impériales, qui depuis la Restauration ont pris le nom de Cours Royales. Ces grands corps de magistrature ont en quelque sorte remplacé nos anciens parlemens. Leurs arrêts ne sont soumis qu'à la censure de la Cour de Cassation, qui encore ne peut les annuller que pour vices de forme. Ces Cours, à la tête de chacune desquelles est un Premier Président, sont divisées, pour le travail, en trois sections, qui ont chacune leurs attributions et leur président particulier. Les fonctions du ministère public sont exercées, près de ces Cours, par des officiers qui portent les titres de Procureurs généraux, d'Avocats généraux et de Substituts.

Les Cours d'Assises instituées en remplacement des tribunaux criminels, sont composées dans le chef-lieu de l'établissement de chaque Cour Royale, de juges pris dans son sein, lesquels exercent la présidence, ordinairement à tour de rôle, sous l'approbation du Garde des Sceaux ou du Premier Président. Ces tribunaux reçoivent une nouvelle organisation à l'époque marquée pour chaque session. Ils sont chargés de l'instruction de la procédure et de l'application du code pénal, conformément à la décision du Jury. La Cour d'Assises de Limoges est la seule du ressort qui soit entièrement formée de Conseillers : à Tulle et à Guéret, le Tribunal civil tient les Assises, sous la présidence d'un Conseiller délégué *ad hoc*.

La justice commerciale est rendue par les tribunaux civils, dans toutes les villes du ressort où il n'y a pas de tribunal de commerce.

CHAPITRE IX.

De l'État Militaire.

Section I.re

Ancienne organisation des Armées.

Sous la première race des Rois de France, et sous une partie de la seconde, les armées n'étaient composées que d'*appointés* et de quelques autres sujets de la Couronne, lesquels, à la première réquisition, étaient obligés d'accompagner le Prince ou ses délégués aux expéditions de guérre. Ces *appointés* étaient des militaires de profession, auxquels, au lieu de solde, le Monarque accordait une certaine quantité de terrain, à charge, par eux, de prendre les armes toutes les fois que les besoins de l'État l'exigeaient. A mesure que nos premiers Rois faisaient des conquêtes, ils en distribuaient le fruit aux capitaines et aux soldats. Ces concessions étaient ou viagères ou temporaires. Ainsi, quand il plaisait au Souverain de déclarer la guerre, il en prévenait tous les officiers de ses États par un *Proclamat*. Si le nombre des bénéficiers était insuffisant, il était fait alors, dans une ou plusieurs provinces du Royaume, un appel à tous les individus en état de porter les armes, et les défaillans étaient condamnés à une forte amende; à moins qu'ils ne donnassent pour excuse de leur désobéissance, ou leur grand âge, ou leurs infirmités, ou la culture des terres. Ces troupes étaient sous le commandement immédiat de leurs Seigneurs, c'est-à-dire des plus anciens, *Seniores*. Les Seigneurs obéissaient aux Comtes et ceux-ci aux Ducs. Chaque province fournissait à la milice des vivres pour trois mois dans le pays, et des armes et des habits pour six: mais les trois mois étant expirés, c'était au Roi à pourvoir à la subsistance de son armée jusqu'à la fin de son service.

Vers le milieu de la seconde race, les Ducs et les Comtes obtinrent de tenir en propre leurs charges, qui, auparavant, n'étaient que de simples commissions; et sur le déclin de cette même race, et vers le commencement de la troisième, ils usurpèrent, dans leurs gouvernemens, les droits fiscaux et de justice, néanmoins d'abord sous l'obéissance du Prince, et avec quelque subordination modifiée en raison de la hiérarchie des pouvoirs. De-là l'origine des Duchés et Comtés : dès-lors ces bénéfices furent donnés en propriété, sauf l'hommage au Prince et l'obligation de contribuer à la défense de l'État. Ceux qui tenaient de la munificence du Prince, des domaines considérables, en délaissèrent, à leur tour, certaines portions sous pareilles charges de foi et redevance. Le Roi convoquait donc, pour les expéditions de guerre, ses hommes de plein fief, et ceux-ci convoquaient leurs vassaux. Les militaires de profession étaient seuls habiles à recevoir ces sous-inféodations, à l'exclusion des ecclésiastiques, et, dans ce cas, elles retournaient à l'inféodateur. Originairement, les feudataires étaient obligés d'aller à la guerre, non-seulement pour le service du Prince, mais encore pour le soutien des querelles particulières de leurs Seigneurs. Ces Seigneurs ayant pourtant abusé de cette prérogative, en furent dans la suite dépouillés.

Ni les Évêques ni les Abbés ne furent point dispensés, pendant long-tems, du métier des armes, et cela, à cause des fiefs qu'ils possédaient. Cependant Charlemagne les affranchit de ce devoir. Mais il se trouva un grand nombre de ces Ecclésiastiques qui, regardant cette dispense comme injurieuse à leur honneur, continuèrent à s'immiscer dans le service militaire. Les Rois, successeurs de Charlemagne, n'eurent pas, à l'égard des gens d'église, la même indulgence que cet Empereur; ils les obligèrent, comme auparavant, à conduire en personne leurs vassaux à l'armée.

Outre la convocation des nobles et des feudataires, il s'en pratiquait encore une autre : savoir, celle des communes : les villes étaient, dans certains cas, obligées d'envoyer à l'armée des troupes de bourgeois, divisées par paroisses, les curés à la tête, avec la bannière de l'église. Ces troupes étaient tenues de marcher, à leurs frais, jusqu'à une certaine distance de leur paroisse. Le commandement de ces divers corps était confié à des seigneurs de distinction, dont plusieurs s'incorporaient dans les communes, afin d'être admis au gouvernement des villes ou aux principales charges.

Indépendamment des troupes des gentilshommes fieffés et de celles des communes, il y en avait encore qui servaient uniquement pour la solde. Philippe-Auguste fut le premier qui en leva, dans la vue sans doute d'être moins dépendant de ses vassaux. Ces troupes étaient un amalgame d'hommes de diverses Nations. On appelait ceux qui les composaient, Soldats ou *Soudoyers*. Nos Rois prirent encore, à leur service, des compagnies de *Gens-d'armes*, de cent hommes chacune, sous le nom de *Compagnie d'ordonnance*, afin de les distinguer de celles que les nobles conduisaient à la guerre.

Dans les premiers tems de notre Monarchie, le gros de l'armée n'était composé que d'infanterie; mais, sous les règnes de Pepin et de Charlemagne, la cavalerie était presqu'aussi nombreuse que l'infanterie. Dès que les fiefs eurent été déclarés héréditaires, ils ne fournirent, pour leur contingent, que des hommes montés. L'obligation de donner de l'infanterie ne fut imposée qu'aux cités, dans l'institution de la milice des communes, sous le règne de Louis le Gros. Ces fantassins ne combattirent pas d'abord en corps; mais ils étaient placés par pelotons entre les files de cavalerie, et leur principal emploi était de relever les cavaliers terrassés, de dresser les batteries et d'aller au fourrage.

Philippe le Bel introduisit dans nos armées des troupes étrangères, et il y en avait beaucoup, tant dans les armées de terre que dans celles de mer, sous Philippe de Valois.

Sous le règne de Charles VII, en 1445, les gens de guerre avaient tellement dévasté l'intérieur de la France, pendant les longues divisions qui agitèrent les ducs d'Orléans et de Bourgogne, et pendant les 30 années de guerre que nous eûmes à soutenir contre les Anglais, que ce Monarque, voyant enfin la tranquillité rétablie dans ses États, réduisit toute la cavalerie à quinze compagnies, dites d'*Ordonnance*. Ces compagnies devaient être entretenues également en tems de paix et en tems de guerre. Chaque compagnie était composée de cent hommes, dont chacun avait avec soi cinq autres cavaliers, dont trois archers, un écuyer et un valet, tous armés. Ce corps ne fut d'abord composé que de gentilshommes; mais, sous François I.er, cette distinction ne fut plus exigée. Louis XII voulut que chaque homme d'armes eut avec lui sept hommes. Sous François I.er le nombre en fut porté à huit.

Charles VII voulut aussi avoir un corps permanent d'infanterie; il institua, à cet effet, les

Francs-Archers, en ordonnant que chaque paroisse du Royaume fournirait un homme tout armé et tout équipé. Ces militaires reçurent le nom de *Francs-Archers*, parce qu'en considération de leur service, ils furent exemptés d'impôts. Sous Louis XII il y avait en France seize mille francs-archers, commandés par quatre capitaines généraux, sous les ordres d'un officier supérieur nommé par le Roi. Chaque capitaine général avait sous ses ordres sept capitaines qui commandaient chacun cinq cents hommes. La première des compagnies de chacun de ces quatre corps était sous le commandement particulier du capitaine général. Chaque capitaine subalterne avait un lieutenant. Cette organisation ne subsista que jusque en 1480. Louis XI voulant néanmoins avoir un corps d'infanterie réglée, leva d'abord six mille Suisses, et ensuite dix mille Français; et pour pourvoir à la solde de cette infanterie, il établit, sur le peuple, des impôts excessifs.

Charles VIII suivit l'exemple de Louis XI : il grossit ses armées de troupes Suisses et y ajouta des *lansquenets*, fantassins Allemands. Le même Prince créa aussi une cavalerie légère. Louis XII avait 1200 *chevau-légers*, et ce corps fut augmenté considérablement sous François I.er et Henri II. Louis XII mit dans son infanterie une discipline sévère; pour la maintenir, il plaça des hommes de distinction à la tête de ses bandes. En 1527, ces corps, composés de 1000 et quelque fois de 2000 hommes, furent réduits à 400 par François Ier, après son retour de Madrid. Chaque fantassin recevait quatre sous de solde par jour. Le même François Ier institua en outre, en 1534, sept légions. Ces légions furent recrutées dans les provinces de Normandie, de Bretagne, de Picardie, de Bourgogne, de Champagne, de Nivernais, de Languedoc, de Guyenne, de Lyonnais, d'Auvergne et de Provence. Chacune de ces légions était forte de 6000 hommes, commandés par sept capitaines. Le premier de ces capitaines prenait le titre de Colonel. Chaque capitaine avait sous ses ordres deux lieutenans, deux enseignes, dix centeniers, quarante chefs d'escouade, quatre fourriers, six sergens, quatre tambours et deux fifres.

Indépendamment des troupes réglées, il y eut, sous Louis XII, François Ier et Henri II, des fantassins nommés *Aventuriers;* c'était des troupes de vagabonds que ramassaient quelques officiers, et dont ils formaient des compagnies qu'ils joignaient au gros de l'armée. Comme ces aventuriers n'avaient point de solde, et qu'en pays ennemi ils ne vivaient que du butin qu'ils faisaient, ils avaient tellement contracté l'habitude du brigandage, que de retour en France, ils se livraient à toutes sortes d'excès. Henri II sut cependant les contenir et les utiliser. Ce Prince, malgré la discipline qui régnait dans son infanterie, en ayant perdu la majeure partie à la bataille de Saint-Quentin, créa sept nouvelles légions de 6000 hommes qu'il leva dans les mêmes provinces que les précédentes. Le seul changement que Henri II introduisit dans ses légions, fut d'établir quinze compagnies au lieu de six, avec treize capitaines et autant de lieutenans et d'enseignes. Les deux premières compagnies furent dès-lors sous le commandement immédiat du chef de chaque légion. Ce fut encore sous Henri II que la cavalerie légère, qui, dans les premiers temps, n'était composée que de compagnies, ainsi que la gendarmerie, et n'avait ni état-major ni capitaines fixes, commença à figurer d'une manière plus régulière dans nos armées. Henri IV multiplia beaucoup cette troupe; Louis XIII la maintint telle qu'elle était sous Henri IV; Louis XIV en augmenta non-seulement la force, mais encore en forma des régimens en 1695. Quinze ans auparavant, le même Prince avait créé neuf compagnies de jeunes gentils-hommes ou *cadets*, réparties dans les villes de Tournai, Cambrai, Valenciennes, Charlemont, Longwy, Metz, Strasbourg, Brisac et Besançon, pour y être élevés, aux frais de l'État, dans l'art militaire; mais ces compagnies furent supprimées en 1694. Louis XIV créa les dragons et les hussards. Précédemment, lorsque la ligue d'Augsbourg fit éclore ses projets, ce même Monarque avait fait tirer la milice dans toutes les Généralités de la France, ce qui lui produisit 25,000 hommes; mais il les congédia à la paix de Ryswick. Il usa plusieurs fois de la même ressource dans les guerres qu'il eut à soutenir dans la suite.

Louis XV fut également forcé d'employer la voie de la milice, notamment en 1743 et 1765.

Je ne parlerai pas des modes divers, au moyen desquels nos armées se sont recrutées pendant le cours de notre longue révolution. On connaît suffisamment les noms odieux, sous lesquels se sont reproduits successivement les levées militaires, qui, sans autre règle que les caprices de l'anarchie ou du despotisme, ont décimé si long-tems notre population. Je terminerai cette section par quelques détails essentiels sur la formation primitive des Légions et des Régimens.

Avant qu'il y eut des Légions et des Régimens, « chaque capitaine, dit Brantôme, était mestre-de-« camp de leurs gens, fussent qu'ils en eussent peu « ou beaucoup, » c'est-à-dire que les capitaines obéissaient immédiatement au commandant général de l'infanterie, depuis qu'il fut institué par François I.er; qu'ils n'avaient point de colonel particulier ou de mestre-de-camp au-dessus d'eux, excepté que quand l'armée se trouvait en campagne, plusieurs bandes étaient réunies en un corps sous un chef à qui l'on donnait le titre de mestre-de-camp. Ce fut sur le modèle des troupes étrangères, en gardant le nom de la milice Romaine, à l'exemple de François I.er, que Henri II forma les légions des provinces frontières, et qu'immédiatement après, sur l'idée des légions, on mit ensemble plusieurs *vieilles bandes*, dont on forma des corps nommés *Régimens*, comme les appelaient les Suisses et les Allemands. En même tems, quelques gentilshommes, avec l'agrément du Souverain, levèrent de semblables corps sous leur nom, dont ils furent les commandans. Les guerres de religion étant bientôt survenues, la même chose se fit dans les armées Huguenotes, et de-là vint ce grand nombre de mestre-de-camp, dont Brantôme dit : « Y en a tant eu, et s'en fait tant tous les « jours, que par manière de dire il n'y a guères « contrée en France, que si on bat les buissons, « on en verra sortir un mestre-de-camp, ainsi « qu'on disait du tems des capitaines de la Gas- « cogne. »

En 1562, toute l'infanterie campée en-deçà de la Loire, fut mise sous les ordres de trois mestre-de-camp. En 1567, on forma, de toute l'infanterie, deux brigades, auxquelles on donna le nom de Régiment, sous deux colonels généraux. Ces colonels avaient chacun sous leurs ordres trois mestre-de-camp. Philippe Strozzi commandait la brigade en-deçà des monts, et le comte de Brissac celle au-delà des monts. Le comte de Brissac fut tué au siége de Mussidan, en 1569; et alors les régimens de sa brigade se réunirent avec ceux de Strozzi. En 1598, à la paix de Vervins, tous les régimens d'infanterie furent cassés ou réformés, et réduits à la *colonelle* et à la *mestre-de-camp*, à la réserve des *quatre vieux*. En 1600, lorsque Henri IV déclara la guerre au duc de Savoie, on remit sur pied quelques régimens; mais la paix ayant été conclue, quatre mois après, on fit une nouvelle réforme. Il est hors de doute que dans le grand armement que faisait Henri IV, en 1610, lorsque la mort le surprit, plusieurs régimens furent créés et d'autres rétablis. Au commencement du règne de Louis XIII, on congédia la plupart de ces troupes : on ne conserva, outre les quatre vieux régimens (qui se nommaient *Picardie, Champagne, Navarre* et *Piémont*), que quelques régimens des meilleurs de l'armée, à qui on donna le nom de *Petits vieux*. Il n'y avait, sous Louis XIII, que cinq régimens qui portassent cette qualification : savoir, *Rambure, Silly, Auvergne, Sault* et *Epagny*. Les distinctions de ces *cinq petits vieux*, étaient d'avoir rang avant les autres corps, immédiatement après les *quatre vieux*, d'avoir eu des premiers le drapeau blanc, et de ne point être sujets à être cassés après une guerre.

Les régimens de cavalerie ne furent institués en France, qu'en 1635. Je ne parle ici que des régimens Français, et non de ceux de troupes étrangères, qui étaient alors au service de Louis XIII. Car, dès ce tems-là, les régimens de cavalerie de Batilly, d'Egenfeld, de Heucourt, de Heims, de

Rantzau, etc., étaient dans nos armées. Il y en avait chez les Espagnols et chez les Allemands, et ce ne fut qu'à leur exemple qu'on résolut d'augmenter la cavalerie Française. L'époque de cette institution se prouve par nos annales, où, jusqu'en 1635, toutes les fois qu'on parle de régimens Français, c'est toujours de l'infanterie qu'il est question. La cavalerie n'y est jamais désignée que par *escadrons* ou *compagnies*.

On sait qu'à l'époque de la révolution, les noms des provinces ou des colonels, que portaient nos régimens d'infanterie de ligne, furent supprimés. On forma de ces régimens des *demi-brigades*, qui furent désignées simplement par leur ordre numérique. Buonaparte leur substitua des régimens qui ne furent, pendant tout son règne, désignés que par des numéros. La restauration apporta de nouveaux changemens dans l'organisation militaire : l'armée ayant été licenciée et réduite au pied de paix, fut organisée en Légions départementales et en Régimens de cavalerie, désignés par un nom de département. Mais, vers la fin de 1820, les légions d'infanterie ont été disloquées, et il en a été formé de nouveaux corps, sous le nom de Régimens, qui n'ont reçu d'autre désignation que celle de leur ordre numérique.

Le régiment de *Calvisson*, créé en 1622, et qui avait pris successivement, ensuite, les noms de *Montpezat* et de *Bauligneux*, prit, en 1684, le nom de *Limosin*. Le marquis de Givry fut son premier colonel.

Une Ordonnance royale, en date du 16 novembre 1714, régla les prix de chaque régiment. Celui des régimens de Picardie, de Champagne, de Navarre, de Piémont, de Normandie et de la Marine était fixé à 75,000 liv.; celui des régimens de Leuville, Bourbonnais, Auvergne, Tallard, Boufflers et Royal, à 50,000 liv.; celui du régiment de Poitou et des autres qui le suivaient, jusqu'à la création de 1684, 40,000 liv. Le prix de tous les autres, depuis et compris la création de 1684, 30,000 liv. Cette ordonnance resta en vigueur jusqu'à l'époque de la révolution.

Section II.

Armes offensives et défensives.

§. I.er

Armes offensives et défensives des Gaulois.

Les Gaulois étaient armés d'une manière peu avantageuse : de grandes et lourdes épées attachées à des chaînes de métal ; des lames de mauvaise trempe, des boucliers longs et étroits, et une espèce d'armet de tête formaient principalement leur armure. Les gens de cheval avaient, en outre, des haches et des lances. L'infanterie portait des javelots, des piques et des arcs. Quelques-uns de leurs seigneurs combattaient sur des chariots armés de faulx et attelés de deux ou quatre chevaux. Les Gaulois faisaient encore dorer leurs armures, et les boucliers des gens de pied étaient couverts de diverses figures d'animaux. Les uns combattaient revêtus de cuirasses, et d'autres absolument nus. Lorsqu'ils s'avançaient pour charger l'ennemi, ils faisaient bruire leurs armes, et entremêlaient ce cliquetis de chants confus, discordans, et de hurlemens épouvantables.

§. II.

Armes offensives et défensives, en usage depuis la fondation de notre Monarchie jusqu'à l'invention des armes à feu.

Sous Clovis les Français n'avaient que trois sortes d'armes offensives : savoir, la *francisque*, hache à deux tranchans, dont le manche était fort court; le *javelot*, espèce de pique dont le fer avait deux crochets, et dont le manche était ferré; une large épée suspendue à un ceinturon. Le bouclier était leur seule arme défensive. L'infanterie seule était armée de l'épée et de la francisque; dans la suite on lui donna le javelot : mais cette innovation, fruit du caprice de quelques Généraux, ne fut point généralement adoptée.

Sous la première race de nos Rois, les Français ne faisaient point usage de l'arc ni des flèches dans les combats. Ces armes n'étaient employées par eux qu'à la chasse des bêtes fauves, ou pour leur défense personnelle en cas de siége. La *fronde* ne leur servait aussi que dans cette circonstance.

Les armes offensives en usage parmi nous jusqu'à l'invention des armes à feu, furent l'*arbalète*, arc à double corde adapté à un manche, où était placé un ressort qui servait à lancer les flèches ; le *poignard*; l'*épée*; la *lance*; l'*épieu* ou *bâton ferré*; la *hache d'armes*; la *massue*; le *maillet* et la *fronde*; la *pique*.

Les *piétons arbalètriers* avaient pour armes offensives : une arbalète avec sa trousse et la francisque ; pour défensives, la *capelline*, petit casque de fer ; des *Jacques*, espèces de juste-au-corps, garnis de mailles ou de chaînes ; enfin un panier de tremble, grand bouclier vanné qui couvrait entièrement le corps du piéton.

On mettait des ornemens à presque toutes les armes offensives et défensives : les lances étaient garnies de banderoles ; le haut des casques était surmonté de figures. Des espèces de rubans, appelés Lansquenets, attachaient le chaperon de mailles sur le casque et voltigeaient sur les épaules.

Section III.

Ordres de Chevalerie, institués pour récompenser la valeur.

L'ordre de la Sainte-Ampoule ou de Saint Remi fut fondé par Clovis, en faveur de l'histoire miraculeuse d'une fiole qui passait pour avoir été apportée du ciel, pleine d'huile, pour le baptême et le sacre de ce Monarque. Charles Martel institua l'ordre de la Genette, en mémoire de la victoire qu'il remporta près de Tours sur les Sarrazins. L'ordre de la Couronne Royale dut son institution à Charlemagne. Le roi Robert fut fondateur de l'ordre de l'Étoile. Saint Louis institua l'ordre de la Cosse-de-Genêt, à l'occasion de son mariage avec Marguerite de Provence. L'ordre du Navire fut encore créé par Saint Louis à l'époque de sa seconde expédition contre les Infidèles. Ce fut à l'occasion de la levée du siége d'Orléans par les Anglais que Louis XI institua l'ordre de Saint Michel, en l'honneur de cet Archange qui, dit-on, lui apparut sur le pont de la ville. L'ordre du Saint-Esprit doit son origine à Henri III. Louis XIII jeta les premiers fondemens de l'ordre de Saint Louis pour les soldats mutilés à la guerre. Louis XV créa l'ordre du Mérite Militaire en 1759, en faveur des officiers protestans qui étaient dans ses armées. L'assemblée constituante, en abolissant, en 1791, l'ordre de Saint Louis et l'institution du Mérite Militaire, s'était réservé de statuer sur l'établissement d'une décoration nationale, destinée à récompenser les vertus, les talens et les services rendus à l'État. Mais les affaires du tems et les troubles survenus dans l'intérieur ne permirent plus de s'occuper de ce noble projet. Cependant les Français par leurs actions guerrières acquéraient de jour en jour plus de titres à la reconnaissance nationale. Il devenait urgent de faire l'application d'un principe qui, en jetant dans les âmes le germe des vertus, attache le citoyen à la défense de la patrie. Cette matière fit l'objet de deux lois rendues l'une et l'autre le 3 octobre 1799, et de l'art. 87 de l'acte constitutionnel du 13 décembre de la même année, conçu en ces termes : *Il sera décerné des récompenses nationales aux guerriers qui auront rendu des services éclatans en combattant pour la patrie.* Deux arrêtés du Gouvernement d'alors, en date du 25 décembre 1799 et 15 août 1800, réglèrent le mode et la nature de ces récompenses. Ces récompenses consistaient en des Armes d'honneur. Cette manière de récompenser les services militaires, toute glorieuse qu'elle était en elle-même, parut bientôt insuffisante sous plusieurs rapports : d'ailleurs elle ne s'accordait ni avec nos idées, ni avec les institutions des autres peuples de l'Europe : on voulut une décoration personnelle suivant nos mœurs et nos anciens usages qui étaient le fruit de la sagesse et de l'expérience. Ainsi se forma l'ordre de la Légion-d'Honneur.

Section IV.

Anciens Châtimens militaires.

Si les auteurs de notre ancienne Histoire, avaient été aussi attentifs et aussi exacts à marquer les particularités concernant les châtimens militaires, que l'ont été les écrivains de l'histoire Romaine, j'aurais de quoi fournir davantage le sujet de cette section ; mais ils n'ont pensé à rien moins, et ce n'est que par hasard, qu'on y trouve certains faits qui peuvent nous donner quelques lumières sur ce point.

Sous la première race de nos Rois, au tems du grand Clovis, quand on passait une revue avant de marcher à quelque expédition, le général ou le prince lui-même, examinait attentivement les armes de chaque soldat pour s'assurer si elles étaient bien entretenues. Il paraît, par la punition d'un soldat que Clovis tua de sa propre main à ce sujet, qu'il y allait de la vie si les armes n'étaient pas bien en ordre.

Un autre exemple montre que quelques barbares que fussent encore les Français sous le règne du même prince, il y avait de la discipline parmi eux. Clovis s'étant mis en marche pour aller combattre Alaric roi des Visigoths, il fit défense, sous peine de la vie, de rien prendre sans payer, excepté l'eau et l'herbe, en passant sur le territoire de l'église de St. Martin. Un soldat ayant enlevé par force du foin à un paysan sous prétexte que c'étoit de l'herbe, Clovis le fit punir de mort sur-le-champ, et toute l'armée passa en cet endroit sans commettre le moindre désordre.

La lapidation fut encore, en ces tems-là, un supplice en usage pour les soldats, parmi les Français aussi bien que parmi les Romains. Sigebert, petit-fils de Clovis, étant sur le point de forcer le roi Chilperic son frère, dans son camp, ce prince lui envoya demander la paix qu'il accorda. Les troupes qu'il avait amenées de Germanie, et qui comptaient sur le pillage de ce camp, se mutinèrent. Sigebert monta aussitôt à cheval et alla droit aux mutins que sa présence déconcerta, puis il fit prendre les plus obstinés et les fit lapider à la vue de l'armée.

Les monumens historiques de la seconde race nous fournissent un peu plus de détails touchant les châtimens militaires ; et l'on trouve diverses choses sur cette matière dans les capitulaires de Charlemagne. Si un homme qui devait marcher au service manquait de s'y rendre, il était condamné à une amende de 60 sous d'or ; et s'il n'avait pas moyen de la payer, il devenait *serf* du prince et demeurait en servitude jusqu'à ce qu'il eut satisfait. Juste Lipse cite un fragment de Polybe, par où l'on voit que cette peine de la servitude était en usage parmi les

Romains, pour les soldats coupables de certaines fautes. Quand un officier de la maison du prince, ou qui tenait de lui quelque terre en bénéfice, manquait à se rendre à l'armée, au tems marqué, il était condamné à faire abstinence de viande et de vin, autant de jours qu'il avait manqué à se rendre à son devoir. S'il se commettait quelques violences ou quelque désordre pendant la marche, celui qui en était l'auteur était condamné à la restitution du triple ; et si la faute provenait d'un serf il était en outre puni corporellement. Si le commandant de la troupe n'avait eu soin de faire justice sur-le-champ, il était cassé. Celui qui s'enivrait dans le camp était condamné à ne boire que de l'eau pendant un certain tems. Quiconque se retirait de l'armée sans la permission du prince était condamné à mort. Celui qui dans le combat fuyait mal à propos ou qui refusait de marcher à l'ennemi, non-seulement perdait sa charge, s'il en possédait une, mais encore il était déclaré infâme, et son témoignage n'était point reçu en justice. Ces ordonnances et quelques autres semblables furent renouvelées, pour la plupart, par Louis le Débonnaire et par Charles le Chauve ; mais sous ces règnes arriva le relâchement de la discipline, par les guerres civiles et au sujet des descentes des Normands qui désolèrent la France ; et la licence des gens de guerre devint extrême.

Pour ce qui est de la troisième race, on ne rencontre rien qui puisse nous instruire sur ce point jusqu'à Philippe-Auguste. Ce prince ordonna à tous ceux qui possédaient des fiefs, de se rendre au service quand ils en seraient requis, sous peine d'être poursuivis comme criminels de lèze-majesté et de félonie ; et par conséquent sous peine de confiscation de leurs fiefs. Il est à croire que cette ordonnance ne fut pas cependant un réglement perpétuel : mais apparemment ce prince la fit si sévère et sous de si grièves peines, parce qu'alors il était prévenu de la grande ligue de l'empereur Othon avec Ferrand comte de Flandre et quelques autres rebelles qu'il défit l'année suivante à Bovines. En effet, Philippe le Hardi punît d'une peine infiniment moindre ceux qui ne s'étaient pas rendus au service dans son expédition contre le comte de Foix, lequel s'était révolté; car il se contenta de les condamner à payer à son épargne autant d'argent qu'il en aurait dépensé lui-même pour leur solde, tant pour leur voyage à l'armée que pour le tems du service et leur retour ; outre une amende proportionnée à leur qualité, soit de Baron, soit de Banneret, soit de simple Chevalier. A la vérité, depuis ce tems-là, Charles VI, par une ordonnance, privait et dégradait de noblesse les possesseurs de fiefs par le défaut de service : mais c'était par des raisons semblables à celles de Philippe-Auguste, et par des besoins pressans à cause des guerres civiles et des factions qui désolaient son Royaume. Il arrivait quelquefois qu'on saisissait le fief; mais on n'en venait guères jusqu'à la dégradation. Cette punition supposait toujours quelque grand crime, comme la révolte ou la trahison, ou quelque lâcheté indigne, commise au préjudice du prince et de l'État. Elle s'excusait d'une manière particulière pour ceux qui avaient été honorés de la qualité de Chevalier : on les faisait botter et prendre leurs éperons dorés, et on les leur cassait sur les talons à coup de hache. Le roman de Garin est cité par Ducange sur ce sujet.

> Li éperon li soit copé parmi
> Près del talon au branc acier forbi.

Dans les tems postérieurs à ceux où la Chevalerie était en grand honneur, nous avons des exemples de dégradations, comme punitions militaires, exercées sur des commandans qui avaient mal servi l'État. Une des plus mémorables est celle du capitaine Franget, commandant à Fontarabie en 1523. Ce gentilhomme ayant été assiégé par l'armée de Charles V, rien ne lui manquait pour une vigoureuse défense dans une place que M. du Lude avait défendue quelque tems auparavant pendant une année entière, et en avait fait lever le siége aux Espagnols par sa belle contenance. Le capitaine Franget, voyant presque tous ses vivres et ses munitions épuisées et ses soldats sans vêtemens, rendit la place au bout d'un mois de siége, par la défiance qu'il eut des soldats Navarrais qui formaient une partie de la garnison, et dont il soupçonnait le capitaine d'intelligence avec l'ennemi. Après la reprise de cette place, Franget fut arrêté; il fut conduit à Lyon, et, après avoir passé à un conseil de guerre, on le fit monter sur un échafaud où il fut publiquement dégradé de noblesse, déclaré roturier lui et tous ses descendans. Cette dégradation fut faite avec les cérémonies les plus infamantes. Pareil exemple se renouvela, en 1673, pour une cause semblable en la personne du gouverneur de Naerden en Hollande. C'était un guerrier qui avait fait preuve de valeur en mainte et mainte occasion; mais il en manqua à la défense de sa place. Il obtint néanmoins la permission, l'année suivante, de servir dans Grave assiégée par le prince d'Orange; il y fit de belles actions qui réparèrent sa réputation, et y fut tué.

Quant à ce qui regarde les simples soldats ou les particuliers des divers corps, nous avons plusieurs Ordonnances royales depuis Charles V, qui spécifient les diverses punitions soit des Gendarmes, soit des Chevau-légers, soit de l'Infanterie et des autres espèces de troupes. Celles de Charles V sont moins sévères: nous n'avons que l'ordonnance qu'il fit en 1373 pour la Gendarmerie. Ce corps n'était alors composé que de gentilshommes qu'on ménageait pour cette raison, et qu'on ne punissait guères de peines infamantes, outre que ce prince eut besoin de tems pour rétablir l'Autorité royale très-affaiblie par les imprudences de son prédécesseur, et par les révoltes et les guerres civiles qui en furent la conséquence. Les peines portées par cette ordonnance se réduisent à la privation de la solde, à perdre ses chevaux et leurs harnais, enfin à dédommager ceux qu'ils avaient dépouillé pendant la campagne. Et lorsque le délinquant était hors d'état de réparer un tort, cette réparation tombait à la charge du capitaine. Les ordonnances les plus rigoureuses de celles qui nous restent, sont celles de François Ier et de Henri II. Par ces ordonnances, le rançonnement des bourgs ou des villages et le vol étaient punis par la potence à l'égard même des gentilshommes. Le tort était réparé par les capitaines s'il ne pouvait l'être autrement; c'est pourquoi il était ordonné aux gendarmes et aux archers de gendarmerie de ne jamais aller en campagne sans le hoqueton à la devise du capitaine, afin qu'on put reconnaître à quelles compagnies appartenaient les délinquans. S'ils y manquaient ils étaient cassés, et s'ils l'avaient fait en vue de quelque mauvaise action, ils étaient arrêtés comme vagabonds et punis comme tels. Les passevolans, ou faux-soldats qui étaient reconnus pour tels dans les montres ou revues, étaient pendus. Le capitaine qui en avait mis dans sa compagnie était cassé, et l'homme d'armes qui en aurait substitué à sa place était chassé de la compagnie d'ordonnance, et en outre puni du bannissement. Montgommery, dans son traité de la cavalerie, dit une chose remarquable touchant l'ancienne Gendarmerie de France:

savoir, qu'un gendarme qui aurait fui ou qui se serait rendu ayant le bras droit entier et son cheval en vie, était puni de mort. Il y avait apparemment plusieurs exceptions à cette règle. Dans l'ordonnance de 1534, pour l'institution des légions, un soldat qui blasphémait était attaché au carcan pendant six heures, et en cas de récidive pour la troisième fois, il devait être condamné à avoir la langue percée d'un fer chaud et banni à jamais de son corps. Cette ordonnance fut renouvelée par Louis XIV. La désertion à l'ennemi était regardée comme crime de lèze-majesté, et lorsque le déserteur parvenait à se garantir des poursuites, il était écartelé en effigie dans le camp; mais il n'y avait pas de peine de mort statuée contre celui qui désertait pour retourner dans ses foyers. S'il se laissait prendre, il était mis seulement à la disposition du prévôt. Le vol et sur-tout les pillages des églises, étaient punis de mort. Les tromperies au jeu étaient punies du fouet pour la première fois. En cas de récidive, les frippons étaient non-seulement fouettés, mais encore bannis pour 10 ans; en outre ils étaient essorillés, c'est-à-dire qu'on leur coupait les oreilles. La punition des querelles et de leurs suites était remise à la discrétion du prévôt. Il n'est point ici fait mention des duels. Cette manière de se venger n'était guères alors connue dans les troupes. Ce ne fut que sous Charles IX que cette fureur des combats singuliers devint à la mode parmi les gens de guerre.

La discipline militaire sur l'article du châtiment des soldats, devint beaucoup plus sévère sous Henri II. On voit par l'ordonnance de ce prince, en date de 1550, que non-seulement le vol, le meurtre, la révolte étaient punis de mort, mais encore que la désertion à l'intérieur était punie comme la désertion à l'ennemi ; qu'il y allait de la vie pour le soldat quand il manquait à sa faction ; qu'il ne se rendait pas à son poste en cas d'alarme ; qu'il quittait son poste ; qu'il ne suivait pas l'enseigne dans sa marche; qu'il mettait l'épée à la main contre son sergent ; qu'il injuriait le major ou le prévôt ; qu'il ne s'arrêtait pas en se battant l'épée à la main lorsqu'un officier lui en faisait l'injonction. Ce fut le seigneur de Châtillon, plus connu sous le nom d'Amiral Coligni, qui dressa cette ordonnance, et qui la fit exactement observer en sa qualité de colonel-général de l'Infanterie. Il était extrêmement redouté des soldats. Quelque tems après la publication de cette terrible ordonnance, Henri II étant allé faire la guerre en Allemagne, Brantôme rapporte que l'on voyait sur les chemins plus de soldats pendus aux branches des arbres que d'oiseaux, par les ordres du colonel-général. C'est de ces exécutions que vint le proverbe des soldats : *Dieu nous garde du curedent de l'amiral et de la patenôtre du connétable ;* parce que Coligni en se curant les dents, et Anne de Montmorency en disant son chapelet, donnaient les ordres les plus rigoureux pendant la marche de l'armée. Les guerres civiles qui suivirent la mort de Henri II, eurent bientôt ramené le déréglement dans les troupes, par l'inexécution des ordonnances. Louis XIV fit des ordonnances où tous les cas furent prévus et dont l'exécution eut lieu avec une admirable exactitude. Cette exécution rétablit la discipline dans toute sa vigueur, réprima la licence et maintint dans l'État une profonde tranquillité. Cependant, à l'époque des dernières guerres du règne de ce grand Prince, il y eut un peu de relâchement; l'état critique des conjonctures et la disette du blé et du numéraire en furent la cause.

Le châtiment le plus ordinaire pour la désertion et pour le défaut d'obéissance, comme on le voit par les ordonnances de Francois I.er et de Henri II, a été depuis long-tems d'être passé par les armes.

Par l'ordonnance de 1684, tout déserteur était condamné à avoir le nez et les oreilles coupés, à être marqué de la fleur-de-lis aux deux joues et ensuite envoyé aux galères.

Il y avait des crimes pour lesquels on condamnait au fouet ou à l'estrapade. Pour les fautes moins considérables, la punition la plus usitée était celle du cheval de bois. C'était encore un châtiment plus usité que celui des baguettes. Ce châtiment était infamant, et lorsque le soldat ne succombait pas à cette épreuve il était dégradé et chassé.

Section V.

Ancienne Tactique.

Nos premiers guerriers faisaient méthodiquement la guerre et savaient ranger une armée en bataille. Leur tactique était à peu près celle des Romains de qui ils l'apprirent. On en a des preuves dans la description qu'Agathias nous a laissé de la bataille de Casilino près Capoue, gagnée par Narsès général de Justinien, sur Théobald roi d'Austrasie. A l'instar des Romains, les Français faisaient des retranchemens avec les roues de leurs chariots, qu'ils enfonçaient dans la terre jusqu'au moyeu, et leurs machines de guerre étaient à peu près les mêmes. Mais ils ne suivaient pas la même méthode pour l'arrangement des troupes destinées au combat. Ils s'écartèrent de leur méthode ordinaire à la bataille de Bouvines et à celle de Bénevent, ainsi qu'aux funestes journées de Crécy et de Poitiers. Dans la suite, la disposition de nos armées se fit avec plus de régularité, sur-tout depuis que Louis XII et François I.er eurent discipliné l'Infanterie Française. Vers la fin du règne de Henri II, la Cavalerie ne fut plus rangée en haie, mais par escadrons. A l'égard des évolutions militaires, on ne trouve rien d'écrit sur ce sujet, jusqu'à Louis XI. Son prédécesseur pensa qu'au lieu de tours de bois, il fallait construire des redoutes simples ou des forts de distance en distance, sans lignes; et ces redoutes se nommèrent *bastilles*. On assiégeait par bastilles, lorsqu'on n'avait pas assez de troupes pour faire une attaque générale et une circonvallation entière. Le même prince pensait aussi qu'il était à propos d'attendre l'ennemi dans la circonvallation, quand il entreprenait de secourir la place. Cette tactique fut en usage jusque sous le règne de Henri IV qui l'observa encore au siége d'Amiens contre l'archiduc Albert. Mais depuis cette époque on a préféré aller au-devant de l'ennemi pour le combattre, que de l'attendre dans un camp.

Autrefois, et jusqu'à la fin du 15.e siècle, voici comment s'exécutaient les travaux des mines : on sappait d'abord la muraille qu'on voulait abattre, puis on l'étançonnait avec des poutres enduites de résine ou d'autres matières combustibles. Le mineur y mettait le feu, et quand les bois étaient consumés, la muraille s'écroulait, et les troupes montaient à l'assaut. Les Français eurent long-tems pour habitude de ne jamais bâtir les murs de leurs villes en ligne droite ni en angles; mais toujours en tournant, autant que le terrain le permettait; et cela, parce que le bêlier avait moins de prise sur ces ouvrages. Quand pourtant, dans leurs constructions, les angles se trouvaient inévitables, ils y élevaient des tours, et ces tours ne devaient être les unes à l'égard des autres qu'à la distance de la portée d'une arbalète.

Depuis Charles V la construction angulaire parut

plus avantageuse que la ronde, en ce qu'on s'aperçut qu'on pouvait faire un plus grand feu des faces que des tours. On s'attacha dès-lors à fortifier les places d'une nouvelle manière : on fit de nouvelles enceintes au moyen des bastions. Enfin l'usage du canon, dans l'attaque et la défense des places, fit créer un nouveau genre de fortification, qui rendit inutiles désormais les anciennes machines de guerre.

CHAPITRE X.

De l'Administration civile.

Section première.

Généralités, Administrations centrales, Préfectures.

Louis XIII envoya des Intendans dans les provinces; mais ils ne se mêlaient que de finances. Ils furent rappelés en 1648. Louis XIV en envoya d'autres en 1658, avec le titre d'Intendans de police, justice et finances. C'était leur état avant la révolution.

C'était presque toujours du nombre des Maîtres des requêtes, que l'on tirait les Intendans employés soit dans les armées, soit dans les provinces, avec la qualité de commissaires départis, et Intendans de justice, police et finances. En cette qualité d'Intendans, ils avaient la présidence des Présidiaux des Généralités où ils étaient départis. Ces Intendances étaient des commissions qui substituaient les titulaires à la place du Souverain pour faire exécuter ses ordres et observer la justice, la police, ainsi que les réglemens en matière de finances. En cette qualité d'Intendant, les Maîtres des requêtes, représentant la personne du Roi dans les provinces, avaient le pouvoir de maintenir les peuples dans l'obéissance, de faire exécuter les ordres du Roi, et de pourvoir au bien ainsi qu'au repos publics.

Les Intendans succédèrent en quelque sorte aux *missi Dominici*, qui étaient, comme nous l'avons vu, des envoyés par nos Rois dans leurs provinces, munis d'un pouvoir très-étendu, à l'effet d'informer de la conduite des comtes et ducs et de celle des juges, et afin de décider les causes d'appel dévolues au Souverain. Ceci n'eut lieu que sous la seconde race. Sous la troisième, le pouvoir de ces commissaires royaux fut transféré en la personne des Baillis et Sénéchaux, qui depuis furent chargés de juger en dernier ressort, jusqu'au tems où le Parlement fut rendu sédentaire par Philippe le Bel. Insensiblement ces baillis et sénéchaux négligèrent leurs primitives fonctions, dont la principale était de visiter les provinces. On croit que cette négligence vint ou de l'institution des parlemens, que les baillis et sénéchaux avaient pour supérieurs, ou des divers emplois que ceux-ci avaient auprès de la personne du Roi, ou à l'armée. Quoiqu'il en soit, les Maîtres des requêtes, en qualité d'Intendans, leur succédèrent et furent envoyés à leur place dans les provinces; de manière qu'au commencement ils jugeaient en dernier ressort les appellations des ducs et des comtes, qui auparavant s'interjetaient devant le Roi ou le grand Duc de France, maire du Palais. C'est de-là que vint la nécessité qu'on leur imposa de visiter les provinces, comme il est écrit à l'art. 33 de l'ordonnance d'Orléans, qui leur enjoignait de faire les *chevauchées* auxquelles ils étaient astreints, et de mettre entre les mains du Chancelier les procès-verbaux de toutes leurs opérations; leur donnant pouvoir de recevoir les plaintes des personnes dans les lieux qu'ils visitaient, et d'en faire mention dans lesdits procès-verbaux. Les mêmes injonctions leur furent faites par l'édit de Moulins et par celui de 1629.

Les Intendans étaient donc des commissaires établis pour la justice, la police et les finances de leur département. Ils faisaient l'assiette des impositions, les taxes d'offices et nommaient des commissaires pour la répartition; ils connaissaient des droits de contrôle, francs-fiefs, amendes, et autres droits de finance; des corvées, des nouveaux établissemens de commerce, de la distribution des troupes, du prix et de la répartition des fourrages des gens de guerre; faisaient faire les achats des denrées pour les magasins royaux, présidaient à la levée des milices, décidaient des différends qui s'y élevaient; avaient la police des postes et messageries de leur département. Les taxes d'office des impositions étaient dévolues par appel à la cour des aides, conformément à la déclaration de 1778. L'appel de leurs ordonnances de finances se relevait au grand conseil.

La généralité de Limoges comprenait dans son

ressort, la province et le gouvernement du Limousin en entier, la province et le gouvernement d'Angoumois à l'exception de la sénéchaussée de Cognac, une partie de la province et du gouvernement de la Marche, qui consistait à peu près en la moitié qu'on appelait basse Marche. Enfin, elle comprenait une partie du gouvernement de Poitou, enclavée dans l'élection de Bourganeuf. Elle confinait, du côté du midi, au Périgord et au Quercy; du côté du nord au Poitou et à la haute Marche; du côté du levant à l'Auvergne; du côté du couchant à la Saintonge et à l'élection de Cognac. La généralité de Limoges comprenait dans son ressort trois évêchés, un bureau de trésoriers de France, quatre présidiaux, trois sénéchaussées présidiales et cinq élections. Limoges, qui était la capitale de cette Généralité, avait un évêché, un bureau des finances, un présidial et une élection. Angoulême et Tulle avaient chacune un évêché, un présidial et une élection. Brive avait un présidial et une élection. Uzerche, le Dorat et Bellac avaient une sénéchaussée présidiale. Bourganeuf avait une élection.

Ce fut en 1573 que Charles IX établit la généralité de Limoges. Elle fut d'abord une des plus considérables du Royaume; mais, dans la suite, plusieurs élections en furent détachées pour former la généralité de la Rochelle.

Les Généralités furent supprimées en 1790, et remplacées, dans chaque département du Royaume, par une Administration centrale et par des Administrations de District. Sous la constitution de 1791, le département de la Corrèze était divisé en quatre districts dont Tulle, Brive, Uzerche et Ussel étaient les chefs-lieux; le département de la Haute-Vienne formait six districts dont Limoges, le Dorat, Bellac, Saint-Junien, Saint-Yrieix et Saint-Léonard étaient chefs-lieux. Chacun de ces districts avait un Directoire, un procureur-syndic et un conseil. L'administration supérieure de chacun de ces Départemens était aussi confiée à un Directoire, à un procureur-général-syndic et à un conseil général.

Mais le 4 décembre 1793, l'organisation du Gouvernement révolutionnaire amena un nouvel ordre de choses : le conseil général et le procureur-général-syndic furent supprimés; le Directoire de département fut dépouillé de la majeure partie de ses attributions, en faveur des Directoires de district qui furent rendus indépendans; les procureurs-syndics furent remplacés par des *Agens nationaux*; des comités révolutionnaires furent établis dans plusieurs communes; des sociétés populaires devinrent des autorités redoutables, et le pouvoir le plus illimité résida dans les Conventionnels envoyés en mission sous le titre de Représentans du peuple.

La constitution de 1795 substitua à ces autorités une administration centrale pour chaque Département, et une administration municipale pour chaque canton. Elle composa l'administration centrale de cinq membres et d'un commissaire du Directoire ; elle plaça un de ces officiers près chaque administration municipale.

Enfin, la loi du 17 février 1800 remplaça l'administration centrale par un Préfet, un conseil général de Département et un conseil de Préfecture. Les administrations municipales furent supprimées. Il fut créé un Sous-Préfet avec un conseil par chaque arrondissement. Les Préfets de chaque Département sont actuellement chargés de la Sous-Préfecture de l'arrondissement du chef-lieu. Des motifs d'économie ont porté le Gouvernement à supprimer les fonctionnaires chargés naguères de cette administration.

Limoges est le siége de la Préfecture du département de la Haute-Vienne, qui comprend dans son ressort les sous-préfectures de Bellac, de Rochechouart et de Saint-Yrieix.

Les Sous-Préfectures qui dépendent de la Préfecture de Tulle, chef-lieu du département de la Corrèze, sont Brive et Ussel.

SECTION II.

Administration Municipale.

LES villes du Limousin, mêmes les plus petites, imitaient jadis le gouvernement de l'ancienne Rome. Leurs premiers magistrats étaient appelés Consuls ;

elles avaient leurs Dictateurs et leurs Préteurs. La magistrature consulaire avait disparu depuis le règne de la féodalité; mais lorsque Louis le Gros eut affranchi les villes de la servitude de leurs Seigneurs, elles reprirent leur ancienne forme de gouvernement, qui dura jusqu'en 1769, époque à laquelle fut institué l'Échevinage, qui subsistait encore au commencement de la révolution. Il y avait dans chaque ville, pour l'administration locale, un Maire, deux ou quatre Échevins, quatre ou six Conseillers et un certain nombre de Notables. La cité de Limoges avait pour elle seule un maire et des échevins, qui n'avaient rien de commun avec le corps municipal du reste de la ville. Dans chaque commune rurale, il n'y avait qu'un Syndic, nommé par les paroissiens en assemblée générale, et confirmé par l'Intendant. L'ancien corps de ville de Limoges jouissait de grands priviléges qui lui furent souvent disputés par les Abbés de Saint Martial et les Vicomtes de Limoges; il les avait tous conservés, excepté celui du droit de justice, dont il fut dépouillé en 1537.

Pendant la Révolution, la forme de l'administration communale a subi divers changemens, qui sont assez généralement connus. Il suffira de dire que dans les communes dont la population excède 5000 âmes, il y a un commissaire de police. La ville de Limoges en a deux. La police s'exerçait autrefois, à Limoges, par un magistrat connu sous le titre de Lieutenant-Général, qui était en même tems pourvu de la lieutenance générale de la Sénéchaussée. M. Roulhac, dernier titulaire, vendit à la ville, en 1785, son office de police, et depuis cette époque, jusqu'à la révolution, cette branche d'administration fut confiée à un officier municipal assisté de deux commissaires. Les maires surveillent aujourd'hui cette partie; leurs adjoints l'exercent immédiatement, de même que les commissaires de police, dans les villes les plus peuplées. Ils ont toutes les attributions de l'ancienne police municipale, ils ont, en outre, la petite voirie, qui jadis était dans les attributions des trésoriers de France de chaque Généralité.

CHAPITRE XI.

Des Finances.

SECTION PREMIÈRE.

Anciens Revenus de la Couronne. — Création successive des Impôts.

LES Francs qui achevèrent la conquête des Gaules, n'étant pas en assez grand nombre pour posséder toutes les terres, ils n'en prirent que le tiers, qui fut divisé en *terres saliques, en bénéfices militaires et en Domaines du Roi*. Les terres saliques étaient celles que reçut en partage chaque Français; les bénéfices militaires étaient des terres qui demeuraient dans l'indivision, et que le Roi distribuait à titre de récompenses. On appelait Domaines du Roi, les parts considérables que le chef avait dans le partage général. Ces domaines dispersés dans tout le Royaume, s'élevaient à près de deux cents et composaient le principal revenu de nos Rois de la première race, et même d'une grande partie de ceux de la seconde. Ce n'étaient point des maisons de plaisance, mais de bonnes métairies, au milieu des forêts. On y tenait des haras; on y nourrissait des bœufs, des vaches, des moutons, de la volaille. Le Roi voyageait toute l'année de l'une à l'autre, et l'on vendait, à son profit, les provisions qu'il ne consommait pas. Charlemagne, dans un de ses capitulaires, ordonne de vendre les poulets des basses-cours de ses domaines et les légumes de ses jardins.

Dans les premiers tems de la Monarchie, tout homme libre était obligé de servir à ses dépens. Les villes ayant le droit de *Commune*, fatiguées par les guerres continuelles qu'eut à faire et à soutenir Charles VII, consentirent à payer un impôt perpétuel, pour se racheter de l'obligation dans laquelle elles étaient de tenir sur pied une milice réglée. En 1147 Louis le Jeune, se trouvant dans le plus grand besoin, demanda le vingtième du revenu de tous ses sujets; impôt qu'aucun de ses prédécesseurs n'avait tenté d'établir. En 1357 la Noblesse s'engagea envers le Dauphin à payer le vingtième de ses revenus, et le Clergé, le dixième. Mais cet impôt *des vingtièmes* ne devint perpétuel qu'en 1749. Louis XIV, ne sachant où prendre des fonds pour fournir aux dépenses de sa marine, établit la *capitation*, en 1695. Le peuple fut partagé en vingt classes, auxquelles on mit des taxes différentes. La gabelle prit naissance sous Philippe le Bel; Charles V la rendit fixe et s'appropria un droit de quatre deniers par minot : Louis XI en percevait déjà douze. En 1546 la gabelle fut affermée à un seul grainetier pour chaque ville; et par un bail de 1559 on permit aux fermiers de mettre des commis dans toutes les salines. Ce monopole sur le sel fut une époque déplorable pour l'agriculture. Le Royaume était divisé en six classes connues sous les noms techniques suivans : *Provinces de grandes Gabelles; provinces de petites Gabelles; provinces de Salines; provinces Franches; provinces Rédimées; pays de Quart - Bouillon.* Les provinces de Poitou, Saintonge, Aunis, Périgord, la Marche, le Quercy, l'Angoumois, le Limousin, le Boulonnais, le Calaisis et le Pays reconquis étaient seules exemptes de l'impôt sur le sel. En 1628 le tabac étranger fut assujetti à un droit de 30 sous par livre, à son entrée dans le Royaume; mais le tabac, provenant de nos colonies, fut exempté de ce droit. En 1674 la vente de cette plante et les droits sur l'étain furent concédés à un fermier. En 1719 l'impôt sur le tabac fut converti en un droit d'entrée; mais en 1721 l'*exclusif* reparut. On voit, par l'origine des *droit d'aides*, qu'avant cette époque, nos Rois ne levaient de subsides que sur leurs vassaux, et en qualité de seigneurs de fiefs. Voulant affaiblir le Clergé et la Noblesse, dont ils éprouvaient des contrariétés, ils appelèrent les communes aux assemblées nationales, et l'impôt parut. Le premier fut accordé à Philippe le Bel, et consistait en six deniers pour livre sur les boissons, sur les consommations et sur les marchandises. Les états-généraux, pendant la captivité du Roi Jean, accordèrent pour un tems limité, sous le nom d'Aides, 12 deniers pour livre sur toutes les marchandises et denrées vendues dans le Royaume; le sel, le vin et les autres breuvages exceptés. Nous ne continuerons pas l'énumération d'une foule d'autres édits bursaux, provoqués en divers tems par les besoins de l'État. Ces impôts ont disparu avec l'ancien ordre de choses, pour faire place à des contributions non moins onéreuses que les précédens.

Autrefois, l'Intendant de chaque Généralité faisait la répartition du principal des contributions entre les Élections; les accessoires étaient ensuite imposés au marc le franc.

La Généralité de Limoges comprenait dans son ressort cinq élections : savoir, celle de Limoges, celle de Tulle, celle de Brive, celle de Bourganeuf et celle d'Angoulême. Les appellations des élections de Limoges, de Tulle, de Brive et de Bourganeuf ressortissaient à la Cour des Aides de Clermont. L'élection d'Angoulême dépendait de la Cour des Aides de Paris. Les officiers de l'Élection connaissaient, en première instance, de toutes les affaires contentieuses sur le tabac, les aides, impositions, octrois des villes; des émotions populaires et rebellions des habitans sur la levée desdits droits, des titres de noblesse, des priviléges pour les impôts. Les baux à ferme y étaient enregistrés : ils mettaient le scellé à la requête des fermiers desdits droits, en cas de faillite, mort ou absence; ils avaient seuls le droit de le mettre sur la caisse des comptables. L'appel de leurs sentences n'était que *dévolutif*. Il devait être relevé dans trois mois, et en état d'être jugé dans neuf. Les officiers de l'Élection jugeaient en dernier ressort jusqu'à 30 livres, et des objets de confiscation qui n'excédaient pas un quart de muid d'eau-de-vie ou de vin, et dont l'amende n'excédait pas 50 liv.; pour lors ils devaient être cinq juges, et à l'ordinaire, trois.

Il y avait outre les Élections, des tribunaux de Traite foraine (1) : ces officiers connaissaient, en première instance, de tous différends civils et criminels sur les marchandises exportées hors du Royaume, et des marchandises importées, provenant de provinces réputées étrangères.

Outre le principal, l'accessoire, la capitation et les vingtièmes, les anciennes impositions comprenaient une prestation pour les routes. L'initiative de cette espèce de contribution appartient à Turgot. Ce fut sous son administration que le

---

(1) Le bureau des Traites foraines qui avait jadis été établi au lieu nommé la Barre, porta une atteinte considérable au commerce de gants de Saint-Junien, et même à tout le commerce de l'Angoumois.

Limousin vit disparaître les vexations de l'ancienne *corvée*. Bien convaincu que ce genre de prestation était vexatoire pour le peuple, ce grand Administrateur s'empressa de le remplacer par une prestation en argent, combinée et répartie avec l'imposition de la *taille*.

La généralité de Limoges renfermait encore une juridiction supérieure, connue sous le nom de Bureau des Trésoriers de France. Ces trésoriers connaissaient de toutes les causes, à raison du domaine, des finances et de la voirie, à l'exclusion des attributions de la Cour des Aides, de celles des Eaux et Forêts et de celles de la Chambre des Comptes, pour les foi et hommage des grands fiefs de la Couronne. Le bureau des finances de Limoges était un des plus considérables du Royaume avant qu'on en eut démembré les élections de Saintes, de Cognac et de Saint-Jean-d'Angely.

SECTION II.

Des anciennes Monnaies.

DANS la loi Salique, il est fait mention de quatre espèces de monnaies différentes : savoir, de sous d'or, de demi-sous d'or, de tiers de sous et de deniers d'argent. La taille de ces sous d'or était de 72 à la livre romaine, dont les Français se servirent jusque sous la seconde race ; et la taille du denier d'argent était de 288 à la livre. Quant à la figure de ces espèces, le sou d'or avait d'un côté la figure d'un Prince ceinte d'un diadême, et pour légende son nom ; de l'autre côté quelque figure historique ; et depuis que nos Rois furent devenus chrétiens, une croix. Le denier d'argent portait quelquefois la même figure, et souvent n'avait aucune tête gravée. Il s'est fait depuis plusieurs espèces de monnaies dont on ne sait ni le poids, ni le titre, ni la valeur, et il n'y a presque rien de certain sur ce sujet, que depuis Philippe le Bel qui régnait au commencement du quatorzième siècle. Il fit faire des florins d'or qui valaient vingt sous tournois, l'an 1308, des royaux de 24 sous *parisis*, et des deniers d'or de 15 sous, en 1310. D'autres espèces de même nom, mais de prix différens, circulèrent aussi à la même époque. Il n'y eut aucun changement dans les monnaies jusqu'en 1328. Philippe de Valois fit fabriquer des *parisis* d'or de 20 sous en 1329, des deniers d'or à l'écu en 1336, des anges de 75 sous en 1342, etc. Le Roi Jean fit faire des francs d'or de la valeur de 20 sous *parisis*. Charles VI fit frapper des écus à la couronne, de la valeur de 30 sous, en 1418, et de celle de 50 sous en 1419. Louis XI fit frapper des écus au soleil, du prix de 33 sous. Sous Henri II parurent des deniers d'or, appelés Henris et Ducats, de 50 sous. Charles IX fit faire des écus au soleil, de 50 sous, l'an 1561, qui valurent 60 sous en 1475. Le même Roi ordonna, en l'an 1577, que l'on ne compterait plus par livres, mais par écus, valant 80 sous. Louis XIII fit fabriquer des louis d'or de 10 livres. Louis XIV en fit aussi fabriquer à son effigie, et dans certains tems on en augmenta le prix jusqu'à 15 et 20 livres. A l'égard de la monnaie d'argent, il suffit de remarquer ici ses principales espèces : savoir, le tournois d'argent, d'un denier tournois ; le *parisis*, d'un denier *parisis*, plus fort d'un quart ; le gros tournois d'argent, de 10 deniers d'argent, l'an 1305 ; le teston de 10 sous tournois, l'an 1510 ; le franc d'argent de 21 sous tournois, l'an 1575 ; le quart d'écu de 15 sous tournois, l'an 1577. Les écus blancs et les pièces de moindre valeur ont été fabriquées sous Louis XIII, et continuées sous Louis XIV et Louis XV. C'est de l'année 1726 que datent les plus anciennes pièces de monnaie d'or et d'argent dont le cours est encore toléré.

CHAPITRE XII.

De l'Agriculture.

Parmi les économistes du dernier siècle, quelques-uns ont porté l'exagération à un trop haut point. Mais au milieu du fatras de leurs théories, que d'idées heureuses n'ont-ils pas proclamé? Que de préventions détruites, que de préjugés effacés, de méthodes améliorées? N'est-ce pas à leur zèle apostolique, à leurs fréquentes prédications, que nous devons l'amélioration de nos terres, de nos prairies, de nos troupeaux et la culture de tant de productions exotiques que repoussaient l'ignorance et le préjugé? Que de résistance n'a-t'il pas fallu vaincre pour dompter le dédain de nos riches, et amener sur leur table cette *pomme-de-terre* jadis si méprisée, aujourd'hui accueillie et recherchée de tout le monde. Cette plante fut introduite, dans le Limousin, sous l'administration paternelle de Turgot. Peu cultivée dans le principe, elle s'est multipliée extraordinairement depuis la disette de 1794.

Avant cette heureuse révolution, dans le système agricole, dans quel état était l'agriculture? Quels fruits pouvait-elle produire sous un ciel de ténèbres, où la gloire militaire était tout, où les arts de la paix n'étaient rien ? Vouliez-vous d'ailleurs semer, planter, recueillir, quand les Huns, les Gépides et les Vandales parcouraient les campagnes, le fer et la flamme à la main, incendiant les maisons, égorgeant le berger et mangeant ses moutons ? Vouliez-vous semer, planter, recueillir quand les pirates du Nord infestaient la France, pillaient ses villes et brûlaient ses villages ? Pouviez-vous ensemencer votre champ et cultiver vos vignes, quand vos voisins, entraînés par un zèle aveugle et religieux, quittaient leurs foyers pour aller au-delà des mers combatre les ennemis de la foi. On ne laboura point non plus, quand les Anglais tentèrent de ravir à nos Rois le sceptre des Lis, et de faire asseoir les Lancastres sur le trône des Valois. Il fallait pour labourer paisiblement que les fureurs de la ligue fussent calmées. Il fallait que le ciel, réconcilié avec la terre, nous donnât un Monarque sensible et généreux, qui s'occupât du bonheur de ses peuples, et ne dédaignât pas d'abaisser sa pensée sur l'humble asyle du cultivateur, et de s'occuper de son frugal repas. Il fallait un Ministre sage, économe et vertueux qui sut habiter les palais sans mépriser les chaumières. Il fallait enfin Henri IV et Sully.

A cette époque mémorable, la terre cessa d'être roturière. Le culte de Cérès reçut de nouveaux hommages, et personne ne rougit plus d'une profession que le premier des hommes avait exercé dans les champs d'Eden. On vit même de simples cultivateurs manier alternativement la charrue et la plume; et la France eut ses Collumelles et ses Varrons. Olivier de Serres et Bernard Palissy attaquèrent courageusement les vieux préjugés et les serviles institutions; les travaux du cultivateur furent mieux appréciés.

Ainsi se forma en France le goût de l'agriculture; et si depuis il parut se ralentir, sous les dernières années du siècle de Louis XIV, et les désastreuses combinaisons du système de Law, avec quelle vigueur ne se ranima-t'il pas vers le milieu du siècle dernier? Alors des sociétés savantes se formèrent; d'une extrémité de l'Europe à l'autre, les paisibles amis de la nature et de ses précieuses productions se sont entendus, et l'art de cultiver la terre s'est élevé à un haut degré de prospérité.

L'amélioration de l'agriculture, en France, doit donc dater de l'établissement des sociétés qui se formèrent dans cette vue; Louis XV s'en déclara le protecteur: ainsi c'est à ce Monarque que l'on doit les premières tentatives faites pour le perfectionnement des sciences agricoles. L'introduction des moutons d'Espagne, à laine fine, est un des grands avantages que l'on ait pu procurer à la culture des terres, de même qu'à l'industrie; c'est à Louis XVI qu'on la doit: ce Prince, à qui rien d'utile n'était étranger, avait formé, pour les progrès de l'agriculture, une ferme expérimentale dans son parc de Rambouillet. C'est-là qu'il fit placer le troupeau nombreux et choisi, qu'il avait obtenu de l'amitié du roi d'Espagne. En 1787, l'établissement des assemblées provinciales avait donné l'élan au vrai patriotisme. Sous l'administration paternelle et beaucoup trop courte de ces assemblées, l'agriculture prit chez nous un essor tel, qu'il put lutter long-tems contre les désordres de la révolution. Mais depuis, la conscription militaire décimant la population, les impôts excessifs, l'agiotage dévorant les moyens des cultivateurs, se sont opposés aux améliorations qu'ils auraient voulu entreprendre. La facilité de jouer sur les fonds publics a entraîné les agriculteurs à courir les chances de la bourse, et à détourner leurs capitaux d'une destination plus utile. L'absence des idées religieuses, le défaut d'éducation chrétienne, la licence des camps, ont propagé la débauche dans les campagnes. Les fils des cultivateurs ont dédaigné la profession de leurs pères, se sont adonnés au luxe, et ont regardé avec mépris un état dans lequel la modération, l'ordre et les bonnes mœurs sont indispensables; les hommes de culture, entraînés par des causes semblables, se font payer plus cher et sont moins laborieux; enfin la subdivision des terres, résultat de la loi sur les successions, en morcelant les grandes propriétés, livra les bâtimens d'exploitation à la *bande-noire*, et les terres à la petite culture. A ces causes de désastre, joignez la destruction de la majeure partie de nos forêts, et l'on aura une idée de l'influence déplorable de la révolution sur le système agricole de la France.

En général, les terres du Limousin, par leur disposition montueuse et inégale, par leur qualité peu substancielle et par leur profondeur médiocre, ne peuvent que très-difficilement se prêter aux innovations qu'on chercherait à introduire pour perfectionner leur culture. C'est pourquoi, l'on peut dire que l'agriculture n'a fait presque aucuns progrès, dans cette province, depuis plus de deux siècles. Le laboureur entraîné par le penchant d'une routine aveugle, végète tristement sur une terre avare, sans songer à étendre la sphère de ses idées, et à corriger le vice de ses anciennes pratiques. La nature oppose de grands obstacles aux cultivateurs Limousins, et ceux-ci les combattent faiblement. La révolution leur a donné un certain degré d'énergie, en leur procurant de l'aisance; mais qu'ils sont encore loin de l'activité et du discernement qui caractérisent les habitans de quelques départemens voisins!

CHAPITRE XII.

Du Commerce et de l'Industrie.

SECTION PREMIÈRE.

Du Commerce.

Avant que Turgot eut fait ouvrir en Limousin des routes praticables, les habitans de cette province aride et privée de rivières navigables, semblaient condamnés, par leur position, à végéter tristement dans le repos ou dans la médiocrité ; la nécessité leur avait fait chercher des ressources dans l'industrie. Ils s'étaient rendu les facteurs de leurs voisins et même d'une partie de l'Espagne, en leur fournissant les épiceries et les marchandises de l'Inde, qu'ils achetaient à l'Orient, et les draperies qu'ils tiraient des manufactures nationales.

Le commerce actuel de Limoges doit être considéré non comme un *commerce d'entrepôt*, (puisqu'il n'y a dans cette ville que trois ou quatre maisons qui s'adonnent exclusivement à ce commerce) mais plutôt comme un commerce central d'échanges entre le Midi et le Nord, l'Est et l'Ouest de la France. En effet, cette ville tire du Nord pour le Midi, des draperies, des toiles, du fer, de l'acier, du lin, du chanvre, des mousselines, des dentelles; du Midi pour le Nord, des cadis, des londons, des huiles, des savons, des soieries. Elle tire de l'Est pour l'Ouest, des chapelleries, des armes, de la quincaillerie, des serges; de l'Ouest pour l'Est, des vins, des eaux-de-vie, des sels et des papiers. C'est en général sur ces objets que se fonde le commerce de Limoges, qui n'était presque rien dans son origine, et qui s'est si considérablement accru par la solidité des maisons qui s'en sont occupé. Leur prudence, dans les spéculations, leur ordre dans les affaires, leur activité dans les entreprises, leur économie surtout et leur antique loyauté dans les transactions, leur exactitude scrupuleuse à tenir leurs engagemens: tous ces motifs réunis de confiance avaient acquis aux Négocians de Limoges, la réputation colossale dont ils jouissaient dans toute l'étendue du Royaume, et même dans toute l'Europe commerçante. Mais depuis la funeste influence que la Révolution a exercé sur les mœurs, depuis la création et la chute des assignats, et encore depuis qu'une foule d'étrangers est venu envahir, pour ainsi dire, les sources de la prospérité commerciale de Limoges, l'état florissant de cette place a éprouvé de cruelles atteintes.

Depuis l'époque de la Révolution, les trois quarts des habitans de nos villes populeuses se sont adonnés aux opérations mercantiles, comme fournissant de grands bénéfices sans beaucoup de peine. Les commis, les domestiques, les journaliers même ont ouvert boutique. Mais quoique la masse des artisans et des commerçans se soit prodigieusement accrue, l'industrie ni le commerce ne sont pas pour cela devenus plus florissans. La plupart des établissemens nouveaux produits par la nécessité, dirigés par l'inexpérience, entrepris avec de faibles ressources pécuniaires, ont de la peine à se soutenir au milieu des froissemens continuels d'intérêts, causés par une concurrence disproportionnée à la consommation.

Quant à ce goût dominant pour le commerce, on peut le regarder comme la conséquence de la suppression d'une multitude d'emplois et d'offices, de la décadence de plusieurs fortunes, du bouleversement des anciennes idées et usages reçus, et encore de la *manie* des spéculations. Tel propriétaire qui naguères aurait tenu à déshonneur de se livrer aux arts et au commerce, ne rougit plus aujourd'hui d'améliorer son sort par les voies d'une honnête industrie.

La pacification amenée par la Restauration a détruit, il faut l'avouer, les entraves du commerce; mais elle ne l'a pas rendu plus florissant : tout languit au contraire. La perte de nos colonies, en fermant d'immenses débouchés, a, pour ainsi dire, paralysé nos manufactures. Le peu de confiance dans l'avenir s'oppose aux expéditions lointaines, et les bénéfices de l'agiotage se réalisant à courts intervalles, absorbent la masse des capitaux.

Section II.

De l'Industrie.

§. I.er

De l'Industrie honnête.

L'INDUSTRIE est d'autant plus active que les productions territoriales sont moins riches et moins abondantes. Aussi a-t'elle en Limousin, et sur-tout à Limoges, une grande extension. Aussi voit-on, dans cette province, des usines à fer, des acieries, des tréfileries, des clouteries, des martinets, des manufactures de porcelaine, des poteries, des verreries, des fabriques de toiles et de draps, des filatures de coton et de laine, des papeteries, des tanneries, des blanchisseries, etc. Nous parlerons de ces divers établissemens dans le cours de notre ouvrage.

On remarque que depuis la Révolution, les habitans du Limousin se sont plus particulièrement adonné à certaines professions. On voit, par exemple, un plus grand nombre de cafés, de brasseries, d'auberges et de cabarets. Les gens de la campagne ont pris un goût singulier pour le séjour des villes. Un grand nombre de ceux que la propriété n'attachait pas au sol, ont ambitionné l'état d'artisan, et les Arts ont été cultivés aux dépens de l'Agriculture.

Il n'y avait autrefois, en Limousin, qu'un très-petit nombre de rentiers et de capitalistes. Lorsqu'un bourgeois avait de l'argent, lorsqu'un marchand quittait le commerce, ils employaient leurs capitaux ou à payer la finance d'une charge honorable, ou à augmenter leurs propriétés foncières, ou à en acquérir de nouvelles. Il était extrêmement rare de les voir placer leur argent. Ce qu'on appelle aujourd'hui *Agent d'affaires*, *Banquier*, était inconnu dans ce pays il y a une trentaine d'années. Maintenant une multitude de personnes font des affaires de banque, dont la plupart consistent dans des négociations d'effets.

§. II.

De l'Industrie illicite.

Parmi les divers genres d'industrie illicite, il en est un qu'on ne saurait trop signaler à l'animadversion publique. Je veux parler du prêt d'argent à des taux usuraires. Les usuriers, les prêteurs à la petite semaine, leurs agens et leurs colporteurs pullulent en Limousin (1), d'une manière vraiment effrayante,

---

(1) Limoges n'est pas la seule ville qui ait à gémir de l'oppression de l'usure. Cette calamité se fait généralement sentir dans toutes les villes commerçantes du moyen ordre, où tout le monde à peu près se connaît, et où le goût des plaisirs porte à singer les grandes villes.

sur-tout depuis la Révolution. C'est une triste vérité, qu'il est douloureux, mais non difficile d'établir. Forts de l'insuffisance des lois répressives à leur égard, ces vers rongeurs de l'arbre social ourdissent dans l'ombre leurs manœuvres criminelles, avec d'autant plus d'audace et de sécurité, que la passion dominante du jeu, le goût de la dissipation et du luxe, attirent dans leurs filets une multitude de victimes. La parcimonie ridicule qui caractérise un grand nombre de pères de famille, ne contribue pas peu encore à donner à ce fléau une nouvelle énergie. Aussi combien de jeunes étourdis, attirés par la déplorable facilité des emprunts de toute espèce, dévorent leur patrimoine par anticipation? Combien de fortunes honorables s'anéantissent dans les gouffres profonds de l'usure? combien de fortunes rapides s'élèvent journellement aux dépens de la probité?

L'usure n'est pas moins funeste à l'agriculture qu'à l'honnête industrie. On ne peut voir, sans une profonde affliction, que la dépravation morale des villes ait inoculé cette soif d'un gain illicite jusque dans nos hameaux, avec d'autant moins de résistance, que la culture d'un sol ingrat met la plupart de nos laboureurs aux prises avec le besoin.

Qu'il serait à désirer que le Gouvernement établît à ce sujet des lois qu'on ne put éluder! qu'il serait à désirer, sur-tout, que le législateur s'attachât plutôt à prévenir les crimes qu'à les punir!

La déplorable célérité de la procédure Consulaire

semble faciliter les opérations ténébreuses de l'usure. Ne serait-il pas possible, sans porter atteinte au commerce, de prohiber l'usage des lettres-de-change, aux personnes non marchandes? ne pourrait-on trouver le moyen de déverser, sur les capitalistes, une partie des impôts qui accablent les cultivateurs? Pour parvenir à la solution de ce problème il faudrait, me dira-t'on peut-être, établir une espèce d'inquisition sur les porte-feuilles; les tribunaux correctionnels et les cours d'assises seront obstruées par l'affluence des délinquans; les tribunaux de commerce n'auront plus d'occupation; le fisc et quelques huissiers perdront, dans ce changement, un revenu annuel considérable. Mais toutes ces considérations particulières sont-elles d'un assez grand poids, et doivent-elles arrêter le législateur lorsqu'il s'agit de la félicité publique?

FIN DU PREMIER LIVRE.

HISTOIRE DU LIMOUSIN.

LIVRE SECOND.

CHAPITRE PREMIER.

De la Nourriture.

SECTION I.re

Nourriture primitive des Gaulois.

Le gland fut la nourriture primitive de nos ancêtres : ce que les historiens nous racontent de leur respect pour le chêne, auquel les Druïdes et la Nation rendaient des honneurs presque divins, en sont une preuve évidente. La culture du blé ne fit que des progrès tardifs dans les Gaules, couvertes de tems immémorial par d'immenses forêts; et les habitans de la plupart de nos provinces ne se nourrirent encore, pendant plusieurs siècles, que de glands, de châtaignes, de noix, de noisettes et de faines de hêtre. La profession de boulanger qui est aujourd'hui si nécessaire, était inconnue des anciens. Les premiers siècles étaient trop simples pour apporter tant de façons à leurs alimens : le blé se mangeait en substance comme les autres fruits de la terre ; et après que l'on eut trouvé le secret de le réduire en farine, ils se contentèrent encore long-tems d'en faire de la bouillie. Lorsqu'ils furent parvenus à en pétrir du pain, ils ne préparèrent cet aliment que comme tous les autres, dans la maison et aux heures des repas. C'était un des soins principaux des mères de famille.

Section II.

Du Pain.

L'ART de la boulangerie nous fut apporté par les Romains, qui le tenaient des Asiatiques. Ce ne fut que vers l'an 583 de la fondation de Rome, que les ouvriers en pain, parmi lesquels on distinguait les Lydiens, les Cappadociens et les Phéniciens, apportèrent leurs talens en Europe ; mais ces pains, des premiers tems, n'avaient rien de commun avec les nôtres, soit pour la forme, soit pour la matière. La trituration du blé se fit d'abord avec des pilons, dans des mortiers. Aux pilons succédèrent les moulins à bras : ceux-ci furent les premiers connus des Gaulois. A l'époque de la conquête des Gaules par César, il n'y en avait point d'autres dans les villes et dans les campagnes; et l'on doit descendre à l'époque de la première Croisade, pour fixer le premier usage des moulins à vent, qui nous viennent des Sarrazins du Levant. L'invention des moulins à eau est d'une date infiniment postérieure. Les premiers pains n'étaient que des *galettes* ou gâteaux, où l'on faisait entrer du beure, des œufs, de la graisse et du safran. On ne les cuisait point dans un four, mais sur l'âtre chaud, ou sur un gril, ou sous une espèce de tourtière. On tourna ensuite les morceaux de pâte en forme de boule, et on en faisait des pains tout ronds, de-là le nom de *Boulanger*. Bientôt ce pain paraissant trop lourd et de difficile digestion, on imagina d'employer, pour sa confection, le levain de pâte aigrie. Pendant plusieurs siècles, un morceau de pain coupé en rond servait d'assiette à chaque convive, et on l'appelait *Pain tranchoir*. On en entend encore parler dans le cérémonial du sacre de Louis XII. Après le repas, on distribuait ce pain tranchoir aux pauvres. Dès le tems de Pline le Naturaliste, les Gaulois employaient la lie de biere pour rendre le pain plus léger; mais bientôt ils abandonnèrent cet usage, qui fut entièrement oublié, jusqu'au commencement du dix-septième siècle, que les boulangers de Paris le renouvelèrent. Cette nouvelle méthode fit fortune, et ce fut peut-être par cette raison qu'elle fut attaquée. Quelques médecins sonnèrent le tocsin, et prétendirent que le levain de biere était un poison, d'autres soutinrent le contraire. La querelle s'engagea : on écrivit de part et d'autre ; et l'affaire parut si grave au Gouvernement, qu'en 1666 la décision du procès fut soumise à la faculté de médecine. Cette faculté s'assembla plusieurs fois, et son jugement fut que le levain de biere était préjudiciable à la santé. La levûre de biere fut donc proscrite par arrêt rendu en 1669 ; mais à la sollicitation des boulangers de Paris intervint, l'année suivante, un autre arrêt qui permettait de faire usage de la levûre de biere, pourvu, toutefois, qu'elle fut fraîche et tirée de Paris même ou de ses environs. Les meuniers eurent d'abord des fours à portée de leurs moulins, où les farines étaient pêtries, puis cuites par des employés nommés Fourniers ; mais vers la fin de la deuxième race de nos Rois, et au commencement de la troisième, les seigneurs des fiefs s'arrogèrent le droit d'établir, dans leurs terres, des moulins et des fours banaux, où les vassaux dûrent faire moudre leurs farines et cuire leurs pains, en payant une taxe. Saint Louis affranchit les villes de ce droit rigoureux et incommode, et déclara que, par rapport aux campagnes, nul seigneur ne pourrait établir de banalité, à moins qu'il ne fut voyer, c'est-à-dire seigneur de la principale rue et du grand chemin dans toute l'étendue de la banlieue du territoire, du bourg ou du village. Ce fut alors que les fourniers des villes prirent le nom de *Boulangers* et s'organisèrent en communauté, dont Saint Louis fit les premiers réglemens. Philippe le Bel fit aussi travailler à la police des boulangers, qui prétendaient n'avoir d'autre juge que le grand Panetier de France. Ces prétentions durèrent presque jusqu'en 1350, sous Philippe de Valois, que parut un réglement général de police, où celle des boulangers ne fut pas oubliée.

Section III.

Alimens tirés du règne végétal.

§. I.er

Des Légumes.

Nous lisons, dans Pline le Naturaliste, qu'il croissait, dans les Gaules, de petits oignons que les Romains appelaient oignons Gaulois, et qu'ils trouvaient infiniment plus délicats que ceux d'Italie. Ils faisaient aussi un grand cas de nos panais. Columelle nous apprend que, de son tems, dans une partie de nos provinces, le peuple ne se nourrissait que de grosses raves. On voit dans la loi Salique que, bien anciennement, les champs étaient semés de pois, de fèves et de lentilles; et cette même loi condamnait à une forte amende, ceux qui dérobaient ces légumes. Nous remarquerons qu'alors on ne faisait aucun cas des pois verts, et que les lentilles servaient de nourriture ordinaire aux chevaux. Les capitulaires de Charlemagne nous apprennent que, dans les potagers de cet Empereur, on trouvait de la laitue, du cresson des deux espèces, de la chicorée, du persil, du cerfeuil, des carottes, des poireaux, des navets, des oignons, des aulx et des échalottes. Les choux, maintenant si communs en France, n'y sont pas pourtant connus de toute ancienneté. Les Romains nous apportèrent d'Égypte les choux-rouges et les choux-verts; les choux-blancs nous viennent des pays septentrionaux, et l'art de les faire pommer n'était pas connu du tems de Charlemagne. Les melons n'ont été connus parmi nous qu'après le retour de Charles VIII, qui en apporta d'Italie. Les Français firent toujours assez peu de cas des citrouilles et des potirons, et ce n'est que fort tard qu'il est parlé, dans nos auteurs, de concombres et d'asperges. Nos anciens historiens semblent dire que l'on mangeait autrefois les chardons; mais probablement, il faut entendre par-là les artichauts qui en sont une espèce.

§. II.

Des Fruits.

LA plus considérable partie des fruits que produit la France est indigène; mais les variétés de leurs espèces ne nous ont été connues que successivement. L'abricot vient originairement d'Arménie, et ce sont les Romains qui nous l'apportèrent. La pêche nous vient de la Perse, où la frigidité de ce fruit le fait considérer comme un poison. Les premières prunes nous sont venues de Syrie, vers le tems des Croisades. Celles connues sous le nom de Damas furent apportées par les comtes d'Anjou, et le bon roi Réné les répandit dans nos provinces méridionales. Les prunes de Monsieur sont ainsi appelées, parce que Monsieur, frère de Louis XIV, les aimait beaucoup. Celles de reine-Claude doivent leur nom à la première femme de François Ier. Les grenades nous viennent d'Afrique, et les coings de l'île de Crète. Quelques auteurs prétendent que les châtaignes nous viennent de Sardes en Lydie. Les citrons, fruits originaires de la Médie ou de la Syrie, passèrent de l'Italie en Provence : les oranges ne furent connus que plus tard. On voyait autrefois, à Fontainebleau, le premier oranger qui avait été cultivé au centre du Royaume; on le nommait le Connétable, parce qu'il avait appartenu au connétable de Bourbon; il avait été confisqué sur ce seigneur lors de sa révolte contre son Souverain. Nos pistaches sont originaires de l'Inde, et nos amandes nous viennent de la Grèce. A l'égard des noisettes, on prétend qu'elles furent apportées du royaume de Pont, ainsi que les cerises ; mais les noix étaient connues depuis long-tems en France, et il en est beaucoup parlé dans les capitulaires de Charlemagne. Les figues ont été transplantées de l'Asie à Rome, et de-là en Provence. L'olivier nous vient de la Grèce, d'où il passa d'abord en Italie, puis en Espagne, en Provence et en Languedoc.

Section IV.

Alimens tirés du règne animal.

Il est certain que nos pères ont été frugivores avant d'être carnivores ; mais ce serait en imposer au lecteur que d'oser fixer l'époque à laquelle ils ont commencé à manger de la viande et du poisson : cette époque se perd dans la nuit des tems. Les histoires nous apprennent que les Gaulois mangeaient beaucoup de viande, et qu'ils estimaient sur-tout la chair de porc. Après l'établissement des Francs parmi les Gaulois, ces deux peuples firent, pendant les deux premières races, leur nourriture habituelle de cette chair. La castration des taureaux prit naissance chez les Grecs. Les Romains, leurs imitateurs, n'eurent en vue, dans l'usage de cette opération, que de dompter leurs taureaux et non l'envie de se nourrir d'une viande plus agréable. Ils ne mangeaient que les vieilles vaches, les bœufs et les veaux inutiles. La castration du bélier fut connue plus tard que celle du taureau. Au 13.ᵉ siècle, les seigneurs se réservaient ordinairement toutes les langues des bœufs qui se tuaient dans leurs domaines. De tous tems il y a eu des cerfs en France, et la chasse de ces animaux fut toujours réservée à nos Rois et aux grands seigneurs. Jadis on mangeait, avec délices, la chair des cerfs; mais ensuite on s'en dégoûta pour manger celle du daim et du chevreuil. On prétend que les lapins sont originaires d'Espagne. L'art d'élever et d'engraisser la volaille a été poussé fort loin en France: au nombre des grands officiers de Saint Louis, il y en avait un qui portait le titre de *poulailler du Roi*. Les dindons étaient connus en France bien avant l'admission des Jésuites; mais ils ne devinrent communs qu'après que Henri IV eut rendu la paix à son Royaume. Ce sont les dindons qui ont fait disparaître de nos tables, où elles tenaient jadis la place la plus honorable, les oies qui étaient considérées, parmi nous, comme des morceaux friands. Ces oies étaient élevées en Picardie, et les Gaulois les conduisaient, à petites journées, jusqu'à Rome, en traversant les Alpes. L'éducation des pigeons domestiques est postérieure à l'établissement du gouvernement féodal ; les seigneurs des fiefs étaient en possession d'avoir des colombiers exclusivement à leurs vassaux. La macreuse, ou canard noir, fut regardé comme un mets maigre qui peut se manger en carême. Un certain monsieur Graindorge a eu, sur la macreuse, une idée assez singulière : il prétendait que cet oiseau naissait du bois pourri qui tombe dans l'eau. Cette folle opinion est consignée dans un livre assez rare. Dans les premiers siècles de l'Église, la volaille, en général, était regardée comme un aliment maigre, et cette opinion était fondée sur les paroles de la Genèse, qui nous apprennent que les oiseaux et les poissons furent créés le cinquième jour, tandis que les animaux à quatre pieds l'avaient été le quatrième. Saint Benoît ne défendait à ses religieux que la chair des quadrupèdes, et Saint Colomban permettait aux siens la chair de volaille à défaut de poisson. Les moines Grecs en ont mangé jusqu'au 10.ᵉ siècle. Quant aux perdrix rouges nous en sommes redevables au roi Réné, qui les fit venir de l'île de Chio.

Dès le 12.ᵉ siècle il s'établit, à Paris, une compagnie de marchands de poisson. Une des premières denrées que cette compagnie fit voiturer par eau, de la Normandie, fut le hareng salé. Du tems des troubadours on pêchait des baleines et des dauphins dans la Méditerranée, et on en mangeait la chair.

Le lait, le beure, le fromage et les œufs, sont des émanations du règne animal ; c'est pourquoi il y a eu des tems où on se faisait un grand scrupule d'en manger en carême. Cette appréhension avait même lieu en Limousin, comme dans d'autres provinces, où il ne croissait point d'oliviers. Nos rois, Charles V et Charles VI, furent obligés de solliciter du Pape la permission de ne point s'assujettir à cette pieuse abstinence, pour cause d'incommodité. Anne duchesse de Bretagne, femme de Charles VIII, demanda à Sixte IV une permission générale, pour elle et pour toute sa maison, de manger du beure en tout tems; et cette permission lui fut octroyée sur le motif qu'elle exposa, que la Bretagne ne produisait point d'huile. De la cour, cet usage passa parmi le peuple, qui fit les mêmes représentations. De la liberté de manger du lait et du beure, on en vint à celle de manger du fromage en tems de carême. Cette liberté fut accordée par la bulle de la Crusade aux Espagnols, et ensuite à l'Allemagne et aux autres pays chrétiens du Nord. Il n'y eut que les Italiens qui conservèrent, à cet égard, l'austérité de l'ancienne discipline ecclésiastique. La permission de manger des œufs en carême fut plus difficile à obtenir. En l'année 1555, un évêque de Paris, autorisé par une bulle du Pape, ayant voulu permettre l'usage des œufs dans le carême, le parlement empêcha l'exécution de la bulle et la publication du mandement. De cette sévère abstinence était venu l'usage de faire bénir une grande quantité d'œufs, le samedi-saint, pour les distribuer à ses amis le jour de Pâques. Les fromages des Gaules étaient estimés des Romains. Les fromages étrangers ne furent connus, en France, que sous le règne de Charles VIII, qui en apporta d'Italie.

Section V.

De l'usage des Épices.

Les épices, productions de l'Asie et des Indes, à peine connues des Romains dans les derniers tems de leur gloire, commencèrent à l'être en France à l'époque des Croisades. La cherté et la rareté des épices leur donnèrent jadis un grand prix parmi nous. En 1163 un abbé de Saint-Gilles, en Languedoc, ayant une grâce à demander à Louis le Jeune, crût ne pouvoir mieux l'engager à la lui accorder qu'en lui envoyant diverses épiceries du Levant. Nos vieux poètes comparent, dans leurs écrits, la canelle, la muscade, le gérofle et le gingembre, aux parfums les plus exquis. Il ne faut cependant pas croire que la seule sensualité fit adopter à nos pères, l'usage des épiceries d'Orient. Accoutumés à se nourrir de viandes lourdes. Ils s'aperçurent qu'ils avaient besoin d'employer des assaisonnemens capables d'aider à leur digestion. Pendant bien des siècles, le miel tint lieu de sucre aux Gaulois et même aux Français. Les Romains employaient le miel dans leurs pâtisseries, dans leurs ragoûts, leurs confitures et leurs liqueurs. Le sucre, alors connu sous le nom de miel de roseau, n'était employé que dans la médecine. Vainement on a tenté d'acclimater, en France, la canne à sucre. Le premier qui parut nous fut apporté par les Arabes; mais il n'était point dépuré. Ce ne fut qu'en 1420 qu'on essaya de le clarifier : tentative qui fut perfectionnée en 1471 par un Vénitien.

Section VI.

Histoire de la Cuisine Française.

Jusqu'a la conquête des Gaules par les Romains, nos ancêtres vivaient à la manière des Sauvages. Des herbes hachées et bouillies jetées dans des chaudières, présentées aux convives dans des jattes de bois, sur une peau de bœuf étendue à terre; des boulettes composées de différentes farines; des lambeaux de chair rôtis sur des charbons : telle était leur nourriture et le luxe de leurs repas. Les Romains apprirent aux Gaulois qu'il était d'autres moyens de flatter le goût; et certainement les grands de la nation connaissaient déjà ce qu'on entend par bonne chère, lorsque les Francs passèrent le Rhin pour combattre les uns et conquérir les autres; mais le peuple conserva long-tems encore sa façon de vivre agreste et barbare. La cuisine des Romains, qui a été la base de la nôtre, reçut quelques altérations par les irruptions des Goths, des Visigoths, des Huns, des Lombards et des Bourguignons. Mais bientôt il se forma un goût particulier de cuisine, fondé tant sur les productions indigènes qui constituent le fond des alimens et qui entrent dans l'assaisonnement, que sur les productions exotiques qui devinrent successivement plus communes au moyen du commerce; et cet art de la cuisine fut toujours en se perfectionnant jusqu'au règne de Louis XIV. Dans ce siècle de gloire, la cuisine Française passa dans toute l'Europe. Cependant, au commencement du règne de Louis XV, cette belle et noble cuisine parut trop simple, et il s'en introduisit une nouvelle, fondée sur la Chimie.

Bien avant le règne de Louis XI, il y avait à Paris une profession de gens qui vendaient de la chair de porc cuite, et une autre qui débitait des sauces, qu'on pouvait emporter chez soi pour assaisonner les alimens. Ces derniers portaient le nom de Sauciers; et comme en même tems ils fabriquaient de la moutarde et du vinaigre, ils joignaient au titre de *Saucier* celui de *Vinaigrier-Moutardier*. Louis XII les érigea, en 1514, en corps de métier; et comme l'art de distiller prit faveur, les sauciers s'en saisirent et ajoutèrent à leurs titres ceux de *Distillateur* et *Buffetier*. Toutes ces professions furent séparées dans la suite, et il en résulta quatre communautés : les *Vinaigriers*, les *Limonadiers*, les *Distillateurs* et les *Cuisiniers*. Ces derniers prirent bientôt le titre de *Traiteurs*, parce qu'ils entreprirent de donner à manger chez eux. Leur utilité tarda d'autant moins à être reconnue, qu'auparavant il fallait acheter chez cinq ou six marchands différens, les choses nécessaires au fond d'un repas. Les Traiteurs se réunirent en communauté, en 1599, sous le nom de *Maîtres-queux-cuisiniers*. Les statuts des Sauciers, qui datent de 1394, nous apprennent que la sauce à la *cameline* qu'ils vendaient, devait être composée de bonne canelle, de bon gingembre, de bons clous de gérofle, de bonne graine de paradis, de bon pain et de bon vinaigre; que la sauce nommée *Jence* devait être faite de bonnes et vives amandes, de bon gingembre, de bon vin et de bon verjus. Entre les sauces renommées de ce tems, nous trouvons, dans le livre de Taillevant, *queu* de Charles V et Charles VI, outre la *cameline*, *l'eau bénite* avec laquelle on mangeait le brochet, le *saupiquet*, le *mostechan*, la *galantine*, la sauce à l'*alose*, au *moût*, celle *d'ail* au *lait*. Les sauces *froide*, *rouge*, *verte*, *robert*, *poitevine*, à *madame*, *râpée*, *dodine*, *etc*. Platine, auteur du 15.ᵉ siècle, nous instruit que le sucre entrait dans presque toutes les sauces de ce tems-là. Alors la volaille, la viande de boucherie, le gibier rôtis, ne se mangeaient pas secs comme aujourd'hui, non plus que le poisson frit. Il y avait des sauces différentes pour ces mets, et même pour chacune des parties des différens animaux. Les cuisiniers de ce tems cherchaient à se faire une réputation par des ragoûts bizarres, qui n'avaient d'autre mérite que la difficulté de l'exécution. Froissard, qui écrivait un demi-siècle avant

Taillevant, se plaignait qu'on dénaturait déjà tout ce qui servait à la nourriture. L'usage de frire le poisson est antérieur au règne de Saint Louis; car on trouve dans les sermons du père Robert confesseur de ce Monarque, et fondateur de la Sorbonne, une allusion à la friture. En parlant de la peine que le juste éprouve en voyant offenser Dieu, il dit que les péchés des autres mettent le juste dans la poêle à frire. Nous retrouvons encore dans quelques-uns de nos ragoûts les plus communs, ceux dont nos pères faisaient leurs délices, tels que le *bœuf à la mode*, la *persillade*, le *miroton*, le *veau à la bourgeoise*, la *fricassée de poulet* et la *blanquette de veau*; mais nous ne connaissons plus le *pot-pourri* ni la *galimafrée*. Les cuisiniers d'autrefois chargeaient encore souvent les tables de leurs maîtres, de ragoûts empruntés aux nations étrangères. Ils avaient un *brouët* d'*Allemagne*, un *chaudeau flamand*, des *œufs* à la *florentine*, des *perdrix* à la *catalane*. Ils connaissaient l'*oille espagnole* et la *chipolata*, les *kenefes*, boulettes estimées des Allemands; le *pilaud*, ragoût turc, etc. Quant au rôti, on faisait bouillir les grosses pièces avant de les mettre à la broche, et communément le ventre de l'animal embroché était garni d'une farce aromatique. Au 13.ᵉ siècle, du tems d'Arnaud de Villeneuve, la sauge était l'assaisonnement ordinaire des oies. Au 16.ᵉ siècle, Champier nous apprend que l'on farcissait de marrons les cochons de lait et les oisons. Quelques minutes avant de les désembrocher on les panait avec de la mie de pain, du sucre, du jus d'orange et de l'eau rose. Les longes de veau froides, couvertes d'une poudre blanche fort chère dont la composition n'est pas venue jusqu'à nous, étaient la base du déjeûner des chasseurs, et ce sont les fauconniers à qui nous devons l'invention des *grillades* à la *tartare*. Nos ancêtres, ainsi que nous, servaient les salades avec les rôtis; mais ils en avaient un grand nombre qui ne sont plus en usage. Nous aurions actuellement de la peine à manger, comme eux, le *poireau* cuit sous la cendre et assaisonné de sel et de miel, la *bourrache*, la *menthe* et le *persil* avec simplement du sel et de l'huile, et la *laitue*, le *fenouil*, la *menthe*, le *cerfeuil*, l'*escarole* et la *fleur* de *sureau*, mêlés ensemble. Ils mettaient aussi, au nombre des salades, un assemblage de pattes, de têtes, de crêtes et de foies de volaille cuits et assaisonnés ensemble avec le persil, la menthe, le vinaigre, le poivre et la canelle. La salade de *jeunes orties* et de *branches* de *romarin* était encore, pour nos pères, un mets délicieux. Ils y ajoutaient, comme nous, de petits concombres confits au vinaigre. Quant à l'accommodage des œufs, ils connaissaient les *œufs brouillés* et à la *tripe*. Ils assaisonnaient les *œufs frits* avec de la fleur de sureau.

Section VII.

Origine de l'art de la Pâtisserie.

L'art de la pâtisserie fut chez nous la suite de celui de la boulangerie. Dans nos provinces septentrionales on y mêlait des œufs, du beure et du sel, et dans les méridionales de l'huile et du miel. Telle est l'origine des *galettes*. On imagina ensuite d'envelopper avec cette pâte, de la viande, des fruits et de la crême. Nos mères de famille, nos Dames de châteaux furent nos premiers pâtissiers, et naguères ce travail était compté au nombre de leurs amusemens journaliers. Jusqu'au seizième siècle les boulangers furent en possession de faire la pâtisserie; mais, dans ce tems, les traiteurs s'emparèrent des pâtisseries chaudes, qui exigeaient des sauces. Dans les statuts des Pâtissiers de l'an 1567, ils sont qualifiés de *Pâtissiers-Oublayeurs*. Dans la suite il fut défendu aux traiteurs de faire cuire aucune pâtisserie. En 1717 on défendit aux boulangers de faire des *galettes* et des *gâteaux*, et d'en donner à leurs pratiques le jour des Rois, comme cela se pratiquait depuis plusieurs siècles. Nous trouvons le nom de *pâtissier* pour la première fois dans une charte de Louis le Débonnaire. Une charte de l'église de Paris, en date de 802, fait déjà mention des *échaudés* sous le nom de *panes leves qui dicuntur echaudati*. Joinville, dans la vie de Saint

Louis, parle de *beignets de fromage rôtis au soleil*, que les Sarrazins présentèrent au Roi et à ses chevaliers, en leur rendant la liberté. Dès le 13.ᵉ siècle, les *flans* de *Chartres*, les *pâtés* de *Paris* et les *tartes* de *Dourlens* étaient déjà renommés. Déjà plusieurs seigneurs avaient imposé des redevances de gâteaux *fugués* ou *feuilletés*, à leurs vassaux : c'est ce que nous prouve une charte de 1301. Du tems du chancelier de Lhôpital, les petits pâtés de bœuf haché avec des raisins secs, se colportaient dans les rues de Paris, et il s'en faisait une grande consommation. Cet illustre magistrat, qui portait un œil attentif et même minutieux sur ce qui pouvait intéresser la bonne police du Royaume, regarda les petits pâtés comme un luxe nécessaire à réprimer : en conséquence, il provoqua une ordonnance royale qui prohibait la vente foraine des petits pâtés. Ce fut sans doute cette prohibition qui engagea la faculté de médecine à évaluer, en argent, une rétribution en petits pâtés, qui était dûe aux anciens docteurs et professeurs, par les licenciés qui prenaient le bonnet. La dernière thèse était suivie d'un déjeûner dont les petits pâtés faisaient la base. Tout ce qui resta de cet usage, fut le nom de *Pastillaria* que la thèse porta encore long-tems. L'origine des *oublies* est sacrée, puisqu'elle nous vient des pains offerts à l'église et destinés à faire des hosties. On en servait jadis à certains jours de l'année, dans quelques églises, aux chanoines et aux prêtres, et de-là on appela cette pâtisserie, *oblati*. Les laïcs voulurent en avoir aussi, et l'on vit figurer autrefois cette friandise parmi les redevances seigneuriales, sous le nom de *droit d'oubliage*, et nos Rois l'exigèrent comme les autres seigneurs.

SECTION VIII.

Origine de l'usage du Vin, des Liqueurs, de la Biere, du Cidre, du Chocolat, du Pastillage, des Glaces et des Bonbons.

PASSONS actuellement au vin : cette liqueur précieuse passa de l'Asie dans la Grèce, et de-là en Italie. Plutarque nous apprend que ce fut un Toscan, banni de sa patrie, qui donna aux Gaulois les premières notions du vin. Pline dit qu'un Helvétien, ayant passé quelques années à Rome, imagina le premier qu'il ferait un commerce avantageux des vins d'Italie, en les transportant dans les Gaules. Les Marseillais ont bu du vin avant les autres peuples Gaulois, soit que les Phocéens leur en eussent donné la connaissance, soit qu'elle leur fut venue par la côte d'Italie. Il croissait même quelques vignes dans leur territoire ; mais, pendant long-tems, cette culture ne s'étendit pas bien loin au-delà, et ce ne fut qu'à l'arrivée de Fabius Maximus, dit l'Allobrogique, qui conquit une partie des Gaules, que par son ordre on planta de vignes la Gaule Narbonnaise. Environ 120 ans avant l'ère chrétienne, César parle des vins de Provence, de Dauphiné, de Languedoc et d'Auvergne, et il ajoute que, par une singularité assez remarquable, on estimait dans la Gaule les vins d'Italie, et dans l'Italie les vins de la Gaule. L'empereur Domitien, tyran aussi singulier dans sa façon de penser que barbare dans son caractère, prétendit que la culture du blé serait plus utile à l'Empire en général que celle du vin ; et, en conséquence de ce raisonnement, il fit arracher toutes nos vignes. Cette mesure rigoureuse reçut son exécution pendant près de deux cents ans; mais enfin, vers la fin du 13.e siècle, le sage et vaillant Probus rétablit la paix parmi nous, ainsi que les vignes. Qui croirait que les vins de Paris acquirent alors une certaine réputation, et que ceux de Surène et de Nanterre passèrent pour excellens ? c'est ce qu'atteste dans ses écrits l'empereur Julien, qui ne cesse d'en faire l'éloge. On parla peu de tems après des vins d'Orléans; mais bientôt ils cédèrent le pas à ceux d'autres provinces plus éloignées. Les Francs, loin de détruire les vignes, prirent grand soin d'en multiplier les plantations, lorsqu'ils se furent rendus maîtres des Gaules : Charlemagne en recommanda la culture dans ses domaines ; et depuis ce prince jusqu'au 16.e siècle, tous les réglemens de nos Rois ont été favorables à la culture des vignobles et à la fabrication des vins. Dès le 9.e siècle, ceux de Bourgogne avaient quelque réputation, et on les enlevait pour l'Allemagne. Ceux des bords de la Moselle étaient recherchés par les Frisons. Dès le tems de Philippe-Auguste, on exportait beaucoup de vins de France en Angleterre. Ce commerce prospéra jusqu'en 1577, que Charles IX, pensant comme Domitien, ordonna d'arracher une partie des vignes de la Guyenne. Quant aux tonneaux, nous en devons l'invention aux Gaulois Cisalpins; avant eux les Romains enfermaient leurs vins dans des outres ou dans des vases de terre. Charlemagne recommandait aux régisseurs de ses domaines de conserver ses vins dans de bons barils, *bonos barillos*, cerclés de fer. Dans les pays qui contenaient de grands vignobles, on ne se contenta pas toujours de tonneaux; on creusait souvent des citernes maçonnées, pour contenir la récolte du vin. C'était dans ces grands réservoirs qu'on puisait pour remplir certaines sacoches de cuir, que les valets portaient à la suite de leurs maîtres, pendues à l'arçon de leurs selles. Une ordonnance du 13.ᵉ siècle, oblige les tanneurs de la ville d'Amiens de fournir deux paires de *bouchaux* de cuir, bons et suffisans à tenir vins, pour quand les vassaux de l'évêque seront par lui ou par ses vidames conduits à l'arrière-ban. Les bouchers devaient aussi fournir de la graisse pour couvrir lesdits bouchaux, de peur que le vin ne s'éventât. Le même abus d'autorité, qui porta les seigneurs à s'arroger le droit d'avoir des moulins et fours banaux, introduisit celui de *ban vin*, c'est-à-dire le privilége de vendre, pendant un certain tems, leurs vins exclusivement à tous leurs vassaux et paysans. Louis XIV conserva ce privilége aux seigneurs qui s'en trouvèrent en possession; mais seulement dans les pays où les droits d'aides n'avaient pas lieu. Les Parisiens avaient le droit (dont ils n'usèrent guères il est vrai) de vendre le vin de leur crû. C'est à Saint Louis que les marchands de vin dûrent leurs premiers réglemens. En 1585 ils furent divisés en quatre classes, les *Hôteliers*, les *Cabaretiers*, les *Taverniers* et les *Marchands au pot*. Les hôteliers tenaient auberge pour les voyageurs à pied et à cheval; les cabaretiers donnaient à boire et à manger avec nappes et assiettes; les taverniers ne pouvaient donner qu'à boire; les marchands de vin au pot ne vendaient le vin qu'à grandes mesures. Le vin était si considéré, il y a un peu plus d'un siècle, qu'on ne faisait aucun marché qu'il n'y eut une gratification extraordinaire que l'on nommait *pot de vin*. Ce qu'on offrait aux prêtres à l'église, pour les baptêmes et les mariages, s'appelait le *vin du curé*; les présens qu'on faisait à la future avant le mariage, *vin de noce*, etc. etc. Une charte du fameux abbé Suger, régent du Royaume sous Louis le Jeune, donne dix sous de rente et un muid de vin à la collégiale de St. Paul de Paris, pour, y est-il dit, *que les chanoines servent Dieu et St. Paul avec plus de gaîté et de dévotion*. Nous ne dirons rien de la bonté des vins de *Provence* ni de ceux de *Bordeaux*, elle est connue de tout le monde. On parlait du tems de Henri IV du vin de *Cante-Perdrix*. Ce Monarque qui l'aimait beaucoup en régala les ambassadeurs Suisses lors de l'alliance qu'ils signèrent avec lui en 1602. Les vins d'*Auvergne* étaient en grande réputation du tems de Grégoire de Tours. Ceux du pays d'Aunis, de Saintonge, d'Anjou et de la Touraine n'étaient pas meilleurs qu'ils le sont aujourd'hui. On prétend que la Normandie et la Bretagne eurent jadis des vignobles : en feuilletant les anciens auteurs, on trouve des passages bien capables de fortifier les sentimens de l'empereur Julien sur la bonté des vins des environs de Paris. Dans le Fabliau de la bataille des vins on voit figurer, comme champions redoutables, les vins d'*Argenteuil*, de *Marly*, de *Montmorency*, de *Pierrefitte*, de *Soissons* et de *Meulan*. Le poète Deschamps parle avec éloge du fameux vin de *Mantes*; le voyageur Tavernier but en Perse de ce vin. Le moine Rubriquis, envoyé par Saint Louis au grand Kan des Tartares, en présenta à ce Monarque un flacon qui s'était très-bien conservé en route. Eustache Deschamps loue aussi beaucoup le vin de *Gonesse*, canton qui n'est plus renommé que par son pain. Les vins d'*Arbois* et de *Château-Châlons* se boivent le plus souvent troubles et bourrus que clairs et gardés. Ce fut Henri IV qui le premier mit à la mode le vin d'*Arbois-Bourru*. Dans le 17.ᵉ siècle, il s'éleva un procès sur le mérite des vins de Bourgogne et de Champagne, ainsi que sur la préférence qu'on devait leur accorder. La source de cette grande querelle fut une thèse soutenue aux écoles de médecine de Paris,

dans laquelle on avança que le vin de *Beaune* était la
boisson la plus saine et en même tems la plus agréable. Cette thèse n'excita aucun murmure dans ce
tems, d'autant plus que depuis le 13.ᵉ siècle le vin de
Beaune avait toujours été en grande réputation.
Quarante ans après cette thèse, on hasarda une proposition plus hardie. On osa soutenir que le vin de
Bourgogne était non-seulement préférable à celui de
Champagne, mais que ce dernier agaçait les nerfs,
mettait les humeurs en fermentation et procurait la
goutte. On s'appuyait en cela de l'autorité de M. Fagon, médecin de Louis XIV, qui venait, disait-on,
de défendre le vin de Champagne au Roi : les Champenois prirent feu et attaquèrent les Bourguignons ;
les Champenois se trouvèrent engagés dans une lutte
terrible ; on écrivit de part et d'autre. Les Bourguignons prétendirent que c'était à MM. Colbert et
de Louvois alors ministres, dont l'un était originaire
de Champagne et l'autre y possédait de grands vignobles, que le vin de Champagne devait toute sa vogue.
Cette assertion était cependant évidemment fausse,
puisque, dès le 16.ᵉ siècle, le vin d'Aï était si renommé, que l'empereur Charles Quint, le pape
Léon X et les rois François I.ᵉʳ et Henri VIII recherchaient ce vin comme un nectar. La querelle entre
ces deux vins est encore indécise, et, dans l'attente
d'un jugement définitif, laisse aux *gourmets* le choix
et le plaisir de savourer l'un et l'autre. Nous remarquerons, seulement, qu'il n'y a pas plus d'un siècle

et demi qu'a commencé la mode de faire mousser le vin de Champagne. Passons maintenant aux vins étrangers importés en France. Les premiers que les Français ont connu, sont les vins de *Chypre* et de *Malvoisie* qui nous vinrent par l'Italie. Le célèbre *Lacryma-Christi* n'est plus de mode. Il n'en est pas de même des vins d'Espagne. Il est vrai que nous n'estimons plus les vins doux dits de Canarie ; mais nous buvons toujours avec délices l'*Alicante*, le *Rota*, le *Rancio*, le *Xerès*, etc. Le vin de *Sétuval* est le seul à peu près que nous retirons du Portugal ; mais nous estimons beaucoup le *Madère*. Le vin du *Cap* ne nous est connu que depuis le commencement du 18.ᵉ siècle. Il nous vient fort peu de vin de Hongrie ; d'ailleurs le *Tokai*, qui est le plus recherché, nous arrive rarement pur et véritable. Disons un mot de l'eau-de-vie : pendant plusieurs siècles, l'art de rectifier les vins et d'en extraire l'esprit par distillation, fut regardé comme un secret. Dès le 12.ᵉ siècle on attribuait à cet esprit de grandes propriétés médicamenteuses ; mais bientôt l'eau-de-vie cessa d'être regardée comme un médicament, et devint une boisson agréable. Le plus ancien des ratafiats est l'*eau d'or*, où l'on faisait macérer des feuilles de romarin. Avant l'usage des ratafiats on buvait des vins mixtionnés. Il est vrai que d'abord on ne les prit que comme médicament ; ensuite ils parurent propres à exciter l'appétit et à aider la digestion. Pline, Gallien, Dioscoride employaient des vins dans lesquels on faisait infuser de la *rhue*, de l'*hysope*, de l'*absynthe*, de l'*aloës*, du *myrthe*, de la *sauge*, du *romarin* et de l'*anis*. Le roman de Florimond en parle sous le nom de vin d'herbes, et il en est question aux 10.ᵉ, 11.ᵉ et 12.ᵉ siècles. Tout ce qui nous en reste est le *vin d'absynthe*. Sous la première race de nos Rois, on connaissait le vin de *mûres*, de *coings*, de *grenades*. Les capitulaires de Charlemagne parlent de deux vins, l'un appelé le *Madon*, et l'autre le *Nectar*, faits avec différens fruits et du miel. Pendant la 3.ᵉ race il est question de *vin d'épices*, où l'on employait des aromates tels que la *canelle*, l'*ambre*, le *musc*, le *piment* et le *gérofle*. C'est de cette mixtion que résulta le fameux *hypocras*, si vanté par nos romanciers. Cet hypocras fut si fort à la mode, qu'on en servait dans tous les grands repas. Louis XIV honora cette liqueur de son suffrage, pendant tout le cours de son règne, et la ville de Paris lui en offrait tous les ans un certain nombre de bouteilles. Des Italiens venus de France à la suite de Catherine de Médicis, nous firent connaître le *rossoli*. Le rossoli, nommé *Populo*, était beaucoup estimé sous les règnes de Henri III et de Henri IV. Actuellement il n'est plus guères connu, et cède la place aux ratafiats de fruits, à l'*huile de Vénus* inventée par le médecin Sigogne, et à laquelle ce docteur attribuait des vertus admirables.

Les Gaules, couvertes de forêts, abondaient en essaims d'abeilles, qui fournissaient une prodigieuse quantité de miel sauvage, que nos ancêtres recueillaient et dont ils composaient une liqueur forte et enivrante par le moyen de la fermentation dans l'eau : telle fut pendant long-tems leur boisson. Vers le 15.ᵉ siècle de notre ère, tems où les abeilles domestiques remplacèrent les sauvages et où l'abondance du vin avait fait tomber en désuétude l'*hydromel aqueux*, on inventa l'*hydromel de vin*. Les moines de l'abbaye de Cluny se régalaient à certains jours de fête avec de l'hydromel aromatisé avec de la bétoine, et ils appelaient cette liqueur *potus dulcissimus*. La biere était encore une boisson de nos pères : ils en buvaient du tems de Pline ; et ce qui doit étonner, c'est qu'ils avaient le secret de la conserver pendant plusieurs années. Julien l'Apostat n'aimait pas la biere et sur-tout celle des environs de Paris ; il nous reste une épigramme grecque de cet empereur où, apostrophant cette boisson, il lui dit : « Qui es-tu ? non tu n'es pas le vrai Bacchus : « le fils de Jupiter a l'haleine douce comme le nec- « tar, et la tienne est celle d'un bouc. » Le cidre fut d'abord imaginé en Afrique, et ce furent les Biscayens qui, commerçant dans cette partie du monde, en apportèrent la connaissance dans leur patrie. Ensuite les Normands, ayant conquis la Neustrie et établi des relations commerciales avec les Biscayens, en apprirent la fabrication. Quant au poiré, il est d'origine Normande. Fortunat nous apprend que Ste. Radegonde reine de France, qui, pendant sa viduité menait une vie très-pénitente, ne buvait que de l'eau et du poiré, boisson ordinaire des pauvres de ce tems. En 1420 le peuple de Paris, à la suite d'une année de stérilité, fut réduit à boire du *prunelé*.

L'origine des liqueurs chaudes est fort moderne. Le chocolat nous vient de l'Amérique, il nous fut apporté par les Espagnols, et c'est Marie-Thérèse d'Autriche, femme de Louis XIV, qui le mit en vogue. Le café est originaire d'Arabie, et l'usage en devint général en Turquie dès le 16.e siècle. Au commencement du 17.e, quelques négocians de Hollande et d'Angleterre, ayant pris le goût du café dans le Levant, firent connaître cette décoction dans leur patrie. Elle ne le fut à Marseille qu'en 1644. Thevenot, fameux voyageur, étant de retour de ses courses en 1658, régala de café ses plus chers amis. Enfin, en 1669, le grand-seigneur ayant envoyé à Louis XIV un ambassadeur nommé Soliman-Aga, qui plût beaucoup aux Parisiens par son esprit et sa galanterie, on voulut goûter la liqueur qu'il offrait aux Dames suivant l'usage de sa patrie, et quoique sa couleur fut noire et son goût âpre et amer, sa singularité et sa nouveauté la firent réussir. Après le départ de Soliman-Aga on chercha à se procurer du café et à le prendre à la turque. Quoiqu'on imitât mal le procédé, l'usage n'en fut pas pour cela interrompu. On imita dès-lors les cabarets vernis, on se procura des tasses de porcelaine et des serviettes de mousseline à frange d'or à l'instar des Ottomans. La mode du café passa des maisons particulières dans des boutiques. Un Arménien nommé Paschal établit en 1672 un café à la foire Saint-Germain, et la foire étant terminée il alla s'établir sur le quai de l'École, où il fit une assez belle fortune ; mais ses successeurs ne réussirent pas aussi bien que lui ; et ce ne fut que dans les premières années du 18.e siècle qu'un Sicilien nommé Procope, rétablit la gloire des cafés. Il se procura, comme Paschal, une boutique à la foire Saint-Germain, et cet établissement décoré avec luxe attira, pendant toute la tenue de la foire, la meilleure compagnie de Paris. Procope ajouta à son débit de café celui du thé, du chocolat et des liqueurs chaudes de toute espèce. Enfin, il s'établit dans un local situé vis-à-vis l'ancienne comédie Française, et ce café fut pendant bien long-tems le rendez-vous des amateurs de spectacle et le champ de bataille des querelles littéraires. L'établissement des cafés à Paris fit tomber la vogue des cabarets où autrefois les gens de la plus haute distinction se réunissaient sans scrupule.

C'est aux officiers Italiens de quelques ambassadeurs et cardinaux que la France doit les pastillages, les glaces et les bonbons. Jadis toutes les sucreries étaient comprises sous le nom général d'*épices*. Comme les présens que l'on en faisait étaient reçus à titre de galanterie et sans conséquence, les gens qui demandaient ou espéraient quelques grâces, ne faisaient aucune difficulté d'en offrir aux grands seigneurs de qui elles dépendaient. On en donnait par reconnaissance aussi bien que par intérêt. Le plaideur qui avait gagné son procès en offrait à ses juges, sans blesser leur délicatesse ni les lois qui voulaient que la justice fut rendue *gratis*. Mais l'avidité et l'avarice trouvèrent bientôt moyen de tourner à leur profit cette innocente coutume. Dès le tems de Saint Louis les juges recevaient en nature des épices et n'étaient pas toujours assez modérés à cet égard. Le St. Roi rendit une ordonnance qui portait que les juges ne pouvaient recevoir d'épices que pour la valeur de dix sous par semaine. Philippe le Bel en fixa la quantité à ce qu'ils pouvaient consommer par jour dans leur maison, sans excès ni gaspillage. Ces sages réglemens n'obvièrent aux abus que pendant peu de tems : bientôt les juges trouvèrent plus commode de recevoir de l'argent que des paquets de bonbons. Cependant, en 1369, il fallait présenter requête et obtenir arrêt pour avoir la faculté de donner de l'argent au lieu d'épices. En 1402 les juges regardaient déjà le paiement des épices comme un droit. Pendant tout le cours du 15.ᵉ siècle il ne fut plus question d'épices véritables, mais d'argent qui les représentait ; et même on l'exigeait d'avance. Au reste, les épices ou sucreries se servaient à la fin du repas dans des vases d'argent, d'or ou de quelque autre matière précieuse. On nommait ces vases des ***Drageoirs***. Les gens du bon ton avaient des drageoirs de poche.

Le journal de Henri III nous apprend que le duc de Guise prenait des bonbons dans son drageoir au moment où les assassins se précipitèrent sur lui. Jadis aux thèses solennelles de l'Université, on présentait aux assistans du vin et des épices. Ce n'est même qu'assez récemment qu'on abolit une cérémonie assez singulière nommée *Paranymphe*, à la suite de laquelle on distribuait des dragées.

SECTION IX.

Des Vases dans lesquels buvaient les Gaulois.

Nous rapportons sur la foi de tous les historiens que dans leurs festins, les Gaulois se servaient, en guise de coupes, des crânes des ennemis qu'ils avaient tué dans les combats : ils faisaient même servir à de pareilles fonctions les crânes de leurs pères, et ce n'était pour eux qu'une cérémonie religieuse, par laquelle ils voulaient témoigner publiquement leur respect pour les personnes qui leur avaient été chères, et en rappeler le souvenir à leurs amis. Ils se servaient encore de la corne d'*urus*, espèce de taureau sauvage d'une force et d'une agilité surprenantes, que l'on n'attaquait point, dans les forêts de la Gaule, sans courir de grands dangers. Comme cette corne était le prix de la valeur et de l'intrépidité, celui qui avait dompté un de ces terribles animaux se servait de sa corne pour boire et la présentait à la ronde aux convives. Charlemagne se plaisait à chasser l'urus, et un jour il fallit y perdre la vie. L'urus a disparu de nos climats, mais l'usage de boire dans sa corne a subsisté jusqu'au 13.ᵉ siècle. Nous remarquerons que la galanterie de ce siècle avait adopté l'usage d'arranger les convives par couples, homme et femme, et à servir un plat particulier à chacun de ces couples : c'est ce qu'on appelait manger à la même écuelle. Ces couples n'avaient aussi qu'une seule coupe. Dans le domestique, on ne se servait que d'un gobelet pour toute une famille : Ste. Beilande fut déshéritée par son père outré de ce que, sous prétexte qu'il était lépreux, elle avait lavé son gobelet avant de s'en servir pour elle. C'était un principe de santé reçu parmi nos pères, qu'il fallait s'enivrer comme on se faisait saigner toutes les années. Nos pères buvaient beaucoup dans leurs festins; mais c'était plus par forfanterie que par goût. Ils avaient, ainsi que dans les combats judiciaires, des moyens de se soustraire aux *assauts bachiques*. Il y avait des ivrognes de profession qui entraient en lice pour ceux qui ne pouvaient par eux-mêmes disputer la victoire.

Section X.

Heures des Repas; usage de porter des Santés; amusemens; Galas des Fêtes annuelles.

Du tems que la Gaule était plongée dans la barbarie et que les Francs aussi barbares que les anciens Celtes habitaient encore les forêts de la Germanie, les heures de leurs repas ne devaient pas être bien réglées. On peut conjecturer que ne cultivant point la terre et n'étant occupés qu'à la chasse ou à poursuivre leurs ennemis, leurs repas principal avait lieu le soir. Lorsque les Romains eurent conquis les Gaules, ils y introduisirent leurs coutumes. Les Gaulois vivaient alors à la Romaine; leur repas principal était encore le souper qui se prenait avant le coucher du soleil; à leur lever les Gaulois faisaient un déjeûner, et ceux qui habitaient les villes mangeaient encore vers le milieu de la journée. L'établissement du Christianisme et la conquête des Francs n'apportèrent guères de changement à cet usage. Les jeûnes de l'église ne dérangeaient point les heures du souper; car ils ne consistaient, dans l'église latine, qu'à ne rien prendre avant midi: cependant, insensiblement, le *dîner* qui était un repas très-léger devint, chez nous, le repas le plus considérable. Le *déjeûner* et le *goûter* n'ont été guères pratiqués que par les enfans et les jeunes personnes. Quant aux heures de ces repas elles ont varié de siècle en siècle.

Le déjeûner a toujours eu lieu après le lever, le dîner au milieu de la journée, le goûter dans l'après-dîner, et le souper le soir. La farce de Patelin, qui est au moins du 14.ᵉ siècle, nous instruit que les bons bourgeois dînaient à dix heures du matin. Un ou deux siècles après, on dînait à onze heures. Au 16.ᵉ siècle et au commencement du dix-septième, on dînait encore à midi dans les meilleures maisons. Louis XIV, lui-même, dînait toujours à cette heure-là, et ce n'est que parce qu'on allait lui faire sa cour pendant ce repas, que les courtisans se mirent à dîner plus tard. Au commencement du 18.ᵉ siècle, la bonne compagnie dînait à une heure après midi, et la bourgeoisie à midi précis. L'heure de deux était la plus tardive. Le souper a suivi les mêmes progressions : on a soupé à 5, à 6, à 7, à 8 et à 9 heures, ensuite on ne s'est mis à table qu'après dix heures. Actuellement les gens du bon ton ne soupent plus, depuis qu'ils dînent à 4 ou à 5 heures.

Disons un mot de la coutume de porter des santés : cette coutume était chez les Romains une cérémonie religieuse, et chez les premiers chrétiens un hommage aux Saints et aux Morts. Jadis, sur la fin des repas, tous les convives buvaient à la santé de celui qu'ils voulaient le plus honorer.

L'attention des convives d'un certain rang fut dès long-tems distraite par des amusemens de différens genres. Ceux des Romains étaient barbares ; les nôtres furent plus doux ; ils consistaient souvent en pantomimes et farces de *Baladins*. On se croyait si fort obligé de s'occuper de quelqu'autre chose en mangeant, qu'au réfectoire des moines et aux tables des prélats, qui se piquaient de piété et de science, même à celles de quelques-uns de nos rois, tels que Charlemagne et Saint Louis, on faisait des lectures pieuses ou instructives. D'autres fois, dans les repas d'apparat, on faisait chanter. Ce fut pour égayer ceux de Charlemagne, que le premier orgue fut envoyé en France. Les Troubadours jouaient un grand rôle aux festins solennels de leurs tems. Ils y chantaient en s'accompagnant de leur harpe. Le goût de chanter à table et sur-tout à souper se perpétua long-tems parmi nous, et sans doute notre gaîté a beaucoup diminué depuis que la mode d'y chanter des airs galans ou à boire est tombée en désuétude chez ce qu'on appelle la *bonne compagnie*. Cette mode antique ne s'est conservée, sans altération, que dans la classe laborieuse du peuple : les artisans et les ouvriers chantent, individuellement et en chœur, dans leurs réunions gastronomiques ; ils trinquent continuellement et se livrent sans réserve à la grosse joie.

Passons aux fêtes annuelles, qui sont pour le peuple des occasions de se réjouir et de faire meilleure chère qu'à l'ordinaire : la fête des Rois est la première que nous offre le calendrier. L'usage de faire un roi, par le moyen d'un gâteau, nous vient certainement du Paganisme. Cet usage, toléré par les Apôtres du christianisme, fut, dans le 17.ᵉ siècle, vivement critiqué par des gens scrupuleux. Mais actuellement on s'embarrasse fort peu d'où vient le gâteau des rois, et de ce qu'il deviendra. Pendant les trois jours du carnaval on mangeait jadis des *beignets* : cette coutume s'est encore conservée dans quelques provinces. En Limousin et sur-tout à Limoges, on en mange, avec profusion, pendant toute la durée du carême. Les fêtes de Pâques ne se passent point encore sans charger les tables d'œufs rougis, de jambons et d'agneaux. A la Saint-Martin, nos pères faisaient leur principal régal d'oies et de dindons ; et quand on jeûnait la veille de Noël, on revenait, après les Messes de minuit, faire ce qu'on appelait le Réveillon. La plupart de ces usages sont encore observés.

Section XI.

De la Composition des Festins.

Tous les historiens s'accordent à dire que les Gaulois étaient de grands mangeurs. Les Francs ne les corrigèrent pas de cette habitude. Sous la première race de nos Rois, leurs repas furent servis dans le même ordre qu'avaient établi les Romains ; on les commençait par des légumes crus et en salade pour exciter l'appétit. Ceux qui pouvaient se procurer du vin en bûvaient dès le commencement du festin, pour préparer l'estomac à la nourriture, et c'était aussi alors qu'on mangeait des œufs. Le deuxième service était tout de viande, entre lesquelles le cochon dominait, et on les servait en pyramides. Le dernier service était composé de pâtisseries et de fruits. Charlemagne, prince très sobre, se faisait servir, les jours ordinaires, quatre mets ou entrées, et un seul plat de gibier rôti. Sous le règne de Saint Louis et de Philippe le Bel, on commença à distinguer les services par mets et entremets, puisque Philippe voulant réformer le luxe des repas, défendit qu'aucun particulier put avoir à son repas ordinaire, plus d'un mets et d'un entremets, et aux grands repas plus de deux mets avec un potage au lard. C'est la première fois que le potage est nommé dans les ordonnances de nos Rois. Saint Louis et Philippe le Bel avaient un grand nombre d'officiers de bouche, cependant les ducs de Bourgogne, cadets de la maison de France, avaient un état de maison bien plus considérable que le leur.

Section XII.

Des Ustensiles de Cuisine et de Table.

Avant l'arrivée des Romains dans les Gaules, nos pères connaissaient déjà l'usage des pots et des vases de terre cuite. Mais il n'est pas présumable qu'une nation guerrière et souvent errante, ait pu long-tems n'employer que des ustensiles si aisés à briser. Les marmites grossières, en fer, furent promptement substituées aux pots de terre. On ne tarda pas à s'apercevoir qu'elles étaient sujettes à des inconvéniens, et alors on réserva le fer pour la fabrication des grils, des broches, des poêles et de quelques autres ustensiles. Le cuivre alors fournit la matière pour les marmites et pour les casseroles. Les mines de ce métal étaient abondantes dans les Gaules, et Pline nous apprend que le cuivre Gaulois fut connu à Rome dès le tems d'Auguste, et qu'on l'appelait cuivre Livien, en l'honneur de l'impératrice Livie. Le même auteur nous parle aussi de l'étamage employé presque en même tems que l'usage du cuivre; mais il nous donne à entendre qu'il fut imaginé presque autant pour l'ornement que pour la santé. Nos pères mangèrent d'abord assis sur des bottes de foin. L'usage que les Romains avaient introduit parmi eux de manger à demi-couchés sur des lits ne subsista pas long-tems, puisque, sous la première race de nos Rois, on se servait déjà de siéges pour le repas. Ces siéges ne furent d'abord que de bois ; ensuite, pour la commodité, on y plaça des coussins. Dans nos anciens cérémoniaux, il est fait mention d'Officiers des Rois, des Ducs et des Comtes, chargés de porter et de placer ces coussins. Les tables furent dès-lors exhaussées ; mais elles furent long-tems sans aucune couverture. On avait seulement soin de les bien polir. On les couvrit ensuite de cuir, enfin de nappes faites de toile de lin ou de coton. Quant aux serviettes, les premières furent fabriquées à Reims. Ce n'est pas que bien auparavant on ne fut dans l'usage de se laver et de s'essuyer les mains ; mais c'était avec des étoffes de laine grossière. La nappe servait d'ailleurs à cet usage. On en mettait un bout devant soi et l'on s'en essuyait la bouche et les doigts après avoir mangé. Lorsque Charles VI alla se faire sacrer à Reims, cette ville lui fit un présent de serviettes. Lorsque Charles Quint y passa en traversant la France, les officiers municipaux de cette ville lui firent un pareil présent qui fut estimé mille florins. Ce n'est, selon Montaigne, que de son tems que les serviettes devinrent d'un usage commun chez les particuliers. Un usage bien plus singulier, mais qui tenait aux coutumes de la Chevalerie, c'était celui de faire couper la nappe en cérémonie par un héraut d'armes devant un chevalier que l'on voulait déshonorer, et de lui faire tourner son pain à rebours. Le chevalier devait alors réparer sa honte ou prouver qu'il ne la méritait pas. On prétend que ce fut Duguesclin qui fit revivre cet antique usage.

Les couteaux et les cuillers sont d'une haute antiquité ; il en est question dans Ammien Marcellin. Dès le 10.ᵉ siècle, les couteaux de Beauvais avaient de la réputation. Fortunat nous rapporte que Ste. Radegonde, épouse de Clotaire I.ᵉʳ, donnait elle-même à manger avec un cuiller aux pauvres et aux infirmes qui ne pouvaient pas se servir eux-mêmes; mais les fourchettes n'étaient pas alors connues; on portait les morceaux de viande à la bouche avec la pointe du couteau.

Le pain tranchoir ayant d'abord servi d'assiettes et de plats, les premiers furent de bois, puis de terre vernissée et ensuite de différens métaux. Les vases à boire ont été de plusieurs formes; celle des coupes est la plus ancienne. Les tasses et les gobelets sont d'invention moderne, ainsi que les soucoupes, aiguières, cuvettes, etc. Les huilières, salières, etc. sont d'une espèce différente. Pour les Rois et les grands Seigneurs on réunit toutes ces pièces dans une plus grande, que l'on appelle Nef, parce qu'elle est ordinairement soigneusement fermée. On place cette nef devant le Souverain avec beaucoup de cérémonies; mais, hélas! cette magnificence n'est qu'un reste de la crainte qu'avaient jadis les Rois d'être empoisonnés. L'essai des viandes, des sauces et des boissons qu'on leur sert, dérive aussi de la même appréhension.

Plusieurs auteurs attestent que la France avait jadis d'abondantes mines d'étain. Ce métal fut d'abord employé à la fabrication des ustensiles de table. Nos Rois et nos grands Seigneurs ont fait consister une partie de leur magnificence dans les pièces d'argenterie qu'ils étalaient dans les repas d'apparat. Ce n'est que depuis environ un siècle et demi que ce luxe s'introduisit chez les particuliers. L'or, ce métal précieux (qui, suivant Strabon, se tirait de nos mines d'Aquitaine, de Rouergue, de Gevaudan et des Cevennes, et que Diodore dit que roulaient nos fleuves, nos rivières et nos torrens) servait non-seulement aux Gaulois à fabriquer des brasselets et des colliers, mais encore de la vaisselle. César trouva de grandes richesses dans les Gaules, ce qui a fait dire que ce fut avec le fer des Romains que ce conquérant assujettit les Gaulois, et que ce fut avec l'or des Gaulois qu'il s'assujettit Rome. Depuis cette époque les buffets de nos Souverains furent chargés de vaisselle d'or et d'argent. Le Gouvernement Français a fait, à diverses époques de la Monarchie, des lois somptuaires pour réprimer ce luxe dans les particuliers; mais enfin il a sagement pensé, qu'il était de la bonne politique, de laisser les gens riches juger eux-mêmes si l'état de leur fortune leur permettait de conserver, dans leurs offices, un argent mort, tel qu'une nombreuse vaisselle.

Section XIII.

De la Nourriture actuelle des Paysans Limousins.

Les alimens des paysans du haut Limousin sont grossiers et peu substantiels. Leur pain se compose de farine de seigle dont ils ôtent à peine le plus gros son. Il est ordinairement mal levé, mal pêtri, et encore plus mal cuit; et cependant nul peuple au monde ne mange autant de pain qu'eux. Pendant les longs jours de l'année, ces paysans font habituellement 5 repas; lorsque les jours se raccourcissent ils se contentent d'en faire 4. Leur premier déjeûner consiste en un gros morceau de pain noir, auquel ils ajoutent, quelquefois, une gousse d'ail ou un oignon cru. Environ 2 heures après, ils mangent une énorme écuellée de soupe. Vers les 2 ou 3 heures après midi ils font ce qu'ils appellent leur *mareindé*; repas qui se compose ordinairement de *galétous*, espèce de crêpes faites avec de la pâte levée de farine de blé-sarrazin. Ces crêpes dont l'épaisseur est d'environ un demi-pouce, sont cuites à la hâte sur une plaque ronde de tôle adaptée à un trépied. La cuisson s'opère sur un feu léger, au moyen de quelques gouttes d'huile de noix ou d'un jaune d'œuf délayé dans un peu d'eau. La *ménagère* trempe dans cette mixtion, un petit bâton garni d'un morceau de linge, et en graisse la plaque, qui porte le nom de *plotino*. Pendant une partie de l'année, ces paysans mangent ces crêpes avec des pommes-de-terre, de la salade ou des oignons fricassés. Pendant l'été ils les trempent dans du lait coupé avec une égale quantité d'eau. Dans les tems de la récolte des foins et des céréales, ces paysans font un repas vers l'heure de midi, entre la *soupe* et le *mareindé*; c'est ce qu'ils nomment *miéjournás*. Leur souper qui a lieu, en toutes saisons, vers la chute du jour, se compose d'un potage semblable à celui de leur 2.ᵉ déjeûner. Ils mangent rarement de la viande. Ils ne boivent jamais de vin à leurs repas ; mais en revanche, aux jours de foire, ou de fête, ou quand des affaires les appellent dans les lieux où il y a des cabarets, ils boivent outre-mesure. Avant la Révolution, il était inouï qu'un paysan Limousin se fut avisé de mettre le pied dans un café : aujourd'hui nos limonadiers regardent comme leurs meilleurs chalands, les gens de campagne qui fréquentent leurs établissemens.

Les châtaignes *blanchies* sont pour les paysans Limousins une nourriture délicieuse. Ils n'en font pas de pain, comme l'ont avancé plusieurs écrivains et comme on le croit encore à Paris et dans d'autres pays éloignés. Les châtaignes ne sont nullement propres à la panification. Voici le procédé que ces paysans emploient pour les blanchir : après les avoir dépouillées de leur première peau, avec un couteau, ils les mettent dans l'eau bouillante, afin de préparer la seconde peau à se détacher. Ils introduisent, ensuite, dans la marmite, un instrument de bois fait en forme de croix de St. André. Cet instrument, dont les deux branches inférieures sont dentelées, se nomme *débouéradour;* il achève, par son frottement, de dégager les châtaignes de leur seconde peau. Cette opération se termine au moyen d'un crible à claire-voie, nommé *grêlo*, lequel sépare complètement la châtaigne de son tan. Après cela on entasse les châtaignes, préalablement lavées et sans eau, dans un grand pot de fonte moins large à son orifice qu'à sa base, que l'on ferme hermétiquement avec des torchons blancs; puis on entretient un feu doux sous le pot, jusqu'à parfaite cuisson.

Quoique ces paysans mangent, avec une grande avidité, les châtaignes ainsi accommodées, cela ne les empêche de faire leur deuxième déjeûner, c'est-à-dire de manger la soupe. Cette soupe est ordinairement composée avec de vieux oing ou du lard rance, des choux verts ou des raves. C'est ce qu'ils nomment *lo bréjâodo*. C'est leur soupe de prédilection pendant toute l'année, à l'exception des jours maigres, où ils emploient de mauvais beure ou de l'huile de noix. Les *ménagères* prodiguent les végétaux dans la confection de ces potages; mais elles observent une stricte économie dans l'emploi des corps onctueux.

Ces paysans se régalent encore quelquefois avec du *pila*. Ils nomment ainsi une espèce de brouët fait avec de la farine de maïs, délayée simplement avec de l'eau et du sel, et cuite à consistance de bouillie.

Lorsque les fruits deviennent abondans, ces paysans en mangent avec excès. La gloutonnerie avec laquelle ils se gorgent de cerises et de prunes, dont ils avalent les noyaux, les pommes et les poires qu'ils dévorent avant leur maturité, exposent sans cesse ces malheureux à une multitude d'accidens funestes.

Les paysans de la Corrèze et de la basse Marche se nourrissent un peu moins mal que ceux dont nous venons de parler. Ils boivent du vin plus régulièrement et mangent plus souvent de la viande.

CHAPITRE II.

Du Vêtement.

Section I.re

Du Costume des Gaulois.

Les Gaulois aimaient singulièrement les bijoux. Ils portaient, pour la plupart, des anneaux au doigt du milieu.

Leurs vêtemens ordinaires consistaient en de longues et larges culottes, avec des sayons très-courts et très-étroits. L'étoffe de ces vêtemens était plus ou moins précieuse, mais toujours elle était à grands ramages et nuancée de diverses couleurs.

La chevelure des Gaulois était en général rousse, et cependant ils s'appliquaient à entretenir cette couleur qui, dans nos mœurs actuelles, est devenue une difformité. Ils frisaient et gauffraient leurs cheveux et les rejettaient sur le derrière de la tête. Les plus gros, ceux qui ressemblaient davantage aux crins des chevaux, étaient réputés les plus jolis. Les grands de la nation ne coupaient ni leur barbe ni leurs cheveux.

SECTION II.

Du Costume des Grands et du Peuple depuis Clovis jusqu'à nos jours. — De la Chevelure; des Perruques; de la Barbe; des Moustaches; de la Coëffure; de la Chaussure; des Modes, etc.

L'HABIT long fut le vêtement des enfans de Clovis, et, pendant plusieurs siècles, celui des personnes de condition. Les peuples de la Narbonnaise, sous Alphonse comte de Toulouse, frère de Saint Louis, portaient au lieu de toge des habits plissés très-serrés au corps.

Jadis chacun savait de quelle couleur, de quelle étoffe et comment devait être taillé son pourpoint. Un Écuyer n'aurait osé porter un habit de Chevalier, moins encore un Plébéïen celui d'un Écuyer. Philippe le Bel fixa, par une ordonnance, le prix que chacun pouvait mettre à ses vêtemens, en raison de sa naissance, de son âge ou de sa profession. Il supprima les modes onéreuses et défendit d'en imaginer de nouvelles. Qu'arriva-t'il? que Philippe ne fut point obéi, et que l'on vit naître, sous son règne, les usages les plus ridicules : témoins ces souliers nommés à la *Poulaine*, du nom de leur inventeur. La pointe de ces souliers était plus ou moins longue, selon la qualité de celui qui les portait. Ces pointes de souliers, que l'on recourbait, avaient au moins un pied et demi d'extension pour les personnes riches, et deux ou trois pieds pour les princes et les grands. Cette chaussure fut imaginée en faveur de Henri fils de Geoffroi Plantagenêt, comte d'Anjou, qui avait, à l'extrémité d'un de ses pieds, une excroissance considérable. Pour masquer cette difformité, il lui fut conseillé de porter des souliers, dont le bout formerait une griffe. Henri d'Anjou trouva cette chaussure à son gré, et aussitôt elle devint celle de plusieurs seigneurs, qui furent ensuite imités par le peuple. Ce fut ainsi que s'introduisit cette mode, qui dura environ 300 ans. On y était si fort attaché que, pour l'anéantir, il fallut que Charles V menaçat d'une amende de 10 florins, quiconque s'obstinerait à la suivre. Sous Charles VI, les chaussures furent faites en bec de canne, et celles-ci furent remplacées par des souliers d'un pied de largeur.

Les cheveux longs furent à la mode sous nos Rois de la première race; les Monarques les portaient d'une longueur extrême, ainsi que les princes de leur sang. La noblesse de l'État avait une chevelure plus ou moins longue suivant son rang. Le peuple était rasé à demi, les serfs l'étaient entièrement. Cependant ceux qui payaient un certain tribut étaient dispensés à la rigueur de cette obligation. Pepin et Charlemagne firent peu de cas de la longue chevelure. Charlemagne avait des cheveux courts, son fils les avait encore plus courts, et Charles le Chauve n'en avait point. Sous Hugues Capet, les longues chevelures redevinrent en honneur ; mais cette mode déplût ensuite au clergé. Louis VII se fit raser la tête, et jusqu'à Louis XIII nos Rois portèrent des cheveux très-courts. François Ier fut obligé d'adopter cette mode à cause d'une blessure grave qu'il avait reçue à la tête. Sous le règne de Louis XIII reparurent les longues chevelures, parce que ce prince laissa croître ses cheveux. Les courtisans de la vieille Cour, dont les têtes étaient dégarnies, furent obligés, pour ne pas paraître ridicules, de s'affubler d'énormes perruques.

Quant aux *perruques*, on remarque vers le tems de François Ier, quelques calottes bordées de poil ou de faux-cheveux, à l'usage des vieillards absolument chauves. Ces calottes ont précédé la mode des perruques, dont l'usage général ne remonte pas plus haut que l'année 1619. Avant ce tems, le mot perruque était synonime de celui de longue chevelure. Comme Louis XIII dès ses premières années avait des cheveux très-épais et fort longs, ceux de ses courtisans qui se trouvaient privés de cet avantage, tentèrent de cacher ce défaut en joignant à leurs cheveux naturels des cheveux étrangers. Alors quiconque désirait avoir une tête galamment arrangée, devait séparer ses cheveux sur le sommet de la tête, les coucher des deux côtés et les faire descendre au-dessous des oreilles. Il fallait, en outre, avoir sur le derrière de la tête une espèce de queue flottante que l'on ramenait tantôt sur l'épaule droite, tantôt sur l'épaule gauche ; c'est ce qu'on nommait *coëffure à la Comète;* et les petits-maîtres de ce tems, à qui la nature avait refusé d'assez longs cheveux pour se coëffer ainsi, furent obligés de recourir aux cheveux postiches. Louis XIII avait à peine 30 ans lorsqu'il perdit sa belle chevelure, et le peu de cheveux qu'il conserva annonçait une vieillesse précoce ; il eut recours à l'artifice. Mais les secours de l'art du coëffeur ne pouvaient pas encore être qualifiés *perruques*. C'était seulement des *coins* adaptés aux deux côtés de la tête et qui se confondaient avec les cheveux naturels. Dans la suite on joignit un troisième coin, sur le derrière de la tête, aux deux coins latéraux, ce qui forma une espèce de *tour*, qui donna enfin naissance aux perruques entières. Il faut remarquer que les trois coins, dont nous venons de parler, étaient assujettis au bord d'un petit bonnet noir qui achevait de couvrir le crâne. Voilà le point d'où est parti l'art du Perruquier, avant d'arriver à l'élégance industrieuse où il est parvenu. La noblesse Française, d'abord toute militaire, avait porté les cheveux courts depuis Clovis, jusqu'au tems où elle ne fut plus dans le cas de se servir aussi souvent du casque dans la guerre et dans les tournois. Ce ne fut que lorsque les grands et les princes cessèrent d'être assidus aux travaux guerriers, qu'ils laissèrent croître leur chevelure et servirent de modèle à leurs courtisans. La frisure, la pommade, la poudre parurent d'abord ridicules ; mais on finit par s'y habituer tellement que, pendant tout le règne de Louis XIV et une partie de celui de Louis XV, c'était une indécence de paraître à la cour sans perruque frisée. On ne portait alors les cheveux noués et attachés qu'à la guerre, à la chasse et à la campagne. Dans ces circonstances, Louis XIV permit à ses courtisans d'assujettir leurs cheveux avec un ruban, ou de les enfermer dans un petit sac de taffetas. De-là est venu l'usage des *bourses*. Les cheveux longs restèrent en partage aux seules têtes des Magistrats, qui prirent cette mode plus tard et qui la conservèrent encore à quelques modifications près.

Ordinairement, jusqu'à l'âge de 40 ans, le Français ne portait jadis que des moustaches, à moins qu'il ne fut revêtu de quelque charge ou dignité; alors il laissait croître sa barbe et la portait arrondie et longue de cinq ou six doigts. Alaric, roi des Visigoths, craignant d'être attaqué par Clovis, et cherchant à l'amuser par de belles espérances, lui fit demander une entrevue pour lui toucher la moustache, c'est-à-dire pour l'adopter. En effet, on prenait par la barbe ou la moustache celui que l'on adoptait. J'ai dit plus haut qu'il n'était permis qu'aux Princes de la famille royale de laisser croître leurs cheveux dans toute leur longueur, et de les porter épars et flottans sur les épaules; je pense aussi qu'il n'était permis qu'à eux de ne point raser leur barbe. Eginard nous apprend que les derniers Rois de la première race venaient aux assemblées du Champ-de-Mai, dans un charriot traîné par des bœufs, et qu'il s'asseyaient sur leur trône avec de longs cheveux et une longue barbe, en signe de la royauté. Robert, que Charles le Simple tua de sa main, à l'époque où il lui disputait la couronne, avait, selon Mezerai, passé au commencement du combat, sa grande barbe blanche par-dessous la visière de son casque, pour se faire reconnaître des siens. L'usage de la longue barbe continua sous les premiers Rois de la troisième race. Hugues, comte de Châlons, ayant été vaincu par Richard, duc de Normandie, alla se jeter à ses pieds avec une selle de cheval sur le dos, pour marque de sa soumission. « Avec sa longue barbe, dit la chronique, il « avait plutôt l'air d'un bouc que d'un cheval. » Vers la fin du 11.ᵉ siècle, Guillaume, archevêque de Rouen, déclara la guerre aux longues chevelures. Plusieurs évêques se joignirent à lui, et statuèrent en Concile, que ceux qui porteraient de longs cheveux seraient exclus de l'église pendant leur vie, et qu'on ne prierait pas pour eux après leur mort. Les esprits s'échauffèrent pour et contre cette mesure qui causa, pendant plusieurs années, beaucoup de trouble et de scandale. Vers 1146, sur les représentations du fameux Pierre Lombard évêque de Paris, Louis le Jeune jugea que sa conscience était intéressée à donner, au sujet des longues chevelures, l'exemple de la soumission aux mandemens épiscopaux. Non-seulement il raccourcit ses cheveux, mais même il se fit entièrement raser. Aliénor d'Aquitaine, sa femme, l'ayant raillé sur cette équipée, il lui répondit dévotement, qu'on ne devait jamais plaisanter sur semblables matières. Aliénor prit bientôt plaisir aux empressemens du prince d'Antioche. Louis VII se repentit alors, mais trop tard, de l'avoir menée en Syrie. Au retour de la Croisade il s'avisa de lui adresser de vifs reproches sur sa conduite, et elle y répondit avec aigreur et fierté, finissant par proposer le divorce, et ajoutant qu'elle avait le moyen de l'obtenir, attendu qu'on l'avait trompée en lui donnant pour mari un moine au lieu d'un prince : bref, le divorce eut lieu en effet, et elle épousa, six semaines après, Henri duc de Normandie, comte d'Anjou, qui devint roi d'Angleterre et à qui elle apporta en dot la majeure partie de la France. De-là les guerres désastreuses qui désolèrent le Royaume pendant plus de trois siècles et dans lesquelles trois millions de Français perdirent la vie, parce qu'un Prélat avait eu la fantaisie de proscrire les longues chevelures; parce qu'un Roi avait raccourci la sienne et s'était fait raser, et enfin parce que sa femme l'avait trouvé ridicule en cet équipage. François 1.er ayant été blessé à la tête d'un tison qu'on avait jeté d'une fenêtre, par mégarde, fut obligé de faire couper ses cheveux. Craignant d'avoir l'air d'un moine, avec le chaperon de ce tems-là, la tête nue et sans barbe, il imagina de porter un chapeau et de laisser croître sa barbe. La longue barbe revint donc à la mode et continua d'y être sous Henri II, François II, Charles IX et Henri III. En 1536 François Olivier, devenu depuis chancelier, ne pût être reçu au Parlement maître des requêtes, qu'à condition qu'il ferait couper sa longue barbe. Les cardinaux prétendaient qu'en leur qualité de princes de l'Église, ils pouvaient porter leur barbe dans toute sa longueur ; mais on leur objecta qu'ils devaient la faire couper à cause de leur qualité d'Évêques. Quand le cardinal d'Angennes voulut prendre possession de son évêché du Mans en 1556, il fallut des lettres de *jussion* pour déterminer son chapitre à l'admettre avec sa longue barbe. Pierre Lescot ayant été en 1556 pourvu d'un canonicat à Notre-Dame, le chapitre insista long-tems contre sa longue barbe, et consentit enfin à son admission, sans l'obliger à la couper, quoique ce fut déroger aux statuts ecclésiastiques. Ces exemples prouvent qu'excepté les ecclésiastiques et les magistrats, tout le monde en France laissait croître sa barbe. Sous Henri IV on diminua la dimension des barbes. On ne les portait plus que de la longueur de trois doigts sous le menton, en éventail, arrondie et accompagnée de deux moustaches longues et roides en forme de barbe de chat. Ensuite on ne retint que ces deux moustaches avec un petit toupet de poil au milieu et tout le long de la lèvre inférieure. Le maréchal de Bassompierre disait : Que tout le changement qu'il avait trouvé dans le monde après 12 ans de prison, était que les hommes n'avaient plus de barbe, et les chevaux plus de queue. La *Royale* devint et fut assez long-tems à la mode sous le règne de Louis XIV. Dans le tems des barbes en éventail, on les faisait tenir en cet état au moyen de cires préparées, qui donnaient au poil une bonne odeur et la couleur qu'on désirait. On accommodait la barbe le soir, et pour qu'elle ne se dérangeât pas pendant la nuit, on l'enfermait dans une *bigotelle*, espèce de bourse faite *ad hoc*. Les cheveux étaient jadis en si grande vénération parmi les Français, que lorsqu'un débiteur se trouvait devenu insolvable, il allait trouver son créancier, lui présentait des ciseaux, et devenait son serf en se coupant ou se laissant couper ses cheveux. Au milieu du 16.ᵉ siècle, les évêques ne devaient point laisser croître leur barbe, et au contraire elle était un ornement essentiel à ceux qui étaient revêtus du caractère d'ambassadeur. Antoine Caraccioli fils du Maréchal de ce nom, avait été nommé évêque de Troyes. Comme Henri II lui destinait une ambassade, ce prélat ne se fit point raser lorsqu'il prit possession de son évêché ; et, dans la crainte que sa barbe ne fût un obstacle à sa réception, le Roi écrivit la lettre suivante au chapitre de Troyes. « De par le Roi, « chers et bien-amés : parce que nous doutons que « vous soyez pour faire difficulté de recevoir en

« votre église notre amé et féal cousin Antoine Car-
« raccioli votre évêque, sans ce que premièrement il
« ait fait sa barbe; à cette cause, nous avons bien
« voulu vous écrire la présente pour vous prier que
« ne veuillez vous arrêter à cela, mais l'en tenir en
« faveur de nous pour exempt, d'autant que nous
« avons délibéré l'envoyer de brief en quelque en-
« droit hors du Royaume pour affaires qui nous im-
« portent, où ne voudrions qu'il allât sans sadite
« barbe. Nous assurant que vous le ferez ainsi, nous
« ne vous ferons plus longue lettre, si ce n'est pour
« vous aviser que ferez en ce faisant chose qui nous
« sera très-agréable. »

Pendant plus de mille ans on ne se couvrit la tête, en France, qu'avec des *aumusses* et des *chaperons*. Le chaperon était en usage dès les premiers tems de la Monarchie. Sous Charlemagne on le fourra d'hermine et de *menu vair*. Dans le siècle suivant, les chaperons furent faits entièrement de peaux; alors ils prirent le nom d'Aumusses, et devinrent exclusivement la coëffure des Grands, tandis qu'il fut loisible au peuple de porter des chaperons. Le chaperon devint donc dès-lors commun à tous les états, hors aux derniers de la société. C'était donner une grande marque de déférence et de respect à quelqu'un que d'ôter son chaperon devant lui. De-là vint que les Rois et les Dames ne l'ôtaient devant personne et que tout le monde le baissait devant eux. Les femmes des bourgeois abandonnèrent le chaperon bien plus tard que les hommes, et ce fut par esprit de vanité, car cette coëffure prêtait peu à relever leurs attraits; mais on distinguait les femmes à chaperon de drap, des femmes à chaperon de velours ou de soie : les premières étaient de simples bourgeoises, les autres étaient les épouses ou les filles de magistrats revêtus de charges honorables.

L'ordre de la bourgeoisie n'a pas toujours existé dans la nation ; il n'a commencé à être connu qu'au douzième siècle, époque de l'anéantissement de la servitude en France. Les vêtemens de corps des bourgeois ordinaires et non magistrats tenaient le milieu entre ceux du paysan et ceux du noble. Pendant plus de 200 ans ils consistèrent en une chemise de toile de lin; en une camisolle ou pourpoint qui, quelquefois, venait jusqu'aux genoux, et le plus souvent ne descendait qu'à la ceinture, avec laquelle il s'incorporait ; en un mantelet ou surtout à manches, mais qui ne descendait que jusqu'à mi-jambe, car les manteaux traînans étaient affectés exclusivement aux grands seigneurs ; enfin, en des bas et culottes tenant ensemble, et marquant assez la forme de la cuisse et de la jambe.

Sous le règne de Charles V on abattit sur les épaules le chaperon, et l'on commença à se couvrir la tête d'un bonnet. Si ce bonnet était de velours on le nommait *Mortier*, et il était en usage seulement parmi les chevaliers. S'il était d'étoffe de laine on le nommait purement et simplement un Bonnet, et c'était la coëffure du clergé et des gradués. Le mortier était orné de galons et de broderies. Le bonnet avait, pour unique ornement, une ou plusieurs cornes formées par les plis de l'étoffe.

Les chapeaux ne furent point en usage avant le règne de Charles VI. On commença, d'abord, à en porter en voyage et à la campagne. Sous Charles VII on s'en servait dans les villes, afin de se garantir de la pluie. Sous Louis XI, enfin, l'usage en devint général. Louis XII remit en vogue le mortier; François I.er s'en dégoûta, et porta un chapeau de feutre. Henri II se coëffait avec une toque; François II y adapta des plumes; Charles IX des perles et des pierreries. Henri III se coëffait à la manière des femmes, quoiqu'il eut la réputation de ne point trop raffoler du beau sexe.

Sous Louis IX les états étaient distingués par la richesse des vêtemens. Les princes et les seigneurs avaient seuls le droit de porter la soie et le velours.

Du tems de Philippe le Bel, l'habillement ordinaire des hommes était une tunique longue et par-dessus une robe ou un petit manteau. L'habit court, excepté en campagne et à la guerre, était l'habit ordinaire du peuple. Dans le 14.e siècle, les hommes et les femmes étaient vêtus de la même manière. Philippe de Valois prit l'habit court; Charles V le conserva et le chamarra de toutes les pièces de son écu. Cette mascarade dura cent ans. Charles VII, qui n'était pas d'une taille fort avantageuse et qui d'ailleurs avait les jambes extrêmement courtes, adopta les habits longs ; et cette mode fut en vogue jusqu'au règne de Louis XI qui adopta, au contraire, des vêtemens fort courts. Au commencement du règne de ce Monarque, il se fit une révolution dans le costume des deux sexes : les hommes quittèrent les robes pour endosser des pourpoints et des hauts-de-chausses, les femmes se parèrent d'épaules postiches. Louis XII préféra la robe au pourpoint; mais François I.er la proscrivit. Ce prince fut le premier qui taillada ses vêtemens. Henri II portait une espèce de jupon, et, au lieu de haut-de-chausses, des trousses de page avec un petit manteau qui ne dépassait pas la ceinture. Outre cela, ce Monarque introduisit l'usage des collets montés et des fraises. Avant lui, tous les Rois de France, à l'exception de Charles le Simple, avaient toujours eu le col nu. Les trois fils de Henri II adoptèrent, à quelques modifications près, le costume de leur père. Henri II a été le premier en France qui ait porté des bas de soie, encore étaient-ils tricotés à l'aiguille ; car les métiers à bas sont d'une invention beaucoup plus moderne. Par cette magnificence, Henri voulut honorer les noces de sa sœur Marguerite avec Emmanuel de Savoie. La première manufacture de bas au métier fut établie, en 1656, dans le château de Madrid, au bois de Boulogne ; et ce qu'il y a d'admirable, c'est que la machine dont on s'est servi pour cette opération, quoique très-compliquée, est sortie des mains de son inventeur, presque dans l'état de perfection où nous la voyons aujourd'hui. Henri IV fit des changemens considérables au costume Français. Sous les successeurs de ce Prince, les Monarques et le peuple varièrent à l'infini leurs vêtemens. Ces variations, si l'on essayait de les décrire, feraient à elles seules la matière de plusieurs volumes.

Quant à nos Dames, leur parure fut peu soignée pendant près de neuf siècles. Leur coëffure était simple et sans dentelles ni frisure. Tout leur luxe consistait à se servir de linge de la plus grande finesse. Leurs robes serraient la taille extraordinairement et couvraient entièrement la gorge. Ces robes étaient chamarrées de blason à droite de l'écu du mari, à gauche de celui de la femme. Les veuves étaient vêtues comme nos religieuses des tems modernes. Elles adoptèrent ensuite un costume assez semblable à celui des Dames Romaines. Mais bientôt la coëffure, en forme de cœur, prit naissance; les cornes les plus ridicules vinrent après. Les pyramides et les cônes succédèrent à celles-ci, et furent ensuite remplacés par des bonnets assez bas, et peu à près par des chapeaux ornés de plumes et faits comme ceux des hommes. La modestie se maintint dans la parure des Dames jusqu'au règne de Charles VI. A cette époque, nos Dames commencèrent à découvrir peu à peu leur gorge et leurs épaules. Le règne galant de Charles VII introduisit en France la mode des bracelets et des pendans d'oreilles, ainsi que celle des colliers. Les diamans commencèrent alors à être en vogue. Agnès Sorel fut la première Française qui en porta. Sous Louis XI, les femmes qui portaient des robes d'une longueur démesurée retranchèrent leurs énormes queues, ainsi que leurs manches qui rasaient la terre : mais elles substituèrent à ces superfluités ridicules de larges bordures qui ne l'étaient pas moins. Leurs têtes se perdaient sous de vastes bonnets garnis de bourrelets excessivement hauts. Il avait été nécessaire d'élargir les portes, lorsque les femmes se coëffaient avec ces espèces de matelas de tête d'une prodigieuse largeur; il fallut les élever, dans la suite, pour faciliter le passage des coëffures plus modernes. La reine Anne de Bretagne regarda les colliers et les pendans comme des ornemens frivoles. Elle changea en noir le deuil qui, jusque-là, avait été porté en blanc.

Quant à l'ajustement des femmes bourgeoises, nous dirons d'elles comme de leurs maris, qu'elles ont eu long-tems la modestie de ne point vouloir égaler en magnificence les femmes du haut parage. Elles cherchèrent même à se distinguer d'elles non-seulement par la simplicité, mais encore par la forme de leurs ajustemens. Alors elles s'imaginaient qu'affecter la parure quand on n'était point née dans la première classe de la société, c'était compromettre sa réputation et rendre suspecte son honnêteté. Les bourgeoises s'obstinèrent long-tems à porter l'inofficieux chaperon, tandis qu'elles voyaient la coëf-fure des Dames chargée d'une infinité d'ornemens. Les bonnes citoyennes, ou par goût, ou par complaisance pour leurs maris ou leurs mères, se maintinrent de même dans l'habitude d'avoir des robes fermées qui couvraient également leur gorge et leurs bras jusqu'aux poignets, des jupes fort longues sans vertugadins ni paniers, des robes retroussées, mais dont la queue n'était point traînante, et des ceintures ou demi-ceints d'argent doré. Car on sait que, pendant un tems, la ceinture dorée était une preuve d'honnêteté; et que malgré le proverbe qui dit : bonne renommée vaut mieux que ceinture dorée, il n'y avait pas une femme bourgeoise qui ne fut flattée d'en porter de cette espèce, sur-tout depuis un arrêt du parlement de l'année 1420, qui défendait aux prostituées de porter la ceinture dorée. Les souliers des bourgeoises des siècles passés étaient aussi simples que le reste de leur ajustement. Elles affectaient même de ne se vêtir et de ne se chausser que de brun ou de gris, et ne portaient le noir que dans les grandes solennités. De-là vient le terme de *grisette*, qui a si long-tems servi à désigner les petites filles bourgeoises.

Deux moines revenant des Indes en 1055, apportèrent à Constantinople une grande quantité de vers à soie avec des instructions pour les faire pulluler et pour fabriquer de leurs produits des étoffes. Bientôt il s'établit des manufactures de soierie à Athènes, à Thèbes et à Corinthe. Roger, roi de Sicile, en établit une à Palerme en 1130. Les étoffes de soie ne tardèrent pas à devenir communes en France; mais elles furent d'abord excessivement chères.

La dépense en vêtemens alla toujours, parmi nous, en croissant, jusqu'au règne de Louis XI, qui, soit par bizarrerie, soit par modestie, était vêtu, le plus souvent, comme un mince bourgeois. Il affectait même de paraître aux assemblées solennelles, en habit de bure, en casaque de même étoffe, avec une calotte à oreilles, surmontée d'un bonnet gras, dont le seul ornement était une ou plusieurs *Madones* de plomb. Quoique l'on se moquât, et à la ville et à la cour, de ce costume mesquin, peu de gens eussent osé risquer de se vêtir avec élégance, de peur d'irriter un Monarque qui faisait, sans forme de procès, emprisonner, décoler, pendre ou noyer quiconque lui déplaisait.

Sous Charles VIII et sous Louis XII, la pruderie de la reine Anne entretint à la cour un certain ton d'austérité; mais sous François I.ᵉʳ la somptuosité devint plus grande que jamais. Les Dames, contre l'usage établi auparavant, commencèrent à figurer à la cour. Alors on vit naître les *vertugadins*, ces cerceaux monstrueux qui transformaient les femmes en tours pyramidales. François II mit en faveur les ventres postiches. Les femmes de la Cour inventèrent une autre espèce de parure toute opposée, qu'il est peu convenable de nommer.

Sous Henri II, la Cour fut plus magnifique encore que sous son prédécesseur. Un grand nombre d'Italiens, attirés en France par Catherine de Médicis, apportèrent de leur pays la manière délicate d'orner les vêtemens et de leur donner de l'élégance. L'émulation qui régnait entre Catherine et les maîtresses de Henri, ne contribua pas peu aux progrès de luxe, et d'ailleurs on prétend que l'amollissement des Grands fut un des principaux ressorts de la politique de cette Princesse. Elle fit connaître le fard aux Françaises et l'artifice aux Français. L'étrange usage qu'on fit alors des tresses accuse assez les mœurs de ce tems.

Henri III donna l'exemple du luxe le plus effréné. Ce Monarque dirigea le goût de son peuple sur les modes. Ses *mignons*, ainsi que tous ses courtisans, faisaient assaut de dépense, et la bourgeoisie voulut aussi les imiter. Ces excès confondirent les conditions, ruinèrent un grand nombre de familles et consumèrent, en franges et en broderies, tant de matières d'or et d'argent, qu'on fut à la veille d'en manquer pour la fabrication des monnaies. La plupart des jeunes seigneurs s'adonnaient ouvertement à la pédérastie, les femmes affichaient l'impudeur ; et plus on affectait de les négliger, depuis que Henri III en avait donné l'exemple, plus la débauche acquérait, parmi elles, une nouvelle intensité.

Henri IV ramena parmi nous le bon goût et la

simplicité. Il ne permit les riches vêtemens qu'aux filoux et aux filles de joie; et si l'on trouve quelque chose de trop guindé dans les collets montés et les fraises de son tems, tant de doux souvenirs s'y rattachent, qu'ils sont à l'abri de la censure, et on ne peut se décider à trouver quelque ridicule à des parures qu'aimait Henri IV et que portait Gabrielle. Sous les règnes suivans, les modes du bon Henri disparurent ainsi que la politique franche et la joyeuseté chevaleresque; on quitta la barbe, le manteau; on vit bientôt paraître ces canons ornés de rubans, ces longs et larges habits boutonnés d'un bout à l'autre, ces bas rouges et roulés, ces souliers carrés, qui formaient un ensemble si lourd et si ridicule avec ces énormes perruques qui auraient défiguré les têtes des courtisans de Louis XIV, si elles n'avaient été noblement ornées de tant de palmes, de myrtes et de lauriers. Le génie des arts épuisa ses ressources pour alimenter cette Cour fastueuse. Les Dames de ce tems rivalisaient d'excès dans leur parure avec les hommes, et reprirent les immenses vertugadins, sous le nom de paniers. Elles surchargèrent leurs fronts d'un édifice colossal nommé Fontange, dont les divers étages étaient remplis d'ornemens aussi bizarres que variés.

Deux Anglaises dont on se moqua d'abord, firent à Paris, vers ce même tems, une grande et prompte révolution. Les coëffures gigantesques disparurent, et les Dames revinrent à la nature; mais les petites femmes effrayées d'une chute qui les raccourcissait tant, élevèrent en revanche d'un demi-pied leurs talons.

Sous Louis XV les modes varièrent encore ; mais elles furent à la fois dépourvues de grandeur et de grâces : les cheveux crêpés et poudrés, les grosses boucles, le rouge le plus foncé sur les joues, les mouches éparses sur la figure, les talons hauts, les tailles longues et pointues, les paniers boursoufflés désolaient les peintres, choquaient le bon goût et auraient dû bannir l'amour en l'effrayant, s'il n'avait été rappelé par la réalité des charmes, la grâce des mouvemens et le piquant de l'esprit qui n'abandonnent jamais les femmes Françaises. Les hommes n'étaient pas alors plus convenablement vêtus. Leurs grands toupets en gouttière, leurs petits chapeaux plats sous le bras; leurs vêtemens étriqués trop longs pour des vestes, trop courts pour des habits, leurs longues poches, leurs talons rouges, étaient également dénués de noblesse, d'élégance et de commodité.

Sous Louis XVI les modes ne firent que des progrès ridicules. La manie des voitures basses et des coëffures hautes s'établit en même tems, de sorte que nos Dames se trouvaient forcées d'être à genoux dans leurs voitures. Louis XVI avait des goûts simples, il aimait l'économie et haïssait le luxe. La Cour cessa d'être vêtue richement. La mode ne pouvant rester oisive exerça son influence sur les couleurs; et ne pouvant en inventer de nouvelles, elle en varia les nuances et en changea les noms. On vit bientôt des habits de couleur puce, couleur soupir étouffé, couleur de larme indiscrète, couleur de nymphe émue, couleur boue de Paris, couleur caca Dauphin, couleur merd'oie, etc. etc. etc.

La fureur d'imiter les Anglais s'empara ensuite de nous. Leurs épées d'acier, leurs chapeaux ronds, leurs selles rases, leurs wisky fragiles, leurs fracs écourtés, leurs jokeys légers vinrent remplacer et corrompre le goût Français. Aucune distinction de fortune, d'état, de rang ne fut plus observé. Cette égalité de costumes précéda, annonça et coopéra à introduire cette égalité chimérique qui depuis changea la face de notre Gouvernement.

Cette Révolution terrible, qui naguères bouleversa en France toutes les institutions sociales, dût nécessairement influer sur le costume national. Le mot bonheur du peuple sortait sans cesse de la bouche des désorganisateurs; mais il n'était rien moins que dans leurs âmes. Cependant ces déclamations vagues firent fortune, et nous vîmes les *citoyens* Français se faire un honneur et un mérite de porter pour culotte un large pantalon, pour habit une carmagnole, pour chaussure de lourds sabots, pour coëffure des cheveux longs, plats et gras, accompagnés d'une paire de moustaches, surmontés d'un bonnet de laine rouge à l'instar du bonnet

Phrygien : tel fut, pendant le règne de la terreur, le costume de prédilection des républicains et de ceux qui feignaient de l'être. Quiconque n'était pas ainsi accoutré, risquait d'être déclaré suspect, arrêté, incarcéré, et souvent même de payer de sa tête son dégoût pour le *sansculottisme*.

A ce costume affreux succédèrent let habits carrés, les cravattes monstrueuses, les *oreilles de chien*, les grandes boucles d'oreilles et les bésicles, etc., et l'on fut encore assez long-tems à revenir à une mise décente.

Le costume des femmes est le seul qui semble avoir gagné quelque chose dans ce bouleversement révolutionnaire. Avec l'ancien ordre de choses on a vu disparaître et ces corsets gênans, et ces paniers ridicules, et ces chaussures incommodes, et ces coëffures gigantesques, et enfin une quantité d'autres ajustemens également funestes à la santé et au développement des grâces. En même tems que les hommes adoptèrent les coëffures à la Titus et à la Caracalla, les femmes se coëffèrent et s'habillèrent à la Grecque. La nudité fut même au moment de devenir à la mode chez ces Dames; car la transparence de leurs vêtemens rappelait cette robe antique, connue sous le nom de *Toga vitrea* (tunique de verre), ainsi nommée, parce qu'elle ne cachait aucun des charmes que la pudeur doit à peine laisser deviner.

C'est principalement à Paris que la mode signale

son empire, et cette cité populeuse est redevable aux colifichets d'une partie de son opulence. Rome était la maîtresse du monde par ses armes et sa politique; Paris tient le même rang par ses frivolités. Les Dames de cette capitale ne sont pas cependant les plus belles femmes de l'Univers, les habitudes, le climat les privent de cet avantage. Elle ne portent pas, il est vrai, le sceptre de la beauté, mais elles possèdent la ceinture des grâces. On dirait que les ouvrières en modes de Paris ont hérité de la baguette d'Armide. Les lingères et les coëffeurs partagent leur gloire, et le concours de ces trois professions *brillantes* met le sceau à la perfection de l'art de la toilette. Parmi les citadins oisifs, que l'on est convenu de nommer *gens du bon ton*, il y a une émulation de goût pour le progrès des modes. Les deux sexes se consultent réciproquement sur cette *importante* occupation de leur vie, et les hommes ne le cèdent guères aux femmes en fait de coquetterie. Cette harmonie de goûts qui coopère tant aux progrès de l'art de la toilette, doit exciter l'attention des philosophes, tout en leur faisant hausser les épaules de pitié.

Je n'entreprendrai pas de donner la description du costume Parisien des deux sexes, ce costume subit chaque année, chaque mois, chaque jour même, tant de modifications, que le détail en serait aussi long que fastidieux et puéril. Quant au costume des provinces, on y rencontre la caricature plus ou moins outrée des modes de Paris. Car les modes Françaises ressemblent à ces vins légers, dont le transport altère la qualité.

Les costumes de théâtre, dans une pièce nouvelle, ont souvent servi de prétexte aux variations des modes. Une actrice applaudie sous telle ou telle coëffure, sous tel ou tel vêtement, fait ordinairement la loi, et le jour suivant voit éclore un essaim de jeunes élégantes qui sortent de leurs boudoirs parées comme la divinité des coulisses. Ainsi on a vu toutes les Dames sans exception, laides et jolies, même de vieilles édentées, se faire friser à la Chérubin, à la Ninon, à la Pamela, à la Chinoise, etc.

Si le seul désir de briller a souvent déterminé les modes les plus bizarres, on doit cependant citer à l'avantage de notre esprit public plusieurs genres de coëffure qui dûrent leur naissance au patriotisme. Ainsi en 1776 on portait des chapeaux à la Henri IV, des bonnets à la d'Estaing, à la Voltaire. En 1778 on portait des bonnets à la Victoire : les femmes se coëffèrent d'une espèce de casque anglais, quelques-unes hissèrent sur leurs cheveux le navire la Belle-Poule, etc.

Notre mobilité perpétuelle dans les usages, nous a fait trop souvent taxer de légèreté ; mais les étrangers qui nous accusent de frivolité, oublient qu'ils ne sont guères plus que nous à l'abri d'un tel reproche. Si nous avons changé souvent de routes pour plaire, ils nous ont constamment suivi. Si nous avons créé des modes un peu folles, ils les ont toujours servilement et gauchement imitées, et ce n'est pas à l'ours qu'il convient de se moquer de celui qui le fait danser. Lorsque de notre côté nous les raillions sur leurs usages, nous ne sommes pas plus raisonnables qu'eux. Car nous nous sommes trop souvent montré leurs singes pour les condamner. Pendant un tems, les modes et la langue Espagnole furent en vogue parmi nous. Médicis nous rendit trop imitateurs des Italiens. On nous vit, pendant plusieurs années, copier avec fureur la discipline, la tactique, l'habillement et les punitions militaires des Allemands et des Prussiens; la philosophie de Kant, les illuminations de Schwidimburg, le somnambulisme de Mesmer, etc., se naturalisèrent assez facilement parmi nous. Notre intérêt pour nos manufactures ne nous préserva pas des modes de l'Angleterre qui nous inonda de ses mousselines. Nos belles Françaises se sont vêtues en Polonaises, en Chinoises, et ont abandonné leurs élégans mantelets pour emprunter aux sultanes ces riches cachemires qui ruinent tant de maris et qui leur coûtent encore plus cher quand ce ne sont pas eux qui les payent.

Le nom de *modes* est synonime de *caprices*. Ce nom exprime la manière d'exister ou d'agir ou de parler pour être bien. Ainsi un brillant succès, dû tantôt à la beauté, tantôt à l'esprit, quelquefois à la fortune ou à la puissance, souvent même au hasard, décide la manière dont on doit être pour réussir. On cherche à imiter celle ou celui qu'on admire, et l'espoir d'obtenir le même succès, par cette imitation, aveugle tellement, qu'on copie indistinctement les défauts et les qualités de la personne dont on envie l'éclat : les défauts même, étant plus faciles à saisir, sont quelquefois ce que l'on copie avec plus d'empressement. Les courtisans d'Alexandre le Grand avaient le col penché comme lui ; il leur était plus facile d'imiter son attitude que son génie. Peu de femmes pouvaient se flatter d'avoir l'esprit et les grâces de Ninon de l'Enclos, aussi la plupart de ses rivales ne prirent d'elle que sa coëffure et son inconstance.

Section III.

Des Vêtemens et Ornemens Sacerdotaux.

Dans la primitive Église, les habits dont les Prêtres se servaient dans leurs fonctions ne différaient des habits des autres citoyens que par la propreté et la couleur. Ce ne fut que par la suite que l'on affecta, avec des sens mystiques, certains habits particuliers pour la célébration des saints Mystères. La *chasuble* était un habit vulgaire, au tems de St. Augustin. Ce vêtement enfermait tout le corps, descendait jusqu'aux pieds et se retroussait en plis sur le bras. Dans l'Église Latine, l'Évêque n'a point de chasuble distinguée de celle du simple prêtre, mais chez les Grecs celle de l'Évêque est parsemée de croix. La *dalmatique* était en usage dès le tems de l'empereur Valérien ; l'*étole* était un manteau commun aux femmes : nous l'avons confondu avec l'*orarium*, qui était une bande de linge dont se servaient tous ceux qui voulaient être propre, pour arrêter la sueur autour du cou ou du visage. L'*étole* est aux Curés ce qu'est l'*aumusse* aux Chanoines et aux Dignitaires ; c'est le signe auquel les brebis distinguent leur pasteur priant à la tête de son troupeau. Le *manipule* n'était originairement qu'une serviette sur le bras, pour servir à la sainte Table. L'*aube* ou la robe blanche de laine de lin n'était pas originairement un habit particulier au clergé, puisque l'histoire nous apprend que l'empereur Aurélien fit au peuple Romain des largesses de ces sortes de tuniques. Les *bonnets carrés* ne commencèrent à être en usage, en France, que sous le règne de Charles V; jusque-là on s'était servi de chaperons ou capuchons. Ces bonnets furent d'abord taillés sans cornes et sans plis. Depuis, on leur donna des plis auxquels on ajouta des cartons pour les soutenir ; et de-là sont venus les cornes du bonnet. Ces cornes furent d'abord au nombre de trois. Les Jésuites, les Barnabites, les Théatins et les Prêtres d'Italie portaient des bonnets à trois cornes ; les Français en ajoutèrent une quatrième, pour rendre la forme du bonnet plus régulière. La *chape* ou *manteau pluvial* est le *penula* des anciens ou leur manteau de pluie. Innocent III, dans le concile de Latran, défendit aux Chanoines et autres clercs de porter des chapes à manches, à l'office divin. L'*amict*, qui est un voile de lin que les prêtres mettent autour du col quand ils doivent prendre l'aube, se mettait jadis sur la tête, parmi les Prêtres réguliers. On voit encore dans plusieurs Églises, les Prêtres, Diacres et sous-Diacres suivre cet usage depuis la fête de la Toussaint jusqu'à Pâques. La *ceinture* était chez les Juifs un ornement du grand-Prêtre. L'usage en a été général tant qu'on a porté des habits longs. Le prêtre, en la prenant, récite cette prière : *domine singulo puritatis et extingue in lumbis meis humorem libidinis.* Le *rabat* était, dans son origine, un ornement commun aux Clercs et aux Laïques.

Les ornemens particuliers aux Archevêques et aux Évêques sont : la *mitre*, la *crosse*, la *croix pectorale*, l'*anneau*, les *sandales*. Plusieurs auteurs pensent que la mitre n'a été portée comme ornement épiscopal que vers le 10.ᵉ siècle. On distingue trois sortes de mitre : la *précieuse* ornée de diamans ou de perles ; la *dorée*, sans diamans ; enfin la *simple*, faite de soie ou de lin blanc. Le pape Clément VI régla que, dans les conciles et dans les synodes, les Abbés qui avaient reçu du Saint-Siége le privilége de porter la mitre, ne la porteraient que garnie d'orfroi seulement, sans pierreries ni lames d'or ou d'argent, afin qu'on pût les distinguer des Évêques, qui pa-

raissaient dans ces assemblées avec la mitre *précieuse.*
Les Abbés portaient souvent dans leurs armoiries
la mitre tournée de profil, et la crosse en dedans,
pour montrer qu'ils n'avaient de juridiction spirituelle que dans leur cloître. La crosse paraît n'avoir
été, dans son origine, qu'un bâton pour s'appuyer.
Elle est devenue, depuis, une marque de dignité, et
un symbole du pouvoir et de l'autorité épiscopale.
La crosse est donnée à l'Évêque, dans son ordination, pour marquer qu'il a droit de corriger et de
soutenir. La croix pectorale d'or, d'argent ou de
pierreries, est une imitation et un remplacement de
la lame d'or que le grand-Prêtre des Juifs portait
sur le front. L'anneau, que les Évêques reçoivent
dans leur consécration, est un signe du mariage spirituel qu'ils contractent avec leur Église. Il est d'un
usage fort ancien : il a passé aux Cardinaux, qui,
lors de leur promotion, doivent une certaine somme
pro jure annulli Cardinalitii.

Le *pallium* est une bande de laine blanche, large
de trois doigts et ornée de plusieurs croix. Cette
bande entoure les épaules du Prélat, et pend d'une
palme par-devant et par derrière avec de petites lames de plomb arrondies aux extrémités. Césaire,
évêque d'Arles, est le premier Prélat Français qui
ait obtenu le droit de le porter. Le Pape porte le
pallium tous les jours. Les Archevêques ne le portent qu'aux fêtes solennelles et dans leurs Diocèses.

La *barette* est un bonnet que le Pape donne ou

envoie par un de ses Camériers d'honneur aux Cardinaux, après leur nomination. En France, le Roi donne lui-même la barette aux Cardinaux de sa nomination ; mais les Cardinaux sont obligés d'aller recevoir le chapeau des mains de Sa Sainteté. Ce fut Innocent IV qui donna aux Cardinaux le chapeau rouge dans le concile de Lyon, en 1265, comme une marque de l'obligation où ils sont de répandre leur sang, s'il en est besoin, pour la gloire de Dieu et de son Église.

Les autres vêtemens des Cardinaux sont : la *soutane*, le *rochet*, le *mantelet*, la *mosette* et la *chape papale* sur le rochet, dans les solennités. La couleur de leur habit est différente selon les tems. Elle est ou rouge, ou rose sèche ou violet. Les Cardinaux réguliers ne portaient point de soie, ni d'autre couleur que celle de leur ordre, à l'exception d'une doublure rouge ; mais le chapeau et la barrette étaient communs à tous. Jusqu'à Innocent IV, les Cardinaux portèrent le simple habit de prêtre, lequel était semblable à l'habit monacal. Sous Boniface IX, les Cardinaux portèrent le rouge et même le violet. Paul II leur donna la mitre de soie brodée et la chape rouge, la calotte rouge, la housse rouge pour leur mule et les étriers d'or. Grégoire XIV accorda la calottte rouge aux Cardinaux religieux ; il voulut d'ailleurs, comme nous venons de le dire, qu'ils portassent l'habit de leur ordre, sans rochet et sans soutane.

Nous allons parler, maintenant, des habillemens de cérémonie du Pape : après l'élection on lui met la soutane de laine blanche, les souliers de drap rouge sur lesquels est brodée une croix d'or ; la mosette ou le camail de velours rouge, la ceinture de soie rouge. Ensuite on lui donne l'amict, l'aube de toile blanche ceinte d'un cordon de soie rouge, et l'étole ornée de perles ; on la met au col du Saint-Père, s'il est déjà prêtre ou évêque ; mais s'il n'est que diacre, il doit l'avoir sur l'épaule. S'il n'était que sous-diacre, on ne lui met point d'étole.

Le Pape étant en son particulier porte la soutane de soie blanche, le rochet de lin fin, le camail de velours rouge, ou de satin incarnat. En hiver, la tête de Sa Sainteté est couverte d'un bonnet fourré. En été le Pape est coëffé de satin. Pendant le Carême, l'Avent et les jours de jeûne, le Pape prend la soutane de laine blanche avec le camail de drap rouge : mais depuis le samedi-saint jusqu'au samedi suivant, il porte le camail de damas blanc.

Les habits sacerdotaux du Pape sont de deux sortes : quand il dit la messe, il a, outre la soutane, le rochet, l'amict, l'aube de toile, le manipule, la dalmatique, la chasuble, la mitre, les gants. Tous ces ornemens sont d'une grande magnificence. Leur couleur varie selon le tems ; en rouge, la Pentecôte et la fête des Martyrs ; en blanc, à Pâques et aux fêtes de la Vierge ; en violet, le Carême, l'Avent et toutes les veilles qui sont prescrites avec jeûne ;

en noir, le vendredi-saint et aux messes mortuaires. La nuit de Noël il porte un capuchon et une chape de velours rouge ; il les porte encore pendant la dernière semaine de Carême, semaine où il ne se sert point de mitre et ne porte qu'un manteau de drap rouge. Lorsque le Pape paraît avec sa tiare, il a une calotte blanche. S'il est en son particulier, il porte le bonnet rouge. Ces couleurs diverses ont toutes leurs significations particulières : le *rouge* est l'emblème des langues de feu, du sang des Martyrs ; le *blanc* signifie la joie que doit causer la résurrection de Jésus-Christ, la chasteté de la Vierge ; le *violet*, la pénitence ; le *noir*, le deuil et l'affliction, etc.

La *tiare* ou le *trirègne*, ainsi qu'on la nomme en Italie, est un bonnet conoïdal orné de trois couronnes étincelantes de pierreries. La tiare de Paul II ne valait pas le trirègne de Clément VIII, que l'on estimait cinq cent mille pièces d'or. Paul II fut le premier pape qui orna sa tiare de pierreries ; il les aimait avec tant de passion, qu'il faisait enlever à prix d'argent tout ce qui se trouvait de plus beau en ce genre, pour en orner son bonnet. La tiare de Martin V avait cinq livres et demie de perles et quinze livres d'or. La tiare de Paul V valait encore davantage. On prétend que la tiare doit son origine à Clovis qui l'envoya au pape Hormisdas ; mais le pape Urbain VIII fut le premier qui y fit placer trois couronnes.

SECTION IV.

Du Costume de la Magistrature.

JADIS les membres des Cours supérieures de justice portaient la robe rouge ; les juges des Tribunaux inférieurs portaient, comme aujourd'hui, la robe noire, et avaient pour coëffure un bonnet carré, à l'instar de celui des ecclésiastiques. Dans les Bailliages et les Sénéchaussées, les tribunaux, composés de gens de robe, étaient présidés par des gens d'épée.

L'ordonnance Royale de 1790, en opérant une révolution dans l'organisation judiciaire, changea le costume de palais des Magistrats. La robe fut remplacée par un habit noir complet à la Française, un manteau court et un chapeau à la Henri IV, ombragé de plumes noires. Par la même ordonnance, les Avocats cessèrent de former une corporation ; tout costume particulier leur fut interdit, et ils prirent alors le nom d'homme de loi.

Sous le règne de l'anarchie, les Juges des tribunaux criminels portaient, pour marque distinctive, un faisceau avec une hache en argent, suspendu en sautoir sur la poitrine par un ruban blanc, liséré de rouge et de bleu ; les Juges des tribunaux correctionnels, un faisceau sans hache, suspendu à un ruban bleu, liséré de blanc et de rouge ; les

Juges des tribunaux civils, un œil d'argent suspendu à un ruban tricolore, pareil à celui qui était affecté aux tribunaux criminels.

A l'époque de leur institution, les Juges de paix ne reçurent aucun costume particulier, ils portaient simplement, au côté gauche de leur habit civil, un médaillon ovale en étoffe bleue bordée de rouge, sur le fond duquel étaient écrits, en lettres blanches, ces mots : *la loi et la paix*. On leur donna ensuite, pour distinction, une branche d'olivier en métal suspendue sur la poitrine à un ruban tricolore ; ils portaient, en outre, à la main, dans l'exercice de leurs fonctions, un bâton blanc de la hauteur de l'homme, surmonté d'une pomme d'ivoire, où était gravé un œil en noir.

Buonaparte rendit à la Magistrature et au Barreau leurs costumes primitifs, avec quelques légères modifications. Il substitua l'usage du *mortier* à celui du bonnet carré. Nos Cours Royales, qui ont en quelque sorte remplacé nos anciens Parlemens, ont aussi hérité de leur costume.

SECTION V.

De l'ancien Costume des Gens de guerre, et des Couleurs et Marques nationales.

§. I.er

De l'ancien Costume des Gens de guerre.

LE *sayon*, espèce d'habit de peau, fort court et fort étroit, serré en outre vers le milieu du corps par une ceinture de même matière, fut le costume de guerre des Français jusqu'au 5.e siècle, qu'à l'instar des Romains, ils endossèrent des corps d'armes de cuir renforcés de lames de fer, lesquels corps, malgré leur justesse qui les faisait paraître comme collés sur la peau, n'en avaient pas moins beaucoup de résistance. La chaussure de ces mêmes guerriers consistait en des sandales de cuir que l'on fixait au pied par le moyen de longues courroies qui s'entrelaçaient dans toutes la longueur des jambes et des cuisses, au haut desquelles on les arrêtait. Ces gens de guerre ne portaient ni bottines, ni casques ni cuirasses. L'usage de ces choses était uniquement permis aux princes et aux grands de la Nation. En outre, ces premiers guerriers avaient les cheveux rasés et n'en conservaient qu'une touffe au sommet de la tête.

Charlemagne fit plusieurs changemens au costume de guerre. L'armure de ce Prince consistait, outre le casque et la cuirasse, en manches de mailles de fer, en cuissarts revêtus de lames de même métal, avec des chausses de mailles. Ceux qui l'accompagnaient à l'armée étaient ainsi accoutrés, à la seule différence qu'ils n'avaient point de cuissarts, afin d'être sans doute plus propres à l'équitation. Charlemagne prescrivit aussi l'usage général des casques et des cuirasses : mais ces dernières n'étaient alors que de cuir. Le casque seul du Roi était doré; ceux des Comtes et des Ducs, argentés; ceux des Gentilshommes d'ancienne race, d'acier poli. Enfin ceux des gens d'armes étaient de fer. Ces casques étaient garnis d'une petite grille qui se levait ou se baissait à volonté sur le visage, en outre d'une espèce de collet en métal, qui se rabattait sur les épaules. Charlemagne ajouta encore au sayon primitif le haut-bert, vêtement composé de mailles de fer, qui se plaçait sur la tunique de cuir. Ainsi un guerrier de ces tems-là avait pour costume un vêtement de fer, de pied en cap.

Le *hautbert* fut d'un usage général jusqu'au tems de Charles VI; mais sous le règne de ce Prince on le quitta pour reprendre l'armure de fer battu, consistant en un casque, une cuirasse, des brassarts, des cuissarts et des jambières.

Dès le tems de Philippe-Auguste, les Chevaliers cherchèrent à se rendre invulnérables par la manière de joindre tellement les pièces de leur armure que ni le javelot ni l'épée ne pussent pénétrer jusqu'à leur corps. Sous Louis le Jeune, ils portaient une espèce de pourpoint bourré de laine ou de crin, et couvert par-devant d'un plastron d'acier. Par-dessus ils mettaient encore un hautbert. L'armure de tête était le *heaume* ou casque de bataille, et pour se reposer on prenait l'*armet*, casque léger sans visière et sans gorgerin, affecté particulièrement à la cavalerie légère. A la bataille de Bovines, les chevaux des gens d'armes avaient des couvertures de mailles de fer. Cela se pratiqua encore sous Philippe le Bel et sous le roi Jean; mais depuis on se contenta de leur couvrir la tête et la poitrine de lames de fer, et les flancs de cuir bouilli.

Les Gens d'armes avaient pour armure : des soullerets, des grèves, des cuissarts, des brassarts, des cuirasses avec tassettes, d'un gorgerin, d'un armet avec bavières, de gantelets, des avant-bras, enfin des goussets. Les Chevau-légers étaient pourvus : d'un hausse-col, d'hallecrets, de corcelets en lames de fer avec des tassettes jusque au-dessous du genou, de gantelets, d'avant-bras, enfin d'une salade à vue coupée.

Sous Henri II, l'armure des gens d'armes devint plus légère; mais sous Charles IX et sous Henri III on en revint à l'ancien usage.

La cotte d'armes succéda au hautbert : sous Charles VII c'était un uniforme de guerre propre par sa forme à la distinction générale des gens d'armes, et par sa couleur à la distinction particulière des compagnies. Outre cela, divers signes appliqués sur ces cottes désignaient le nom du commandant, son cri de guerre et le rang de sa troupe.

La cotte d'armes fut ensuite remplacée par le *hoqueton*, espèce de mantille qui devint bientôt casaque, parce qu'on en ferma les manches et qu'on l'ouvrit par-devant : elle s'agraffait au cou. Ces casaques d'ordonnance marquaient les différens corps par la couleur dont elles étaient ; les croix qui se mettaient dessus indiquaient la nation.

Depuis le règne de Louis XI, l'uniforme des casaques fut négligé ; car François Ier, par son ordonnance de 1533, se contenta d'exiger que les archers fournis par les communes eussent à leurs casaques une manche de la livrée du capitaine de la compagnie, et cela afin d'éviter des frais et en même tems d'ôter aux contribuables tout moyen d'excuse.

L'usage des casaques d'ordonnance fut entièrement supprimé sous le règne de Henri II. Pour les remplacer il fut fait choix de l'écharpe, dont on s'était déjà servi sous Saint Louis, où on les mettait sur les cottes d'armes. Il y eut alors deux sortes d'écharpes, l'une pour la livrée de la nation, et l'autre pour celle des corps. Ces écharpes se portaient en bandoulière et se croisaient sur la poitrine et sur le dos. L'écharpe d'uniforme particulier subsista parmi les troupes jusqu'à la bataille de Steinkerque, époque où elle fut remplacée par des aiguillettes ou nœuds d'épaule de diverses couleurs que chaque chef de corps donna pour livrée à ses soldats.

L'uniforme complet ne fut introduit dans nos armées que sous le règne de Louis XIII, peu de tems avant le siége de la Rochelle, et même cet usage ne fut pas généralement adopté. Sous Louis XIV seulement, tous les Officiers commencèrent à porter un uniforme régulier. Auparavant les Officiers français n'avaient pas d'uniforme déterminé et fixe, et les fantassins et les cavaliers portaient des habits de différentes couleurs. L'uniforme complet, pour les habits militaires, ne fut établi qu'en 1670. Par l'ordonnance de 1717, les Officiers furent astreints à ne se montrer en public que décorés de leur uniforme et de leurs marques distinctives.

Il est donc vrai de dire que les troupes Françaises n'eurent d'uniforme que sous le règne de Louis XIV.

Depuis cette dernière époque, le costume des gens de guerre a varié à l'infini, soit pour la forme, soit pour la couleur. Je n'entrerai point dans ces détails, qui formeraient à eux seuls la matière de plusieurs volumes. Tout le monde sait que le costume actuel n'est à proprement parler, pour nos différentes armes, qu'un mélange de celui des nations Européennes à qui nous avons eu l'occasion de faire la guerre, lequel a été diversement modifié par l'effet du caprice des gouvernans et l'influence de la versatilité de nos modes.

§. II.

Des Couleurs et des Marques nationales.

Les Gaulois, assujettis par Jules-César, adoptèrent les mœurs, les coutumes et les usages de leurs vainqueurs; mais lorsque le Christianisme eut jeté des racines assez profondes pour devenir la religion du plus grand nombre, ils abandonnèrent leurs anciennes marques et en substituèrent de nouvelles. Ainsi, les Couleurs nationales de nos pères furent successivement la Bannière bleue de Saint Martin de Tours, qui remplaça la fameuse Chape du même Saint, et sous laquelle marchaient les vassaux des domaines du Roi; la Bannière rouge de Saint Denis ou l'Oriflamme, qui fut adoptée par nos Rois quand ils héritèrent des comtes de Vermandois, cette dernière bannière était réputée descendue du ciel; enfin la Cornette blanche qui n'a été adoptée que vers le 16.ᵉ siècle. C'est du mélange de ces trois couleurs que depuis l'hérédité des livrées, celle de nos Rois fut composée de bleu, d'incarnat et de blanc, par une sorte de récapitulation de ce qui avait servi à désigner la nation Française depuis le commencement de la Monarchie.

Ce fut, comme nous l'avons dit, vers le 11.ᵉ siècle que les Seigneurs ayant adopté les armures de cuir bouilli et de fer, furent obligés de prendre des couleurs et des marques qui servissent à les faire reconnaître. Les Français, après avoir donné naissance à la chevalerie, inventèrent les tournois, ce jeux militaires, où la noblesse venait en pompe s'exercer aux combats. Comme il eut été assez difficile de distinguer, dans la foule des guerriers, celui qui se signalait par le plus beau fait d'armes, et par conséquent d'adjuger le prix, d'autant que sous le heaume le visage était entièrement caché, on s'avisa d'un expédient, ce fut d'armorier son écu et sa cotte d'armes, autre invention de la nation Française. Bientôt les couleurs, les armoiries et les devises, conservées dans les grandes maisons comme marques d'honneur, furent adoptées par l'Europe et devinrent le signe distinctif des maisons nobles. Les Maures d'Espagne, auxquels leur religion défendait toute figure et par conséquent les armoiries, inventèrent, à leur tour, les inscriptions en devises, les livrées et les applications mystérieuses des couleurs, enfin les chiffres et les enlacemens de lettres, qui étant Arabes et inconnus aux Chrétiens, passaient chez ceux-ci pour des *enroulemens* de fantaisie, auxquels ils donnaient le nom d'Arabesques ou Moresques. De-là cette foule de mots tirés de la langue Arabe, employés dans la science héraldique, lesquels étaient inconnus, en Europe, avant les Croisades. C'est au retour de nos guerres d'outremer que nos grands Vassaux commencèrent à donner des livrées à leurs commensaux, et qu'ils adoptèrent la croix sur les enseignes militaires, les armures et les vêtemens. Cette croix fut d'abord de couleur rouge pour les Français à cause de l'Oriflamme, et de couleur blanche pour les Anglais. Ce n'est que sous le règne de Philippe de Valois que ces deux nations commencèrent à échanger leurs couleurs. Les Rois d'Angleterre prétendant être les héritiers de la couronne de France, préférablement au comte de Valois, possédant une grande partie du Royaume, tenant leur cour à Paris, ayant pris le titre de rois de France, ils en adoptèrent aussi la livrée rouge C'est alors que nos Souverains furent obligés de changer leur couleur, et d'adopter le blanc. Charles VII fut le premier qui adopta la Cornette blanche pour sa principale enseigne, laquelle remplaça l'Oriflamme. Louis XI la retint également, quoique les étendards fussent de couleur différente pour le fond, mais toujours avec une croix blanche dessus. Louis XII, dans la campagne qu'il fit contre les Génois, portait une cotte d'armes blanche brodée en or.

Après les croix on eut recours aux écharpes qui avaient déjà été en usage dans les 12.ᵉ et 13.ᵉ siècles, et qui depuis avaient été nommées *Bandes*, pendant la trop longue et malheureuse querelle des maisons de Bourgogne et d'Orléans, sous Charles VI et Charles VII. Ces écharpes furent d'abord de couleur rouge; ensuite on les porta blanches. Pendant les guerres de religion, on reprit les croix de cette dernière couleur, et les protestans conservèrent l'écharpe. Charles IX et Henri III reprirent l'écharpe rouge, et c'est pour cela que Henri IV adopta l'écharpe blanche, couleur adoptée par tous les protestans. Outre l'écharpe nationale et l'écharpe de la compagnie, les soldats en avaient encore une troisième appelée Bandoulière. Cette dernière était de buffle et contenait plusieurs étuis qui renfermaient des charges de mousquet. Pour débarrasser le soldat de ce gênant attirail, on jugea ensuite convenable de supprimer une de ces écharpes. La suppression tomba sur l'écharpe nationale, qui ne resta plus qu'aux étendards, où elle subsiste encore sous le nom de Cravatte. C'est pour y suppléer que, sous le règne de Louis XIII, les soldats attachèrent des touffes de rubans à leurs chapeaux. Telle est l'origine de la *Cocarde*, ainsi nommée parce que, semblable à la crête du coq, le soldat qui la porte doit être fier de sa parure et en avoir la démarche plus hardie. L'écharpe d'ordonnance fut néanmoins conservée jusqu'à ce que l'uniformité des habits eût été établie. Alors les Colonels firent porter les couleurs de leurs livrées à leur subalternes ; c'est-à-dire que chaque chef de corps, donna à ce corps la couleur de son écharpe. A cette mode succédèrent les aiguillettes ou nœuds d'épaule, auxquels chaque commandant donna également sa couleur. Les Gardes du corps de Louis XIV étaient encore assujettis à cet usage : ils n'avaient point d'uniforme déterminé, et portaient seulement la livrée de leurs capitaines respectifs dans les nœuds de rubans de l'épaule et de la cravatte, dans le haut-de-chausses et dans la bandoulière qui était un tissu d'argent et d'une couleur quelconque. Les couleurs des quatre compagnies des Gardes du corps proviennent des livrées des premiers capitaines de ces compagnies. Aujourd'hui encore, ces couleurs distinctives se font remarquer dans la bandoulière et le panache des Gardes.

L'écharpe militaire n'a pas cessé d'être employée par les troupes étrangères. Elle est portée par les officiers Allemands, Prussiens, Suédois, Anglais et Russes. Quant à nous, nous avons remplacé cet objet par des épaulettes en or et en argent, et sur-tout par le *hausse-col*.

Dans la guerre de 1701, les armées combinées de France et d'Espagne portaient la cocarde rouge et blanche. Lorsque nos régimens reçurent un uniforme fixe et déterminé, on adopta, pour les revers et les paremens des habits, les couleurs des colonels, et ces derniers ne firent dès-lors porter leurs livrées que par les tambours et les musiciens. L'ancien régiment de Piémont fut long-tems connu sous le nom de *Bande-Noire* : ce nom lui fut donné parce que son écharpe d'uniforme et ses drapeaux étaient croisés de noir. Cette couleur était celle de la livrée des premiers colonels de ce régiment, qui étaient de la maison de Cossé-Brissac. Depuis l'uniformité établie dans l'habillement de nos troupes, les officiers et soldats ne portant plus l'écharpe noire, et voulant conserver néanmoins leur livrée distinctive, ils adoptèrent les revers et paremens noirs.

J'ai dit plus haut que nos couleurs nationales furent successivement le bleu, le rouge et le blanc, et que ces couleurs étaient celles de la livrée de nos Rois. J'ajouterai que le galon de la livrée royale, lors du mariage de Louis XIV, était en échiquier à carreaux bleus, rouges et blancs opposés les uns aux autres. Il est aisé de vérifier ce fait en examinant les tapisseries de la couronne. Depuis ce mariage le galon fut changé contre celui que nous voyons aujourd'hui, lequel est mi-partie de cramoisi et de blanc. Le galon en usage à la cour de Louis XIV est actuellement la livrée distinctive de la maison d'Orléans.

Lorsque Clovis embrassa le Christianisme, il abandonna les *insignes* des Romains et des Francs; il leur substitua l'enseigne bleu-uni en l'honneur de Saint Martin de Tours, dont les reliques suivaient ordinairement les armées. Cette enseigne, semblable au *Labarum* de Constantin et de ses successeurs, avait la forme d'une bannière de procession. Ces bannières, qui maintenant ne signifient pas grand chose, étaient de la plus grande utilité au tems où les bourgeois des communes, subdivisées en paroisses, se rendaient au camp du Roi, conduits par leurs curés respectifs. Chacun de ces pasteurs faisait porter devant lui une bannière représentant le Saint de son église, afin de pouvoir, au besoin, rallier son troupeau. L'enseigne de Saint Martin de Tours fut en si grande vénération que, pendant long-tems, les Rois allaient eux-mêmes la lever, et la remettaient aux mains d'un officier aussi distingué par sa vaillance que par sa naissance, afin d'être portée en leur nom. Les comtes d'Anjou portèrent ainsi les premiers cette précieuse bannière, non en leur qualité de grands Sénéchaux de la couronne, mais parce qu'ils étaient devenus les protecteurs de l'église de Saint Martin de Tours.

Les premiers Rois de la troisième race n'ayant conservé que la suzeraineté sur l'Anjou et la Touraine, d'ailleurs se trouvant par la circonscription de leurs États assez éloignés de ces anciennes provinces, ils ralentirent infiniment leur dévotion à St. Martin. Ce refroidissement de piété devint tel qu'ils firent choix d'un nouveau Patron dont l'église fut plus rapprochée du siége du Gouvernement. Les Rois de France, depuis Hugues Capet, ayant fixé leur séjour à Paris, adoptèrent St. Denis pour patron de cette capitale, et le bienheureux Apôtre fut bientôt le patron de tout le Royaume. De-là l'usage pratiqué par nos Rois de prendre pour leur cri d'armes : *Montjoie-Saint-Denis*. Louis le Gros, qui le premier employa ce cri, s'étant déclaré principal *advoué* du nouveau Patron, adopta la couleur de la bannière du Saint et en fit la couleur nationale de son Royaume. Ce fut en 1124 que ce même Prince se rendit à l'abbaye de Saint Denis et qu'il y leva l'Oriflamme, nom donné à cette nouvelle enseigne à cause de sa couleur rouge qui était celle adoptée pour les bannières des Églises dédiées aux Martyrs. Le Seigneur, chargé de porter cet Oriflamme, se tenait si honoré de cette commission, qu'en recevant ce dépôt il le passait à son col et s'en faisait une sorte d'écharpe. Il est à présumer que l'Oriflamme n'était pas montée sur sa pique tant qu'elle restait dans l'abbaye de Saint Denis. L'Oriflamme fut perdu en 1304 à la bataille de Mons en Puelle. Anceau de Chevreuse le portait et mourut en le défendant. Sous Charles VI, la dévotion pour l'Oriflamme s'était singulièrement ralentie, puisqu'il est constant que cette enseigne précieuse resta long-tems en dépôt chez Guillaume Desbordes, et que le Roi chargea, d'après la demande qui lui en avait été faite, le sire Hutin d'Aumont d'aller la prendre dans ce dépôt pour la transférer à l'église de St. Denis, sans beaucoup de cérémonies. Enfin l'usage de porter l'Oriflamme cessa sous Charles VII.

Outre la bannière nationale, nos Rois en allant à la guerre, faisaient toujours porter devant eux le Pennon royal, petite enseigne carrée de couleur bleue, semée de fleurs de lis d'or. Il y a apparence que l'étendard de France, première enseigne séculière de la nation, était pareil au pennon, puisqu'on les confondait souvent ensemble et qu'on ne les reconnaissait que par l'endroit où ils étaient placés : le pennon près du Roi, et l'étendard à la tête du corps de troupe le plus distingué de l'armée.

Nos Princes n'ont pas toujours eu la couleur blanche et les fleurs de lis pour couleur et armes distinctives. Charles VII fit son entrée à Rouen en 1449, précédé d'une enseigne de velours bleu-azur, semée de fleurs de lis d'or, et d'une autre enseigne de satin cramoisi semé de soleils d'or, symbole de ce prince. Louis XI n'étant encore que Dauphin, portait sur champ de gueule un cygne placé entre les lettres K et L, monogramme des noms de sa maîtresse. Charles VIII prit pour emblême un cerf; Louis XII un porc épi; et quand ce prince faisait la guerre aux Génois, son pennon étoit de couleur écarlate, semé d'abeilles d'or. François I.er adopta la salamandre; Henri II le croissant; Henri III, trois couronnes; Henri IV une massue; enfin Louis XIV un soleil avec la devise *nec pluribus impar*.

Section VI.

Du Costume des Artisans et des Paysans Limousins.

Le vêtement des gens de campagne est par-tout à peu près le même; il ne diffère que par les couleurs.

Le bleu-clair ou foncé sont les couleurs les plus

communes dans les arrondissemens de Limoges, de Bellac et dans une partie de celui de Rochechouart. Le rouge et le canelle sont celles qui sont le plus universellement répandues dans les environs de Saint-Yrieix ; le brun domine dans les communes qui avoisinent le département de la Dordogne.

L'habit, la veste, le gilet, la culotte, les guêtres, le chapeau rabattu ou relevé à trois cornes, de gros souliers, et le plus souvent des sabots ferrés, voilà le costume des hommes.

Les femmes portent de longues brassières qui leur prennent toute la taille, et un jupon qui descend jusque au-dessous du molet ; elles ont une coëffe à ailes reployées sur le front, et leurs cheveux, retroussés par derrière, forment un chignon qui est très-peu saillant. Pendant l'hiver, et dans les jours de pluie, elles se couvrent d'une serviette de coton ou de laine, quelquefois d'une capotte d'étamine.

Les étoffes et les toiles du pays, les cadis de Montauban, les draps de Châteauroux, les sommières, les basins, les siamoises sont employés suivant les âges, les saisons, les fortunes et les solennités. L'étoffe dont on fait le plus d'usage est le droguet, on s'en habille pendant l'hiver. Les habits d'été sont de toile de ménage.

C'est à tort que, dans quelques livres de géographie, on a représenté les paysans du Limousin comme couverts de haillons ; ils sont, au contraire, chaudement vêtus, et peut-être même trop écrasés sous le nombre et le poids des habillemens. Il n'y en a point qui marchent pieds nus. Outre les sabots, qui sont leur chaussure ordinaire, ils ont presque tous des souliers pour les jours de fête et pour les voyages. Aucun ne s'éloigne de son habitation s'il n'est revêtu de ses habits les plus neufs et les plus propres; on ne voit de haillons que sur ceux pour qui la mendicité est un état.

Le costume des artisans est plus négligé que celui de la bourgeoisie; il tient le milieu entre la ville et la campagne.

Celui des artisannes ne tient ni de l'un ni de l'autre. Casaquin à taille un peu longue, jupon court, bas blancs ou de couleur, souliers noirs, coëffe basse, dont le fond est de basin de Troyes et les passes de mousseline claire bordées de dentelles, telle est leur mise accoutumée. Ce costume est assez leste; il découvre et accompagne bien le contour, les traits et les grâces de la figure; il fait parfaitement ressortir les avantages de la taille, ainsi que la finesse de la jambe.

Section VII.

Lois Somptuaires.

La première loi somptuaire est du règne de Charlemagne. Dans la première expédition de ce prince en Italie, ses troupes victorieuses rapportèrent de ce pays le goût du luxe et de la parure, et le répandirent dans la Nation. On ne vit bientôt plus que des habits de soie, ornés des plus riches pelleteries, que les Venitiens tiraient d'Orient. Charlemagne, ennemi de toute somptuosité, dissimula d'abord et crut ramener ses sujets à la simplicité par son exemple; mais s'apercevant que le mal empirait, il employa l'autorité pour en empêcher les progrès. Un capitulaire de ce Monarque défend à toute personne, de vendre ou d'acheter le meilleur sayon double plus de 20 sous, le simple 10 sous, et les autres en proportion; le meilleur rochet fourré de martre ou de loutre plus de 30 s.; et celui fourré de peau de chat 10 sous, sous peine de 40 sous d'amende envers le Roi, et 20 sous pour le dénonciateur. Le sou d'alors valait environ 46 sous de notre monnaie. Louis le Débonnaire fit aussi quelques réglemens sur le luxe des habits des ecclésiastiques et des gens de guerre. Il défendit aux uns et aux autres les ornemens d'or et d'argent, ainsi que les robes de soie. Il voulut que les anneaux garnis de pierres précieuses fussent interdits aux ecclésiastiques du commun et ne fussent portés que par les Prélats; que les ceintures et souliers brodés, les mules, chevaux et palefrois avec des brides et des mors dorés, ne fussent jamais à l'usage des gens d'église; mais seulement à celui des militaires constitués en dignité. Depuis le règne de Louis le

Débonnaire jusqu'à celui de Saint Louis, nous ne trouvons plus de lois somptuaires. Saint Louis même n'en fit pas précisément. Il était de sa personne communément très-modeste ; mais il y avait de son tems des hommes et des femmes qui affectaient une magnificence très-déplacée. Saint Louis ne faisait que blâmer avec douceur ceux qui se chargeaient de parures étrangères à leur état. Philippe le Bel, ne se contentant pas de simples paroles, rendit plusieurs ordonnances contre le luxe. On publia, en 1294, un grand réglement relativement aux habillemens. Il était défendu aux simples bourgeois de porter ni *vair* ni *gris*, ni *hermine* qui étaient les fourrures précieuses de ce tems-là ; d'avoir des bijoux d'or et des pierres précieuses. Les Évêques seuls avaient le droit d'en porter. Les Ducs, Comtes et Barons qui jouissaient de 6000 livres de revenu et les Chevaliers, pouvaient seuls avoir quatre robes par an ; leurs écuyers, compagnons et hommes d'armes n'en pouvaient avoir que deux. Celui qui avait 3000 livres de revenu pouvait avoir trois robes ; celui qui n'en avait que 2000 deux et ainsi du reste à proportion. Les jeunes-gens et *varlets* ne pouvaient avoir qu'une robe non plus que les Demoiselles non mariées, et si elles l'étaient il fallait encore qu'elles fussent Châtelaines ou Dames avec 2000 livres de revenu pour en posséder un plus grand nombre. Les prix des étoffes fut réglé par la même ordonnance à 25 sous tournois l'aune de

Paris, pour les Seigneurs et Dames de haut parage; pour les Seigneurs et Dames châtelains et châtelaines, à 18 sous; pour les *écuyers* et *varlets*, à 6 ou 7 sous; pour les plus considérables bourgeois, à 16 sous; pour les moindres bourgeois, à 10 sous, et pour leurs femmes à 12 sous au plus; pour les Chanoines et autres ecclésiastiques constitués en dignité, à 15 sous; pour les autres prêtres à 12 et 10 sous, selon leur rang. Philippe le Bel fixa en outre, contre les délinquans, des amendes proportionnées à l'infraction. Le sou de ce tems-là valait environ 12 des nôtres, et la livre près de 12 francs. Cette loi somptuaire ne fut pas bien long-tems ni bien régulièrement observée. Charles VII, après avoir expulsé les Anglais du territoire Français, voulut essayer de faire des lois somptuaires; mais elles ne furent pas d'un grand effet. Quoique Louis XI fut vêtu le plus souvent d'une manière fort mesquine, on était magnifique sous son règne. Charles VIII travailla sérieusement à réprimer cette magnificence. Il publia, en 1485, une ordonnance par laquelle il défendit absolument dans tous son Royaume les draps d'or et d'argent, et ne permit certaines étoffes de soie qu'aux anciens nobles, aux chevaliers et aux écuyers, encore avec de grandes distinctions : les premiers seuls pouvaient porter le velours, les autres seulement le damas et le satin. Cette ordonnance fit un tort notable au commerce de la rue des Lombards à Paris, rue où se débitaient jadis toutes les riches étoffes. Elle fit en même tems beaucoup de bien aux manufactures de draps fins établies alors en Languedoc, et sur-tout à celles de Carcassonne. Louis XII mit moins d'entraves au luxe; cependant ce Roi ainsi que son épouse donnaient l'exemple de la plus grande simplicité. Il n'en fut pas de même sous François I.ᵉʳ qui se vit obligé d'arrêter les progrès des abus qu'il avait favorisé d'abord. Une ordonnance de ce Prince porte défense à tous sujets du Roi, même aux grands Seigneurs et aux Princes, à l'exception de la Famille Royale, de se vêtir de drap d'or ou d'argent, ni de velours dans lequel il entrât quelqu'un de ces métaux; elle défend, en outre, de porter aucune broderie ni passemens et d'en orner les harnois des chevaux, sous peine de 1000 sous d'amende, ce qui ferait aujourd'hui environ 7 à 8000 francs. Cette loi fut facilement éludée par la tolérance qu'eut le Gouvernement d'accorder aux Seigneurs et aux Dames le tems d'user leurs habits magnifiques. Sous ce prétexte ils continuèrent d'être vêtus quelque tems comme auparavant, et il vint ensuite une occasion qui rendit au luxe sa force primitive : ce fut l'entrevue de François I.ᵉʳ et de Henri VIII entre Guignes et Calais, où les deux Rois se fêtèrent pendant quelques jours avec une telle magnificence, que le lieu de l'entrevue fut surnommé le Camp de Drap d'or. Le Roi de France voulut y étaler le luxe le plus brillant, et le moindre Officier de la couronne risqua de s'y ruiner en affichant une somptuosité supérieure à sa fortune; « tellement que, dit Dubellay, « plusieurs portèrent leurs moulins, leurs forêts et « leurs prés sur leurs épaules. » Henri et sa maîtresse n'avaient pas moins de goût pour le luxe que François I.er et les siennes : cependant on lui donna de si bonnes raisons pour preuve que le luxe était pernicieux à l'État, qu'il jugea à propos de le réprimer par une loi nouvelle : ce fut en 1549 qu'elle parut. Les dorures y furent prohibées, mais avec beaucoup d'exceptions. Par cela même que cette ordonnance était trop détaillée, son exécution éprouva de grandes difficultés, et ce fut la cause principale de son manque d'effet. Le Parlement donna un grand mémoire, sous le titre de *doutes proposés* au Roi, en interprétation de l'édit contre le luxe. Le Roi fut quelque tems à y répondre, et encore il le fit d'une maniere qui ne parut point satisfaisante. Le tems se passa; et insensiblement les choses en restèrent à peu près sur le même pied qu'auparavant, jusqu'à la mort de Henri II. Aux états d'Orléans, tenus en 1560, on déclama beaucoup, dans l'ordre de la Noblesse, contre le luxe des Ecclésiastiques, des Magistrats et des Financiers. En 1561 parut une ordonnance qui défendait aux Ecclésiastiques, excepté aux Prélats, de porter de la soie, encore ces prélats devaient-ils s'assujettir à n'admettre dans leur costume aucunes broderies ni passemens; le Roi et les

Princes pouvaient seuls porter des habits d'étoffe d'or ou d'argent; la soie fut permise aux Gentilshommes, mais également sans broderies. Cette ordonnance frappait jusqu'aux robes des Magistrats, et il ne fut pas permis à tous d'en avoir de soie. Défense fut faite, sous les peines les plus graves, aux tailleurs et aux brodeurs de faire des habillemens contraires à l'ordonnance; mais elle produisit peu d'effet. Le chancelier Lhôpital fit promulguer une loi contre les *vertugadins,* qui fit en même tems prohibition aux tailleurs de confectionner des hauts-de-chausses rembourrés. A cette défense fut ajoutée celle de mettre des agraffes d'or et d'argent ou autres pièces d'orfévrerie sur les vêtemens et et les ceintures. Mais toutes ces lois ne furent point exécutées, ou le furent mal. Ce fut en vain qu'en 1567 et en 1573, Charles IX fit de nouveaux efforts pour arrêter les progrès du mal, les lois d'un Monarque si faible, si peu considéré et si peu aimé, ne pouvaient avoir aucune force; il en fut de même de celles de Henri III : en effet, ce Monarque ne soutenait ses réglemens ni par son exemple ni par ses propos; on s'en moqua, quoiqu'ils fussent infiniment sages. Henri IV ne put s'occuper de cet objet que lorsque la France fut entièrement pacifiée et son trône bien affermi; mais en 1604 il ne le négligea pas. Cependant, d'après les conseils du vertueux Sully, il se garda bien d'interdire à ses sujets l'usage de tout ce qui provenait des manufactures

Françaises. Il encouragea la culture des vers à soie, ainsi que les manufactures de soieries. Il défendit seulement avec sévérité l'usage de toute étoffe étrangère. Ainsi le Grand Henri prohiba les perles, les dentelles, les diamans. Ce fut par le même édit qu'il déclara que ces mêmes défenses ne concernaient que les personnes honnêtes de l'un et de l'autre sexe, laissant au reste la latitude aux *filles* de *joie* et aux *filoux* de s'habiller comme bon leur semblerait. Sous la minorité de Louis XIII, le Gouvernement prit des mesures pour réprimer le luxe des équipages ; mais cette loi fut éludée comme les précédentes. Le seul monument qui en resta pendant quelque tems était un carrosse d'un noir poli, sans aucun ornement, dont se servaient aux jours de cérémonie le Chancelier et le Premier Président du Parlement. Trois ans après la mort de Henri IV, Marie de Médicis voulut prouver son goût pour la modestie et la décence en publiant un édit qui enjoignait aux Ecclésiastiques de ne se vêtir que convenablement à leur état ; qui défendait aux hommes et aux femmes les dorures sur les habits, les nœuds d'épée, les cordons de canne et les bordures de chapeaux, en or. Une autre loi somptuaire, promulguée en 1625, fut encore plus rigoureuse : ce qu'elles produisirent fut de mettre à la mode les dentelles et les points coupés. On crut concilier ainsi le goût de la simplicité avec celui de la magnificence, puisque d'un côté la matière des dentelles n'était que du fil blanc, et que de l'autre le travail en était considérable ; aussi le prix de ces ornemens surpassa-t'il souvent celui des broderies et des passementeries en or et en argent. Les premiers points de dentelles nous vinrent de Venise et de Gênes. On s'aperçut bientôt que ce commerce faisait sortir du Royaume beaucoup de numéraire ; aussi, en 1629, parut-il une nouvelle loi somptuaire qui prohiba les dentelles dont le prix s'élevait à plus de 3 liv. l'aune, à peine, contre les contrevenans, d'amende et de confiscation. Comme on ne pouvait se procurer chez l'étranger aucune dentelle d'un prix aussi modique, ceci donna lieu à l'établissement en France de plusieurs manufactures. Cette entreprise réussit au-delà de toute espérance. C'est à cette époque que remontent les manufactures des points d'Alençon et d'Argentan, ainsi que les autres manufactures de dentelle, auxquelles on commença d'abord à travailler en Picardie, et qui se multiplièrent si fort ensuite dans les Pays-Bas Français et Autrichiens. Les *blondes*, qui se fabriquent pour la plupart aux environs de Paris, ont eu la vogue après les dentelles, et furent imaginées après la promulgation de l'ordonnance de 1629. Il paraît pourtant qu'en 1652, tems auquel fut composé la farce du baron de la Crasse, on portait encore des dentelles étrangères fort chères ; puisque le Baron, voulant exprimer qu'il s'était habillé proprement pour paraître à la cour, dit :

J'en voulus avoir un de ces points de Venise :
La peste ! la méchante et chère marchandise !
En mettant ce rabat j'ai mis, c'est être fou,
Trente-deux bons arpens de vignes à mon cou.

Quelque ait été la magnificence dans le siècle brillant de Louis XIV, nous trouvons cependant qu'il s'est cru obligé de faire plusieurs lois somptuaires ; mais elles eurent bien moins pour objet la répression du luxe que de faire retirer un plus grand parti à l'État de la folie des particuliers. Nos manufactures acquirent, par les soins du grand Colbert, un si haut degré de splendeur, que la France se vit désormais non-seulement en état de se passer de l'industrie étrangère, mais qu'elle fit refluer dans toute l'Europe les plus riches produits. Aussi, depuis Colbert, toutes nos lois somptuaires n'ont été dirigées que contre les ouvrages fabriqués chez l'étranger ; et c'est une vérité à présent bien reconnue en France, qu'il faut y diriger le luxe et non le réprimer.

CHAPITRE III.

Des Habitations et de leur Ameublement.

Section première.

Des Habitations.

Nous allons examiner, dans ce chapitre, comment de la construction simple et grossière des cabanes de nos ancêtres, nous nous sommes élevés jusqu'à celle des plus superbes édifices. Nous venons de voir les Français commencer par dévorer, en vrais sauvages, les mets les plus grossiers et les moins propres à flatter le goût, et, quelques siècles après, donner à l'Europe des leçons de bonne chère : nous allons, d'abord, les voir se loger dans des chaumières rustiques et à peine capables de les garantir des excès du froid et de la chaleur, et successivement habiter des maisons commodes, des palais somptueux, et devenir les maîtres des Italiens même en fait de construction, et sur-tout de commodité et d'agrément. Si nous pouvons encore trouver des traces de la manière simple dont nos ancêtres construisaient leurs habitations, il faut la chercher dans la forme, l'étendue et la distribution, et la solidité que nos paysans actuels donnent à leurs maisons et aux bâtimens destinés à l'exploitation et à l'administration des biens de campagne. C'est-là qu'on voit ces toits de chaume qui nous rappellent les nids des oiseaux, lesquels ont servi de modèle aux premières chaumières. C'est-là qu'on remarque ces piliers de bois et quelquefois de pierre brute qui supportent le poids de tout l'édifice. Nous convenons avec quelques auteurs que voilà l'origine des colonnes; mais du moins dans les bâtimens rustiques les voyons-nous dans leur état primitif, n'ayant ni ornemens ni embellissemens d'aucune espèce. Tout, dans ces bâtimens, se réduit aux besoins du propriétaire. S'il y en a de plus vastes que les chaumières ordinaires, c'est que le cultivateur ou le fermier qui les habite a plus de terres à cultiver et par conséquent plus de productions à renfermer, plus de bestiaux à loger, etc. Le luxe n'a point pénétré dans l'habitation de nos vrais paysans; et les seules commodités qui s'y soient introduites depuis plus de dix siècles, se réduisent à peu près aux cheminées et à quelques fenêtres garnies de vitres. Du tems d'Auguste, les maisons des Gaulois étaient de figure ronde, construites fort grossièrement de claies et couvertes de chaume et de roseaux. Lorsque l'empereur Julien vint à Paris, les maisons de cette cité n'étaient encore que des huttes ou baraques. On n'employait à leur construction que quelques

mauvais bois dout les intervalles étaient remplis par
de la terre glaise, mêlée avec des brins de paille.
Elles n'avaient qu'un rez-de-chaussée surmonté d'un
grenier. Pendant les deux premières races de nos
Rois, telle fut la simplicité des bâtimens bourgeois
élevés dans les villes et bourgs du Royaume. Paris
donna l'exemple d'un nouveau genre de construction : les habitans s'y étant multipliés dans un espace assez resserré, qui forme aujourd'hui l'île du
Palais, il fallut, pour contenir cette population,
construire des maisons plus élevées. On employa
à ces bâtimens des bois plus forts qu'à l'ordinaire,
et les murailles furent construites en moellon,
qu'on réunit avec du sable et de la chaux. Enfin,
lorsque les carrières de plâtre furent découvertes,
on abandonna l'usage du ciment de chaux. L'usage
du plâtre donna aux plus simples édifices un certain
éclat; mais la malpropreté des rues leur fit bientôt
perdre cet avantage. Du reste, les briques et les
pierres de taille furent encore long-tems réservées
pour les églises, les palais et les édifices publics.
Les couvertures des maisons qui, pendant tant de
siècles, n'avaient été que de chaume, furent ensuite
changées en tuiles, et bientôt après on employa
l'ardoise, mais seulement pour les bâtimens distingués. L'ardoise fut absolument inconnue aux anciens. C'est du pays d'Ardes en Irlande qu'on dit
que la première fut tirée. Les arts du charpentier,
du couvreur et du maçon s'étant perfectionnés de

plus en plus, on parvint à construire, dans Paris, des maisons bourgeoises d'une élévation et d'une étendue considérables, et à en distribuer les appartemens de manière qu'ils pussent contenir plusieurs familles, le bas étant toujours destiné à former une boutique. Ce fut dans cet état que les choses restèrent jusqu'à l'invention des voitures, qui bientôt devinrent communes même parmi la haute bourgeoisie, et obligèrent à pratiquer des cours et des portes cochères pour la plupart des maisons. L'exemple de la capitale influa bientôt sur nos villes de province, et on y bâtit des habitations à l'instar de Paris.

Le verre fut connu des anciens qui s'en servirent à divers usages; mais ce n'est que vers le 14.ᵉ siècle qu'il a été employé en France, d'abord pour les vitraux d'église, ensuite pour les fenêtres des palais. Il y a encore des provinces où on se sert de papier huilé. L'époque de l'invention des cheminées est difficile à fixer. Dès le milieu du 17.ᵉ siècle et pendant le cours du 18.ᵉ, ce genre de commodité s'est prodigieusement multiplié à Paris et dans les principales ville du Royaume, excepté dans la partie méridionale du Royaume où elles sont moins nécessaires, si ce n'est dans les cuisines. Jadis nos pères n'avaient qu'un unique chauffoir, qui était commun à toute une famille et quelquefois à plusieurs. Les poêles sont d'un usage plus moderne que les cheminées; cependant, dès 1388, il y avait déjà par-tout des poêles dans les maisons royales et jusque dans les galeries pour tempérer le froid. Cette invention nous a été communiquée par les Allemands qui, avant que nous connussions les poêles, les avaient déjà perfectionnés. Les boutiques de nos marchands n'étaient jadis que des salles basses absolument ouvertes pendant le jour pour la commodité des acheteurs qui venaient s'y fournir des choses nécessaires, et qui se fermaient pendant la nuit pour la sûreté de ce qu'elles renfermaient. Le nom de *guinguettes*, que l'on donne communément aux cabarets situés dans les faubourgs et hors des villes, tire son origine de ce que jadis on y vendait du vin nouveau, souvent verd, et que les vins verds se nommaient *guinguets* ou *ginguets*. Ils commencèrent à être ainsi nommés en 1554.

La belle architecture, après avoir été enseignée par les Grecs aux Romains, passa avec ceux-ci dans les Gaules. Elle fut ensuite bannie de la France et de presque toute l'Europe par le goût gothique et barbare. Enfin, bien des siècles après, elle fut rappelée d'Italie en France sous le règne de François Ier. Quant à la distribution intérieure des bâtimens, la France ne doit qu'à elle seule la perfection à laquelle elle est parvenue sur cet article; car nous avons, à cet égard, tiré très-peu de secours des architectes Grecs et Romains. Les entresols et les Mansardes doivent encore leur origine au génie Français. On sait que les derniers tirent leur nom de deux fameux architectes de Louis XIV, dont l'un mourut en 1666 et l'autre en 1698.

L'art des jardins, qu'on appelle d'ornement, n'est pas fort ancien en France. Les Romains le connurent, mais il fut oublié long-tems après eux. Nos ancêtres ne cherchaient qu'à tirer un parti utile de leurs parcs et de leurs enclos; presque toutes leurs maisons de campagne étaient placées dans des fonds et non sur des hauteurs, parce qu'ils y trouvaient la terre plus aisée à cultiver. Notre opinion a changé : jaloux de promener nos regards sur un vaste horizon, nous bâtissons nos plus beaux châteaux dans les lieux les plus découverts. Ce que tant qu'a duré le gouvernement féodal, nos pères faisaient pour se ménager des lieux de défense et des forteresses à l'abri de toute insulte, nous le pratiquons maintenant pour nous procurer la jouissance d'une belle vue. Nos jardins ne sont plus ni à l'Italienne ni à la Française; il ne leur reste plus aucune ressemblance avec ceux qui étaient généralement admirés sous le règne de Louis XIV. Ce sont des jardins à l'Anglaise ou à la Chinoise; car c'est des Chinois que les Anglais tiennent leur manie de transporter, pour ainsi dire, plusieurs provinces dans l'enclos d'un petit parc ou d'un jardin médiocre; de créer de hautes montagnes et des vallées profondes dans une petite plaine; des rivières dans un terrain sec, et de mettre constamment en opposition les beautés de l'art avec les horreurs de la nature et de la destruction.

En 1761, Turgot étant devenu intendant de la généralité de Limoges, ne tarda pas à déployer, sur son département, les ressources de son génie. Limoges, sur-tout, éprouva ses bienfaits ; il opéra l'assainissement de cette ville par la démolition de ses remparts et de ses hautes tours. Dès-lors, l'air circulant plus librement dans des rues obscures, étroites et tortueuses, on vit un terme aux maladies contagieuses qui faisaient annuellement tant de ravages. Dès-lors on vit s'élever des bâtimens plus vastes et mieux ordonnés. Peu à peu les rues s'alignèrent, s'élargirent, et les façades des maisons moins gothiques, ne présentèrent plus ni torchis délabrés, ni croix de bois noircies par les siècles. Mais ce qui donna principalement l'impulsion d'un meilleur goût pour la construction, ce fut le terrible incendie qui consuma, en 1790, près d'un tiers de la ville. Ce quartier rebâti à neuf est, en effet, de tous ceux de Limoges, celui qui offre le plus de régularité.

Les maisons d'habitation des campagnes du Limousin sont en général si mal disposées, que la santé des habitans en est fréquemment altérée. Le sol de ces maisons qui devrait être élevé au-dessus du rez-de-chaussée, est au-dessous, ce qui les rend très-humides ; elles n'ont qu'une porte, et quelquefois, mais pas toujours, une petite croisée, tournées du même côté, de façon que l'air n'y peut circuler librement. Joignez à cela une malpropreté révoltante : il n'est pas rare d'y trouver les poules juchées près du grabat du métayer ; les enfans, les chiens, la chèvre, les oies, les canes couchent pêle-mêle. Point de lieux d'aisance, point de vases nocturnes ; au premier besoin il faut sortir en chemise et pieds nus, quelque tems qu'il fasse. Le cochon y a, pendant le jour, ses entrées libres, parce qu'on est obligé de laisser la porte ouverte pour y voir clair, et cet animal vorace mange et renverse tout ce qu'il trouve à son passage. Si l'on ne faisait pas habituellement un grand feu dans ces tristes demeures, elles seraient des asiles de mort.

Section II.

De l'Ameublement.

Il est probable que nos ancêtres, en sortant de la barbarie, adoptèrent la forme des lits Romains, et que lorsque le luxe, enfant de l'or et de l'oisiveté, eut enivré des cœurs que l'exemple avait séduit, ils voulurent joindre à la commodité l'élégance et la richesse. Ils prirent aussi des Romains l'usage de manger couchés sur des lits ; mais ils l'abandonnèrent de bonne heure. On trouve encore dans les vieux châteaux des lits d'une grandeur prodigieuse, dans lesquels couchaient des familles entières et même des gentilshommes. Cette coutume de coucher plusieurs ensemble fut introduite dans les beaux jours de la Chevalerie. Alors les preux accoutumés à partager leur tente, leur lit et leur table pendant la campagne avec leurs frères d'armes, ne se refusèrent pas, pendant les quartiers d'hiver, à les recevoir dans leurs châteaux avec la même confiance et la même simplicité. Les lits de ces châteaux étaient fort larges. Indistinctement le Seigneur châtelain, sa Dame, ses enfans et les chevaliers ses confrères et ses hôtes, même leurs chiens de chasse favoris, les occupaient tous ensemble lorsque l'occasion se présentait. L'amiral Bonivet avait souvent l'honneur de coucher dans le même lit que François Ier, qui l'appelait son frère d'armes. Les grands Seigneurs de ce tems-là ne faisaient de même aucune difficulté de coucher ensemble, et c'était la plus insigne marque d'amitié et de confiance que l'on put se donner.

Nos ancêtres tapissaient les murs de leurs habitations avec des nattes de jonc. La ville de Pontoise fut long-tems renommée pour ce genre d'ornement. Aux nattes succédèrent les tapisseries. Il paraît que les tapisseries furent connues très-anciennement en France, puisqu'on voit dans la sacristie de la cathédrale de Bourges une tapisserie qui représente la conquête de l'Angleterre par Guillaume duc de Normandie. Le père Montfaucon prétend que cette tapisserie n'est guères postérieure au règne de Guillaume le Conquérant, ce qui supposerait qu'on faisait des tapisseries il y a plus de 700 ans. Cependant il s'en faut de beaucoup qu'il y ait aussi long-tems que les tapisseriss sont devenues d'un usage commun. Elles n'ont commencé à le devenir qu'au tems où les ducs de Bourgogne étaient maîtres des Pays-Bas, c'est-à-dire au 15.e siècle. C'est alors que les tapisseries de haute et basse lice furent en usage dans ce pays, d'où elles se répandirent en France. Les tapisseries sont restées pendant long-tems fort chères, et un objet de luxe auquel ne pouvaient atteindre les personnes peu riches qui se contentaient de tentures de Bergame. La manufacture des Gobelins surpassa ensuite toutes les manufactures étrangères, et ceux qui ne voulaient pas faire la dépense considérable qu'occasionnaient ces tapisseries des Gobelins, firent leurs emplettes dans les manufactures de Beauvais, d'Aubusson et de Felletin. L'usage des tapisseries a ensuite fait place à celui de la boiserie et des étoffes de soie à ramage, ainsi qu'à celui des cuirs peints et dorés, qui ont été eux-mêmes remplacés par des papiers peints. Quant aux tapis, on ne les mettait jadis que sur les tables. Jusqu'au 17.e siècle, on les tirait de la Turquie, et ils étaient fort chers. Ce fut Colbert qui rendit à la France le service de l'établissement de la manufacture de la Savonnerie, qui obtint autant de succès que celle des Gobelins.

L'airain, le fer poli ou l'étain furent la première matière des miroirs. Ce ne fut que du tems de Pompée que l'on en apporta à Rome qui étaient d'argent. Quoique de matière plus riche, ces derniers devinrent bientôt communs et à bon marché, parce que l'argent naturellement brillant était plus aisé à polir. Ce fut en cet état que les miroirs passèrent dans les Gaules, et on en a trouvé dans les tombeaux des anciens Rois et généraux Francs et Gaulois. Jusqu'au 12.ᵉ siècle on ne se servit, en France, que de miroirs de métal. Mais, sur la fin des Croisades, on commença à connaître les miroirs de verre ou de glace étamée. On dit que ce fut dans la ville de Sidon que l'on commença à en fabriquer. Les Venitiens s'emparèrent de ce procédé, et furent les premiers qui établirent une manufactures de glaces. Elle fut long-tems la principale et presque la seule de l'Europe; mais, grâces à M. Colbert, les glaces Françaises obtinrent bientôt la prééminence. Ce ministre en établit d'abord en 1665 une manufacture à Tourlaville, près Cherbourg. La manufacture de Saint-Gobin en Soissonnais fut ensuite établie, et les glaces reçurent leur poli dans un établissement situé à Paris, rue du faubourg Saint-Antoine.

Les bancs à dos et les banquettes sont de toute antiquité. Les tabourets et les chaises furent connus des Romains. Quant aux fauteuils de nos ancêtres, ils étaient en entier de bois; les fauteuils rembourrés sont d'invention moderne. Ils ne furent d'abord employés qu'à l'usage des infirmes et ensuite à celui des Dames.

Les armoires, ainsi appelées parce qu'autrefois on y enfermait ses armes, furent pendant un tems parmi nous un objet de luxe. Il n'y a pas un siècle que nos pères payaient au poids de l'or des bureaux et des encoignures de la façon d'un ouvrier nommé Boule. Le fond en était en bois d'ébène, avec des ornemens délicats en or moulu. Dans ce même tems les cabinets de vieux *lacque* de la Chine et du Japon, étaient regardés comme des objets très-précieux. On reconnaissait à l'odeur du vernis si ces objets venaient véritablement de ces contrées lointaines. Aujourd'hui ils sont passés de mode et sont devenus très-rares. D'autres genres de magnificence ont remplacé ceux-là; mais toujours est-il vrai de dire qu'il y a bien loin de nos meubles actuels aux *bahus* simples et grossiers de nos ancêtres.

CHAPITRE IV.

Des Divertissemens.

SECTION Ire

Des Divertissemens publics.

LES Français n'ont jamais eu de divertissemens plus nobles que ces fameux *Tournois*, restes de l'ancienne Chevalerie, qui retraçaient aux gentils-hommes la gloire de leurs ancêtres, et à toute la nation celle de ses héros. Mais rien n'était plus dangereux que ces jeux, dans lesquels l'élite de la noblesse courait risque souvent de périr, en ne voulant que faire briller sa force et son adresse. Le funeste accident arrivé à Henri II, mortellement blessé dans un tournois par le comte de Montgommery, et la mort de Henri de Bourbon-Montpensier qui périt d'une chute de cheval, en pareille occasion, à Orléans, l'année suivante, contribuèrent beaucoup à faire abandonner ces exercices dangereux. Avec les tournois disparut l'ancien esprit de la chevalerie. Nous ne remonterons point jusqu'à l'origine romanesque de ces exercices : la véritable histoire nous apprend que dès l'an 842,

Louis le Germanique et son frère Charles le Chauve s'étant reconciliés après s'être fait une guerre sanglante, passèrent quelque tems ensemble et se donnèrent réciproquement, pour faire briller leur adresse et celle de leurs courtisans, des tournois et des carrousels. On rapporte à l'an 1066 les premières règles des tournois. Un chevalier nommé Geoffroi de Preuilly en Touraine, fut, dit-on, le législateur et la victime de ces jeux guerriers; car il fut tué par trahison à Angers dans un tournoi. Ces réglemens et ceux qui ont été ajoutés depuis, nous prouvent incontestablement que l'intention du législateur n'était pas de rendre ces exercices dangereux. Les Juges du combat, qui étaient tous de vieux chevaliers respectables par leur âge et par leur valeur, examinaient les épées des combattans pour voir si elles étaient d'égale longueur et sans pointe. On permettait, cependant, qu'elles fussent tranchantes d'un côté, parce que les chevaliers étant entièrement couverts de fer, elles ne pouvaient que briser leur armure; mais il leur était sévèrement défendu de pointer et de déchirer. Ceux qui s'écartaient de cette règle étaient condamnés à l'amende et exclus de la lice. Ces mêmes réglemens fixaient la qualité des personnes qui pouvaient *tournoyer*. Il fallait, pour y être admis, être *chevalier*, reconnu pour tel, ou *écuyer* également reconnu, ou au moins *varlet*, c'est-à-dire jeune homme de condition noble, ayant l'ambition d'aspirer à la chevalerie, mais

n'y étant point parvenu. Les tournois fournissaient
à ces jeunes-gens l'occasion d'obtenir le grade de
Chevalier et de gagner leurs éperons ; ou, pour
mieux dire, le droit de porter des éperons dorés,
prérogative affectée exclusivement aux chevaliers. Le
goût des tournois ne tarda pas à passer de France
en Angleterre et en Allemagne; et on doit ici remarquer que les Allemands ont toujours été les plus
difficiles sur les preuves de noblesse de ceux qui
désiraient *tournoyer*. On publiait et on annonçait
les tournois avec beaucoup de cérémonies. La lice
ouverte, les chevaliers arrivaient au bruit d'une
musique guerrière, quelquefois même ils étaient
conduits par des Dames jusqu'à l'entrée de l'enceinte. Ils portaient ordinairement les couleurs de
celles qu'ils chérissaient particulièrement ; c'était
une écharpe, un voile, un bracelet ou toute autre
pièce d'ajustement que chaque chevalier avait reçu
des mains de la Dame dont il s'était déclaré l'esclave ou le serviteur. Le chevalier favorisé de ces
précieuses marques de l'estime de sa Dame, en or-
nait le haut de son *heaume* ou de sa lance. S'il
perdait ce gage d'affection, dans le combat, sa
Dame lui en envoyait ordinairement un autre pour
le consoler et relever son courage ; mais ce qui
sur-tout animait un chevalier à bien faire, c'était
de recevoir publiquement le prix de sa valeur de
la main de la plus illustre Dame qui assistait au tournoi. Les Dames eurent d'abord quelque peine à

devenir spectatrices de ces combats chevaleresques, à cause des accidens fréquens qui y arrivaient ; cependant elles s'y accoutumèrent lorsqu'elles se virent en possession de décerner les honneurs au triomphe. Elles avaient encore le droit exclusif de nommer le Juge de paix, dont les fonctions principales étaient d'interposer son autorité pacifique lorsqu'un champion, ayant violé par inadvertance les lois du combat, avait attiré contre lui seul les armes de plusieurs combattans. Ces fautes étaient de combattre hors de son rang, de blesser le cheval de son adversaire, de porter un coup de lance au visage, ou de frapper un chevalier qui avait relevé la visière de son casque. Alors le ministre des Dames, armé d'une longue pique ou d'une lance surmontée d'un fourreau, n'avait pas plutôt abaissé sur le chevalier délinquant ce signe de clémence et de la sauve-garde des Dames, qu'il n'était plus permis de toucher le coupable. Le tournoi étant fini, le prix était adjugé aux vainqueurs par les vieux chevaliers nommés juges à cet effet : en cas que les opinions fussent partagées, la question était portée au tribunal des Dames qui prononçaient en dernier ressort. En recevant le prix de la main de la Dame désignée, le vainqueur avait le droit de lui prendre un baiser.

Le *pas d'armes* était une espèce de tournois et l'un des exercices militaires les plus dangereux et les plus difficiles. On convenait d'une place, d'un chemin ou d'un pont que les anciens chevaliers se proposaient de défendre et par lesquels on ne pouvait passer sans combattre celui qui les gardait. Le chevalier qui gardait le Pas suspendait ses armes à un arbre ou à un poteau, et celui qui se proposait de disputer le passage le défiait en touchant son armure du bout de son épée. Il y avait, comme aux tournois, des prix pour les vainqueurs.

Aux Tournois et aux Pas d'armes succédèrent les Carrousels, jeux qui n'étaient pas accompagnés des mêmes dangers et dans lesquels nos Rois et nos grands Seigneurs ont souvent fait éclater leur magnificence. Dans les carrousels, les chevaliers ne combattaient plus à la lance ni à l'épée, mais les chefs de chaque *quadrille* et leur suite, après avoir fait caracoler leurs chevaux parés ainsi que leurs maîtres avec un luxe extraordinaire ; après avoir fait admirer les devises ingénieuses qui décoraient leurs boucliers, s'exerçaient aux courses de bague et de *têtes* (1), et à tirer contre la *quintaine* (2), ou le *faquin* (3). A l'instar des vainqueurs dans les jeux de la Grèce, qui combattaient pour des couronnes d'olivier, de pin, de pommier ou de persil, dans nos tournois ainsi que dans nos carrousels, les

---

(1) Elles étaient faites avec du carton.
(2) Tronc d'arbre contre lequel on allait rompre une lance.
(3) Mannequin armé de toutes pièces.

chevaliers Français combattirent souvent pour des écharpes, des manchons, des rubans, des bracelets et autres faveurs de leurs Dames. Bayard combattit en Savoie pour obtenir le manchon de la Dame de ses pensées.

Les spectacles des anciens Celtes étaient de la plus grande simplicité et se ressentaient de la barbarie de ces peuples et du siècle où ils étaient représentés. Les Romains firent connaître aux Gaulois les combats de gladiateurs, ceux des bêtes féroces et même la *naumachie*, espèce de combat sur l'eau : nous en avons la preuve dans les restes d'amphithéâtres et les ruines des réservoirs et des canaux faits pour remplir de vastes et profonds bassins, que nous trouvons encore dans quelques-unes de nos provinces. Probablement les jeux du cirque, de la scène et du théâtre Romain, passèrent en même tems dans ce qui forme aujourd'hui le royaume de France; mais selon toute apparence, les Gaulois qui ne sortaient point de leur pays, ne connurent que des Comédiens romains fort médiocres, tels à peu près que ceux de nos provinces; d'ailleurs, comprenant mal l'idiôme latin, le peuple Gallo-Franc ne pût prendre de goût qu'aux *farces* et aux jeux des *mimes* et des *pantomimes*. Aussi ces derniers furent-ils tout ce qui nous resta des Spectacles romains sous la première race de nos Rois. Les masques de ces baladins étaient hideux ; les gestes et les propos qu'ils pouvaient hasarder dans la langue vulgaire, étaient très-libres, pour ne pas dire indécens. Ce fut ce qui engagea les Conciles et les Prélats à les prohiber, et à priver de la communion des fidèles ceux qui représentaient ces scènes licencieuses, et même à réprimander ceux qui les écoutaient. Il nous reste encore un préjugé contre les comédiens, lequel a sa source dans ces condamnations.

Le seul genre de spectacle qui, dans ces siècles reculés, avait acquis un certain degré de perfection, est celui des Danseurs de corde. Les Romains en connaissaient de quatre sortes : 1.° les danseurs sur la corde tendue; 2.° les voltigeurs autour de la corde distendue; 3.° ceux qui se précipitaient comme en volant, du haut d'une tour en bas; 4.° ceux qui faisaient des culbutes ou des sauts périlleux. On voit que ces sortes de spectacles ont été communs dans tous les tems de la Monarchie, et nous voyons faire toujours à ces *funambules* des choses surprenantes, aussi bien qu'aux escamoteurs. Effectivement cet art, ne tenant en rien aux progrès ou à la décadence des Sciences et des Lettres, n'a rien dû perdre de son mérite et de sa perfection dans les siècles d'ignorance. Il n'en est pas de même des spectacles qui tiennent à la poésie et à la musique, ainsi qu'à la danse gracieuse et expressive. Tout ce que les Romains avaient de connaissances en ce genre et qu'ils avaient fait passer dans les Gaules, se perdit bientôt; et la France était réduite aux 11.°, 12.° et 13.° siècles à n'avoir d'autres spectacles que ceux des *Jongleurs* et *Jongleresses*. Ceux-ci faisaient en même tems les métiers de poètes, de conteurs, de chanteurs, de ménétriers, de pantomimes, de danseurs, de sauteurs et de bâteleurs. Au commencement du règne de Philippe-Auguste, les extravagances que les jongleurs se permirent de débiter parurent si scandaleuses, que ce Monarque jugea à propos de proscrire leurs jeux et de les bannir du Royaume. Quelques-uns cependant se réformèrent et furent tolérés tant sous le règne de ce Prince que sous ceux de quelques-uns de ses successeurs ; mais on fut souvent obligé de leur faire des injonctions, des menaces, et même de leur infliger des peines pour les contenir dans les bornes convenables.

Dans les dernières années du 14.e siècle, les Pélerins qui revenaient de la Terre sainte, de Sainte-Reine en Bourgogne, du Mont-Saint-Michel, de Notre-Dame-du-Puy et d'autres lieux semblables de dévotion, composaient des cantiques sur leurs voyages, auxquels ils mêlaient le récit de la vie et de la mort de Jésus-Christ et des Saints, d'une manière véritablement grossière, mais que la simplicité des auditeurs trouvait pathétique. Ils chantaient les miracles des Saints, leur martyre et certaines fables auxquelles la crédulité du peuple donnait le nom de *Visions*. Ces pélerins allaient par troupes ; ils s'arrêtaient dans les carrefours où ils chantaient le bourdon à la main, le chapeau et le mantelet chargés de coquilles et ornés de différentes images. Voilà nos premières pièces et nos premiers acteurs. Ce spectacle plut au peuple et excita la dévotion de quelques bourgeois de Paris qui rassemblèrent des fonds pour construire un théâtre, où les jours de fête on représentait tant pour l'instruction des spectateurs que pour leur amusement. Le premier essai de la représentation des *Mystères* se fit au bourg de Saint-Maur-les-Fossés, près Paris, où les nouveaux comédiens jouèrent la mort de Jésus-Christ. On y accourut en foule ; et le prévôt de Paris, qui en fut averti, défendit par un réglement de police, en date de 1398, aux habitans de Saint-Maur et des autres villages de la banlieue et juridiction, de représenter ni souffrir qu'on représentât chez eux aucuns jeux de personnages sans la permission du Roi, à peine d'encourir son indignation et de se forfaire envers lui. Les comédiens consternés de cette prohibition imprévue, qui détruisait en un moment une fortune sur laquelle ils avaient eu raison de compter, s'adressèrent directement à la Cour et y sollicitèrent leur rétablissement. Charles VI, avant de statuer sur leurs instances, voulut juger par lui-même d'un spectacle qui avait mis en rumeur toute la capitale, et il sortit de ce spectacle tellement satisfait, qu'il leur octroya des lettres patentes pour leur établissement. En vertu de ce privilége, les pélerins prirent le titre de *Confrères de la Passion*, et à l'exemple de Paris, il s'éleva des théâtres de la même espèce dans les principales villes du Royaume. Les premiers drames que jouaient ces pieux histrions sont imprimés et dans toutes les bibliothèques ; mais ils étaient d'un genre trop sérieux pour pouvoir amuser autrement que par un ridicule, dont les Français de ce tems-là n'étaient pas encore en état de s'apercevoir. Il fallut imaginer quelque genre de drames plus facétieux et plus amusans, lorsque après environ un siècle et demi, le peuple commença à s'ennuyer de la représentation des Mystères ; et c'est ce que fit une société de clercs de procureurs. Ils formèrent une société dramatique dont le chef portait le titre de *Prince des Sots*, et ils jouaient des farces auxquelles ils donnaient le nom de *Sotties* ou *Sottises.* Ce nouveau genre de spectacle à personnages parut gai, agréable et plaisant, et eut le plus grand succès sous le règne de Charles VI et au commencement de celui de Charles VII ; mais bientôt il dégénéra en satyres si condamnables et si dangereuses, qu'aussitôt que Charles VII eut expulsé les Anglais de son royaume, il défendit aux suppôts de la *Basoche* de jouer aucune pièce qui fut dans le cas de porter atteinte à la réputation des citoyens, ou de blesser la pureté des mœurs, sous peine de quinze jours de prison, au pain et à l'eau. Mais les clercs n'ayant pas tardé à désobéir, leurs spectacles furent supprimés, et cette interdiction dura depuis 1476 jusqu'au règne de Louis XII, qui non-seulement rétablit tous les théâtres ainsi que les priviléges que leur avaient concédé ses prédécesseurs, mais encore permit au poètes de fronder, dans leurs ouvrages, tous les ridicules et les vices de ses sujets, sans ménagement ni exception. Ainsi tant que Louis XII vécut, toutes les farces des Basochiens furent des libelles. François I.er étant monté sur le trône, les satyres trop amères furent prohibées; alors les Basochiens s'avisèrent de jouer avec des masques qui représentaient, au naturel, les personnes en place à qui ils en voulaient; ils les désignaient encore à la risée publique, au moyen d'écriteaux. Cette nouvelle désobéissance provoqua l'interdiction de ces insolens comédiens, et leur spectacle fut définitivement supprimé. Les *sotties* ont été le principe des farces comiques, comme les *mystères* joués par les confrères de la Passion, le furent de nos tragédies. Le goût de ces farces se soutint jusqu'au tems où les chefs-d'œuvre de Corneille vinrent illustrer la scène Française. Gauthier, Gros-Guillaume et Guillaume-Gorju, Tabarin, Turlupin et Bruscambille, associés dans la même troupe avec Mondory et Montfleury, jouaient ces ridicules drames presque en même tems que furent représentés le Cid, Cinna, la Sophonisbe de Mairet, le Venceslas de Rotrou, la Marianne de Tristan et même l'Andromaque de Racine. La farce expira enfin foudroyée par le bon et véritable comique de Molière, et la tragédie atteignit à son but et à sa perfection lorsque les quatre ou cinq auteurs que nous venons de nommer firent oublier les premières tentatives d'Étienne Jodelle, mort en 1563, et celles d'Alexandre Hardy, qui mourut plus tard que Jodelle, mais ne porta pas beaucoup plus loin que lui l'art de la tragédie. Depuis, Racine, Crébillon, Voltaire soutinrent la gloire de la Melpomène Française, et assurèrent à la France l'honneur d'avoir le premier théâtre de l'Europe. La comédie ennoblie par Molière, sans avoir perdu sa gaîté, est devenue de plus en plus régulière, et a été enfin portée chez nous à un point de perfection auquel celles même des Grecs et des Romains ne parvinrent jamais. (1)

Si la poésie et la prose Françaises récitées ont concouru à former des drames dignes d'amuser utilement notre nation et même l'Europe entière, la

---

(1) La première salle de spectacle qui ait existé à Limoges, fut ouverte au public il y a environ une cinquantaine d'années, dans une écurie près la porte Montmailler, dans l'emplacement où est actuellement la maison de M. Mouret, homme de loi. Quelques amateurs se réunirent ensuite dans une salle de l'ancien Hôtel-de-Ville, rue Consulat, précisément à l'endroit occupé par la maison de M. Farne. Le spectacle fut ensuite transféré dans le jeu de paume de M. Besse père, situé alors dans le quartier de la rue Haute-Vienne. Mais cet établissement ayant été incendié en 1790, une nouvelle salle fut bâtie par ledit sieur Besse, à la place où était jadis l'église des Recollets de St. François; c'est la salle actuelle.

musique, tant par elle seule qu'en doublant le charme des vers, en guidant le chant, la danse et les ballets, et en servant de prétexte à faire paraître des décorations magnifiques et à mettre en jeu des machines merveilleuses, a produit le chef-d'œuvre des spectacles, l'Opéra Français. Ce fut dans le carnaval de l'année 1647 que le cardinal Mazarin fit représenter, au théâtre du Palais-Royal, l'opéra Italien d'Orphée; et les différentes décorations, les vols, les machines dont cette pièce en musique fut accompagnée, enchantèrent tellement les spectateurs qu'on crut ne pouvoir mieux faire que d'en renouveler le spectacle en 1660, lors du mariage de Louis XIV. On représenta alors *Ercole amante*, opéra Italien; car l'on était alors persuadé que jamais la langue Française ne serait propre à la musique dramatique. Cependant l'abbé Perrin, aidé de la musique de Lambert, organiste de St. Honoré, osa penser le contraire, et donna, avec succès, au public, l'opéra de Pomone : mais bientôt Quinault et Lully, par leurs chefs-d'œuvre, précipitèrent dans l'oubli et Pomone et les espèces de farces qui la suivirent et que l'on décorait du nom d'Opéras, de Pastorales et de Pièces en musique. Ces deux compositeurs célèbres firent changer de face à notre scène lyrique, que Rameau porta ensuite à un nouveau degré de splendeur.

La Danse ayant été ensevelie dans les siècles barbares avec les autres arts, reparut avec eux en

Italie, au 15.ᵉ siècle, à la magnifique fête que Bergonce de Botta donna à Tortone, pour le mariage de Galeas, duc de Milan, avec Isabelle d'Arragon. C'est l'époque de la naissance des ballets. Depuis ce tems toutes sortes de sujets ont été mis en ballets. On en a composé d'historiques, de fabuleux, de poétiques, où sont entrés non-seulement tous les genres de danse, à l'exécution desquels ont contribué tous les instrumens et tous les caractères de symphonie; mais encore où l'on a fait concourir tous les déguisemens imaginables et toutes les expressions que peut fournir et rendre l'art de la pantomime. Les ballets exécutés en France, depuis Catherine de Médicis jusqu'en 1671, furent presque tous ingénieux et magnifiques. Pendant sa jeunesse, Louis XIV ne dédaignait pas d'y figurer lui-même avec les personnes les plus considérables et les plus aimables de sa brillante Cour.

Disons un mot des Spectacles barbares des gladiateurs que les Romains transplantèrent dans les Gaules, et dont il ne reste d'autres traces, en France, que des arènes et des amphithéâtres, dont on voit des vestiges à Lyon, à Nîmes, à Limoges et dans plusieurs autres villes du Royaume. La religion chrétienne a heureusement aboli ces horribles jeux; mais elle a long-tems toléré un usage aussi vicieux, c'est celui des duels publics, auxquels on permettait au peuple d'assister comme à un spectacle. Cet abus est encore détruit. Il ne nous reste plus de tous ces combats sanglans que celui des animaux; mais ce divertissement est actuellement aussi abandonné qu'il a été suivi sous la seconde race de nos Rois.

Tels ont été ou à peu près tous les amusemens publics des Français dans tous les tems de la Monarchie : passons à ceux qu'ils ont pu prendre en particulier.

Section II.

Des Amusemens particuliers.

Parmi les amusemens particuliers, la Chasse occupe naturellement le premier rang. Cet exercice fut toujours cher à la noblesse Française qui le regardait comme l'image de la guerre, et qui, surtout depuis l'abolition des tournois, n'a point connu de plus agréable divertissement.

Quant à la Pêche, considérée comme divertissement, elle fit autrefois les délices des Romains; mais c'est un plaisir trop froid pour qu'il ait pu jamais satisfaire la vivacité Française.

La *sphéristique* était fort estimée des Grecs, et passa dans les Gaules, soit directement de la Grèce par Marseille, soit lors de l'invasion des Romains. De ce genre sont tous les jeux dans lesquels on fait usage de la *balle* ou du *ballon*. Les balles et ballons des anciens avaient à peu près la même forme que les nôtres. Mais l'invention des *raquettes*, des *battoirs* et des *brassarts* n'est pas d'une haute antiquité : les raquettes ne furent connues que vers le 15.ᵉ siècle; le battoir et le brassart ont une origine postérieure. Les jeux de *paume* (1) portèrent long-tems le nom de *tripots*. Les grands Seigneurs, au lieu de se servir des garçons de salle, amenaient avec eux, au tripot, des valets particuliers qu'ils appelaient des *naquets;* de-là, par corruption, le terme de laquais. Le jeu de *volant* est postérieur à l'invention de la raquette. Les boules de bois ne furent pas connues des Romains, et l'on ne saurait assigner le tems précis où ce jeu de boules commença à être goûté parmi nous; mais nous savons que le jeu du *mail* fut jadis singulièrement estimé, et regardé même comme un jeu royal. Charles v, dit le Sage, fut obligé cependant de le prohiber, ainsi que le jeu de quilles, la paume et le petit palet, parce qu'on y perdait beaucoup d'argent. Dans ce tems-là on ne connaissait pas encore le jeu de cartes, et le jeu de dés n'était pas encore à la mode. L'époque de l'introduction du jeu de *Siam*

---

(1) Il n'y avait jadis à Limoges d'autre lieu public d'amusement qu'un jeu de paume, fréquenté par la bonne compagnie, et plusieurs jeux de billard, où se rassemblaient les libertins et les escrocs. Le fils de famille qui s'y laissait entraîner était sévèrement réprimandé par ses parens.

date de l'arrivée en France des ambassadeurs de ce pays, dans les beaux jours du siècle de Louis le Grand. Le jeu de *billard* n'est pas fort ancien : Louis XIV l'aimait beaucoup. Le jeu de la *mourre* fut célèbre chez les anciens, et les Français l'ont joué pendant bien des siècles : dans les statuts de l'ordre du Cordon jaune, institué par le duc de Nevers, vers l'an 1005, il est recommandé aux chevaliers de jouer souvent à la mourre, ce qui prouve que ce jeu était alors fort en vogue parmi la noblesse Française. Les militaires Français, sous la première et la seconde race de nos Rois, avaient une forte inclination pour le jeu de dés, et cette espèce de passion ne fit que s'accroître sous la troisième. Louis XI, malgré son austérité apparente et son économie, était un grand joueur de dés. Le goût national pour les jeux de hasard continua, sous les successeurs de Louis XI, jusqu'au règne de Henri III, où il se transforma en une espèce de fureur. Henri III était un joueur déterminé. Après le règne de ce Prince le goût de ces jeux se soutint encore en France, mais cependant quoiqu'en déclinant un peu. Sous Louis XIV on inventa de nouveaux jeux, qui, en un instant, renversèrent les fortunes les plus brillantes.

Les premières lois souveraines contre les jeux furent rendues par Charlemagne et Louis le Débonnaire : Saint Louis les renouvela ; Charles y en recommandant tous les jeux d'adresse, proscrivit ceux de hasard; Charles VIII se contenta de défendre aux prisonniers détenus au Châtelet, le jeu de dés; François I.er donna des lettres patentes par lesquelles il établit un gardien et des juges pour connaître des discussions des joueurs de paume. Le même Prince défendit ensuite, seulement aux comptables, tous les jeux de hasard, et condamna quiconque ferait leur partie à la restitution du double de ce qu'il leur aurait gagné. Les joueurs furent assez tranquilles sous les règnes de Henri II, François II, Charles IX et Henri III. Ils triomphèrent sous Henri IV; mais ils furent foudroyés par la déclaration royale contre les académies de jeux, donnée par Louis XIII en 1611 : deux maîtres de tripot et quatre joueurs furent condamnés chacun en une amende de 10,000 livres, ce qui était alors une somme considérable. Depuis ce tems il y a eu plusieurs ordonnances contre les jeux de hasard, lesquelles n'ont fait qu'arrêter momentanément le mal, sans pouvoir en extirper la racine. Le *biribi*, la *cavagnole*, la *belle*, le *lotto*, etc., sont des jeux dérivés du *hocca*, jeu Italien, apporté en France sous le ministère du cardinal Mazarin.

Ce fut en France, sous le règne de Charles VI et sur la fin du 14.e siècle, que les cartes furent inventées, pour la dissipation d'un Roi infirme et malheureux. Il est à présumer que les premiers jeux auxquels on fit servir ces morceaux de papier peint, n'étaient ni bien compliqués ni bien difficiles. On croit cependant que le *piquet* est du nombre de ces premiers jeux ; mais ce jeu était alors bien plus simple qu'aujourd'hui. Peu de tems après que les Espagnols eurent connu nos cartes, ils nous apprirent leur jeu national, qui le dispute en beauté au piquet : c'est l'*hombre*, dont sont venus le *quadrille*, le *médiateur*, le *quintille*, le *tritrille*, etc. ; l'*impériale* est encore d'origine Espagnole. Ce jeu prit son nom de l'empereur Charles Quint. La *prime*, jeu originaire d'Italie, était fort à la mode en France sous le règne de Henri IV. Le *hoc* prit naissance en Catalogne : sous Louis XIV on en distinguait deux espèces, le *hoc de Lyon* et le *hoc Mazarin*. Le jeu de la *comète* n'est pas fort ancien ; à peine était-il connu sur la fin du règne de Louis XIV ; alors on l'appelait la *manille*. C'est le premier jeu de cartes que l'on apprit à Louis XV encore enfant. Le *wisch*, jeu anglais, qui demande beaucoup d'attention, comme le signifie son nom, qui veut dire *silence*, n'est pas connu en France depuis plus d'un siècle. *Les trois sept* ou *trisette* est le dernier des grands jeux de commerce que nous ayons naturalisé en France. Il est originaire de Naples.

Après les grands jeux de cartes que nous venons d'énumérer, viennent une foule de petits jeux, dont l'histoire ressemble à ces modes passagères, qui durent à peine une saison. Dans ce nombre il y en a beaucoup que nous ne connaissons plus. On peut compter parmi ces jeux oubliés : *le hère*, qui remonte à l'invention des cartes, *le romestecq*, *la quinquette*, *la guimbarde*, *le gillet*, *le pocque*, *la sizette*. Les jeux qui nous sont familiers encore sont les *deux triomphes*, dont la dernière est celle d'Auvergne ; les deux *bruscambilles* ou *briscan*, dont la seconde s'appelle *le mariage* ; *la bête* ; *la mouche* ; *le cul-bas* ou *papillon* ; *la ferme* ; *le commerce* ; *la loterie* ; *la tontine* ; *la peur* ; *l'as qui court* ; *schnif schnof schnorum* ; *le nain jaune*, etc. etc. etc. L'histoire des jeux de cartes, de hasard, tels que *le brelan*, *le lansquenet*, *le pharaon*, *la bassette*, *le trente et quarante*, *le quinze*, *le vingt et un*, *le trente et un*, *le macao*, etc., n'est pas fort ancienne.

Le triomphe des jeux d'esprit fut, au 17.ᵉ siècle, du tems de l'hôtel de Rambouillet et de mademoiselle de Scudery. On faisait alors, bien plus qu'aujourd'hui, cas de ces petits jeux.

Je terminerai ce chapitre par dire un mot sur les amusemens des paysans Limousins.

La lenteur et l'apathie qui caractérisent le paysan Limousin, se montrent jusque dans ses jeux, dans ses fêtes et dans ses divertissemens. Boire et jouer aux cartes sont les seules passions qui le fassent sortir de son caractère. Il faut avouer cependant que la fureur du jeu est moins commune que celle du cabaret. Les jours de dimanche, les jours de foire, on ne voit, sur les routes, que des gens dont le vin a troublé les esprits et déconcerté la démarche. Les pères vident la bouteille tandis que les enfans s'occupent de la danse. Aux sons aigus et discordans d'une musette, il se forme des danses aussi monotones, aussi insipides que la musique qui en règle les mouvemens.

CHAPITRE V.

De l'Union conjugale. — Du Divorce et de la Prostitution.

SECTION PREMIÈRE.

De l'Union conjugale.

Chez les Gaulois, lorsqu'une fille était en âge d'être mariée, son père invitait à dîner les jeunes-gens du canton : elle était la maîtresse de choisir celui qui lui plaisait le plus ; et pour marquer la préférence qu'elle lui donnait, c'était par lui qu'elle commençait à présenter à laver. D'une coutume aussi sage, il devait résulter plusieurs avantages : une fille n'était jamais mariée contre sa volonté, et cela seul devait suffire pour rendre heureux la plupart des mariages. Cette circonstance influait beaucoup sur le caractère, et fortifiait l'esprit : les femmes Gauloises entraient dans toutes les assemblées où il était question de délibérer, sur la paix et sur la guerre ; les hommes avaient pour elles une sorte de vénération ; et dans leurs repas il était permis de tout dire, excepté de mal parler des femmes. (1)

---

(1) Les femmes Gauloises étaient aussi courageuses que

Les coutumes barbares qui avaient lieu autrefois parmi nous dans les mariages sont anéantis. Jadis on vit un maître forcer son vassal à s'unir à une femme contre sa volonté; vendre les fruits du mariage de ses vassaux, et même les faire racheter par le père et la mère. Ces marques d'un pouvoir tyrannique ont été abolies à mesure que la philosophie a éclairé le cœur des hommes qui commandaient; et quelquefois aussi ces abus n'ont cessé, que par la punition que nos Rois ont infligé aux Seigneurs qui faisaient trembler leurs vassaux et leurs serfs, sous le poids de leur autorité.

Quelques Seigneurs exigeaient, dans leurs domaines, la première nuit des nouvelles mariées; mais peu à peu ce droit, aussi honteux qu'injuste, fut converti en des prétentions modiques. Les chanoines de la cathédrale de Lyon prétendaient qu'ils avaient le droit de coucher la première nuit des noces et même les deux suivantes; mais le Parlement corrigea enfin ces abus.

Cette autorité sans bornes qu'exerçaient les Seigneurs sur leurs serfs, produisait quelquefois des scènes extraordinaires.

Il y eut jadis des circonstances qui excitèrent les

---

leurs époux : elles étaient belles et fécondes. Les maris étaient tenus d'apporter une somme ou des propriétés équivalentes à la dot de leurs femmes, et les acquêts appartenaient de droit à l'époux survivant.

Papes à excommunier un Royaume entier. Alors le mariage était interdit. Philippe-Auguste ayant voulu répudier Ingelburge pour épouser Agnès de Méranie, le Pape mit tout le royaume de France en interdit; les églises furent fermées pendant près de huit mois; on ne disait ni messe ni vêpres; on ne mariait point. Les œuvres du mariage étaient même illicites; il n'était permis à personne de coucher avec sa femme, parce que le Roi ne voulait plus coucher avec la sienne, et la génération ordinaire dût manquer en France cette année-là.

Sous la première race de nos Rois, un homme quoique marié pouvait être promu au diaconat, à la prêtrise et devenir évêque, en déclarant qu'à l'avenir il ne vivrait plus avec sa femme que comme avec sa sœur : son fils obtenait ordinairement la survivance de l'évêché. Il n'était pas permis d'épouser la délaissée d'un prêtre ou d'un diacre. Il paraît pourtant que les choses n'allèrent pas toujours à la bonne foi; car la plupart des chanoines et des curés se mariaient. Le pape Calixte II, dans le concile de Reims, tenu en 1119, excommunia tous les ecclésiastiques mariés, les priva de leurs bénéfices, défendit d'entrer à leur messe, déclara leurs enfans bâtards, et crut devoir porter la rigueur contre ces êtres innocens jusqu'à les livrer à l'avarice des Seigneurs : il permit de les réduire en servitude et de les vendre. Les ecclésiastiques cherchèrent aussi à rendre les mariages plus difficiles, en les défendant entre parens jusqu'au septième degré. Le mari et la femme ne devaient ordinairement approcher des sacremens qu'après s'être abstenus du devoir conjugal, au moins pendant huit jours. On tâchait de noter d'infamie ceux et celles qui se mariaient en troisièmes noces. Les seconds mariages furent même regardés, pendant long-tems, comme une fornication tolérée. Le concile de Sarragosse, tenu en 692, défendit aux Reines de se remarier, et à tout Prince de les épouser; il ordonna même qu'elles se fissent religieuses.

La superstition avait introduit anciennement un usage singulier dans le mariage : la troisième fête de Pâques, au rapport de Jean Belet, la femme, dans plusieurs provinces, battait son mari, et le lendemain le mari battait sa femme. La raison qu'il en donne est que cette pratique indiquait l'obligation dans laquelle sont les époux de se corriger mutuellement, et afin d'empêcher aussi que dans le saint tems de Pâques, le mari ne pût exiger le devoir conjugal de sa femme, ni la femme de son mari.

Après avoir essuyé ces différentes révolutions, le mariage devint en France ce qu'il est aujourd'hui, c'est-à-dire, un état respectable d'où sont exclues les personnes qui se consacrent au sacerdoce ; comme étant incompatible avec les fonctions austères du ministère spirituel.

Les lois Françaises n'ont jamais forcé la liberté d'un homme, pour lui faire contracter mariage, à moins que cet homme n'eut abusé de la faiblesse d'une femme. Mais aujourd'hui notre code n'admet plus de semblables allégations.

Louis XIV encouragea les mariages et récompensa les pères de famille qui avaient un certain nombre d'enfans nés en légitime mariage. Il voulut que dorénavant ceux de ses sujets qui auraient été mariés avant ou dans la vingtième année de leur âge fussent exempts de toutes charges publiques, jusqu'à vingt-cinq ans accomplis; que tout père de dix enfans légitimes non prêtres, ni religieux ou religieuses, fût affranchi de tous impôts, guet, garde, etc. Les enfans morts au service de Sa Majesté étaient, pour cet objet, réputés vivans. Quant aux gentilshommes et à leurs Dames qui se trouvaient dans cette dernière cathégorie, il leur fut accordé une pension annuelle et particulière de mille francs. Ceux d'entre eux qui avaient douze enfans, obtinrent des pensions de deux mille francs. La moitié desdites pensions fut accordée, par la même ordonnance, aux bourgeois des villes franches du Royaume. Cet édit ne fut en vigueur que durant l'espace de sept ans. Tous les priviléges et gratifications énoncés dans cet édit rendu le 13 janvier 1683, furent révoqués par une déclaration portée pour cause d'abus dans l'exécution.

Autrefois, comme l'on sait, l'Église catholique était en possession du double droit de bénir et de constater les mariages, ainsi que les naissances et les décès. Nos Solons révolutionnaires changèrent cet ordre de choses : ils donnèrent à l'autorité séculière le droit exclusif de constater l'état civil des personnes. La formalité religieuse, d'abord prohibée sous l'empire de l'athéisme, n'a été, depuis le rétablissement des autels, et n'est encore considérée que comme un accessoire sans conséquence pour la validité de l'acte. En vain plusieurs voix éloquentes se sont élevées, à la tribune nationale, en faveur de l'antique privilége du clergé : la tolérance des divers cultes, admise dans notre régime constitutionnel, a empêché nos législateurs de s'occuper de cet objet.

Il y avait jadis une ligne de démarcation bien prononcée entre les nobles d'*extraction*, les ennoblis de fraîche date, les bourgeois et les marchands. La première caste (très-peu nombreuse en Limousin) méprisait, dit-on, les autres; et pour qu'un personnage noble s'abaissât à donner la main à une *roturière*, il fallait qu'il fut bien pauvre, et elle bien riche. La révolution, en bouleversant toutes les idées reçues, en confondant tous les rangs, a mis hors de mode ces convenances. Nos Crésus modernes ont hérité de l'orgueil attribué à l'ancienne Noblesse, sans hériter de ses vertus et de sa bienfaisance. Mais, qu'on ne s'y trompe pas, la base de leur sot orgueil n'est point ce sentiment de dignité, qui porte l'homme de mérite à se croire au-dessus du vulgaire. La vétérance, dans la carrière des honneurs ou dans celle de la probité, était jadis considérée comme quelque chose : dans nos mœurs actuelles les prétentions de ce genre sont, pour ainsi dire, un objet de ridicule. *Est-il riche? est-elle riche?* Voilà les questions les plus ordinaires qu'on entend sortir de toutes les bouches, lorsque la conversation s'engage sur le sujet d'une personne susceptible d'être mariée. On conçoit aisément par ces mots, qui expriment si bien les sentimens de ceux qui les prononcent, que l'*intérêt* seul préside à la conclusion de presque tous nos mariages. Aussi combien peu sont heureux, quoiqu'ils paraissent tels à l'extérieur. La loi sur les successions, et encore les décès prématurés, causés naguères par le résultat des nombreuses levées militaires, ont amélioré singulièrement le sort d'une infinité de demoiselles, et leur ont permis de choisir un époux au gré de leurs caprices ; mais on les a vu rarement abuser de cette latitude. A l'exemple de nos jeunes-gens, elles font pour la plupart, du mariage, une affaire de spéculation. Un mari riche et point avare, voilà quel est le but principal de leurs soupirs. Le sexe Limousin est doué de mœurs assez douces, mais il est en général peu aimant. Le goût du luxe, plutôt que la soif du plaisir, le porte à l'union conjugale. Le tempérament de la majorité des femmes est extrêmement froid, pour ne pas dire nul. La continence n'est pas pour elles une vertu pénible. Ce caractère qui prend sa source dans la constitution atmosphérique du climat, sert merveilleusement à expliquer pourquoi le diocèse de Limoges renfermait jadis un nombre si prodigieux de couvens. Il est vrai que les convenances du siècle et la volonté paternelle, dévouaient alors au cloître une grande quantité de filles de famille; mais tout porte à croire que si quelque jour la loi actuelle sur les successions venait à être rapportée, et que la France fut assez heureuse pour compter sur une longue paix, les couvens se repeupleraient autant par goût que par devoir.

Section II.

Du Divorce.

Dans les premiers siècles de la Monarchie Française, le *divorce* était permis. Nos Rois vendaient les lettres de divorce; mais le clergé ayant fait valoir la maxime, que l'homme ne pouvait séparer ce que Dieu avait uni, le divorce cessa d'avoir lieu. Cependant l'impossibilité de forcer deux êtres malheureux à vivre ensemble, avait fait admettre dans les tribunaux la séparation de corps; mais de combien d'entraves et de turpitudes n'était pas environnée cette action. D'abord la demande en séparation était interdite au mari; on lui disait, c'est à vous à ordonner votre maison, comme vous l'entendez, à soumettre votre épouse à vos volontés, à l'y forcer si elle tente de s'y soustraire; vous êtes le maître, donc vous ne pouvez demander votre séparation d'habitation. Le mari avait cependant une action pour se séparer de sa femme, c'était de l'accuser et de prouver l'adultère : s'il n'établissait pas la turpitude de son épouse aussi clair que le jour, non-seulement il ne réussissait pas dans sa demande, mais la femme souvent, pour peu qu'elle fut jeune et jolie, parvenait à le faire enfermer le reste de ses jours, pour le punir de son indiscrétion. La femme pouvait donc seule demander sa séparation de corps : quand elle n'avait pas de faits, elle en supposait ; si son imagination ne lui en suggérait pas d'assez violens, il y avait là des avocats, des procureurs qui arrangeaient tout cela pour elle; lorsqu'elle avait construit un édifice bien monstrueux de faits atroces, de sévices, de fureurs, elle tenait des témoins tout prêts ; quand elle était parvenue à être admise à la preuve, elle était presque assurée de sa victoire. C'était sur-tout lorsqu'une jeune femme avait épousé un homme âgé, qu'elle n'hésitait pas de mettre au jour les plus scandaleux détails : elle pleurait la perte de sa jeunesse, la profanation de ses charmes ; comme elle était recherchée dans ses complaisances, ses caresses étaient vaines, elle voyait les efforts de son époux s'évanouir à l'approche du triomphe : le Barreau se rappelle encore cette cause célèbre, dans laquelle une femme articulait, pour tout moyen de séparation, que son époux avait cherché sur elle des plaisirs contraires au vœu de la nature, et demandait à en faire preuve; l'avocat général y avait conclu, elle allait être admise à cette preuve lorsqu'un magistrat, très-respectable vieillard, allant aux opinions, éleva la voix, et dit : « Que tous les « cultes étaient agréables à la Divinité, n'importe « de quelque côté qu'on se tournât pour les rendre ; « et que si elle en était offensée, à elle seule en « appartenait la vengeance ; mais que les hommes « ne devaient jamais porter un œil indiscret sur « l'intérieur d'un ménage. » La femme fut déclarée non-recevable.

La Révolution bannit des tribunaux toutes ces causes odieuses, où la pudeur offensée fuyait des bras de la justice. Cependant l'assemblée législative établit, le 20 septembre 1792, une loi relative à la dissolution du mariage. Le consentement mutuel des conjoints et même la simple allégation d'incompatibilité de la part de l'un d'eux, furent déclarés suffisans pour motiver le divorce. Seulement la loi voulait qu'il y eut un délai d'épreuves ; elle exigeait une entrevue en présence des plus proches parens, ou d'amis, à leur défaut, et un délai de deux mois ; si, malgré les représentations de la famille, les époux ou l'un d'eux persistaient dans leur résolution, le magistrat était obligé de les divorcer.

Les divorces furent nombreux dans les premières années qui suivirent la promulgation de la loi du

20 septembre 1792 ; mais successivement ils devinrent plus rares. L'opinion qui flétrissait les divorces prononcés pour des causes insuffisamment motivées, les rendit insensiblement moins fréquens jusqu'à l'époque où un Prince éminemment religieux fut rappelé, par le vœu de la Nation, au trône de ses pères. L'abolition du divorce est un des nombreux bienfaits qui ont signalé la sagesse de son gouvernement.

Section III.

De la Prostitution.

On se tromperait beaucoup en s'imaginant que la débauche ou la soif du plaisir furent les premières causes de la prostitution. Cet état, aussi vil parmi nous que malheureux et corrompu, eut une origine moins criminelle que ses effets. Il n'est aucune des fausses religions qui ne l'ait admis dans son culte. La prostitution précéda les sacrifices de sang humain, bien plus atroces qu'elle. Jamais les hommes ne furent assez dépravés pour croire que le crime peut honorer la Divinité. La prostitution ne fut donc pas d'abord une débauche, mais une consécration du premier moment de l'existence de la nouvelle créature à laquelle on donnait l'être. La population fut le second motif de la prostitution des filles et des femmes. Chez les Gaulois comme chez tous les anciens peuples qui offraient à la Divinité ce qu'ils avaient de plus précieux, le sacrifice de la virginité et de la pudicité des femmes a fait partie du culte public et secret.

Nos mœurs, que la Religion chrétienne a rendues beaucoup plus sérieuses et plus décentes que celles des Gaulois, sont aussi plus contraires à la prostitution. Elle n'est plus chez nous, ainsi que dans le reste de l'Univers policé, qu'un état vil, devenu contraire à la population, que dans son institution il avait dû favoriser; destructif des bonnes mœurs; dangereux pour la société, pour la vie même dont il attaque les sources; exercé par des louves affamées pour qui rien n'est sacré et qui nous rendent avec usure le mal que leur font les lois. Avilies, flétries, chassées, souvent inhumainement punies, les prostituées sont cependant en plus grand nombre que jamais : c'est une triste vérité dont il n'est pas permis de douter. Mais quelles furent les causes de la renaissance de la prostitution moderne que l'asservissement de presque toutes les nations, par les Barbares du Nord, avait fait disparaître généralement? L'extrême inégalité qui l'avait assoupie, la reproduisit. Les nobles, par leurs infâmes droits de *culetage*, de *jambage*, de *prélibation*, ôtèrent à leurs vassales la première fleur de l'honnêteté des mœurs. Souillée par son maître, une jeune femme s'abandonna souvent à d'autres hommes. Les progrès du vice sont rapides. La prostitution reparut.

Les Filles publiques sont plus rares dans les Etats des Princes Asiatiques que parmi les nations chrétiennes. C'est donc principalement en Europe qu'on doit chercher à voir le publicisme des femmes, dans toute la turpitude et l'infamie qui doivent accompagner un état que la religion et les lois réprouvent également, suivi des désordres et des dangers qu'il entraîne nécessairement.

Échauffé par le tempérament, ému par la vue continuelle des femmes qui lui plaisent, un homme sent naître en lui des désirs inquiets, pressans et souvent impétueux : malgré lui, en dépit de la raison, la nature cherche à se satisfaire; dans ce momoment il voit une prostituée : ce sont les mêmes traits qui l'ont charmé; son imagination lui peint les plaisirs de la nature; il ressent des transports; il se flatte de les faire partager à celle qui les excite; il l'aborde : l'accueil de ces infâmes est presque toujours doux; il la suit; on le cajolle jusqu'à ce qu'il ait payé; cependant s'il diffère trop on le presse; mais dès que la prostituée a reçu son salaire, elle ne s'occupe plus que d'une chose, c'est de se débarrasser promptement de l'homme. Si quelquefois une bouche assez jolie paraît demander un baiser, une haleine infecte en éloigne aussitôt; son cœur toujours de glace, son impatience lorsqu'elle se voit trop obsédée, chasseraient Vénus de Paphos et de Cythère; mais accorde-t'elle la dernière faveur, c'est alors que le danger devient plus imminent, et que la nature, outragée jusque dans son sanctuaire, punit souvent de criminelles voluptés.

Telles sont cependant la plupart de nos prostituées, et voilà la séduisante amorce qu'elles présentent.

Les lois de la société, la décence, la pudeur, et sur-tout la parure, en aiguisant les désirs sont devenus le principe de la prostitution moderne : ainsi nous verrons des intempérans et des sensuels, tant que les mets délicats, les liqueurs fines viendront chatouiller agréablement les palais friands. La prostitution n'a pas à la vérité produit la honteuse maladie qui désole l'Univers; mais elle la propage; elle en est le réservoir, la source impure et toujours renaissante.

Les Filles publiques ont fixé long-tems en France l'attention du Gouvernement. Il y en avait toujours un certain nombre dans les villes, à la suite de la cour et de l'armée, sous le nom de *Courtisanes*, ou *Ribaudes*. Les lettres patentes que donnèrent Charles VI en 1389, et Charles VII en 1424, pour faire régner le bon ordre dans les lieux de prostitution, sont rapportées par La Faille dans son histoire.

Autrefois il était d'usage que les Filles publiques accompagnassent les troupes à l'armée. Brantôme nous apprend qu'à la suite de l'armée du duc d'Albe, que le roi Philippe envoya en Flandre contre les rebelles nommés *Gueux*, il y avait 400 courtisanes à cheval, *moult belles et braves comme princesses*; plus, 800 à pied, *bien en point aussi.*

Le prisonnier de Pantagruel, dans Rabelais, après l'énumération hyperbolique des forces ennemies, ajoute : « 150,000 P..... (Voilà pour moi, « dit Panurge) dont les aucunes sont Amazones, « les autres Lyonnaises, les autres Parisiennes, « Tourangelles, Angevines, Poitevines, Norman- « des, etc.; de tout pays et toute langue y en a. »

Jean de Troyes nous rapporte que le 14 août 1465, il arriva à Paris 200 archers à cheval, à la suite desquels étaient huit *Ribaudes* avec un moine noir, leur confesseur.

Jetons maintenant un coup d'œil rapide sur l'état actuel du prostitutisme dans le Limousin :

Le sexe Limousin est en général modeste et plus réservé que dans les pays où la civilisation a fait de plus grands progrès. Ce n'est guères que parmi les filles de la classe ouvrière et sur-tout parmi celles qui appartiennent aux états les moins lucratifs, que l'on rencontre des désordres manifestes. quelques-unes font des émigrations à Paris, à Bordeaux, à Toulouse; et si elles en reviennent plus richement parées qu'à l'ordinaire, c'est un attrait qui séduit bientôt celles qui les imitaient en secret, mais qui n'avaient pas osé marcher ouvertement sur leurs traces. Cette dépravation, qui a fait de funestes progrès depuis 1789, ne peut être corrigée que par l'épuration successive de la morale.

En Limousin, comme dans la plupart des autres provinces du Royaume, le libertinage se fait plus particulièrement sentir dans les villes que dans les campagnes. La ville de Limoges, sur-tout, attire beaucoup de personnes du sexe, qui après avoir donné, dans les campagnes, des preuves non équivoques de débauche ou de propension au vice, se livrent sans réserve à des écarts d'autant plus grands, qu'elles n'ont point à craindre la vue accusatrice de leur voisinage, ni la surveillance de leurs parens. Ces débordemens occasionnent nécessairement une multitude de naissances illégitimes. Ce fut sur-tout dans les années 1793, 1794, 1795, et 1796 que ces naissances se multiplièrent extraordinairement ; jamais on n'avait vu autant d'enfans abandonnés ; la plupart moururent de misère ; les hospices, presqu'entièrement dépouillés de leurs biens, ne pouvaient donner à ces infortunés que de faibles secours ; on ne trouvait plus de nourrices qui voulussent courir les risques de perdre leurs salaires, et qui fussent disposées à offrir leur sein à des enfans dont la majorité était dans un état apparent d'insalubrité.

L'autorité municipale de Limoges après s'être occupée, avec succès, de l'assainissement physique de cette ville, s'occupera sans doute aussi, quelque jour, de son assainissement moral. Le *cloaque* d'*Eygoulène* a disparu : espérons qu'à leur tour, les *gouffres de luxure* disparaîtront des quartiers populeux de cette cité. Il est vrai que les mercenaires qui exercent ostensiblement leur indécent métier, sont plutôt un objet de pitié qu'un objet de convoitise ; mais leur exemple n'en est pas moins dangereux pour la pudicité ; et si la tolérance des lieux de débauche est, dans nos mœurs actuelles, une chose nécessaire au luxe d'une grande ville, ne serait-il pas convenable de reléguer hors de son enceinte de pareils établissemens? Dans un tems où les dépositaires du pouvoir donnaient eux-mêmes l'exemple de la licence la plus effrénée (1), il eût peut-être été ridicule de paraître aussi intolérant ; mais, sous l'empire de la religion et des bonnes mœurs, on ne doit pas craindre de signaler le vice, et d'indiquer en même tems les moyens qu'on croit propres à le réprimer.

---

(1) Qui ne se rappelle encore la peine qu'éprouva un Prélat vénérable, pour faire déguerpir un établissement de prostitution accolé aux murs de son palais.

CHAPITRE VI.

Funérailles.

Les Gaulois inhumaient, avec le défunt, les objets qu'il avait le plus aimé durant sa vie, et ils jetaient sur le bûcher des lettres à l'adresse du défunt. Ils enfermaient les cadavres dans des cercueils et les transportaient dans les faubourgs de leurs villes. Après les avoir enterré et couvert de pierres, ils s'en retournaient à reculons vers leurs demeures. Ils restaient sept jours sans entrer dans leurs temples, et même trente jours si le défunt était un de leurs parens. Bien plus, celui qui avait seulement jeté les yeux sur un cadavre se considérait comme entaché d'une souillure, et n'osait de plusieurs jours à cause de cela entrer dans les édifices consacrés au culte des Idoles.

Avant que la Nation Française eut embrassé le Christianisme, elle choisissait pour enterrer ses Rois et ses Généraux quelque camp fameux par une victoire. On élevait sur leur sépulture, avec des pierres, du sable et du gazon, des espèces de monticules, de la hauteur de 30 ou 40 pieds. On voit encore plusieurs de ces tombeaux dans plusieurs cantons du Limousin.

Avant qu'on eut commencé à paver les temples

de cadavres, St. Grégoire, contemporain des petits-fils de Clovis, dans les permissions qu'il accordait pour bâtir les églises, ne manquait jamais de marquer expressément : *pourvu que l'on soit bien assuré qu'aucun corps humain n'a été inhumé dans cet endroit.* En 656, le concile de Nantes, en permettant d'enterrer dans le vestibule et aux environs des églises, défendait toute inhumation dans l'intérieur et aux pieds des autels. Sous la première et la seconde race de nos Rois, on n'enterrait pas même dans l'enceinte de Paris. Mais des précautions aussi sages ne tardèrent pas à tomber en désuétude.

Nos bourgeois et nos gentilshommes payaient jadis fort cher le droit d'avoir des tombeaux dans l'intérieur de l'église de leur paroisse. Un autre genre de luxe a remplacé celui-ci, depuis que les cimetières ont été transportés hors de l'enceinte des villes. Les familles opulentes s'attachent actuellement à orner, avec une certaine magnificence, le dernier asile de leurs parens.

Avant la Révolution, les proches parens d'un défunt allaient à son enterrement, les cheveux épars, et portaient, en signe de douleur, pendant 40 jours, des pleureuses, c'est-à-dire des morceaux de linge blanc, appliqués sur les deux paremens de l'habit noir.

En parlant du caractère moral des paysans Limousins, nous avons eu occasion de faire remarquer que la faible appréhension qu'ils semblent avoir de la mort, fait que leurs cérémonies funéraires ne présentent rien de très-lugubre. Je vais entrer, à ce sujet, dans quelques détails : les porteurs du cadavre, lesquels sont ordinairement au nombre de 8 ou de 12, vont au cabaret après l'inhumation. Les veufs ou les veuves, les enfans, les pères, les mères sont du festin, et ne se séparent qu'après avoir arrosé, de nombreuses libations, la tombe du défunt. Il se trouve toujours, dans ces repas, quelques personnes officieuses qui s'efforcent de consoler le veuf ou la veuve ; il arrive même fréquemment qu'on entame à table la conclusion d'un nouveau mariage ; rarement attendent-ils la fin du deuil pour contracter un nouvel hymen. A leur décès, le cercueil doit être fait de planches neuves, et le linceul funèbre ne doit jamais avoir servi. On donne au mort la chemise qu'il portait le jour de ses noces ; on l'a réservée pour cet usage ; on lui met au bras droit un chapelet béni. On a encore soin de placer près de lui, dans la tombe, l'écuelle de terre qui a servi à contenir l'eau bénite pour l'aspersion. L'eau et le lait qui se trouvent dans la maison où il y a une personne décédée, sont jetés après l'enlèvement du cadavre. Les paysannes seules portent, dans leurs vêtemens, une espèce de deuil. Les ailes de leurs coëffes sont déployées et pendent sur leur épaules. Les paysans se contentent de coudre sur chaque parement de leur habit un petit morceau de drap noir.

L'usage était jadis de laisser aux prêtres et aux pénitens séculiers décédés, la face découverte pendant l'office. On faisait faire, vêtus de leurs habits sacerdotaux, le tour de leur paroisse aux curés, et celui de la ville aux évêques.

CHAPITRE VII.

De l'Éducation domestique et scholastique. — Des Professions les plus recherchées. — Usages superstitieux; Erreurs populaires.

Section première.

De l'Éducation domestique et scholastique.

On laissait ordinairement les enfans trois ans à la nourrice; il en coûtait si peu chaque année, vingt cinq à trente francs et un mouchoir. A leur retour ils étaient confiés aux soins de la servante, dont l'accent était ordinairement détestable, et qui ne savait les amuser qu'en leur parlant de loups-garoux, de sorciers et de revenans. L'accent des autres habitans de la maison n'était guères meilleur, on parlait habituellement patois. Jamais la moindre caresse de la part des père et mère. La crainte était le principe sur lequel était basée l'éducation des enfans; celui qui leur apprenait à lire, attachait leur chemise sur leurs épaules, tenait le livre d'une main et la discipline de l'autre, tout prêt à frapper à la moindre inadvertance. Ils n'étaient point admis dans la société ; lorsqu'ils s'y trouvaient par hasard, on ne leur permettait point de parler ; ils devaient seulement répondre *oui* ou *non*, lorsqu'on les interrogeait.

Il n'y avait à Limoges que deux colléges dont aucun n'avait de pensionnat ; chaque père de famille était obligé de garder et de faire instruire chez lui ses enfans ; tout ce qu'on se permettait à cet égard, c'était de faire des échanges : un bourgeois envoyait son fils ou sa fille à un ami d'Angoulême ou de Poitiers, et recevait en sa compagnie l'enfant de cet ami. Dans un de ces colléges dirigé par les Jacobins, on n'enseignait que la Philosophie et la Théologie. L'autre, dirigé d'abord par les Jésuites, était de plein exercice. Ces Jésuites étaient fort rigides envers leurs écoliers. Ils exigeaient la confession tous les mois et une exactitude scrupuleuse dans les devoirs scholastiques : ils se permettaient même l'usage des punitions corporelles ; les férules étaient distribuées sans ménagement et le fouet infligé pour des fautes assez légères. Un correcteur en titre était chargé de cette opération. Il y avait quelques répétiteurs, en ville, qui ne ménageaient pas non plus les coups ; mais dans les maisons où les garçons étaient nombreux, on prenait un précepteur qui, pour l'ordinaire, était lui-même étudiant dans les hautes classes ; on lui recommandait de disposer l'aîné à remplacer le père, et les autres à embrasser l'état ecclésiastique ou le militaire.

Les demoiselles ne quittaient jamais leur mère; les unes et les autres étaient vêtues avec une extrême modestie. Quant aux orphelines, elles étaient réléguées dans un couvent où elles recevaient des leçons de travail et de piété.

On avait le préjugé de vouloir perfectionner la taille des jeunes personnes, au moyen d'un corset qui la resserrait considérablement. La gêne continuelle qu'en éprouvaient ces pauvres filles, les obligeait à porter leur tête en avant; mais, pour obvier à ce défaut, on employait un collier de fer recouvert de velours noir : l'appendice de ce collier appuyait sur le corset, et forçait la tête à se tenir en arrière.

Les garçons des artisans étaient entièrement abandonnés par leurs parens jusqu'au tems où devait commencer leur apprentissage. Ce relâchement habituel s'étendait aux filles de la classe ouvrière; on leur permettait, comme aujourd'hui, de se réunir tous les soirs à nuit close, aux coins des rues, pour chanter les litanies devant l'image de la sainte Vierge.

Les arts frivoles n'entraient point dans le plan d'éducation des jeunes demoiselles; on ne voulait en faire que de bonnes mères de famille, ou les préparer à supporter les austérités du cloître. Leurs amusemens ordinaires étaient d'assister avec leur mère, aux cérémonies de l'Église, de faire en se promenant le tour de la ville, ou de rendre visite à quelque vieux parent ou à la tante la religieuse.

Cette manière d'élever les enfans avait sans doute ses défauts ; la rigidité des Jésuites et des parens peut aujourd'hui paraître excessive ; mais il en résultait que le respect filial se montrait dans toutes les occasions : la volonté d'un père ou d'une mère était pour nous, ce qu'était pour les anciens l'ordre des Dieux annoncé par les Oracles.

Après l'expulsion des Jésuites, le collége de Limoges fut tenu pas des prêtres séculiers. Il y avait près de 1200 écoliers du tems des Jésuites ; mais ce nombre diminua sensiblement après que la direction du collége eut été confiée aux prêtres séculiers. Du tems des Jésuites, l'instruction était peu relevée ; on se bornait à apprendre dans les colléges les élémens de la langue latine d'après les rudimens de Gaudin, le Despautère et les particules de troisième ; on expliquait Phèdre, César, Quinte-Curce, Justin et Cornelius-Nepos jusqu'en seconde. Là, on voyait Térence ou les épîtres d'Horace ou quelques livres de Tacite ; on récitait les discours de Cicéron, les Georgiques et l'Énéide. En Rhétorique on cherchait moins à donner le goût de l'éloquence française qu'à inspirer celui des anciens auteurs ; les amplifications, les poésies étaient toujours en latin. La Philosophie était enseignée d'après Le Meunier, et la Théologie était celle de Poitiers. En général, au sortir des colléges, on savait du latin, mais guères autre chose. Sous le gouvernement des prêtres séculiers, l'instruction devint plus ample et fut mieux dirigée. Le Despautère fut mis à part, et l'on introduisit la méthode de Tricot. On dictait des cahiers d'Histoire, de Mythologie et de Géographie. On faisait étudier la grammaire de Wailly, les synonimes de Girard, la prosodie d'Olivet. En Rhétorique, on expliquait l'art poétique d'Horace ; on comparait les poètes français avec les poètes latins. En Philosophie, on suivait les méthodes de Seguy et de Toul. La Théologie fut alors dégagée de ses formes barbares et syllogistiques. Grâces à ce mode d'enseignement, l'instruction était parvenue insensiblement à un haut degré de splendeur, lorsqu'elle rétrograda subitement. Le refus de la prestation du serment de la constitution civile du clergé, fit expatrier les professeur du Collége royal ; ce collége ne présenta plus qu'un squelette d'instruction, ou pour mieux dire, on s'imagina, dans ces tems de trouble, qu'elle n'était plus nécessaire. Cette apathie, cette aversion pour les sciences, durèrent quelque tems après l'établissement de l'*École centrale;* cependant, quelques années avant sa suppression, cette école commençait à obtenir du succès. On y enseignait l'Histoire naturelle, les Langues anciennes, les Mathématiques, la Physique, le Dessin, la Grammaire générale, les Belles-Lettres, l'Histoire et la Législation. Enfin par arrêté du Gouvernement, en date du 11 floréal an 11, il fut établi un *Lycée* à Limoges. Cet établissement qui a subi diverses modifications depuis la Restauration, a repris à cette époque son ancien nom de *Collége Royal.* Ce collége jouit, sous le rapport de l'enseignement, d'une réputation méritée.

L'éducation scholastique a toujours été extrêmement négligée en Limousin; elle y est en général très-bornée. On n'y trouve qu'un petit nombre de personnes qui aient fait des études suivies et régulières. Et cependant, jamais autant de moyens d'instruction rétribuée et gratuite n'ont été offerts à la jeunesse de nos villes populeuses. L'habitant des campagnes est le seul qui ne puisse participer aux bienfaits du Gouvernement, à cet égard. La plupart des Curés ajoutaient autrefois à l'exercice de leur ministère, les détails de l'enseignement. Ces ecclésiastiques ne pourraient-ils encore s'en charger si l'on améliorait leur sort?

SECTION II.

Des Professions les plus recherchées.

Avant la Révolution, un père de famille était moins embarrassé qu'aujourd'hui pour donner un état honorable à ses enfans. Le sacerdoce, le barreau et la profession des armes offraient, pour cet objet, une grande latitude. Si le père était magistrat, il léguait ordinairement son office à l'aîné de sa famille. Le bourgeois riche, le négociant achetaient une *savonette*. (1) Les nobles achetaient des régimens ou des compagnies. Quoiqu'il en fut de ce système de vénalité, il remplissait les coffres du gouvernement, et le peuple y trouvait son compte. La richesse d'honneur était alors plus convoitée que la richesse pécuniaire. Le sacerdoce et l'état militaire étaient l'apanage des cadets de maison. Quant aux filles laides ou peu favorisées de la fortune, elles étaient ordinairement vouées au cloître. Mais aujourd'hui, la misère et l'espèce d'opprobre qui frappent les ministres de la religion, diminuent de jour en jour le goût des jeunes-gens pour l'état ecclésiastique. On voyait quelquefois, jadis, des artisans qui avaient l'ambition d'élever leurs fils à la dignité sacerdotale; ils se privaient de tout pour fournir aux frais de leur avancement. C'était une grande gloire pour toute la famille de voir quelqu'un de son nom vicarier en campagne, et si jamais il parvenait à une cure, la spéculation était bonne, le fils reconnaissant approvisionnait largement la maison paternelle. Qu'est devenue cette perspective attrayante? qu'est devenue l'antique opulence du clergé? Étrange effet des vicissitudes humaines! On est obligé aujourd'hui de recourir à la bienfaisance publique, pour le recrutement de la milice de nos autels.

---

(1) On appelait ainsi, dérisoirement, les charges qui donnaient la noblesse au bout d'un certain laps de tems.

L'impulsion belliqueuse, donnée au génie Français par une longue série de guerres, fait que l'état militaire offrant peu d'avancement en tems de paix, ne tente guères l'ambition de la génération actuelle.

Quel état reste-t'il donc à embrasser à l'homme qui a reçu une certaine éducation? Je ne vois guères que la carrière du barreau, ou celles des finances et de l'art de guérir; mais ces deux dernières sont peu recherchées, tandis que toutes les classes indistinctement se ruent vers le temple de Thémis, comme vers un centre vivifiant d'où émanent tous les honneurs et toutes les richesses. Cette propension du goût public lance dans le monde une nuée de *Cujas imberbes*, dont le talent n'égale pas toujours la suffisance.

Sans doute, il n'est rien de plus honorable que la profession d'avocat: elle suppose, dans celui qui l'embrasse sérieusement, des connaissances aussi profondes que variées. C'est un état de confiance; et l'on sait de reste que la confiance ne se commande pas, et qu'elle ne s'achète que par des talens; c'est pourquoi il est des hommes ignares pour qui cet état n'est et ne sera jamais qu'un ridicule de plus.

Section III.

Usages superstitieux; Préjugés populaires.

En général les habitans des campagnes du Limousin sont crédules et superstitieux à l'excès. Leur vie n'est qu'un tissu de craintes chimériques et continuelles; et quoique leurs appréhensions puériles n'aient d'autre fondement que leur imagination, ils se plaisent à les perpétuer par la tradition. Ils se moquent même des citadins qui n'adoptent pas leur façon de penser. *Kéi un villao* (1)! disent-ils, entre eux, d'un air de pitié et en haussant les épaules. Ils s'imaginent qu'eux seuls ont de l'esprit. Ces paysans, dont l'ignorance crasse égale l'entêtement, redoutent singulièrement les esprits malins, les maléfices des vieilles femmes sur les enfans, sur les troupeaux; ils veulent savoir d'avance leur bonne ou leur mauvaise fortune; ils trouvent des prophéties dans tous leurs songes, et croient fermement aux sorciers et aux loups-garoux. Le nombre des hommes qui passent pour avoir fait pacte avec le diable, est immense dans nos campagnes. Quelques-uns de ces fripons ont l'art de se faire nourrir par un village entier qu'ils

---

(1) C'est un homme de la ville.

prétendent préserver de la grêle au moyen de leurs conjurations. D'autres disent avoir des démons familiers qu'on peut consulter moyennant une rétribution pécuniaire. D'autres se font forts de détruire au moyen de certaines herbes, les enchantemens des autres magiciens. D'autres passent pour donner toute espèce de maladies, notamment la fièvre, les convulsions, la manie, et même, quand ils sont en fureur, des maladies *à la mort*. D'autres au moyen de quelques plantes aromatiques suspendues au col des malades ou à la cheminée, ou avec quelques signes de croix, quelques génuflexions, quelques mots mystérieux, un crachat divisé dans leur main, conjurent le *catari* (1), et guérissent la morsure des reptiles, les contusions, etc.

Mais ce qu'il y a de plus déplorable, c'est de voir une partie de la classe ouvrière et même un grand nombre de personnes qui ont reçu une certaine éducation, partager les erreurs des paysans en fait de médecine. Aussi les charlatans des deux sexes lèvent-ils un impôt immense sur la crédulité publique. Ici ce sont des commères qui possèdent des secrets de famille pour guérir les écrouelles, les maux d'yeux, le cancer, l'épilepsie, etc. Là, c'est une matrone ignorante, qui par des manœuvres

---

(1) C'est ainsi que les gens de campagne désignent indistinctement toutes les maladies graves qui affectent les enfans.

ridicules, par une écuelle placée sur l'*abdomen*, prétend replacer la matrice dérangée chez la femme, et ce qu'on appelle le *ventre avalé* chez l'homme. Telle femme qui se dit née au 8.ᵉ mois (1) a, par le seul fait de sa naissance prématurée, la faculté d'opérer la cure des écrouelles, et trouve des dupes. Parlerai-je des *guérisseurs* et *guérisseuses* par sortilége, des maux de jambe, des panaris, de la rougeole, du salampion, du mal de poisson (2), etc. Le bourreau passe pour jouir du don précieux de réduire les luxations, de racommoder les membres fracturés, et par une communication merveilleuse, sa femme possède le même talent.

Mais revenons à nos paysans : une éclipse de lune, ou l'apparition d'une comète les remplit de terreur. Ils ne coupent jamais le pain qu'ils trempent dans le lait, de peur, disent-ils, de causer des tranchées aux mamelles des vaches, des brebis ou des chèvres qui l'auraient fourni. S'ils donnent du lait à un voisin, ils ont soin d'y mettre quelques grains de sel, sans quoi ils s'imaginent que ce voisin pourrait attirer à lui la totalité du lait des vaches.

Pour enlever la récolte d'un voisin, il faut, vous disent-ils, enterrer dans son champ un œuf de poule préparé pour cet effet. Mais si le voisin a

---

(1) Octimestris.
(2) Le vulgaire désigne ainsi les aphtes.

le bonheur de découvrir l'œuf, il est assuré de recouvrer tout ce qu'il a perdu : il fait brûler cet œuf à petit feu, le spoliateur en ressent une vive douleur, qui le force à restituer ce qu'il avait enlevé.

Ce qu'il y a de très-certain, c'est que plus d'un métayer abuse de la crédulité de son maître, à cet égard ; on leur entend dire fréquemment : « Je « ne vous donnerai point de lait cette année, parce « qu'un de nos voisins a dérobé tout le nôtre. » S'ils ont mal fait leurs labours, ou qu'ils aient fraudé les grains de semence, la récolte du voisin s'annonce mieux que la leur, ils allèguent, pour excuse, que le voisin avait enlevé la vertu fécondante de leur fumier.

« Gardez-vous, disent ces paysans, de faire gril-
« les des châtaignes avant la Sainte-Catherine; le feu
« du ciel consumerait vos châtaigniers. »

Quand une paysanne est en mal d'enfant, on lui applique sur le ventre le bonnet de nuit de son mari, ou une assiette de bois avec une croûte de pain imbibée de vinaigre, afin de faciliter l'accouchement. Les sages-femmes suspendent un sachet de sel au col de la nouvelle accouchée, afin qu'elle conserve son lait. Si l'on a le malheur de prendre du feu dans la maison de cette nouvelle accouchée, l'enfant risque de devenir chassieux. Lors du baptême de l'enfant, le parrain et la marraine doivent, après la cérémonie, s'embrasser étroitement, placés perpendiculairement sous la cloche de la paroisse, autrement l'enfant risquerait de devenir baveux. Ces gens simples ont grand soin de ne jamais donner une femme enceinte pour marraine au nouveau-né ; parce que, disent-ils, un des deux enfans mourrait dans l'année.

Si quelqu'un entre dans la grange des bestiaux sans dire : *Dieu soit céans*, il se rend suspect par cela seul ; et si un de ces animaux devient indocile, furieux ou malade, nos paysans ne manquent pas de dire qu'il a été *subrêvu*. Ils ont de suite recours au remède qui consiste à mettre entre les cornes de l'animal une pièce de monnaie d'argent. Ils ont grand soin de laver leurs mains, le matin, avant d'entrer dans les étables ; s'ils manquaient à cela, ils s'imagineraient que leurs bestiaux tomberaient malades. Ils mettent du sel entre les cornes de la vache, qu'ils mènent au taureau, afin que personne ne mette obstacle à sa fécondité ; « le sel, vous disent-ils avec « assurance, est la seule chose sur laquelle les sor- « ciers ne peuvent rien. » Lorsqu'ils mènent une truie au verrat, ils payent en liards la rétribution (1), afin que la truie fasse autant de petits cochons qu'ils ont donné de pièces de monnaie. Ils exposent leurs bestiaux à la fumée du feu de la Saint-Jean, afin de les préserver de tous maux ; c'est pour la même raison qu'ils suspendent à la porte des étables certaines herbes cueillies avant le lever du soleil. Ils

---

(1) Cette rétribution est ordinairement de trois sous.

cachent au-dessus de la porte de la bergerie un morceau d'écarlate, afin de guérir les brebis qui s'y trouvent malades.

Beaucoup s'imaginent qu'ils doivent mourir de la mort de leurs parens et précisément au même âge.

C'est un usage général, dans les campagnes, de faire du pain la veille de Noël; si l'on en manque avant ce jour-là on en emprunte; on met en réserve un gâteau fait exprès pour servir en cas de maladie soit des personnes, soit des bestiaux. Il suffit, dit-on, de faire prendre au malade une parcelle de ce gâteau, pour le guérir radicalement. On conserve aussi du beurre fait au mois de mai, pour guérir toutes sortes de plaies. Au retour des messes de minuit, les paysans font, comme les citadins, le réveillon; ils font aussi réveillonner leurs bestiaux : ils les éveillent et leur donnent à manger. Ils prétendent qu'un charbon de la *souche de Noël* placé sous le lit, préserve du tonnerre.

Ces campagnards se gardent bien d'atteler leurs bestiaux en certains jours de l'année, quoique ces jours ne soient pas fériés : par exemple, le jour de St. Roch, afin d'être préservés de la peste; le jour de St. André, le jour des Morts, le jour de St. Pardoux, le jour de St. Martin, *Sen Marti eycorno bioaux, casso moulii* (1), disent-ils; ils empêchent leurs femmes de laver les *drapeaux* de leurs enfans,

---

(1) Saint Martin écorne bœufs, casse moulins.

le jour de St. Martial, de peur qu'ils ne soient attaqués de ces sortes d'ébullitions que l'on nomme *feux ardens*.

Lorsqu'un paysan se rend à l'église pour recevoir la bénédiction nuptiale, il a grand soin de mettre du sel dans ses poches et un anneau béni à un de ses doigts pour écarter les maléfices des sorciers. Au moment de la célébration religieuse du mariage, il a soin de se placer à genoux sur le cotillon de sa future épouse, afin d'être toujours le maître dans sa maison. Au retour de la cérémonie, la mariée trouve un balai à la porte du logis qu'elle doit habiter; elle le prend et en fait usage aussitôt pour montrer qu'elle sera laborieuse. Se célèbre-t'il plusieurs mariages à la fois, il y a presque toujours bataille à la porte de l'église, parce que chacun est dans la persuasion que le dernier sorti mourra le premier. Il en est tout autrement lorsqu'il s'agit d'entrer au lit nuptial : ils s'imaginent que celui qui y monte le premier mourra aussi le premier.

Le tonnerre cause une sensation singulière aux gens de la campagne. Ils s'imaginent que ce météore est une œuvre diabolique, ou au moins qu'il est un signe non-équivoque de la colère céleste. Je ne m'étendrai pas sur les manœuvres ridicules et dangereuses qu'ils emploient pour tâcher de s'en préserver, je citerai seulement un trait à l'appui de mon assertion.

Je me promenais un jour sur le boulevart du

Nord à Limoges. Deux paysannes d'un âge mûr conversaient ensemble en cheminant devant moi. Leur conversation paraissant animée, je fus curieux d'en connaître le sujet. A cet effet, je ralentis le pas en feignant de m'occuper d'une lecture. Il s'agissait des dégâts qu'avait la veille causé le tonnerre. On pense bien qu'ils étaient exagérés. La moins vieille de ces femmes qui me parut la plus peureuse, se lamentait à cette occasion sur l'endurcissement des pécheurs. « Quant à moi, dit dans son jargon la vieille, je
« n'ai jamais craint le tonnerre, parce que de père
« en fils, dans ma famille, on connaît le moyen
« de s'en garantir. Tenez, comme vous m'avez l'air
« d'une brave femme, je veux vous faire part de
« ce secret merveilleux : *Kan ko tounorò dijâ treï*
« *vé lou sarvé, gnio ré de tao; l'hôro bêtio a tan*
« *poau dé quélo preijeiro!!* » (1) Ces derniers mots sur-tout furent prononcés par la vieille avec un comique difficile à décrire.

Disons actuellement un mot sur les guérisons sans médecins. Chaque paroisse rurale et urbaine du Limousin, a un Saint qui jouit d'une réputation plus ou moins étendue pour la guérison de certaines maladies ; les fêtes patronales y attirent communément un grand nombre de personnes de l'un et de l'autre sexe : les

---

(1) Ces mots patois veulent dire : quand il tonnera, dites trois fois le *salve*, il n'y a rien de tel ; la vilaine bête (c'est-à-dire le diable) a tant peur de cette prière.

uns y sont conduits par l'espoir de la guérison de
leurs maux, et le plus grand nombre par l'attrait du
plaisir. Si le remède n'est pas toujours efficace pour
les premiers, l'espérance des autres est rarement déçue ; c'est ce qui fait que le retour de chaque fête
ramène toujours la même affluence. On s'y rend pour
l'ordinaire dès la veille de la solennité ; et pour attirer
les secours du Saint, chacun se croit obligé de passer
la nuit en rase campagne. On a soin de s'arranger de
manière à ne la trouver ni longue ni désagréable. Des
traiteurs forains dressent des tentes ou choisissent
des arbres touffus pour l'étalage de leurs comesti-
bles : on est ainsi toujours à portée de se procurer
le vin et les autres provisions nécessaires. Les jeunes
filles qui veulent se marier vont à Saint-Junien-les-
Combes invoquer saint Eutrope : après une longue
procession elles font plusieurs fois le tour d'une
croix, et y attachent une jarretière de laine qu'elles
ont à la jambe gauche : cette croix en est toujours
abondamment garnie. Le patron de Darnac a le privilége extraordinaire de guérir toutes sortes de maladies ; mais si l'on a mal au bras, à la jambe, à la
tête, il faut toucher le bras, la jambe ou la tête
du Saint, avec un peloton de laine qu'on lui lance.
Si l'on manque son coup, on en lance un second,
un troisième et plusieurs autres, jusqu'à ce qu'on
ait été assez adroit pour toucher le membre du
Saint qui correspond à celui dont on veut obtenir
la guérison. Le même peloton ne peut servir qu'une

fois, et le sacristain ne néglige pas de les ramasser tous à proportion qu'on les jette. Il arrive souvent qu'on fait cet exercice pendant que le curé dit la messe ; il est sujet à recevoir, de tems en tems, quelques coups de peloton par la tête ou par les reins.

Si malgré toutes ces précautions, la maladie se prolonge, on a recours à un autre Saint, et pour savoir celui qu'il faut invoquer, on met un brin de paille dans un vase plein d'eau que l'on tourne ; la paille étant arrêtée, on regarde la direction de son petit bout, cette direction indique la paroisse d'où *bouge le mal*. On met tout de suite à part l'argent nécessaire pour aller faire la dévotion. Quelque parent se charge d'accomplir le vœu, et à son retour il trouve, assez souvent, le malade mort ou guéri naturellement.

Comme les animaux domestiques sont pour les paysans Limousins, l'objet le plus cher de leurs affections, dès qu'un de ces animaux est malade, ils ont plutôt recours au Saint qui a la réputation de guérir, qu'aux vétérinaires : ils mettent également *à part* l'argent de la dévotion ; mais il y en a beaucoup qui croient intimement que la guérison n'a lieu qu'autant que l'argent de la dévotion a été recueilli d'aumônes : on voit tous les jours des paysans parcourir les villages pour solliciter cette espèce de charité, et il est rare qu'ils soient refusés.

Il y a des eaux qui ont aussi la réputation de

guérir : elles sont connues sous le nom de *bonnes Fontaines de St. Martin*. On y va pendant tout le mois de mai, ou certains jours de fête, pour y laver les parties affligées de rhumatismes, d'érysipèle, etc. etc.

Les femmes qui désirent devenir enceintes vont toucher le verrouil de St. Léonard. St. Victurnien a le privilége de guérir radicalement la *manie*.

Je pourrais citer un grand nombre d'autres usages plus bizarres les uns que les autres ; mais ceux-ci suffisent pour caractériser la tournure d'esprit des habitans des campagnes.

Il ne faut pas croire, au surplus, que les villes n'y participent pas ; Limoges, en particulier, est remarquable par l'extrême variété de ses pratiques religieuses ; on y voit des *pénitens* de toutes les couleurs et une multitude de Confréries. On trouve pour ainsi dire à tous les coins de rue des statues de Saints. Généralement parlant, les Limousins professent une dévotion extérieure qui n'exclut pas le vice. Ils passent assez brusquement des processions au cabaret et dans les lieux de plaisir ; ils ont une vénération particulière pour les Saints de leur pays, laquelle va souvent jusqu'à l'oubli des autres Saints et même à l'abaissement du culte de Dieu.

Les Vicomtes de Limoges, les plus superstitieux Seigneurs dont l'histoire ait gardé le souvenir, introduisirent dans cette ville une foule de pratiques religieuses plus ridicules les unes que les autres. Parmi les pieuses farces en usage de leur tems, on doit distinguer la cérémonie des *brandons*, que l'on célébrait tous les ans, dans l'église de St. Martial, le premier dimanche du carême. Là se rassemblait le peuple avec des instrumens de musique : on dressait des tables, on les couvrait de bonne chère; on construisait des théâtres, où l'on jouait les mystères de la religion. La journée se passait à boire, à manger, à chanter, à danser, etc. L'ivresse, la déraison et la folie présidaient à ces banquets; et pour comble de ridicule et d'impiété, au milieu de ces obscénités, les prêtres eux-mêmes, à demi-ivres, chantaient l'office dans le chœur de l'église, et le peuple, à la fin de chaque psaume, au lieu du *gloria patri*, chantait dans son jargon : *Sen Marsao preijâ per nous è nous eypingarein per bous* (1). Ces folies avaient encore lieu sous le règne de Louis XIV.

Les paysans Limousins n'oublient jamais d'ajouter à l'oraison dominicale : *délivrez-nous de tout mal et de la justice.*

Voici en quels termes ils récitent leur petite patenôtre blanche : « Que Dieu fit, que Dieu dit, que
« Dieu mit en paradis. Au soir m'allant couchir, je
« trouvis trois Anges en mon lit couchis, un aux
« pieds, deux au chevet, la bonne Vierge Marie
« au milieu, qui me dit, que je me couchis, que

---

(1) Ce qui veut dire : Saint Martial priez pour nous et nous danserons pour vous.

« rien ne doutis. Le bon Dieu est mon père, la
« bonne Vierge ma mère, les trois Apôtres sont mes
« frères, les trois Vierges sont mes sœurs; la chemise
« où Dieu est né, mon corps en est enveloppé. La
« croix de Ste. Marguerite en ma poitrine est écrite.
« Madame s'en va sur-le-champ, à Dieu pleurant,
« rencontrit monsieur St. Jean. D'où venez? je viens
« de loin. Vous n'avez pas vu le bon Dieu? si fait, il
« est en l'arbre de la croix, les pieds pendans, les
« mains clouans, un petit chapeau d'épine blanche
« sur la tête. Qui la verbe à Dieu saura, sur la plan-
« che passera, au bout de la planche s'asseoira. Qui
« la dira trois fois au soir, trois fois au matin, gagnera
« le paradis à la fin. »

Les grâces que les paysans s'efforcent de prononcer en latin, sont un exemple frappant d'un abus assez général, celui d'obliger quelqu'un à se servir d'un langage qu'il n'entend pas.

| *Agimus tibi gratias om-nipotens Deus, pro universis beneficiis tuis : qui vivis et regnas, per omnia secula seculorum. Amen.* | Rogimur tibi garcias jarnipotens Deus, prûnas diver per un infici : ki a vi lou rénar per caronnia cercla cerclorum. Amen. |

FIN DU SECOND LIVRE.

HISTOIRE DU LIMOUSIN.

LIVRE TROISIÈME.

CHAPITRE PREMIER.

Événemens mémorables depuis l'invasion des Romains jusqu'au règne de Clovis le Grand. Antiquités, Monumens de la magnificence Romaine.

Les Limousins après avoir joui pendant plusieurs siècles de leur liberté, et couru la même fortune que le reste des Gaules, furent enfin subjugués par César. Sédulius leur prince, qui avait conduit dix mille hommes à la défense d'Alize en Bourgogne, fut tué en combattant sous les murs de cette place, 52 ans avant notre ère. Cette affaire fut décisive; elle acheva de consolider la domination Romaine.

Sédulius jouissait d'une grande considération parmi les princes Gaulois. Il habitait, dit-on, au nord de la ville de Limoges, un château dont les jardins et les fossés étaient arrosés par les eaux de la fontaine d'*Éygouléne*. On pense que cet édifice a pu exister dans l'emplacement qui est occupé actuellement par l'hôtel de la Préfecture et la place d'icelui, le palais de Justice, l'église et la place de St. Michel. On ajoute que ce château avait deux grandes portes, l'une au nord, l'autre au midi, au devant de chacune desquelles étaient placés deux lions en pierre. Deux de ces lions ornent encore la porte méridionale de l'église de St. Michel; un troisième se voit à l'entrée du Portail-Imbert; le quatrième, qui figurait encore en 1790 devant la porte méridionale de l'église de St. Martial, a été transporté dans la pépinière des Arènes. M. Juge-de-Saint-Martin prétend que ces quatre lions ont fait jadis partie d'un temple dédié à Orus.

Les Limousins restèrent constamment fidèles aux Romains leurs vainqueurs; ils ne tentèrent point de secouer leur joug.

Un grand nombre de Gaulois rassemblés dans le Poitou s'étaient ralliés pour résister à l'armée Romaine; Duratius (qu'on croit fils de Sédulius) abandonna leur parti et se jeta dans Limoges, où il fut très-bien accueilli, parce qu'il s'y annonça comme l'ami du peuple Romain. Mais à peine fut-il entré dans cette ville, qu'il fut assiégé par Dunhacus chef des Gaulois révoltés. Sur ces entrefaites, Caninius Rabilius, lieutenant de César, accourut au secours de la place, et les assiégeans furent obligés de se retirer, avec une perte considérable. Ce premier échec n'ayant pas rebuté Dunnacus, il revint peu de tems après à la charge; mais un autre lieutenant de César, nommé Caïus Fabius, le contraignit bientôt à lever le siége de Limoges et à se retirer avec les siens au-delà de la Loire.

Quarante-huit ans environ avant notre ère, César visita le Limousin et y fut pompeusement reçu. Alors, se souvenant de la fidélité du prince Duratius, il lui conféra la dignité de proconsul et de principal gouverneur des Gaules. Il voulut que Limoges eût la sur-intendance des autres villes de cette contrée. Il y installa, en outre, un Sénat à l'instar de celui de Rome.

Plusieurs savans pensent que le pavé en mosaïque découvert en 1769, au lieu de Condat, était celui de la salle des séances du sénat établi par César. Sa forme présentait celle d'un parallélogramme, d'environ 13 mètres 61 centimètres de longueur, sur 6 mètres 48 centimètres de largeur. Les murs du pourtour étaient enduits de peintures à fresque. Turgot fit lever le plan de cette mosaïque et la fit couvrir d'une toiture pour sa conservation.

César voulut encore que les troupes du pays fussent cantonnées à Limoges et aux environs; et en outre, que le revenu des Gaulois et le tribut annuel qu'ils devaient aux Romains, fussent portés et payés dans cette ville; ce qui continua d'avoir lieu jusqu'à Domitien.

Pendant la durée de son proconsulat, Duratius s'appliqua à embellir, de monumens somptueux, le lieu de sa résidence. Il fit bâtir un palais d'excellente structure et de grande importance près le pont actuel de Saint-Martial et l'ancienne église de Ste. Félicité. Il fit encore construire près de-là un magnifique théâtre, à 40 pas géométriques de la Vienne. Le même proconsul bâtit encore une forteresse au lieu où est située maintenant la place Royale de Limoges, qui couvre, comme l'on sait, les ruines de l'église et de l'abbaye de St. Martial.

Quelques anciennes chroniques disent que Duratius fit édifier en l'honneur d'Auguste le palais de Jocondiac, au lieu et sur le rocher où est actuellement l'église du Palais. Elles ajoutent qu'il fit aussi construire et paver en marbre les bains d'Évaux; enfin, qu'il commença le superbe édifice de l'amphithéâtre des Arènes. Cet amphithéâtre subsista en entier jusqu'au règne de Louis le Débonnaire, qui permit aux moines de St. Martial d'en prendre tout l'ordre supérieur pour bâtir leur église; ce qui causa, dans la suite, la ruine de cet édifice et la dispersion de ses matériaux. On en voyait encore des vestiges en 1713, mais l'année suivante, M. d'Orsay, intendant de Limoges, acheva de le détruire pour y former la place qui porte son nom. Cette place qui avait été dégradée fut restaurée en 1801. Le creux des Arênes fut comblé : ainsi disparurent pour jamais les traces de ce monument de la magnificence Romaine.

Les savans s'accordent presque tous à regarder l'amphithéâtre de Limoges comme le septième bâti par les Romains ; la beauté de son plan, sa correction, son enceinte et sa suite, semblaient aller de pair avec le Colisée de Rome, quoique celui-ci l'emportât de beaucoup par le choix des matériaux et par la délicatesse de la construction ; il avait de contour extérieur 460 mètres, ce qui formait 72 pilastres, éloignés les uns des autres de 6 mètres 39 centimètres, à partir du milieu de chacun d'eux. Le demi-diamètre du petit cercle intérieur, qui fait la huitième partie de l'œuvre, était de 57 mètres 10 centimètres ; les ouvertures des arceaux avaient 3 mètres 25 cent.; et l'épaisseur des pilastres 3 mèt. 14 cent.; depuis le centre jusqu'au *podium* 26 mèt. 31 cent., et depuis le *podium* jusqu'au nu du pilastre en dehors 31 mèt. 18 centimètres. Les trois anciens ordres Grecs, Dorique, Ionique et Corinthien y avaient été observés : un quatrième ordre, mêlé des deux derniers, terminait l'édifice. Il n'avait point de *vomitoire* ; les rangs d'arceaux qui étaient dans le haut et dans le bas servaient pour l'entrée et la sortie. Au-dessus de ces arceaux était la place pour le bas peuple ; il y avait dix gradins circulaires, sur lesquels plus de dix mille spectateurs pouvaient s'asseoir commodément. On ne sait ce qui doit le plus étonner, ou des vastes dimensions de cet édifice ou des frais énormes et des travaux immenses qu'exigèrent le transport et la réuion des matériaux qui entrèrent dans sa construction. Ne trouvant point de pierre sur les lieux, on fut obligé de la chercher dans le sein des montagnes et de la tirer à de très-grandes distances. Il fallut faire une route exprès, dont il subsiste encore quelques parties non-dégradées, près de Mortemart. La serpentine dont on fit les colonnes fut prise à la Roche-l'Abeille, et la pierre blanche, dont on fit les statues, provenait des carrières éloignées de plus d'une journée de marche, situées vers Chasseneuil.

Un souterrain Gaulois d'environ 5 mètres de haut, sur plus de 7 de large, aboutissant à la Vienne, pût déterminer la position de ce beau monument, avec d'autant plus de raison, que les animaux féroces qui y étaient enfermés, pouvaient facilement se rendre à l'abreuvoir. Ce souterrain existe encore presque en son entier ; il traverse la pépinière des *Arênes* et suit une ligne de près de 1000 mètres, jusqu'à la rivière.

Duratius n'eut pas la satisfaction de voir terminer les édifices qu'il avait fait commencer. La mort le surprit vers l'an 30 avant J. C. Il emporta dans la tombe l'affection et les regrets du peuple qu'il avait gouverné avec autant de fermeté que de sagesse.

L'empereur Auguste qui n'avait pas oublié les

services rendus à l'État par le proconsul Duratius, lui donna pour successeur Sénebrun son gendre, malgré les efforts que firent quelques seigneurs Gaulois, qui avaient levé des troupes pour s'opposer à cette élection. Ce fut sous le proconsulat de Sénebrun, que la ville de Limoges prit le nom d'*Augustoritum*, du nom de l'empereur Auguste, qui lui avait accordé plusieurs beaux priviléges, entre autres celui de battre monnaie. On y frappa des pièces que les Romains appelèrent *Barbarins*. L'histoire ne nous fournit aucunes particularités sur l'administration de Sénebrun. Nous savons seulement qu'il mourut à Lesparre et qu'il eut pour successeur Lucius, surnommé *Capreolus* par Auguste, parce qu'il avait combattu vivement les ennemis de l'Empire, en les poursuivant jusque dans les montagnes.

Lucius Capreolus signala les premières années de son proconsulat par l'érection d'un temple à Jupiter. Il était placé, si l'on en croit plusieurs auteurs, au nord de Limoges, dans la partie la plus éminente du quartier connu encore sous le nom de *Montjovis*. Dans la suite, ce temple ayant été détruit, ses matériaux servirent à la construction d'une église dédiée à St. Martial, laquelle fut bâtie en 994 en mémoire d'un miracle qui, dit-on, s'y opéra par l'intercession du Saint et qu'on appela et appelle encore le *miracle des Ardens*, à l'occasion d'une maladie connue sous le nom de *mal des Ardens*, qui faisait de grands ravages dans toute l'Aquitaine.

Lucius Capreolus fit encore parachever l'amphithéâtre des Arênes, bâtit plusieurs temples et travailla beaucoup à l'embellissement du siége de son proconsulat; il fit encore construire un palais magnifique près et sur l'emplacement de la caserne actuelle, dite *du Séminaire*. Mais le plus bel édifice qu'ait fait construire L. Capreolus est sans contredit le château de Châlus-Chabrol (1), à environ deux myriamètres et demi de Limoges, sur la route de Bordeaux; il le fit fortifier de manière qu'il le rendit une des places les plus fortes de l'Aquitaine.

Tous les frères de L. Capreolus étaient au service d'Auguste; ils y périrent sans laisser de postérité, excepté Manlius Armillus, qui fut légat prétorien de la province de Berri, et qui ne laissa à son décès qu'une fille nommée Suzanne.

L. Capreolus n'eut qu'un fils nommé Leocade, qui fut élevé à la cour d'Auguste, dont il était le parent. Ayant sçu mériter l'affection de l'Empereur, il fut chargé, par lui, de la mission importante de faire le recensement des Gaulois et de recevoir le tribut qu'ils payaient aux Romains. Il épousa Suzanne, sa cousine germaine, qui le rendit père d'une fille nommée Valérie, l'an 3 du règne de Tibère, et d'un fils nommé Lucillus, qui mourut dans l'adolescence. Ce fut en l'honneur de la naissance de ce jeune Prince, qui donnait déjà les plus belles espérances, que

---

(1) Ce nom dérive de *castrum Lucii Capreoli*.

furent jetés les fondemens du château de Châlucet, près Pierre-Buffière.

Tibère éleva Leocade au proconsulat d'Aquitaine. Après sa mort, arrivée l'an 42, Claude désigna pour son successeur Junius Silanus, son cousin, l'un des plus vaillans capitaines de son tems. Dès que J. Silanus eut pris possession de son proconsulat, on chercha à l'unir de près à la famille de son prédécesseur. En conséquence les conventions matrimoniales furent réglées par l'entremise d'Aurélius-Cotta et d'Anthérius Antoninus, sages Romains, savans en la religion des Gentils, envoyés en Aquitaine pour la réformation des cérémonies des sacrifices. Sur ces entrefaites, l'empereur Claude ayant entrepris une expédition contre la Grande-Bretagne, J. Silanus fut obligé d'en faire partie. Cette guerre étant terminée, J. Silanus revint en Aquitaine pour terminer l'affaire de son mariage; mais Suzanne, sa belle-mère prétendue, avait cessé de vivre; et peu de tems avant son trépas elle avait embrassé, ainsi que sa fille Valerie, la religion chrétienne. J. Silanus voulut cependant hâter la conclusion de son mariage avec cette jeune personne; mais soit que cette fille vertueuse eût en horreur, depuis sa conversion, la religion de Silanus; soit qu'elle eût voué à Dieu sa virginité, elle refusa d'accéder à toutes les propositions mondaines. Le proconsul n'écoutant alors que l'impulsion de sa colère, ordonna à Hortarius, l'un de ses centurions, de trancher la tête à Valerie. Ce qui fut exécuté; mais le centurion tomba, dit-on, roide mort auprès de sa victime. J. Silanus, témoin de cette scène épouvantable, fut frappé d'une terreur subite qui opéra sa conversion. Peu de jours après il se fit baptiser, et tous ses officiers, avec 15000 soldats suivirent son exemple. Le Duc Étienne (c'est ainsi que se nomma J. Silanus après son baptême) fit ensuite une infinité de bonnes œuvres; entr'autres, il fonda un hospice pour 300 pauvres, en l'honneur de celle qu'il avait sacrifiée à sa colère; et après la mort de saint Martial, cette maison de charité porta le nom de l'apôtre d'Aquitaine. Cet hospice était situé où est actuellement l'hôtel des monnaies.

Le duc Étienne, connu du vulgaire sous le nom de Thève-le-Duc, mourut l'an 71 de notre ère. Il fut enterré dans la chapelle du sépulcre de saint Martial, à l'endroit où l'on voyait encore, en 1789, son tombeau. Sa dépouille mortelle avait été mise dans un cercueil de plomb placé dans un autre de pierre; ce dernier sert actuellement d'auge à la pépinière des Arênes.

S'il faut en croire les manuscrits de l'abbaye de Saint-Martial, les annales du Limousin et la tradition constante, St. Martial naquit en Judée près la ville de Rama, à une lieue de Bethléem, l'an 15 de J. C., son père se nommait Marcel et sa mère Elisabeth. Parvenu à l'âge de 15 ans, et après le baptême de ses père et mère, il fut présenté à Jésus-

Christ par St. Pierre, à qui Jésus ordonna de le baptiser. C'est ainsi qu'il devint un des disciples du Sauveur, qu'il accompagna dans ses voyages en Judée, Samarie et Galilée. Ce fut lui qui présenta à Jésus cinq pains et deux poissons, avec lesquels furent nourris 5000 personnes dans le désert. C'est lui qui recevant les embrassemens de son maître fut par lui proposé aux apôtres qui disputaient entre eux de la primatie, comme un parfait modèle d'humilité et d'innocence. Il fut témoin du martyre de saint Étienne; il en recueillit du sang qu'il porta à Toulouse, et des pierres sanglantes, dont une fut placée en l'église de St. Surin à Bordeaux. Il suivit saint Pierre à Antioche lorsqu'il alla y établir son siége; il le suivit encore lorsqu'il se rendit à Rome pour y transférer son siége l'an 42 de notre ère, dans la maison du sénateur Pudence. Enfin peu de tems après il fut choisi pour aller porter le flambeau de la religion chrétienne dans les Gaules, et St. Pierre lui donna pour compagnons de voyage deux prêtres nommés Alpinien et Austriclinien.

Grégoire de Tours rapporte à l'empire de Dece, c'est-à-dire qu'il rapproche d'environ 150 ans l'époque de l'envoi des premiers missionnaires dans les Gaules.

L'auteur de *l'art de vérifier les dates* rapporte à St. Clément la mission des premiers Évêques.

Origène né en 185 et Eusèbe qui vivait sous l'empire de Dioclétien et de Nicephore, font remonter la mission de St. Martial aux tems des Apôtres, et la rapportent à St. Pierre.

Mais quelle que soit l'époque de la mission de ce saint personnage parmi nous, il paraît qu'il se rendit d'abord avec ses deux compagnons, en la ville de Sienne, de-là au col du Val d'Else. Les trois saints voyageurs continuant leur route traversèrent les Alpes et ne s'arrêtèrent pour prêcher que dans un endroit du Limousin, appelé Toul-Sainte-Croix. De-là ils s'acheminèrent vers Ahun où ils trouvèrent les idoles de Jupiter et de Mercure en grande vénération ; mais au moyen de leurs prédications ils opérèrent un grand nombre de conversions. St. Martial étant arrivé à Limoges transforma en église le temple de Jupiter Capitolin, et la dédia à St. Étienne ; c'est la cathédrale actuelle de Limoges. St. Martial eut de grandes persécutions à éprouver de la part des Pontifes idolâtres ; mais il parvint cependant à sortir victorieux d'une lutte aussi pénible. La conversion de 25000 Limousins signala son triomphe, et c'est alors qu'il fut installé par ses deux compagnons, évêque d'une ville qu'il avait conquise à Jésus-Christ. St. Martial s'endormit dans le sein de l'Éternel l'an 73 de notre ère, le 60.e de son âge et le 28.e de son épiscopat.

Sabinus Calminius noble Romain, zélé partisan de la religion chrétienne, fut nommé proconsul d'Aquitaine, après la mort du duc Étienne. Mais il fut déposé par Néron qui lui donna pour successeur un homme aussi cruel qu'intolérant. Calminius fût cacher sa disgrace dans une grotte à Laguène sur la Dordogne ; il y vécut et mourut saintement en compagnie de plusieurs autres chrétiens qui n'avaient pas voulu l'abandonner. On attribue à Calminius la fondation de l'église de St. Theoffre en Auvergne, dans ses propres possessions. On prétend aussi qu'avant sa retraite il bâtit la ville de Chauvigni en Poitou, et qu'il acheva la construction de la nouvelle Cité de Poitiers.

Le proconsulat de Sergius Galba, successeur de Sabinus Calminius fut heureusement pour l'Aquitaine, de très-courte durée. A ce despote succéda un magistrat prudent et vertueux, nommé Julius Agricola. Ce magistrat, originaire de Fréjus en Provence, gouverna en paix l'Aquitaine pendant trois années. C'est le dernier proconsul.

L'an 81 de notre ère, Domitien ayant succédé à Tite ne tarda pas à aller faire son séjour à Lyon, et fit gouverner les deux Aquitaines par un légat du proconsul, les réduisant ainsi en forme de petites provinces sous son administration générale des Gaules. Voici le nom de ces légats : Salvius était légat d'Aquitaine sous Antonin le Pieux, c'est-à-dire vers l'an 140. Pivésuvius Tetricus sénateur Romain, gouvernait l'Aquitaine avant 268. Gallus Analianus était légat d'Aquitaine sous l'empire de Constantin. Pavius, censeur, était pro-président ou légat de l'Aquitaine, vers 409 ou 410.

Les Romains, pendant leur séjour dans les Gaules, laissèrent presque par-tout des traces de leur magnificence. Les Goths et les Vandales qui leur succédèrent, ne signalèrent leur domination en Limousin, que par les brigandages qu'ils y exercèrent. Ces barbares détruisirent les forts et les murailles des villes, dans l'idée sans doute de mieux s'assurer des habitans. Limoges, Tulle, Tintignac, Turenne et Uzerche, furent en butte à leurs ravages. Cependant Uzerche, qui, par son assiette et ses fortications, passait alors pour la clef du haut Limousin, fut défendue avec tant de vigueur par les Romains, qu'ils rendirent inutiles pendant sept années les efforts multipliés des Goths pour forcer cette barrière. Au bout de ce tems-là elle fut obligée pourtant de céder, et la prise d'Uzerche entraîna celles de Tulle et de Tintignac. Cette dernière ville qui renfermait les richesses des Romains fut saccagée et entièrement détruite ; et elle n'a jamais pu depuis se relever de ses ruines. Il s'est formé de ses débris plusieurs villages les uns près des autres ; et celui de Tintignac se trouve presque au milieu.

Baluze assure avoir vu, sur la fin du 17.e siècle, dans la paroissse de Naves, au lieu appelé Tintignac, des débris assez considérables d'un amphithéâtre ou cirque Romain. Le nom des *Arênes de Tintignac* s'est même perpétué jusqu'à nos jours. C'est dans cet endroit distant de Tulle d'environ 4 kilomètres, qu'il a existé une ville fort étendue ; et la tradition que les villages de la Janeste, de Temporieux, de Soleilliavoup, de Leune, de Bach, de Cérou, de la Biane et de Mont-Jauge, situés aux environs de Tintignac, ont pris leurs noms des temples de Janus, du Tems ou de Saturne, du Soleil, de la Lune, de Bacchus, de Cérès, de Diane et de Jupiter, qui étaient élevés sur ces terrains. Soit que cette ville ait subsisté avant la conquête de César, soit qu'elle n'ait dû son commencement qu'aux Romains; il n'en est pas moins certain que des troupes Romaines y furent pendant long-tems cantonnées, et qu'elle devait à ces conquérans son amphithéâtre et les autres monumens. Les antiquités de toute espèce qu'on trouve journellement dans son ancien emplacement, ne laissent aucune incertitude à cet égard. Les Romains attachaient une telle importance à la conservation de Tintignac et de Tulle, qu'ils ouvrirent un chemin de communication entre ces deux places; ce grand chemin dont l'antiquité est incontestable, ne va pas plus loin. Les tours d'Allassac, de Turenne et l'ancienne forteresse de Tulle attestent encore le long séjour des Romains en Limousin.

On voit dans le livre 8 des commentaires de César, que ce prince après s'être emparé d'*Uxellodunum*, (*le puech d'Usseleu*, en Quercy) plaça deux légions sur les frontières du Limousin, proche de l'Auvergne. *Quibus gestis, César, duas legiones collocavit in Lemovicum finibus, non longè ab Arvernis.* Ces deux légions composaient une armée de 12000 hommes d'infanterie et de 1200 de cavalerie. Ces troupes divisées en cohortes et centuries pour l'infanterie, et en turmes et décuries pour la cavalerie, établirent des fortifications à Tulle, à Allassac, à Uzerche, à Ussel et à Turenne. Le gros des troupes Romaines était, suivant toute apparence, cantonné à Tintignac qui se trouvait placé au centre de ces différentes fortifications. En effet, Turenne a pris son nom de la tour qui y fut élevée et qu'on appelait la tour de César; le nom de Tulle dérive de celui de *Tutela*, comme un lieu qui par son assiette naturelle et ses fortifications était un rempart important ; Ussel, *ostium clausum* et la Dordogne dont les rives étaient hérissées de châteaux forts, protégeaient Tintignac du côté de l'Auvergne ; Uzerche et Allassac défendaient cette place du côté du Périgord ; Turenne la couvrait du côté du Quercy. Tout porte donc à croire que le passage des Commentaires, que nous venons de citer, s'applique aux positions militaires ci-dessus désignées. On ne peut considérer les lieux, sans se convaincre que César n'avait pu choisir, pour la sûreté de ses troupes, un emplacement mieux fortifié par la nature. Il pouvait de-là, facilement, contenir les peuples de l'Auvergne, du Limousin, du Quercy et du Périgord.

La première enceinte de Tulle n'embrassait que la colline qui descend de l'ancien château aux rivières de Corrèze et de Solane ; cette circonférence était enfermée par les portes *de fer*, *de Chanat* et celles de *la ville*. Dans les fortifications de la porte de fer, était le moulin sur la Corrèze, qui subsiste encore. La fontaine que l'on voit dans l'enceinte de l'ancien château et celle de la Barussie fournissaient l'eau nécessaire aux habitans. Une porte flanquée de tours, bâtie en avant de la porte de *fer*, entre les rochers et la Corrèze, servait de rempart pour la défense de la chaussée du moulin; cette porte était proche de l'emplacement de l'église des Carmes, et on en voit encore quelques vestiges. Il est hors de doute que le quartier de la *Barussie* fut bâti dans les premiers tems de la citadelle de Tulle; cette barrière fermait la route de Tintignac. La tour carrée bâtie à l'entrée de ce quartier, fut élevée pour servir de lieu d'observation; elle servait aussi à enfermer les prisonniers de guerre.

Les voies romaines qui traversaient le Limousin ont toujours été connues, dans cette province, sous le nom de *chemin ferré* (*chomi fora*).

Les Romains divisaient leurs chemins en *royaux, de traverse et privés*. Les premiers traversaient l'Empire depuis les parties occidentales, pour donner aux troupes la facilité de parcourir aisément les provinces. Les seconds commençaient quelquefois aux chemins royaux, et aboutissaient à quelque ville, bourg ou village. Les troisièmes n'étant ni aussi fréquentés, ni d'un aussi grand usage, étaient de beaucoup moindre largeur. Les chemins royaux avaient 60 pieds de largeur ; le pavé du milieu avait 20 pieds, et il était presque de niveau ; les deux ailes des côtés se terminaient en pente, pour l'écoulement des eaux, et avaient chacune 20 pieds de largeur. Les murs de soutènement qui bordaient les levées de terre, étaient quelquefois assez élevés pour pouvoir servir aux passans à y marcher en tems de pluie. Les chemins des Romains étaient ordinairement bordés de 10 en 10 pieds de certaines pierres taillées en degrés, tout près des murs de soutènement, qui servaient apparemment à monter à cheval ou en chariot, ou pour en descendre ; et encore pour retenir les roues des voitures, afin qu'elles n'échappassent pas des bords des levées, et qu'elles ne pussent pas désunir les murs de soutènement : on les appelait *boute-roues*. Les chemins royaux étaient construits, 1.º d'une couche d'un pouce d'épaisseur d'une espèce de mortier ou de ciment, fait de sable et de chaux ; 2.º d'une couche de dix pouces d'épaisseur de pierres larges et plates qui formaient une espèce de maçonnerie faite en bain de ciment très-dur, où les pierres étaient posées les unes sur les autres ; 3.º d'une autre couche de maçonnerie de huit pouces d'épaisseur faite de pierres à peu près rondes et mêlées avec des morceaux de briques, le tout lié si fortement, que le meilleur ouvrier n'en pourrait rompre dans une heure que ce qu'il en pourrait porter ; 4.º d'une autre couche d'une espèce de ciment blanc et très-dur qui ressemblait à de la craie gluante ; 5.° enfin d'une couche de cailloux de six pouces d'épaisseur.

Une des principales routes qui traverse le Limousin est celle de Saintes à Clermont et à Lyon. Elle est désignée ainsi dans la table Théodosienne :

Mediolanum Sanctonum, ou Saintes.
Avedonaco, Aunay.
Sermanicomago, Chermez. . . . . . . XXIII.
Cassinomago, Chassenon. . . . . . . XVII.
Ausrito, c. à. d. *Augustorito*, Limoges. XIV.
Prætorio, Le Puy-de-Jouër. . . . . . XVII.
Acitodunum, Ahun. . . . . XX.
Fines, Feits ou Monteil-le-Déjala. . X.
Ub... Um, Pontgibaud. . . . . IX.
Augustonemetum, Clermont.

Cette voie romaine faisait partie de l'une des quatre grandes routes qui furent construites, par les ordres d'Agrippa, depuis Lyon jusqu'aux extrémités de la Gaule. En partant de Chassenon, cette voie suit une ligne absolument directe jusqu'à Limoges ; on en voit encore des vestiges à une petite lieue à l'ouest de la commune de Cognac. On en voit aussi deux fragmens assez bien conservés à demi-lieue au midi du bourg de Verneuil. En sortant de Limoges, cette route prenait sa direction au nord-est où l'on en voit encore quelques morceaux à demi-lieue et à une lieue. Elle passait probablement de-là par le bourg d'Ambazac, à une petite lieue et une lieue et demie

22 *

de ce bourg, et sur la direction du Puy-de-Jouër; on en trouve encore quelques vestiges. On présume que la ville de *Prætorium* était sur cette montagne; aussi, de ce point, la voie prend deux directions différentes, l'une au levant qui conduit à Ahun, et l'autre au nord qui mène à Argenton. Sur la première direction, on trouve encore des débris de cette route, à demi-lieue, une lieu et demie et même deux lieues du Puy-de-Jouër, au-delà du bourg de l'Épinas et demi-lieue avant d'arriver à Ahun. Sur la deuxième direction, on trouve auprès du Puy-de-Jouër, en suivant le chemin d'Aresnes, quelques restes de cette voie. Elle passait à un petit quart de lieu à l'est de la Souterraine, où l'on en voit aussi quelques morceaux. De ce point, il n'en reste plus de vestiges jusqu'auprès du Fay; et de-là à Argenton on n'en distingue plus aucune trace.

Il y avait une autre voie romaine qui conduisait de Limoges à Poitiers. En sortant de Limoges elle passait près du Mas-Vergne, où non loin de ce lieu on en voit encore quelques vestiges; elle traversait le bourg de Saint-Gence, l'étang de Cieux, le bourg du même nom, Mortemart, Nouic, Gajoubert; et de-là se dirigeait vers l'Isle-Jourdain. A une lieue au nord de ce dernier endroit, on en voit encore quelques traces.

On trouve encore des vestiges d'une voie romaine entre Saint-Victurnien et le hameau de la Bouteille.

L'Indicateur du diocèse de Limoges fait mention

d'une voie romaine qui conduisait de Tintignac à Ussel; et d'une autre qui allant de Brive à Tintignac, passait à la Bitterelle, Ussel, Eygurande et de-là à Herment.

La partie de voie romaine qu'on trouve entre Panazol et Saint-Just, est le commencement de celle qui conduisait de la partie méridionale de Limoges à Clermont et à Lyon, sans passer par *Prætorium*. Elle traversait les châtaigneraies de Bonnefont, le bois des Vilettes et descendait en cotoyant les collines de Saint-Just, le long de la Vienne jusque près de l'embouchure du Taurion ; à ce point on aperçoit encore des vestiges de la culée d'un pont ; et dans la Vienne, les restes des piles de ce pont. De-là cette route remontait en tournant le côteau qui est au nord du bourg de Saint-Priest. A quelques portées de fusil de là, on trouve une colonne milliaire. En suivant cette route on trouve une autre de ces pierres près le Rieu-les-Chanaux. Cette voie romaine passait ensuite dans les bois du Châtenet et ceux des Pagnes, puis aboutissait au village de la Courière, près de Bourganeuf. Dans ce village on trouve les restes d'un édifice de construction romaine ; et sur la hauteur de ce même lieu, du côté du nord, on voit un cimetière rond, où l'on trouve journellement des urnes cinéraires. Les médailles qu'on trouve dans ces urnes ou aux environs, portent la plupart l'effigie d'Antonin le Pieux. Du village de la Courière, la voie romaine se dirigeait vers Ahun en passant par les bois de la chapelle Saint-Martial, où l'on en voit encore des traces.

Disons actuellement un mot sur les colonnes milliaires : ces colonnes étaient éloignées l'une de l'autre de 1000 pas géométriques, équivalant à 756 toises de notre mesure. Elles étaient élevées sur les voies principales et milliaires. A côté de ces colonnes il y avait deux autres petites pierres, qui servaient aux passans ou pour s'asseoir ou pour monter à cheval. Chaque Empereur qui faisait réparer les voies y faisait placer des milliaires avec une inscription particulière. Les milliaires d'Auguste sont cylindriques, uniformes dans toute leur longueur, hauts d'environ 6 pieds, et couronnés d'une corniche arrondie : ils ont 2 pieds de diamètre, et l'inscription est gravée sur le contour, sans cadre ni enfoncement. Ceux de Tibère sont carrés et peu polis, hauts de 6 à 7 pieds. Ils ont 25 pouces et demi de large, et 18 d'épaisseur; l'inscription y est enfermée dans une espèce de cadre. Ceux de Claude sont cylindriques dans toute leur longueur, comme ceux d'Auguste; mais l'inscription est renfermée dans un cadre de 24 pouces en carré, et enfoncé de 7 à 8 lignes. Enfin ceux d'Antonin sont aussi cylindriques, et l'inscription est de même enfoncée ; mais le cadre de l'inscription est entouré d'un rebord : les pierres ne sont pas aussi hautes, et la partie enfoncée en terre est carrée.

La Gaule après avoir été, pendant plus de quatre

siècles, sous la domination des Romains, fut envahie et démembrée par quatre nations étrangères, les Visigoths, les Bourguignons, les Bretons et les Francs. Les Visigoths, peuples originaires de la Suède occidentale, défaits et poursuivis par les Huns, obtinrent de la cour de Constantinople la permission de passer le Danube et de s'établir dans la Thrace; mais à peine y furent-ils établis, qu'ils exterminèrent l'armée de l'empereur Valens, sous les murs d'Andrinople; Théodose parvint à les soumettre; mais à la mort de ce prince ils ravagèrent toute l'Illyrie et l'Italie, prirent et pillèrent Rome, passèrent les Alpes et vinrent s'établir dans le Midi de la Gaule, 43 ans après avoir passé le Danube; ils y fondèrent une monarchie puissante dont Toulouse devint la capitale.

En 472 le Limousin passa avec le reste de l'Aquitaine sous la domination des Visigoths. Les noms et les règnes des chefs de ces Barbares ne sont guères connus que par l'introduction de leurs lois et par celle de l'hérésie des Ariens, et sur-tout par les brigandages auxquels ils se livrèrent.

Les premiers de leurs rois connus sont, Ataulphe en 412; Sigeric et Wallia en 415; Théodoret en 419; Thorismond en 451; Théodoric en 453 : ces trois derniers étendirent les limites de leurs états jusqu'à la Loire, c'est-à-dire sur les trois Aquitaines. Évaric, successeur de Théodoric, fut celui qui, par ses conquêtes, aggrandit le plus les possessions des Goths. En 473 il assiégea, mais inutilement, Clermont. Déjà il s'était emparé de Turenne, d'Uzerche, de Tintignac et même de Limoges qu'il avait livré au pillage. Ce fut ce même Évaric, dont le règne commença en 466, qui donna le premier des lois écrites à ses peuples ; auparavant, ils se gouvernaient par leurs usages et leurs coutumes. Mais comme ces lois n'étaient faites que pour les Goths, Alaric fils d'Évaric fit faire, pour les Romains, un abrégé du code Théodosien par Anien son chancelier, qui le publia en la ville d'Aire en Gascogne. Ce chancelier y ajouta des interprétations comme une espèce de glose, du moins il y souscrivit pour leur donner autorité : car on n'est pas assuré qu'il les ait composées lui-même. Ce qui est certain, c'est que cet abrégé fut autorisé du consentement des évêques et des nobles en 506, et que suivant ce que remarque la glose, l'on y avait voulu comprendre tout le droit Romain qui était alors en usage, tiré tant des trois codes que des livres des jurisconsultes. On fit dans la suite un autre extrait de ce code, qui ne contenait que les interprétations d'Anien et qu'on appelait *Scintilla*. La loi Gothique ayant été augmentée par les successeurs d'Alaric, fut divisée en douze livres, pour imiter sans doute le code de Justinien, quoiqu'il n'y ait aucun rapport dans l'ordre des matières. Il fut ordonné que ce recueil serait l'unique loi de tous ceux qui étaient sujets des rois Goths, de quelque nation qu'ils fussent.

La loi Gothique est sans doute la plus ample comme la plus belle de toutes celles des Barbares ; l'on peut même dire qu'on y trouve l'ordre judiciaire qui s'observait du tems de Justinien, bien mieux que dans les livres de Justinien même : c'est le fond du droit Espagnol, et elle s'est conservée en Languedoc long-tems après que les Goths ont cessé d'y commander, comme il paraît par le deuxième concile de Troyes, tenu par le pape Jean VIII, l'an 878.

C'est pourtant à l'invasion de ces Barbares dans les Aquitaines, qu'on doit attribuer la ruine des lettres et des écoles, qui y fleurissaient à Toulouse, à Bordeaux, à Limoges, à Poitiers, à Bourges et à Clermont. A cette époque les bibliothèques furent incendiées et tous les ouvrages historiques furent anéantis. C'est pourquoi l'histoire des Gaules est si obscure pendant les 5 premiers siècles de notre ère.

Les vexations d'Alaric ayant exaspéré le clergé catholique et la noblesse d'Aquitaine, ceux-ci implorèrent la puissante protection de Clovis le Grand. Leurs réclamations ne furent point vaines ; car peu de tems après, Exochius évêque de Limoges, Quintianus évêque de Rhodez, Ambraïs évêque de Cahors furent rétablis sur leurs siéges d'où les Ariens les avaient expulsé. Mais bientôt l'*arianisme* (1) ayant

---

(1) Les Ariens suivaient la doctrine d'Arius prêtre d'Alexandrie, qui prétendait que le Père, le Fils et le Saint-Esprit n'étaient pas d'une même nature ou essence. Les

excité de nouveaux troubles, Clovis sollicité pour la seconde fois passa la Loire l'an 507, fut au-devant d'Alaric qu'il trouva campé à Vouillé, près Champagné-Saint-Hilaire, lui livra bataille et le tua de sa propre main. Ainsi les Visigoths, qui possédaient toute la Gaule méridionale depuis la Loire jusqu'aux Pyrénées, furent réduits à la seule province de Septimanie, appelée depuis Languedoc.

---

semi-Ariens niaient que les personnes de la Ste. Trinité fussent d'une même substance; mais ils disaient que leur substance était semblable.

CHAPITRE II.

Événemens mémorables depuis l'expulsion des Visigoths par Clovis jusqu'au divorce de Louis le Jeune. — Monumens, Édifices publics.

Clovis le Grand ayant vaincu et tué de sa propre main, à la bataille de Vouillé, Alaric, roi des Visigoths, toutes les provinces situées au-delà de la Loire devinrent le prix de sa victoire. Après cette importante conquête, le vainqueur d'Alaric transporta le siége de son royaume à Paris, qui dès-lors en fut la capitale. Mais avant de se rendre dans cette ville, il voulut visiter Bordeaux, sans doute pour y recevoir le serment des peuples qui voulurent se soumettre à son autorité. Il passa ensuite à Limoges où il resta quelques jours pour prendre, dans ses environs, le divertissement de la chasse aux bêtes fauves. A son entrée dans l'Aquitaine, Clovis y trouva un seigneur nommé Basole, qui en était gouverneur. Ce Seigneur ayant voulu s'attribuer une souveraineté exclusive, avait excité de grands troubles; mais le Roi le fit conduire dans les prisons de Sens. Là, ce Seigneur se voua à l'état monastique, et devint abbé du monastère de Saint-Pierre-le-Vif. Clovis rétablit ensuite gouverneur ou comte du Limousin Jocondus, père d'Aredius ou Yrieix, qui était chancelier du roi d'Austrasie Théodebert I.er, son cousin. Ce comte avait été disgracié par Évaric. On attribue à Aredius la fondation du monastère d'Attano aujourd'hui Saint-Yrieix, vers l'an 570; il en fut le premier abbé et mourut en 591.

On rapporte à Clovis la fondation d'un oratoire au village qui s'appelait alors *Schotoriense*, aujourd'hui le Dorat, qui devint une abbaye, laquelle fut détruite par les Normands en 866, et que Boson I.er, comte de la Marche, fit rétablir en 944. Boson II, 3.e fils de ce dernier, fit rebâtir l'église de cette abbaye, vers l'an 997.

Après la mort de Clovis, arrivée en 511, son Royaume fut partagé, comme nous l'avons dit plus haut, entre ses quatre fils. Thierri, l'un d'eux, était déjà connu des habitans de l'Aquitaine, qu'il avait délivrée avec son père de la tyrannie des Visigoths. Sous le règne de Thierri, qui dura 23 ans, l'Aquitaine jouit d'une paix assez constante ; mais il n'en fut pas de même sous le règne de Théodebert fils de Thierri, qui eut à vaincre l'opposition de ses oncles pour monter sur le trône de son père. L'Aquitaine dut à la sagesse des ministres de Théodebald, fils de Théodebert, la tranquillité dont elle jouit sous le règne presque éphémère de ce jeune Prince, qui mourut sans postérité.

En 558, Clotaire I.er ayant survécu à ses frères, devint successivement, par leur mort, maître de leurs états et ensuite de toute la Monarchie. Sous son règne, l'Aquitaine ne fut point troublée par les horreurs de la guerre. Il n'en fut pas de même sous celui de son successeur. Clotaire I.er mourut en 561. La division de la monarchie entre ses quatre fils Caribert, Gontran, Sigebert I.er et Chilpéric occasionna des guerres continuelles. Sigebert I.er, qui fut roi d'Austrasie, eut aussi l'Aquitaine dans son lot. L'an 562, ce prince taille en pièce les Huns qui avaient fait irruption dans les Gaules. En 564, Sigebert se saisit de Soissons, fait prisonnier Théodebert fils de Chilpéric, défait et chasse Chilpéric lui-même et recouvre les villes qui lui avaient été enlevées. En 566, il déclare de nouveau la guerre aux Huns, est vaincu, fait prisonnier, se rachète et fait un traité avec leur Roi. En 573 il se bat encore contre son frère Chilpéric; mais celui-ci, pour en tirer vengeance, envoie, en 574, son fils Théodebert et Didier, un de ses généraux, ravager le Limousin et le Quercy. Ils se présentent sous les murs de Limoges avec une armée formidable, composée en partie de Bourguignons; mais le patrice Munmol, leur fit éprouver une défection complète. On prétend que l'armée de Chilpéric éprouva dans cette affaire une perte de plus de 30,000 hommes. Ce fut dans ce combat sanglant qui eut lieu près et au-delà du pont Saint-Étienne, que Domnolenus

(St. Domnolet) comte du Limousin, perdit la vie. Ce prince, et une partie des braves Limousins qui éprouvèrent le même sort, furent ensevelis dans l'église de St. Grégoire qu'il avait édifiée, et qui, après sa mort, porta son nom. On ajoute qu'après le combat Théodebert, irrité de sa défaite, pénétra dans Limoges et fit passer au fil de l'épée tout ce qui se trouva sous la main des soldats, sans exception d'âge ni de sexe; les églises de la Règle, de St. André et plusieurs autres furent livrées aux flammes, la ville fut pillée. Enfin, il fit commettre des excès d'inhumanité qu'on n'avait eu jamais à reprocher ni aux Visigoths, ni aux Huns, ni aux Vandales. Quelque tems après, les Limousins s'étant révoltés contre un référendaire nommé Marc, délégué par Chilpéric pour lever des impôts, se trouvèrent exposés à la rigueur d'un intendant envoyé pour châtier leur sédition; mais sur ces entrefaites Aredius, qui demeurait au monastère d'Attano, (St. Yrieix) quitta sa retraite pour aller se jeter aux pieds du Roi; il lui exposa l'état déplorable du Limousin avec tant de fermeté; il sut si bien attendrir, par ses instances, Frédégonde la concubine de ce prince, qu'il obtint le rappel de l'intendant et la révocation de l'impôt.

En 575 les ducs Gondebaud, Godegisèce et Gontran-Boson furent envoyés, avec une puissante armée, par Sigebert, pour sommer Théodebert fils de Chilpéric, de restituer l'Aquitaine à son légitime souverain ; mais Théodebert n'ayant pas obtempéré à cette injonction fut contraint par la force des armes d'évacuer la Touraine, le Poitou et le Limousin ; et poursuivi jusque aux portes d'Angoulême, il y trouva la mort. Sigebert, poursuivant le cours de ses succès militaires, parvint ensuite à expulser Chilpéric de Paris, et se fit reconnaître Roi par toute la nation ; mais il mourut bientôt assassiné par des satellites de Frédégonde. Malgré cette catastrophe, il paraît que le Limousin jouit des douceurs de la paix jusque vers le milieu du 7.e siècle.

On doit rapporter au règne de Sigebert l'époque à laquelle les Limogeaux essayèrent d'entourer de murs leur cité, en laissant le quartier du pont Saint-Martial.

Après la mort de Clotaire I.er, l'Austrasie devint le partage de Sigebert I.er, son fils. Childebert, fils aîné de Sigebert I.er, succéda à son père. Ce jeune prince fut sauvé lors du massacre de son père, par Gombaud général de l'armée Austrasienne, qui le conduisit à Metz où il fut proclamé Roi. Deux ans après, le roi Gontran ayant perdu ses deux fils, adopta son neveu Childebert et le fit asseoir sur son trône. Il envoya en outre, contre Chilpéric, une armée commandée par le patrice Munmol. Chilpéric fut vaincu, et cet événement en augmentant la puissance de Childebert rendit la paix à l'Aquitaine : cette tranquillité fut cependant troublée un moment par l'ambition de Gombaud. Ce duc qui voulait passer pour fils naturel de Clotaire I.er, ayant attiré dans son parti Gontran-Boson, le patrice Munmol et Didier duc de Toulouse, entreprit de se faire reconnaître pour Roi. En effet, l'an 585, il fut couronné en cette qualité en l'église de St. Martin à Brive-la-Gaillarde, où il fut élevé sur un pavois, comme il était d'usage en pareil cas. Mais son élévation ne fut qu'un vain songe, puisqu'il fut tué peu de tems après, d'un coup de pierre, à la sortie de la ville de Comminges.

Childebert laissa en mourant deux fils qui se mirent en possession de la succession paternelle. Théodebert II, l'aîné, eut en partage l'Austrasie et l'Aquitaine. Les deux frères vécurent d'abord en bonne intelligence ; mais leur aïeule Brunehaut parvint à les désunir, et ils finirent par se déclarer la guerre. Enfin Théodebert ayant été vaincu par Thierri son frère, fut envoyé par son vainqueur à Châlons-sur-Saône, où l'implacable Brunehaut le fit d'abord raser et puis assassiner.

Théodebert II étant mort, Clotaire II son oncle s'empara de sa succession, et finit par se rendre maître en 613 de toute la France et de la Bourgogne. Dagobert I.er et Caribert II furent les successeurs de Clotaire II. Ce dernier n'eut d'abord aucune part à la succession de son père ; mais, par suite d'un traité fait en 630, il obtint de son frère aîné la cession du Toulousain, du Quercy, de l'Angoumois, du Périgord, du Limousin et de la Novempopulanie ou Gascogne; et aussitôt après la conclusion de ce traité, il se retira à Toulouse et y établit le siége de son royaume. Caribert II ne jouit pas long-tems du titre de Roi. Il succomba en 631 à une mort violente, dont les soupçons planèrent dans le tems sur Dagobert I.er. Par cet événement, Dagobert I.er se trouva maître absolu de toute la monarchie.

Ce fut sous le règne de Dagobert I.er que St. Éloi se rendit célèbre. Il naquit vers l'an 589 au village de *Souru*, actuellement *Châtelat*. L'église de ce bourg, situé à 9 kilomètres au nord de Limoges, est bâtie au lieu même où était sa maison paternelle. Il fut d'abord orfèvre, puis il devint successivement conseiller du Roi, évêque de Noyon et de Tournai. Il mourut en 659, à l'âge de 70 ans. On lui attribue la fondation ou plutôt la réparation, vers 619, du monastère de Saint-Martin de Limoges. (1) L'on prétend encore qu'il fit bâtir l'église de Saint-Paul. (2) Enfin, l'an 641, il fonda l'abbaye de Solignac, près Limoges.

En 637, Dagobert délaissa le royaume de Toulouse, (mais à titre de duché d'Aquitaine seulement

---

(1) Ce monastère est actuellement occupé par un établissement d'éducation pour les jeunes demoiselles, dirigé par madame la chanoinesse de Brette.

(2) Cette église était située dans l'emplacement où est maintenant l'atelier de teinture du S.r Fournier.

et sous la condition de foi et hommage et d'un tribut annuel) à Boggis et Bertrand ses neveux. C'est le premier exemple d'un apanage donné à des princes de la famille royale. Dans la suite, St. Hubert, ayant embrassé l'état monastique, céda tous ses droits au duché d'Aquitaine à Eudes son cousin, fils de Boggis, qui en devint par ce moyen seul propriétaire. Ce duc Eudes, qui régna en souverain sur l'Aquitaine depuis 688 jusqu'en 735, se rendit célèbre par ses démêlés avec les Maires du palais et les guerres qu'il soutint contre les Sarrazins. Il passe pour être le premier qui ait reçu à Limoges la couronne ducale. Vers l'an 720 le duc Eudes, ne consultant que son courage, entreprit de faire la guerre aux Sarrazins. Il parvint, en effet, à les battre en 721 devant Toulouse; mais en 730 il fut obligé d'acheter la paix et le salut de ses états en donnant la main de Lampagie sa fille à Munuza général des Sarrazins. Ce revers ne fut pas le seul qu'Eudes eut à éprouver : En 732 son armée fut presqu'anéantie par Abdérame. Le vainqueur, poursuivant sa victoire, porta la mort et l'épouvante jusque sous les murs de Poitiers. Mais Charles Martel que le duc Eudes avait appelé à son secours, défit complètement les Sarrazins au mois d'octobre 732, et Abderame, leur chef, périt dans la mêlée avec 375,000 des siens.

 Le duc Eudes eut pour successeur Hunold son fils. Ce prince fit la guerre à Carloman et à Pepin qui finirent par le mettre en fuite. En 745 il conclut avec eux un traité de paix où il promettait de leur obéir comme leur vassal. Peu de tems après il abdiqua la couronne ducale et prit l'habit religieux au monastère de l'Isle-de-Rhé, fondé par son père et sa mère. Il en sortit cependant au bout d'une vingtaine d'années, et fut tué au siége de Pavie, l'an 774. Waifre ou Gaiffre, devenu duc d'Aquitaine à l'époque de l'abdication de Hunold son père, fit une guerre acharnée à Pepin le Bref et à Carloman son fils. Dans le cours de cette guerre, Pepin le Bref, après avoir ravagé l'Auvergne, entra dans le Limousin et vint assiéger Limoges qui fit une si vive résistance, que Pepin irrité contre cette ville la détruisit presque toute entière l'an 764. Cependant après avoir abattu l'obstination de son ennemi, et ruiné tout le plat-pays, depuis la Loire jusqu'à Cahors, il retourna dans ses États, par le Limousin. Les remords qu'il éprouva à l'aspect des désastres dont il était l'auteur, l'engagèrent à faire des dons considérables aux églises de St. Étienne, de St. Martial et de St. André, ainsi qu'à l'abbaye de la Règle, pour les indemniser des dommages qu'elles avaient éprouvé pendant le siége de Limoges. Pepin se rendit maître une seconde fois de Limoges, parce que, selon toute apparence, les Limogeaux sollicités par Waifre ou par Remistan qui gouvernait pour lui, s'étaient soulevés contre l'autorité royale. Les revers qui depuis long-tems étaient attachés aux armes de Waifre, ne l'empêchèrent pas de tenter encore plusieurs fois le sort des batailles ; mais après avoir épuisé toutes les chances de sa mauvaise fortune, il fut enfin assassiné par ses domestiques, le 2 juin 768. Alors Pepin confisqua le duché d'Aquitaine et en fit la réunion à sa couronne.

Nos anciennes chroniques rapportent que sous l'épiscopat de Rorice II, un saint personnage natif de Cambrai, nommé Junien, vint fixer son habitation dans un hermitage situé à *Commodoliac* sur les bords de la Vienne, et qu'il y mourut l'an 587. Ferréol, évêque de Limoges, fit bâtir en l'honneur de ce Saint, un monastère qu'il dota richement et où il établit des religieux de l'ordre de St. Benoît. Ce monastère (d'où la ville de Saint-Junien tire son origine) fut sécularisé vers le milieu du douzième siècle. L'église du monastère sert aujourd'hui d'église paroissiale.

Les mêmes chroniques rapportent encore à l'épiscopat de Rorice II, la construction de l'église de Saint-Pierre-du-Queyroix de Limoges.

Charlemagne rétablit le royaume d'Aquitaine ; son fils Louis dit le Débonnaire le posséda depuis l'an 778, époque de sa naissance, jusqu'en 817 qu'il fut donné à Pepin frère de Charles le Chauve.

Ce fut Louis le Débonnaire qui, en 801, jeta les fondemens de l'église dite alors de St. Sauveur et ensuite de St. Martial, laquelle occupait la majeure partie de la place actuelle nommée *Royale*. L'église de St. Martial fut détruite au commencement de la révolution ; c'était un bâtiment d'une vaste étendue et qui offrait par-tout les caractères de l'architecture du 8.ᵉ siècle : deux ordonnances de piliers informes régnaient autour de la nef, du chœur et de la croisée ; la première formait les bas-côtés ; la seconde en achevant l'élévation de la nef, du chœur et de la croisée, entrait dans la construction des galeries. Le clocher paraissait faire partie du plan général de l'église ; sa hauteur était partagée en cinq étages de forme carrée ; du quatrième étage s'élevaient sur chaque face des frontons très-aigus ; le cinquième étage était un octogone surmonté d'un couronnement moderne. Il y avait dans l'église de St. Martial une ancienne horloge avec carillon qui était une allégorie aussi vraie qu'ingénieuse ; la figure de la mort exécutait trois mouvemens remarquables : elle tournait la tête à droite, abaissait la machoire inférieure, et levait de ses deux bras la faulx dont elle frappait un timbre. Ce timbre était dans un globe qui servait de base à la *mort*, laquelle était assise sur un panier de fleurs d'où s'élançait un serpent. Cette horloge passa d'abord dans les mains de ceux qui firent l'acquisition des matériaux de l'église ; elle a été acquise depuis par la Mairie de Limoges pour en orner le dôme de son hôtel. A cette époque, le Maire de Limoges ayant pensé, sans doute, que cette horloge, placée dans un lieu apparent, pourrait frapper d'une manière désagréable les regards des passans, crut obvier à cet inconvénient en substituant à la figure de la Mort celle de Saturne, qui certes ne vaut pas l'autre quant au mérite de l'exécution.

On prétend que Louis le Débonnaire, voulant perpétuer le souvenir des victoires de Pepin le Bref son aïeul sur Waifre, fit placer une lionne en pierre dans le mur méridional de l'église de St. Martial. Le vulgaire l'appelait la *Chiche;* elle était représentée allaitant des lionceaux. Au bas de cet emblême était une lame de cuivre sur laquelle on lisait ces vers :

Alma lecena, duces sœvos parit atque coronat.
Opprimit hanc natus Waifer malè sanus alumnam;
Sed pressus gravitate, luit sub pondere pœnas.

Après la démolition de l'église de St. Martial, M. Juge-de-Saint-Martin, professeur de Botanique à Limoges, fit l'acquisition de cette lionne en pierre et la fit transporter dans sa pépinière des Arênes. Depuis, elle fut transportée dans les jardins de M. de Choiseuil-Gouffier à Paris, et de-là au musée des Petits-Augustins.

Les deux boules que tient dans ses mains la petite figure qui surmonte la lionne, deux autres boules formées dans une pierre qui était dans le même lieu, le personnage que cette lionne presse entre ses griffes, l'inscription qui est au socle et qui est ainsi conçue : LE bOb — TESSELbVA; ce qui, dit-on, peut signifier en vieux patois : *les boules te saluent;* tout cela parut à M. Beaumesnil se rapporter à une ancienne tradition qui s'est toujours conservée parmi le peuple; voici en quoi elle consiste : Une maladie contagieuse ravageait la ville de Bordeaux; les Bordelais eurent recours à une célèbre relique qui était conservée à Limoges et qu'on nommait la Verge de St. Martial. Les habitans de Limoges exigèrent des otages ; ceux de Bordeaux consentirent à donner en cette qualité quatre de leurs Jurats; mais voulant s'approprier la relique, ils travestirent en magistrats quatre porte-faix, sur lesquels le peuple de Limoges exerça la plus cruelle vengeance lorsqu'il s'aperçut qu'il avait été joué. Ils furent, suivant la tradition, enterrés jusqu'aux épaules, et leurs têtes servirent de but aux boules que le peuple leur lança; c'est de-là qu'a pu venir l'épithète de *Jurat de Limoges*, qu'on donne encore dans le Bordelais et la Gascogne à toute personne qu'on veut insulter ou tourner en ridicule.

La lionne de St. Martial paraît au premier abord avoir quelque analogie, par la qualité de la pierre et par la nature du travail, avec les quatre figures de lion dont nous avons parlé dans le chapitre précédent. Ceux qui soutiennent que cette lionne couvrait le tombeau de Waifre, sont aussi d'avis que les abbés de St. Martial firent placer les quatre lions susdits aux endroits les plus apparens de l'ancien château de Limoges, en signe de la juridiction temporelle que Louis le Débonnaire leur avait accordé.

Ducange et l'abbé le Bœuf ont cru trouver l'origine de ces lions dans l'usage où étaient jadis les juges, tant civils qu'ecclésiastiques, de tenir leurs assises sur des lions de pierre. Je n'entreprendrai pas de concilier ces diverses opinions : je me contenterai de dire que la *Chiche* n'est pas le seul emblême de ce genre qu'on ait vu à Limoges. Deux autres à peu près semblables dont M. Beaumesnil avait fait les dessins, sont enfouis, dit-on, dans les fondations du Palais épiscopal actuel.

Nos anciennes chroniques font remonter seulement au règne de Charlemagne, l'établissement de la belle fontaine d'*Eygouléne* à Limoges : Elles disent qu'un roi d'Affrique nommé Aigolan, faisant des incursions jusqu'à Limoges, trouva le séjour de cette ville agréable, y séjourna quelque tems et y fit élever ce monument. Elles ajoutent que pour en faire les frais, il donna une voiture en or, enrichie de pierreries. Nous pensons, avec plusieurs écrivains sensés, que ce monument remonte à une plus haute antiquité; car son acqueduc souterrain, qui passe sous le cimetière des Arênes, est vraiment digne de la majesté Romaine. On a donné plusieurs étymologies au nom que porte cette belle fontaine; la plus juste et la plus probable est celle qui se tire de ces deux mots latins *aqua lenis*, dont on aura formé, par corruption, le mot patois *Aigoléno*, qui signifie *eau douce*.

En 830, Louis le Débonnaire tint une assemblée

générale des états d'Aquitaine, au palais de *Ladric*, près le pont de la *Roche-au-Got*. Il fit ensuite son entrée solennelle dans Limoges où il fit faire la dédicace de l'église *du Sauveur*. Il donna le château de Limoges, avec toutes ses dépendances, au clergé de l'abbaye de St. Martial. C'est en vertu de cette donation que l'abbé devint Seigneur haut-justicier du *château*, appelé aujourd'hui ville de Limoges.

Louis le Débonnaire étant rétabli sur son trône après être sorti de la prison où ses fils l'avaient enfermé, croyant que cette faveur lui avait été accordée par les mérites de St. Martial apôtre d'Aquitaine, il voulut lui en témoigner publiquement sa reconnaissance; c'est pourquoi il fit un voyage à Limoges, en habit de pélerin, avec 300 gentilshommes, et alla aux tombeaux du Saint pour se mettre sous sa protection.

Les Normands qui dès l'an 836 avaient pénétré en France, descendirent en 846 dans l'Aquitaine et se répandirent dans toute la province où ils brûlèrent plusieurs villes, entr'autres celle de Limoges; ils détruisirent les châteaux, les églises et les monastères. Ces furieux pillaient et massacraient tout ce qui leur tombait sous la main; enfin, las de répandre le sang et chargés d'un butin immense, ils sortirent de l'Aquitaine en 848, et portèrent ailleurs leur maligne influence.

La même année, Charles le Chauve étant venu à Limoges tenir l'assemblée générale des prélats et des grands Seigneurs du Royaume, força le clergé de St. Martial à embrasser l'état monastique pour accomplir un vœu qu'il avait fait. Les nouveaux religieux adoptèrent la règle de St. Benoît, et élurent Odon abbé de Saint-Savin en Poitou, pour les instruire en la règle de l'ordre. Cependant tous les chanoines n'adoptèrent pas ce changement d'état. Geoffroi, qui était alors trésorier, ne voulut pas faire profession ; ce qui fut cause que le chapitre de Saint-Junien et la paroisse de Saint-Pierre-du-Queyroix cessèrent de dépendre du monastère de St. Martial. Ce fut à cette époque que cessa aussi un usage qui avait eu lieu jusqu'alors et que voici : La veille de Noël, les chanoines de St. Martial descendaient en procession à St. Étienne et y demeuraient jusqu'à la veille de la fête de St. Jean-Baptiste ; *et vice versâ* les derniers montaient habiter chez les premiers. Cette cérémonie se faisait avec beaucoup de pompe, et au son de toutes les cloches.

Les Aquitains avaient en 855 demandé pour roi à Charles le Chauve, Charles son plus jeune fils du premier lit ; mais leur demande fut sans effet. Cependant dix ans après ils renouvelèrent leurs instances. Ce fut alors que Charles le Chauve, accédant à leurs désirs, conduisit son fils à Limoges pour le faire couronner. La cérémonie fut faite dans l'église de St. Sauveur par Rodolphe de Turenne, archevêque de Bourges, assisté de plusieurs prélats de France.

Louis le Bègue, fils aîné de Charles le Chauve,

fut couronné roi d'Aquitaine en 867 dans une maison royale située sur la Loire, appelée *Bellus Pauliacus*. Les seigneurs d'Aquitaine l'y reconnurent pour leur Roi. Mais en 877, Louis étant devenu Roi de toute la France par la mort de Charles le Chauve son père, l'Aquitaine fut réunie à la couronne, et le Royaume de ce nom fut confondu avec le reste de la monarchie. Les Ducs et les Comtes acquirent alors une nouvelle autorité dans leurs gouvernemens, et la portèrent si loin qu'ils se rendirent enfin presqu'indépendans, chacun dans leur province, où ils usurpèrent les droits régaliens. Ranulphe comte de Poitiers, qui gouvernait l'Aquitaine en qualité de Duc, alla même jusqu'à prendre le titre de roi d'Aquitaine en 888; il mourut de poison l'an 893, laissant un fils nommé Ébles qu'il avait eu d'une concubine et qui devint la souche des Ducs d'Aquitaine, Comtes de Poitiers, dont la postérité posséda le Limousin jusque vers le milieu du 12.e siècle, époque à laquelle Aliénor répudiée par Louis le Jeune, le porta en dot à Henri II, roi d'Angleterre.

Les Normands recommencèrent leurs incursions désastreuses en Limousin vers l'an 911; mais les Limogeaux informés de leur arrivée ne les attendirent pas. Ils déguerpirent presque tous de leur ville, emportant avec eux le corps de St. Martial qu'ils déposèrent au château fort de Turenne.

Charles III se voyant hors d'état de résister à ces Normands qui inondaient presque toute la France, fut obligé la même année (911) de céder, (en fief mouvant de la couronne à titre de Duché) à Rollon leur chef, cette partie de la Neustrie qui prit le nom de Normandie. Il lui donna de plus sa fille Gisèle en mariage, à condition qu'il embrasserait le christianisme. Rollon reçut, en effet, le baptême l'an 912, et depuis ce tems-là la France fut moins fréquemment exposée aux ravages de ces brigands. Pendant 18 ans on n'entendit plus parler d'eux en Limousin. Ce ne fut qu'en l'année 930, que Raoul duc de Bourgogne, (qui par les intrigues de Hugues le Grand son beau-frère fut élu Roi de France) entrant en Aquitaine pour soumettre ce pays qui refusait de le reconnaître, rencontra les Normands dans le Limousin et les défit complètement ; ce qui lui attira beaucoup de gloire et disposa les Aquitains à la soumission.

Vers la fin du 9.ᵉ siècle, les Barons du Limousin commencèrent à tenir leurs terres en perpétuelle autorité du Roi comme Seigneur suzerain, et prirent le titre de Vicomte, au moins les Seigneurs de Turenne, de Ventadour, de Ségur, d'Aubusson, de Comborn, de Breillaufa, de Brigueil, de Bridiers, de Brosse, de Rochechouart et autres.

Il paraît que c'est vers le milieu du 10.ᵉ siècle que plusieurs nobles de la ville ou château de Limoges, y firent bâtir des maisons qui portèrent leurs noms. De ce nombre sont : M. *Pennevayre;* sa maison était située dans la rue qui porte encore ce nom. M. *La-*

motte ; sa maison était située au coin de la place de ce nom. M. *Degain ;* sa maison était située près du Portail-Imbert. M. *Dubreuil ;* c'est actuellement la *Préfecture ;* M. *Depeyrusse ;* c'est maintenant *le palais de Justice* et *les Prisons.* M. *de Canillac* et M. *de Carbonnière,* dont les maisons étaient près de la place *Saint-Michel.* Ces maisons, situées comme l'on voit dans la première enceinte du château de Limoges, (*castri Lemovicensis*) formèrent le noyau de la ville de Limoges.

L'an 985, le roi Lothaire passant par Limoges, engagea les habitans de cette ville à achever de clorre de murailles la première enceinte de ce château, pour se garantir, leur dit-il, des incursions qu'avait projetées Guillaume Fier-à-Bras, duc d'Aquitaine. Dans cette première enceinte, entourée de fossés pleins d'eau provenant de la fontaine *d'Eygoulène,* fut comprise du côté de l'orient, l'abbaye de St. Martial et son cimetière jusqu'au *Pont-Hérisson,* joignant l'hôpital Saint-Martial, aujourd'hui l'*Hôtel des monnaies ;* de-là tirant à la fontaine de *Jaumart,* où était avant la révolution la communauté des Filles de Notre-Dame ; au *Portail-Imbert,* où étaient les Prisons, puis à la porte *Fustinie* près Saint-Michel, ensuite passant à la place de *la Motte* et descendant aux portes *Poissonnière* et *Poulaillière,* et revenant à ladite abbaye. Et dans la partie de l'ancienne ville, qu'on appela *Cité,* furent comprises l'Église cathédrale, l'abbaye *de la Règle* jusqu'au pont *Saint-*

Étienne, et de-là faisant le tour de cette abbaye et remontant jusqu'aux jardins *du Palais épiscopal* et revenant à ladite église. Toute cette partie fut fermée de murs aux dépens de l'abbé de St. Martial Ébolus, qui fut ensuite évêque. La partie dans laquelle se trouvait le pont *Saint-Martial* et ses alentours, ne fut pas entourée de murailles et s'appela en latin *villa pontis Sancti Martialis*, et en français, *ville du pont Saint-Martial*.

La ville de Limoges formait donc à cette époque trois parties distinctes. La partie dite *du Château* que l'abbé Étienne avait précédemment aidé à clorre, fut appelée de son vivant, comme nous l'avons dit plus haut, *Stephanopolis*. Après la mort de cet abbé qui avait fait de grands dons à l'église de *St. Sauveur*, le monastère de *St. Martial* fut incendié. Ce fut l'évêque Ébolus qui le fit rebâtir. Ce fut encore lui qui fit achever l'*ancien palais épiscopal* que Turpin d'Aubusson son prédécesseur avait commencé de bâtir.

Les monumens enfouis dans les fondations du nouveau palais épiscopal de Limoges, découverts en 1757 lors de la démolition de l'ancien, prouvent évidemment qu'il y avait dans cet endroit, ou très-près, un temple dédié à *Priape* ou à *Vénus*.

Les anciennes chroniques disent que pendant le 10.ᵉ siècle et jusqu'au commencement du 12.ᵉ, la ville de Limoges éprouva de grandes calamités; elle n'était en 915 qu'un amas de ruines; ses murailles étaient renversées, ses églises et ses principales habitations détruites ou brûlées ; elle n'avait pu encore réparer les malheurs que lui avaient causés les ravages de Waifre et la fureur des Normands.

Vers l'an 986 l'évêque Hildegaire rétablit le monastère de St. Pierre d'Uzerche, qui avait été fondé vers l'an 760 par Pepin le Bref; il fonda aussi le monastère de St. Pierre d'Eymoutiers en 986, et y établit des moines qui furent peu après chassés par Hilduin son frère qui y plaça des chanoines.

On rapporte au règne de Hugues Capet, l'invention de la première horloge par le moine Gerbert. Elle était à balancier, et l'on s'en est servi en France jusqu'au milieu du 17.ᵉ siècle. Huygens, alors, substitua le pendule au balancier. Gerbert passe encore pour avoir introduit en France l'usage des chiffres arabes.

L'an 1001, le jour de la fête de Notre-Dame de Mars, il arriva dans l'église de St. Sauveur un événement qui sema la division entre l'Abbé du lieu, le vicomte Gui son frère et les Consuls et habitans de Limoges. Ce fut l'enlèvement d'une jeune fille pendant l'office de Matines. Les ravisseurs se pressaient tellement pour sortir de l'église, et la foule était si considérable, que cinquante-deux personnes périrent étouffées. Les consuls voulurent s'emparer de la connaissance de cette cause, afin de punir un pareil attentat ; mais le duc d'Aquitaine Guillaume v, séduit par sa femme, sœur du Vicomte de Limoges, rendit nuls les efforts de ces magistrats ; ce qui fit beaucoup de mécontens. Ce fut alors que Geoffroi aussi frère du Vicomte, se porta pour Seigneur du château de Limoges, en soutenant que Louis le Débonnaire avait donné au monastère de St. Martial, les Justice et Seigneurie de cette ville. Mais attendu son impuissance pour contenir les habitans, l'Abbé donna à son frère la justice du château, avec pouvoir de recevoir l'hommage des Seigneurs de Pierre-Buffière et de Château-Chervix. C'est ainsi que la justice de la ville ou château de Limoges passa en la puissance des Vicomtes. Le vicomte Gui I.er, pour contenir plus facilement le château de Limoges sous son obéissance, élut dix des plus nobles et puissans de l'endroit, auxquels il transmit l'exercice de sa justice, les appela *Vigiers*; leur accorda le tiers des amendes et des confiscations qui auraient lieu, *à la charge par eux, leurs hoirs et successeurs, de rendre foi et hommage aux Vicomtes.*

On voit dans Vély que l'an 1010, le lit de la Vienne resta à sec à Limoges pendant trois nuits, sur l'espace de deux milles.

Un chanoine de Limoges, nommé Robert, fonda vers l'an 1026 l'abbaye de Bénévent en Limousin. Il y fit porter de la ville de Bénévent en Italie, des reliques de St. Barthelemi ; c'est de-là que cette nouvelle abbaye prit le nom de Bénévent.

En 1023 il fut tenu à Poitiers un concile, relativement à l'apostolat de St. Martial. Le duc d'Aquitaine Guillaume le Grand, qui s'y rendit avec plusieurs autres grands Seigneurs, présenta, dit-on, à l'assemblée un témoignage solennel pour le Saint, tiré d'un livre écrit en lettres d'or que Canut I.er, roi d'Angleterre, lui avait envoyé, où dans les litanies des Anglais, il était placé au nombre des Apôtres. L'année suivante il fut tenu un concile à Paris pour le même objet. Dans ce concile on donna à St. Martial le titre d'Apôtre. Cette décision fut confirmée dans un autre concile tenu à Limoges, l'an 1029. Le 1.er novembre 1031, le concile de Bourges ordonna de mettre St. Martial au nombre des Apôtres. Enfin, au concile tenu la même année, le 18 novembre, à Limoges, l'apostolat de St. Martial fut confirmé, et l'on prononça la peine de l'excommunication contre les perturbateurs. En conséquence de la décision des conciles que nous venons de citer, le pape Jean XIX ordonna d'insérer, dans les litanies, le nom de saint Martial au rang des Apôtres; il lui fit ensuite élever un autel dans la basilique de Rome.

L'église du bourg d'Ambazac (qui a été celle d'un monastère de Bénédictins, qui fut réuni à l'abbaye de Saint-Augustin-les-Limoges), paraît avoir été bâtie dans le 9.e siècle. On voit au-devant de sa porte occidentale, un bac d'une forme singulière qui annonce l'antiquité de cet édifice, et à sa porte méridionale un bénitier curieux. C'est un autel antique qui a servi probablement aux libations bachiques : sur le devant on voit une tête en bas-relief de Bacchus le Barbu ou l'*Indien*. Cette tête assez fruste est couronnée de pampre et de lierre. Ces vestiges font présumer qu'il y avait dans ce bourg un temple dédié à Bacchus.

Guillaume VI, duc d'Aquitaine, se trouvant mécontent d'Aimar II vicomte de Limoges, assiégea cette ville en 1082 et brûla l'église de St. Gérald qui était hors de son enceinte. Il aurait commis sans doute d'autres excès et peut-être même serait-il parvenu à s'emparer du château, sans Foulques-Taillefer comte d'Angoulême, qui, s'étant mis à ses trousses, l'obligea de lever non-seulement le siége de Limoges, mais encore celui d'Aixe. Ainsi les Limousins furent délivrés de l'oppression de l'armée formidable du duc d'Aquitaine.

L'an 1095, le pape Urbain II, revenant de Clermont où il avait prêché la Croisade, s'arrêta à Uzerche le 21 décembre et arriva à Limoges le 23 du même mois. Il célébra la première messe *de minuit* en l'église de la Règle, et celle de l'*aurore* à St. Martial. De-là le Saint-Père fut porté à la cathédrale de St. Étienne où il célébra, couronné de sa tiare, la grand'messe et tous les offices du saint jour de Noël. Le 29 décembre, le même Pontife fit la dédicace de l'église de St. Étienne; il consacra aussi la Basilique royale de St. Martial et celle de N. D. de la Règle. A ces cérémonies étaient présens les archevêques Hugues de Lyon, Aldebert de Bourges, Amé de Bordeaux, Robert de Pise et Rangerius de Reggio. On y voyait aussi les évêques Brunon de Signie, Pierre de Poitiers, Arnoul de Saintes, Raynald de Périgueux, Raymond de Rhodez et Humbaud de Limoges. Humbaud convaincu du crime de faux en écritures publiques et authentiques, fut déposé en présence du peuple, par le pape Urbain qui lui ôta en même tems son caractère de prêtre. L'ex-évêque, réduit à l'état de simple laïque, se retira à Saint-Sévère en Berri, au château de son père. Guillaume d'Urec, prieur de St. Martial, fut créé, en même tems, évêque en remplacement d'Humbaud.

Les années 1103 et 1105 furent marquées par des événemens désastreux pour la ville de Limoges. Elle fut incendiée deux fois et éprouva toutes les horreurs de la guerre civile. Les bourgeois du château de St. Martial brûlèrent la Cathédrale, le monastère de la Règle et les églises de St. Jean-Baptiste, de St. Maurice, de la Trinité, de St. Genest et de St. Domnolet; ces ravages dont on ignore la vraie cause, s'étendirent ensuite à toute la province.

Quelques mémoires rapportent qu'en 1122 le château de Limoges fut brûlé ainsi que l'abbaye de St. Martial, l'église de Saint-Pierre-du-Queyroix, celle de Saint-Michel-des-Lions, et le monastère de St. Martin avec les beaux édifices dont il était environné. D'autres placent l'époque de cet incendie en 1121 et 1122; ils ajoutent qu'il fut suivi d'une cruelle famine et d'une épouvantable mortalité. Il paraît que cette ville demeura long-tems sans se relever de ses ruines; car Louis le Jeune y passant en 1137 pour aller à Bordeaux épouser la duchesse Aliénor, ne put y loger avec les Seigneurs de sa suite; ils furent obligés de se placer sous des pavillons qu'ils firent dresser sur les bords de la Vienne.

Au mois d'avril 1142, Aimeri, gentilhomme Limousin, fut nommé patriarche d'Antioche. Il fut persécuté par Reynaud de Châtillon, et par Boëmond III qu'il avait excommunié l'an 1180 pour cause d'adultère. En 1183, il réunit à l'Église catholique le patriarchat des Maronites, avec une partie de ses sectateurs. Il mourut en 1187 et fut remplacé par Raoul II, sous-diacre de Limoges.

En 1147, le jour de St. Jean-Baptiste, un violent incendie ravagea la ville de Limoges. Les clochers de St. Michel et de St. Martial devinrent encore la proie de ce nouveau désastre.

CHAPITRE III.

Événemens mémorables arrivés en Limousin, pendant que cette province a été sous la domination des Anglais. (1152 à 1452.) — Monumens, Fondations, Édifices publics.

Louis VII dit *le Jeune* et *le Pieux*, succéda, à l'âge de 18 ans, au roi Louis VI son père. Il prit, la même année de son avènement à la couronne, possession de la Guyenne et du Poitou, par suite de son mariage avec Aliénor, fille aînée de Guillaume X, et héritière de ses états. Louis le Jeune n'eut ni le courage, ni l'activité de son père. Bourrelé par les remords que lui occasionnait le massacre de Vitry, il voulut, pour se réconcilier avec le ciel, faire partie de la Croisade prêchée par St. Bernard. Imprudent, après avoir été barbare, il abandonna son royaume, malgré les instances du célèbre Suger abbé de St. Denis, homme sage qui avait déjà eu part au gouvernement de l'État, sous le règne de Louis VI, et qui, par un rare effort de génie, était parvenu à se mettre au-dessus des préjugés de son siècle. L'incapacité de Louis le Jeune se manifesta pleinement dans cette Croisade. Il s'y comporta sans gloire et s'y déshonora comme roi et comme époux.

Sa femme Aliénor, qu'il avait menée imprudemment en Judée, devint éprise d'un jeune turc, et le scandale de leurs amours en instruisit jusqu'à celui qui devait les ignorer, et qui ordinairement est le dernier instruit. Les troupes de Louis le Jeune furent battues par les infidèles : fugitif, ce prince tomba au pouvoir des ennemis et ne recouvra sa liberté que par l'effet de la valeur du roi de Sicile. Pendant cette fameuse guerre, on vit Suger gouverner la France avec douceur, modération et habileté. Il eut de plus rares qualités que celles d'un roi, il eut celles d'un régent. Mais à peine Louis VII est-il de retour en France, qu'il fait autant de fautes que de pas. Il a le malheur de perdre son sage ministre, et pour comble, il répudie, l'an 1152, la reine Aliénor, pour cause d'adultère; et en même tems il a l'imprudence de lui restituer son immense dot. Par cette restitution il frappa la France d'une plaie qui fut trois siècles à se cicatriser, et qui a plus nui à sa force et à sa grandeur réelle que toutes les attaques de ses ennemis. On prétend que le surnom de *Jeune* fut donné à Louis VII après l'inconcevable faute qu'il venait de commettre; et qu'en l'appelant ainsi, c'est comme si l'on avait voulu dire Louis l'*Écolier*. Aliénor transmit ses grands biens à la maison d'Anjou, en donnant, l'année même de sa répudiation, sa main à Henri II comte d'Anjou, qui devint, en 1154, roi d'Angleterre.

Henri II, devenu duc d'Aquitaine par le fait de

son mariage avec la duchesse Aliénor, vint se faire couronner à Limoges, l'an 1153; le peuple le reçut avec alégresse, croyant en être mieux traité que des Ducs précédens; mais il ne tarda pas à s'apercevoir que son espérance était vaine. Henri se rendit d'abord à Saint-Martial, où il fut accueilli par les moines; mais les débats qui survinrent entre les bourgeois de Limoges et les gens de la suite, irritèrent le Duc, qui, pour en marquer sa vengeance, fit raser les murs du *château* à peine relevés. Il fit démolir un pont, (peut-être celui de Saint-Étienne) d'après le conseil de Bernard, doyen de Saint-Yrieix, qui avait également à se plaindre de la Bourgeoisie. Il voulut encore exiger que l'abbé de saint Martial fournit à sa dépense, ce que celui-ci refusa de faire, disant qu'il ne lui devait aucun secours hors de l'enceinte du *château;* de sorte que le Duc, piqué de toutes ces contradictions, se retira plein de fureur contre la ville de Limoges, et ne la regarda plus d'un bon œil.

L'an 1158 Gérald de Cher, 49.ᵉ évêque de Limoges, fit bâtir le prieuré conventuel et l'hôpital de St. Gérald.

On rapporte à l'an 1161 ou environ, l'ambassade qu'envoya l'évêque de Lincoln en Angleterre à l'abbé de St. Martial, pour lui demander des reliques du saint Apôtre. Itier de Crosent fit présent à ce sujet d'une belle cassette en ivoire pour recevoir ces restes précieux, et on remit le tout aux chanoines composant la députation.

Un bourgeois de Limoges avait fait ériger un arceau sur la tombe de Ste. Valerie; c'est-là qu'en 1161 on bâtit une église pour sanctifier le lieu où cette Martyre avait été décolée. (1)

Geoffroi du Vigeois rapporte que le jour de la Saint-Jean 1167, le château de Limoges fut réduit en cendres presqu'en entier.

Vers la même année les barons d'Aquitaine, excités par le roi de France, se soulevèrent contre Henri II, et ravagèrent le pays. Ce prince passa aussitôt en Aquitaine, battit les rebelles et s'empara de leurs châteaux forts; mais des affaires urgentes l'appelant ailleurs, il laissa le gouvernement de la province à son épouse et au comte de Salisbury.

L'année suivante, désirant faire passer le duché d'Aquitaine sur la tête de son fils puîné, Richard Cœur-de-Lion, il engagea son épouse à s'en démettre en faveur de ce jeune prince. Mais Aliénor refusa d'accéder aux propositions d'Henri II. Ce monarque outré de se voir désobligé, fit mettre Aliénor en prison, afin de la contraindre à suivre sa volonté. Enfin, cette princesse craignant les excès d'un mari impérieux et vindicatif, souscrivit moitié de gré, moitié de force à ce qu'on exigeait d'elle. Alors

---

(1) On voit actuellement, dans cet emplacement, une auberge et un établissement de roulage.

Richard fut mis en possession du duché d'Aquitaine, et couronné à Limoges en cette qualité. Peu de tems après, Richard et sa mère, s'étant rapprochés, firent rebâtir le couvent des Augustins, dont ils posèrent la première pierre. (2)

En 1169, Thibaut comte de Blois, gendre de Louis VII et d'Aliénor, et frère de Henri comte de Champagne, revenant d'un pélerinage à Saint-Jacques en Galice, passa à Limoges pour faire ses dévotions au sépulcre de St. Martial.

Vers l'année 1177, il parut dans le Limousin des bandes de brigands qui ravageaient les champs, pillaient les églises, assassinaient les gens, en un mot qui commettaient toutes sortes de cruautés. L'évêque de Limoges, Gérald, fut informé qu'il y en avait une bande du côté de Brive, qu'on appelait *Brabançons*, ayant à leur tête un nommé Guillaume Le Clerc. Ce prélat fit tant par ses exhortations, qu'il réunit à Limoges quatre petits corps de troupes du pays ; le premier, qui formait l'avant-garde, était commandé par Aimar V, vicomte de Limoges ; le second par Archambaud, vicomte de Comborn ; le troisième par Olivier de Lastours ; et le quatrième par Estuard de Chabanais. La petite armée Limousine atteignit ces brigands près de Brive, au

---

(2) Les bâtimens de ce monastère sont occupés, en majeure partie, par la fabrique de porcelaine de M. Baignol.

château de Mallemort ; elle les harcela tellement que leur chef et plus de 2000 d'entre eux restèrent sur la place, et le reste fut mis en déroute.

La démission forcée qu'Aliénor avait donné de son duché d'Aquitaine en faveur de Richard Cœur-de-Lion son fils puîné, excita la jalousie et le mécontentement d'Henri au Court-Mantel son fils aîné, et de Geoffroi duc de Bretagne son troisième fils, mit la division dans la famille de Henri II, fut cause de sa mort, et eut les suites les plus fâcheuses pour le Limousin. L'an 1172, les deux fils de Henri II et la reine Aliénor, trament contre ce monarque une conspiration ; le comte de Toulouse découvre le complot, en informe Henri II, qui, après avoir approvisionné ses places de guerre, se rend en Angleterre, fait arrêter sa femme et la fait enfermer avec Marguerite de Sabran sa dame d'honneur, dans une étroite prison, au château de Salisbury. Mais cet acte de sévérité loin de réprimer la révolte de ses enfans, ne fait qu'aigrir davantage leurs esprits. Louis le Jeune, beau-père de Henri au Court-Mantel, se déclare pour ce dernier et pour son frère Geoffroi. Le roi d'Écosse prend aussi, dans leurs intérêts, part à la querelle. Ce fut alors que ces deux jeunes princes, dans le dessein d'enlever le duché d'Aquitaine à Richard leur frère, entrèrent en campagne avec leurs troupes, soutenues par celles des comtes de la Marche et du Périgord, des vicomtes de Limoges et de Turenne, de Geoffroi de Lusignan et autres. Aimar v, vicomte de Limoges, avait à sa suite des bandes de pillards, qu'on nommait les *Paillers*, parce qu'ils portaient de la paille à leur casque, pour annoncer que l'incendie marchait à leur suite. Les troupes du jeune Henri n'étaient pas mieux disciplinées; c'était autant de hordes de brigands qui parcouraient la province en y commettant les plus horribles exactions. Une partie de cette troupe infernale entre dans le château de Limoges, dont les murailles n'avaient pas encore été relevées. On somme les Consuls et les Bourgeois d'avoir à reconnaître pour duc d'Aquitaine Henri le Jeune. Les Limogeaux qui avaient déjà reconnu Richard, balancent sur le parti qu'ils ont à prendre. Enfin, pressés par les circonstances et sur-tout par les menaces du vicomte Aimar, ils obtempèrent à l'injonction qui leur est faite. Ensuite le vicomte Aimar parcourt le Limousin, avec ses troupes, pour ranger ce pays sous l'obéissance du nouveau Duc. Il prend la ville et le château d'Aixe où il laisse en garnison 1200 Basques. De-là, avec les Béarnais et les Biscayens qui le suivaient, il va avec Robert de Borie mettre le siége devant Saint-Laurent-sur-Gorre. Là il fut averti que Richard venait sur lui du côté d'Angoulême; ce qui fit qu'ayant abandonné le siége qu'il avait commencé, il se retira à Limoges en passant par Saint-Priest-sous-Aixe; mais Robert de Borie, qui avait le commandement de l'infanterie, fut atteint par les troupes de Richard et mis en déroute après avoir perdu beaucoup de monde. Le vainqueur, alors, poursuivant sa route, arrive à Aixe dont il se rend maître ; fait passer au fil de l'épée ou noyer la majeure partie de la garnison de cette place, et ordonne de crever les yeux au reste ; ce qui fut exécuté. De-là il se rend à la Cité de Limoges pour la défendre contre ses frères qui lui avaient déjà livré trois assauts et sans aucun succès. Incontinent, il lui arriva de toutes parts des secours qui le mirent à même d'entrer en campagne et de prendre l'offensive contre ses frères. Il augmenta donc la garnison de la Cité et vint asseoir son camp entre le pont Saint-Martial et l'église de Ste. Valerie : et pour mieux assurer ses derrières, il fit couper le pont de la Roche-au-Got. Cependant Henri II qui soutenait Richard, voulant tirer vengeance d'une insulte qu'il prétendait lui avoir été faite par les consuls et bourgeois du château de Limoges, vint mettre le siége devant cette place le 1.er mars 1183. De son côté Henri le Jeune qui se voyait ruiné, emprunta de l'argent aux bourgeois de Limoges qui avaient pris son parti. Il pilla les richesses enfermées dans le trésor de St. Martial, puis fut assiéger la Cité, dont Richard était le maître. Mais à peine se fut-il présenté devant la porte du *Naveix*, près la tour *Alerezia*, qu'il y fut frappé d'un coup de pierre à la tête. Cette blessure le conduisit au tombeau. Il mourut le 11 juin suivant au château de Martel en Quercy. Cet événement n'empêcha pas Henri II de poursuivre le projet de vengeance qu'il avait formé contre le château de Limoges, puisqu'il vint y remettre le siége cinq jours après. La mort du jeune Henri ayant déconcerté les projets de Geoffroi son frère, celui-ci se décida à faire la paix avec son père. Mais une des conditions fut que les murailles du *château* seraient entièrement démolies, et que les fossés seraient comblés. En se retirant de Limoges, Henri II y laissa un Sénéchal pour accélérer cette démolition.

Dans ce tems-là, la vieille enceinte du *château de Limoges* avait été aggrandie du *quartier des Combes* et des rues adjacentes, du *Puy-d'Eygoulêne*, de la *place des Bancs*, des rues *Torte, Vieux-Marché, Banc-Léger, des Pousses, Manigne, Cruche-d'Or, Rafilhou, Boucherie* et de tout *le Queyroix-de-Saint-Pierre*. La totalité de cette enceinte était garnie de murs épais et de fossés pleins d'eau. C'est l'enceinte actuelle de la *ville*, telle qu'elle est circonscrite par les *boulevarts*.

Les Consuls rendirent, de nouveau, hommage à Richard qui leur pardonna ainsi qu'aux habitans, et leur accorda des lettres patentes pour la reconstruction des murs de leur ville. Ce prince qui avait été fiancé à Alix sœur de Philippe-Auguste, rendit foi et hommage à ce monarque en 1187, à cause du duché d'Aquitaine. Il devint même son allié contre les intérêts d'Henri II son père, qui en revanche lui donna sa malédiction et ne voulut jamais la révoquer, pas même à sa mort.

Les exhortations de l'évêque Sébrand-Chabot aux Limousins, ne furent pas plus infructueuses que celles de Gérald de Cher son prédécesseur ; elles avaient le même but ; elles eurent le même effet. Il s'agissait de détruire ces bandes de brigands qui depuis plusieurs années infestaient le Limousin. En conséquence, Sébrand réunit à Limoges, en 1186, le plus de troupes qu'il fut possible ; elles se mirent de suite en marche et rencontrèrent ces pillards réunis, à peu de distance de Limoges, les attaquèrent et en laissèrent plus de 6000 sur la place. Le reste fut mis en déroute, passa par Ahun, Chambon, Chénérailles, Évaux, et fut poursuivi jusqu'en Auvergne. On laissa ces débris entre les mains d'une confrérie célèbre, connue sous le nom de Confrérie de la Paix ; les confrères portaient le nom de *Pacifères*, parce que leur institution était de s'opposer à tous les ennemis de la tranquillité publique. Ce fut aussi par les soins de ces *Pacifères* que l'on vit cesser les ravages de Mercaders, chef d'une troupe de vagabonds qui désolaient le Limousin, sous le faux prétexte de servir les intérêts de Richard Cœur-de-Lion. Ces partisans avaient pris et pillé Hautefort, Nontron, Châlus, Saint-Junien, Saint-Léonard, Aubusson, Felletin et autres places mal gardées.

Richard était en Limousin lorsqu'il apprit la mort d'Henri II son père, qui arriva à Chinon le 6 juillet

1189, deux jours après la ratification du traité d'Azay-sur-Cher. La violence du chagrin qu'il éprouva d'avoir signé ce traité, conduisit, dit-on, Henri au tombeau. En partant pour aller se faire couronner roi d'Angleterre, Richard laissa dans la cité de Limoges Bérengère sa femme, fille de Sanche VI, roi de Navarre; mais cette princesse y éprouva des sujets de mécontentement qui la déterminèrent à en sortir, et à confier le soin de sa vengeance à des bandes de pillards qui depuis long-tems désolaient l'Aquitaine. Elle dissimula cependant son ressentiment jusqu'après la mort de son mari.

Richard, à son retour de la Croisade qu'il avait entreprise, en 1190, avec plusieurs Princes chrétiens, fit naufrage proche d'Aquilée. S'étant engagé imprudemment dans les états de Léopold duc d'Autriche, qu'il avait offensé d'une manière grave au siége d'Acre, il fut arrêté près de Vienne, déguisé en templier, le 21 décembre 1192. L'année suivante, le duc d'Autriche vendit son prisonnier à l'empereur Henri VI, qui le retint enfermé dans une étroite prison, malgré les plaintes et les sollicitations de Aliénor. Il ne recouvra sa liberté que le 4 février 1194, après environ 14 mois de captivité, moyennant une rançon de 250,000 marcs d'argent. Les églises du Limousin fournirent, pour cet objet, leurs croix, leurs calices, leurs châsses, leurs reliquaires; le peuple, tout l'argent qu'il put donner. A son retour, Richard fut en guerre pendant près de quatre ans avec Philippe-Auguste roi de France. Ces deux Souverains n'obtinrent dans cette lutte aucun succès marquant de part ou d'autre; mais Philippe fit une grande perte : savoir, celle de tous les registres de la couronne, qui lui furent enlevés, avec son bagage, dans une affaire qui eut lieu proche de Blois. (1)

Richard profitant de l'une des trèves qu'il avait conclu avec Philippe, voyageait dans ses terres d'Aquitaine. Chemin faisant il est instruit qu'on avait découvert au château de Châlus-Chabrol, dans une grotte profonde, les statues d'or d'un homme, d'une femme et de leurs enfans assis à une table aussi d'or. Les inscriptions qui y étaient gravées annonçaient que c'étaient les statues de Lucius Capreolus proconsul d'Aquitaine, et de sa famille. Richard réclame ce trésor; on le lui refuse; on lui en offre ensuite la moitié; et les assiégés eurent pour toute réponse de songer à se bien défendre. Pendant la nuit, le monarque va faire la reconnaissance du château; un gentilhomme nommé Bertrand de Gordon, qui y était, l'observe, l'ajuste et lui décoche un trait qui le blesse à l'épaule, d'autres disent au bras. Le bois de la flèche étant ôté, le fer, qui demeura dans la plaie, coupa les nerfs et les veines, et la rendit très-dangereuse. Alors Richard

---

(1) Ces papiers sont encore à la tour de Londres.

ordonne l'assaut de la tour et fait passer au fil de l'épée tous ceux qui y étaient, à l'exception de son meurtrier, à qui il fait donner cent sous d'argent, lui pardonne et commande qu'on le mette en liberté. Cependant, par la suite, Mercaders qui était à la solde de Richard, désespéré de la perte de ce dernier, fit arrêter, écorcher vif et pendre Bertrand de Gourdon. La blessure de Richard n'était pas, dit-on, mortelle, s'il ne l'eût aigrie par son incontinence. La plaie s'étant envenimée par le peu de soin qu'il en prit, il mourut le 6 avril 1199, âgé de 42 ans, sans laisser de postérité légitime. Son corps fut inhumé dans le tombeau de son père, en l'église de la ci-devant abbaye de Fontevrault, et son cœur fut porté à la cathédrale de Rouen.

La mort de Richard Cœur-de-Lion fut suivie de nouveaux troubles, pendant lesquels plusieurs villes et places fortes du Limousin furent assiégées et ravagées. La Cité fut encore de ce nombre, et le château fut presqu'entièrement détruit en 1200. Trois ans après il y eut, dans cette province, une grande disette qui fut suivie de la famine, de la peste et d'une guerre civile entre le Vicomte, l'Évêque, l'Abbé de St. Martial et les Bourgeois de Limoges; de sorte que tous les fléaux fondirent à la fois sur cette malheureuse contrée. On vendit à Limoges le setier de seigle, pesant 70 livres, 14 sous; ce qui était une forte somme dans ce tems-là, puisque le marc d'argent ne valait que 300 deniers; et l'on ensevelit, dans le seul cimetière de St. Gerald, jusqu'à cent personnes par jour.

Jean Sans-Terre, roi d'Angleterre, frère et successeur de Richard, ayant encouru la confiscation de tous les états qu'il avait en France, pour n'avoir pas comparu à la citation des pairs de France sur le meurtre d'Artus son neveu, le Limousin passa de la domination anglaise sous celle de Philippe-Auguste. Le roi Anglais étant venu dans l'Aquitaine, pour revendiquer ses possessions, fut défait par Louis fils de Philippe, qui entra dans Limoges, et y rassembla des forces avec lesquelles il prit la Porcherie et les châteaux d'Aixe, de Châlucet et de Rosier-Masléon; puis il soumit le Périgord et généralement tout ce qui appartenait aux Anglais, en de-çà de la Garonne. Pendant ce tems-là, l'évêque Jean de Veyrac, informé qu'il restait encore quelques traîneurs *Brabançons* à Saint-Léonard, fit rassembler tout le monde qu'il put, pour leur donner la chasse. Le Vicomte se mit à la tête de la troupe, il entra dans cette ville, et serra de si près ces brigands que pas un ne lui échappa. Immédiatement après, l'Évêque y fit son entrée solennelle, et en rendit hommage à Philippe-Auguste. Ce Prélat eut pour successeur Bernard de Savena, sous l'épiscopat duquel, c'est-à-dire en 1226, St. Antoine de Padoue, fondateur des Cordeliers, vint prêcher dans les Arènes de Limoges. Par l'effet de ses prédications, les femmes, qui avaient alors la gorge très-découverte, prirent des *capitegia* ou chaperons : mais elles les placèrent de manière à ce qu'on pût toujours apercevoir le haut de leurs épaules.

Un incendie qui arriva à Limoges l'an 1244 et emporta vingt-deux maisons dans la rue du *Clocher*, décida les Consuls municipaux à faire creuser les étangs d'Eygoulêne, afin d'avoir les moyens d'arrêter un fléau qui avait si souvent affligé cette cité.

L'an 1248, un autre incendie fit de grands ravages à Felletin ; et suivant nos anciennes chroniques, l'an 1267, les fontaines, puits et rivières tarirent dans toute l'étendue du Limousin.

Nous avons vu que Jean Sans-Terre perdit l'Aquitaine par sa faute ; son successeur, Henri III, trouva le moyen de l'obtenir de St. Louis, par adresse. Ces deux monarques firent un traité, le 28 mars 1259, par lequel ce dernier cédait à Henri, (outre ce qui lui restait au-delà de la Garonne) le Quercy, le Limousin, l'Agenois et la partie de la Saintonge, au-delà de la Charente, à la charge d'en faire *hommage-lige*, et de renoncer à toutes les autres provinces que ses ancêtres avaient possédées en France. Aussitôt que St. Louis eut fait cette concession au roi d'Angleterre, il établit dans l'Aquitaine, pour la conservation de son droit de souveraineté, des Gardes-sceaux-royaux qui connaissaient des obligations passées sous le sceau des rois de France, et qu'on nomma *Juges Cartulaires*. Le roi d'Angleterre, qui de son côté avait dans ce pays des Sénéchaux, les employait à semer le trouble et la discorde. Par ce moyen, il parvint à brouiller les bourgeois de Limoges avec les Vicomtes, et ceux-ci avec les abbés de St. Martial. On insinua aux habitans de Limoges que leurs Consuls ayant obtenu de Henri II le pouvoir d'exercer la justice, et ce pouvoir leur ayant été confirmé par St. Louis, ils ne devaient pas être soumis à l'autorité du Vicomte. Telle fut l'origine de ce fameux procès qui fit tant de bruit, qui ruina les Vicomtes, sans enrichir ni les Abbés qui avaient pris leur parti, ni les Bourgeois, quoiqu'ils eussent triomphé.

Nos chroniques rapportent à l'an 1263 un événement qui se passa en la ville d'Aixe et que voici : Aymar de Maulmont, chevalier, avait été nommé capitaine et receveur de cet endroit par Marguerite de Bourgogne, veuve de Gui IV vicomte de Limoges; il appela près de lui Élie et Gérald ses frères. Ces trois gentilshommes vexèrent tant les habitans d'Aixe, que ceux-ci les forcèrent à se retirer dans le château de la ville, dont ils firent le siége. La Vicomtesse, informée de cet événement, y envoya pour faire rentrer les mutins dans l'ordre, Aymeric I.er, évêque de Limoges, les abbés de St. Martial, de St. Augustin et de St. Martin, ainsi que le prieur des Frères Prêcheurs. Mais les gens de la Vicomtesse, loin d'écouter les paroles de paix qui leur furent portées par les envoyés, les reçurent très-mal, et frappèrent même le Prieur. L'évêque de

Limoges, instruit de la conduite des Maulmont, en porta ses plaintes au roi de France, qui leur envoya pour commissaires le doyen de Tours et le bailly d'Orléans; mais la Vicomtesse voulant prévenir les suites qui auraient pu résulter de cette affaire, la soumit à la décision de l'évêque de Limoges. Ce prélat ordonna que les Maulmont se retireraient au château de Châlus-Chabrol; ce qu'ils firent. Comme ils étaient à portée de nuire aux habitans d'Aixe et que même ils continuaient contre eux leurs vexations, deux autres gentilshommes, Boson de Bourdeilles et Hélie Flamen se mirent à leurs trousses et tuèrent Aymar de Maulmont. Son frère Gérald s'en plaignit au Roi; mais l'affaire n'eut pas d'autre suite. C'est ce même Gérald qui en 1273 acheta de la Vicomtesse le château de Châlucet. Il fut nommé archidiacre de Limoges et conseiller du Roi. Il fit bâtir dans la Cité de Limoges, la tour dite de Maulmont, laquelle fut démolie en partie cent ans après par le prince de Galles, et en totalité en 1533 par M. de Langeac, évêque de Limoges, pour agrandir les jardins du Palais épiscopal.

En l'année 1272, le roi Philippe le Hardi alla prendre possession du comté de Toulouse, qui lui était échu par la mort du comte Alphonse son oncle; l'année suivante, à son retour, il passa par Limoges où il fut solennellement reçu, le jour de la fête de St. Pierre. Il logea au Palais épiscopal, et le surlendemain il se rendit à l'abbaye de Grandmont.

Après la mort du vicomte Gui IV, arrivée en 1263, son épouse, Marguerite de Bourgogne gouverna le Limousin. Il paraît que la vicomtesse Marguerite ne chercha pas à s'attirer l'amitié de ses sujets, car elle songea à faire garnir de troupes et de munitions toutes ses places fortes, et elle fit ravager le pays par ses soldats. L'évêque Aymar lui écrivit plusieurs fois à ce sujet ; mais il ne put obtenir aucune réponse. Ce fut alors que ce Prélat, indigné des procédés de la Vicomtesse, se décida à demander des hommes aux communes voisines, qu'il réunit à ceux qu'il avait levé à Limoges. Cette petite armée se porta d'abord au château de Châlucet, qu'elle prit par composition, et le rendit à l'abbé de Solignac qui en était seigneur. Ce qui fut cause que Marguerite fit battre monnaie à Aixe. Mais les consuls et les bourgeois de Limoges ne voulurent point recevoir cette monnaie, qu'on appela *Limousine*. Ils s'adressèrent au roi Philippe le Hardi, qui ordonna que les anciennes pièces de monnaie, appelées *Barbarins*, seraient seules admises dans la circulation, et qu'elles seraient frappées dans la capitale du Limousin. La Vicomtesse peu satisfaite de la décision rendue par Philippe le Hardi, donna de nouveau le signal de la guerre civile. Elle établit son quartier général à Aixe : c'est de-là que faisaient de fréquentes incursions ses satellites qu'on appelait les *Vicomtins*, pillant et ravageant tout ce qui se trouvait sur leur passage, jusqu'au lieu de Balésy, commune d'Isle. La première incursion eut lieu dans le mois de septembre 1273. Les habitans de Limoges eurent leur revanche; ils atteignirent les *Vicomtins*, leur firent rebrousser chemin, passèrent la Vienne au gué, et brûlèrent le bourg de Saint-Priest ainsi qu'une partie de la ville d'Aixe. Mais ceux-ci revinrent à la charge, et se tournant du côté du pont Saint-Martial, brûlèrent les pressoirs et détruisirent toutes les vignes qui étaient aux environs. Ainsi, chaque parti se faisait alternativement le plus de mal qu'il pouvait.

Au mois de mai 1274, le prince Édouard Ier dit *aux Longues-Jambes*, qui depuis peu d'années était monté sur le trône d'Angleterre, vint à Limoges, où il fut très-bien accueilli tant par les moines de l'abbaye de St. Martial où il logea, que par les autres habitans du château. Il considérait les Limogeaux comme ses vassaux depuis le serment qu'ils lui avaient prêté en qualité de duc d'Aquitaine; aussi ordonna-t'il à ses Barons et Capitaines de les secourir au besoin. En même tems il écrivit à Philippe le Hardi pour étouffer ces guerres domestiques qui causaient la ruine du pays. Philippe, déférant aux prières d'Édouard, commanda de suite qu'on mit bas les armes, et que, dans la quinzaine de la Saint-Martin suivante, les parties comparussent en sa présence.

La même année, Éléonore de Castille, reine d'Angleterre, qui suivait Édouard Ier son époux,

passa à Limoges et y fut bien reçue par les habitans, qui espéraient, par son moyen, obtenir quelques secours. Effectivement Édouard envoya son Sénéchal, qui s'étant mis en campagne, battit deux fois les Vicomtins, entre Limoges et Aixe, et leur enleva la bannière de Gilbert de Thémines, capitaine de la cavalerie de la Vicomtesse. Mais ces échecs ne la déconcertant pas, il fut résolu de faire le siége de la ville ou du château d'Aixe. En conséquence, le sénéchal Guillaume de Valence, ayant grossi son armée de Gascons et de Périgourdins, et s'étant fourni d'engins, battait le château par ses machines, lorsqu'un héraut d'armes, de la part du roi Philippe, vint ordonner aux assiégeans de cesser leur attaque, sous peine de confiscation de corps et de biens; et assigna jour aux parties pour se pourvoir au parlement de Paris. Cette cour ayant examiné l'affaire, le roi de France condamna Édouard à payer 22,613 l. 3 s. 8 d., pour réparation des dommages causés aux habitans de la ville d'Aixe. Ensuite les Consuls et une partie des Bourgeois, (la majeure partie n'ayant pas voulu donner son consentement) compromirent entre les mains de Gérald et Élie de Maulmont frères, quoiqu'ils fussent conseillers et agens de la Vicomtesse, avec peine de 30,000 liv. La Princesse, pour déterminer les autres à signer le compromis, rendit des lettres patentes scellées de son sceau et de celui de sa fille, par lesquelles elle déclara les habitans de la ville et faubourgs de Limo-

ges être francs et libres de toute servitude à perpétuité, tout ainsi et de même que leurs prédécesseurs l'avaient été en leurs personnes et biens. Elle entra dans la ville, bannière déployée, et en partit peu de tems après, laissant ses Prévôts et Vigiers, auxquels elle interdit d'user d'aucune juridiction envers lesdits habitans jusqu'après la décision des arbitres. Mais au mois d'avril 1277, Gérald et Élie de Maulmont rendirent à Paris leur sentence arbitrale, par laquelle ils adjugèrent à la Vicomtesse tous les devoirs et subsides qu'elle réclamait, et réduisirent le nombre des Consuls à dix, dont la moitié serait à la nomination du Vicomte. Cette sentence était si onéreuse aux habitans de Limoges, qu'ils en firent appel le 23 juillet suivant. Malgré l'appel interjeté, la Vicomtesse se mit à même d'exercer des actes de juridiction. Alors Jacques de Calavrée, abbé de St. Martial, intervint; il somma la Vicomtesse de lui rendre hommage, comme le vicomte Gui de Ségur l'avait précédemment fait. L'Abbé voyant qu'elle ne se disposait pas à y déférer, mit la juridiction de la ville sous sa main, et nomma des commissaires pour rendre la justice. Appel au roi de France et à sa cour de Parlement, de la part de la Vicomtesse. La cause portée à l'audience, l'Abbé produisit ses titres: mais le procureur du roi d'Angleterre se présenta pour faire partie dans la cause, et déclara qu'à son maître seul appartenait le droit, comme duc d'Aquitaine, de recevoir l'hommage de la ville de

Limoges, attendu que c'était le lieu principal du duché, où les Ducs avaient coutume de recevoir la couronne ; ce qui retarda la décision de cette affaire. La Vicomtesse ne perd pas de tems ; elle menace ses voisins de ses armes s'ils ne se soumettent à elle, et Uzerche fut la première ville qu'elle vint assiéger en 1279. Les habitans de cette ville eurent alors recours à Gilbert de Malemort, évêque de Limoges, lequel excommunia cette princesse qui n'avait pas voulu écouter ses observations. Elle lève le siége et fait appel à l'archevêque de Bourges qui supprime l'excommunication. Ce fut alors que les Limogeaux se soulevèrent et chassèrent les officiers de la Vicomtesse qui ne tarda pas à mourir ; ainsi ce fameux procès resta assoupi pour quelque tems. Marie de Limoges, fille de la Vicomtesse, et Artur de Bretagne son mari, firent présent à Gérald de Maulmont de la terre de Châlus avec toutes ses appartenances et dépendances, en l'année 1280 ; et ce, est-il dit dans l'acte de donation, « pour lui témoigner leur reconnaissance des bons et agréables services qu'il leur avait rendu. » Artur et sa femme ayant repris les erremens du *procès de la vicomté*, s'emparèrent par force de la justice de Limoges. C'est ce qui décida Pierre de St. Vaulry abbé de St. Martial, en 1284, à faire saisir et mettre sous sa main cette justice, faute de l'hommage qu'on ne lui rendait pas. Il fit mieux, il interdit les juges, prévôt et sergens qu'Artur avait nommé ; et pour les remplacer, il nomma commissaire, Guillaume de

St. Vaulry son parent. Au mois de février de la même année, Philippe le Hardi vint à Limoges, accompagné de Philippe le Bel et de Charles ses deux fils. Ce monarque logea à l'abbaye de St. Martial. Ayant pris connaissance du différend qui existait entre Artur et l'Abbé, il le termina par une proclamation qu'il fit publier à son de trompe par toute la ville, et que voici : *De par le Roi, seigneur de Limoges : prohibons et interdisons à tous juges, officiers, de n'exercer pour autre que pour l'abbé de St. Martial, ni entreprendre à son préjudice aucune cour et juridiction ; et à tous autres, de n'obéir qu'à ces officiers.* Peu d'années après, Artur de Bretagne se rendit à Limoges avec sa femme ; ce seigneur irrité de ce qui avait été fait à son préjudice, fit rompre et brûler les portes de l'abbaye de St. Martial, mutiler les justiciers, battre les moines et couper les conduits de leur fontaine.

Après le couronnement de Philippe le Bel, Édouard aux Longues-Jambes vint faire hommage au Roi du duché d'Aquitaine. Dès que les consuls de Limoges furent informés qu'Édouard avait rempli cette obligation, ils députèrent Simon Boyol à Londres, pour obtenir du Duc la confirmation de leurs priviléges et coutumes. Mais ce député n'obtint que des promesses. La même démarche ayant eu lieu près d'Édouard II, les Consuls obtinrent, en 1325, ce qu'ils avaient demandé inutilement à Édouard I.[cr], plus de 30 ans auparavant.

En 1293, Philippe le Bel ayant fait citer Édouard à comparaître au Parlement le 20.ᵉ jour après Noël, pour répondre sur diverses hostilités commises par ses sujets envers les Français, et Édouard ayant refusé d'obéir, Philippe envoya le connétable de Nesle pour se saisir de tous les domaines des Anglais en de-çà de la mer. Cette citation fut renouvelée au Parlement tenu après Pâques; mais Édouard fit encore défaut. En conséquence, le roi d'Angleterre fut déclaré *contumax* et déchu de toutes les Seigneuries qu'il possédait en France; s'ensuivit une guerre qui tourna à l'avantage de la France; ce qui fit que le Limousin resta encore une fois sous la domination de ses anciens maîtres. Cela n'empêcha point Édouard II dit Caërnarvon d'épouser, en 1308, Isabelle fille de Philippe. Union funeste, qui soumit de nouveau le Limousin à la puissance Anglaise.

L'an 1300, Jean Faure, chancelier de la Cour de Limoges, ordonna de commencer la date des contrats au 25 mars et non à Pâques, comme c'était auparavant l'usage. On sait que jusqu'au règne de François I.ᵉʳ, les actes notariés ont été écrits en latin; et que les minutes, depuis le commencement du 14.ᵉ siècle jusqu'au 17.ᵉ, étaient transcrites sur des registres reliés. L'origine du papier ne date guères que de la fin du 13.ᵉ siècle. Tous les actes originaux du 13.ᵉ siècle et des siècles antérieurs, sont écrits sur vélin : il en fut de même des expéditions des actes notariés, des jugemens et arrêts des Cours souveraines, jusque vers la fin du dernier siècle.

Charles le Bel étant devenu roi de France, par la mort de ses deux aînés, se fit sacrer à Reims, en 1322. Édouard II roi d'Angleterre, en qualité de duc de Guienne, devait se trouver à cette cérémonie ; mais il n'y parut pas, quoique Charles l'eut fait sommer de s'y présenter, et de lui rendre hommage des terres qu'il tenait en fief de la couronne de France. Un autre événement qui arriva en 1324 acheva de brouiller les deux Monarques. C'est à l'occasion d'un château, bâti par le seigneur de Montpezat, à trois lieues d'Agen, sur les terres de France. Charles le Bel avait fait saisir cette forteresse ; mais le seigneur de Montpezat l'avait reprise à l'aide du commandant Anglais d'Agen, et en avait massacré toute la garnison. Le roi de France demanda justice, au roi d'Angleterre, de cet acte de cruauté ; mais ne pouvant l'obtenir, il fit partir pour la Guienne une armée commandée par le comte de Valois. En peu de tems, le Comte se rend maître de toutes les places des Anglais, à l'exception de Bordeaux et de Bayonne, et prend et rase le château de Montpezat. C'est ainsi que le Limousin rentra, pour un moment, sous la domination du roi de France. Isabelle, femme d'Édouard et sœur de Charles, voyant avec peine la division qui régnait entre les deux beaux-frères, passa en France pour les réconcilier, et y réussit par un traité de paix qui fut signé le 31 mai 1325. Après la mort de Charles, décédé sans postérité masculine, et qui laissait la reine Jeanne enceinte, les états du Royaume déférèrent la régence à Philippe comte de Valois, à l'exclusion d'Édouard roi d'Angleterre, qui la lui contestait, et qui prétendait même à la couronne, du chef de sa mère Isabelle. En 1329, Philippe VI, devenu roi (1), obligea Édouard III à lui prêter hommage à genoux, sans couronne, sans épée et sans éperons. Cette cérémonie eut lieu dans la cathédrale d'Amiens. Ce traitement plein de fierté, joint aux instigations du comte de Beaumont qui s'était jeté dans le parti des Anglais, engagèrent Édouard à faire revivre ses droits à la couronne de France. Il prit dès-lors le titre et les armoiries de roi de France, par les conseils de Jacques d'Artevelle, chef des révoltés de Flandre, qui lui fit prêter serment de fidélité par les Flamands. Les deux Rois entrent en campagne en 1338, et cette guerre fut plus longue et plus funeste que toutes les précédentes.

---

(1) Le règne de ce Monarque fut celui des inventions les plus pernicieuses au genre humain : en 1330 un cordelier, nommé Berthold-Schwart, inventa la poudre à canon. En 1342, Philippe de Valois établit la gabelle; à cette occasion Édouard, son antagoniste, l'appelait dérisoirement *l'auteur de la loi salique.*

L'année 1356 fait époque dans l'histoire de France par les désastres qui fondirent de toutes parts sur le Royaume ; elle n'est pas moins mémorable dans celle du Limousin. Cette province souffrit extrêmement par la bataille de Maupertuis : car outre la perte de sa plus brave noblesse, qui resta sur le champ de bataille, elle fut totalement ravagée par une troupe de brigands aux ordres d'Armand de Cervole. Par le traité de Bretigny qui fut conclu, en 1360, pour la délivrance du roi Jean, prisonnier des Anglais (1), la Guienne leur fut abandonnée en toute souveraineté. Aussitôt qu'Édouard III fut rentré dans ses anciennes possessions en France, il donna l'Aquitaine à son fils aîné avec le titre de principauté, ce qui fit que le jeune Édouard prit la qualité de prince de Galles et d'Aquitaine ; et le Roi son père conserva toujours le titre de duc de Guienne. Jean Chandos, qualifié connétable d'Aquitaine fut nommé, à la même époque, lieutenant-général et commissaire du roi d'Angleterre ; il vint à Limoges, suivi d'un brillant cortège, pour prendre possession de cette ville au nom d'Édouard et pour mettre le pays sous l'obéissance de ce monarque ; mais comme les Bourgeois prétendaient qu'ils n'étaient tenus de prêter de serment de fidélité qu'aux vicomtes de Limoges, Chandos pour affai-

---

(1) Sa rançon coûta 3,000,000 d'écus d'or.

blir l'autorité de ce dernier, rendit les Consuls indépendans du Vicomte et de sa juridiction. Le Limousin fut en paix pendant quelque tems ; mais cette tranquillité ne fut pas de longue durée ; la mort du roi Jean, arrivée à Londres le 8 avril 1364, amena bientôt de nouveaux événemens. Trois ans à peine s'étaient écoulés, que la guerre se renouvela entre la France et l'Angleterre. Une des causes que l'on allégua, fut les subsides extraordinaires qu'Édouard exigeait des Aquitains ; ceux-ci en appelèrent au roi de France. Charles V envoya assigner le prince de Galles à comparaître à Paris. Louis de Rochechouart, seigneur de Tonnai-Charente, se mit dans le Limousin, à la tête d'un soulèvement qui avait pour objet de secouer le joug des Anglais. Édouard ayant refusé de comparaître, le roi de France résolut de se rendre maître de l'Aquitaine à quelque prix que ce fût ; en conséquence, il envoya une armée formidable sous le commandement du duc de Berri. Ce prince parcourut toute la province, et la soumit à l'exception de Limoges qui tenait encore pour le prince de Galles. Le duc de Berri vint pour en former le siége, et à l'aide de Bertrand Duguesclin il s'empara de la Cité, qui capitula par l'entremise de Jean de Croso son évêque. Cependant comme l'hiver approchait, on conseilla au duc de Berri de licencier son armée et de se retirer. Le Duc suivit malheureusement ce conseil, et son départ causa la ruine de la Cité de Limoges. Il y laissa seulement 200 lances commandées par Jean de Villemur, Roger de Beaufort et Hugues de la Roche. Le prince de Galles était malade; on avait même fait courir le bruit de sa mort; mais à peine eut-il appris que Limoges avait ouvert ses portes aux Français, qu'irrité de toutes les pertes qu'il avait éprouvées, et ne pouvant retenir les transports de son ressentiment, il jura, dans sa colère, de reprendre cette ville et de la détruire; il ne remplit que trop fidèlement ce serment. La place fut assiégée pour la seconde fois; et après avoir considéré sa position, Édouard fit venir ses mineurs et les mit du côté du Naveix, vers la tour nommée Alerezia, pour en saper les murailles. Ils en minèrent cent coudées qu'ils étayèrent de pilotis, et y mirent du soufre et d'autres matières combustibles. Tout fut prêt le 19 septembre 1370; les capitaines Français furent avertis de la mine, mais ils ne purent la découvrir pour l'éventer. Ainsi le feu ayant consumé les pilotis, tout le pan de muraille tomba; et le prince de Galles, à la tête des Anglais, entra par cette brèche, ne respirant que la haine et la vengeance. Il était porté sur un chariot, sa maladie ne lui permettant ni d'aller à pied, ni de supporter le mouvement du cheval; il traversa la Cité, sourd aux pleurs, aux gémissemens et aux cris de tout un peuple prosterné sur son passage, implorant à mains jointes sa miséricorde. Ses soldats ou plutôt ses bourreaux ne respectèrent ni l'âge ni le sexe; les vieillards, les femmes, les enfans furent massacrés sans distinction.

La Cité inondée de sang, fut livrée aux flammes qui dévorèrent ce qui était échappé à l'avidité des gens de guerre. On compta plus de 18,000 morts depuis la porte Panet (1) jusqu'à la Cathédrale. Les citadins s'étaient réfugiés dans l'église de St. Étienne afin d'échapper au massacre; mais les Anglais les y égorgèrent. Cependant les Français qui s'étaient retirés dans la tour de Maumont, voyant la fureur des Anglais un peu apaisée, sortirent de leur fort et vinrent se rendre au prince de Galles. Les tours et les murailles furent abattues, et la Cité ne présenta plus qu'un amas de ruines; elle ne fut de long-tems habitée que par des meuniers et par des pêcheurs. Enfin le prince de Galles se retira à Bordeaux, et de-là retourna en Angleterre. Depuis son départ, les affaires des Anglais en France allèrent toujours en déclinant; les troupes qu'Édouard avait laissées dans l'Aquitaine commirent tant d'excès que les habitans de Limoges se jetèrent de nouveau dans les bras du roi de France. Charles V les reçut avec bonté et leur accorda de grands priviléges, qui furent confirmés et augmentés par les Rois ses successeurs. C'est ainsi que Limoges et tout le Limousin rentrèrent sous la domination des rois de France pour n'en plus sortir. Les Anglais continuèrent néanmoins de ravager cette province; ils détruisirent

---

(1) Cette porte qui n'existe plus, était située près le couvent des Carmes Déchaussés.

Rancon et Champagnac, et brûlèrent Montmorillon. Ils avaient à leur tête Jean de Grailly qui avait succédé à Chandos dans la charge de connétable d'Aquitaine. Ils furent souvent harcelés par les Français qui les battirent en plusieurs rencontres et qui leur enlevèrent un grand nombre de places importantes, entre autres le château de Mortemart qui fut pris en 1372. Et cette même année le maréchal de Sancerre les chassa du château de Limoges et des environs. Neuf ans après, la ville de Limoges offrit des subsides tant pour le service personnel du roi de France que pour lui aider à chasser les Anglais du Limousin. Il fallut les faire sortir par argent de Château-Chervix, de Ségur et de Ventadour ; mais on les débusqua de la Souterraine, de Grandmont, de Rochechouart, du Breuil, de Janailhac, de Châlucet, des Cars et de Courbefi, ainsi que de plusieurs autres forteresses, tant du haut que du bas Limousin. Ce pays en eut l'obligation au connétable Duguesclin, au maréchal de Sancerre, et à Gautier de Passac pour lors sénéchal du Limousin.

L'an 1364 et le 25 mai, on commença la reconstruction de l'église de Saint-Michel-des-Lions à Limoges, et on commença aussi à bâtir son clocher, qui ne fut achevé qu'au bout de 19 ans ; il avait 210 pieds d'élévation. La flèche de ce beau clocher qui a servi de point trigonométrique pour la levée de la carte de France, fut foudroyé le 10 novembre 1810. La construction de cette Église paraît postérieure au moins d'un demi-siècle à celle de la Cathédrale ; c'est un édifice gothique qui étonne et qui plaît par la forme et la légèreté de sa voûte. Nos chroniques manuscrites disent que l'ancienne église de St. Michel avait été construite dans le 6.ᵉ siècle. Il y a même lieu de croire qu'elle reçut alors la dénomination *des Lions*, parce qu'elle fut bâtie sur une partie de l'emplacement de l'ancien château du prince Sédulius qui s'élevait majestueusement au milieu de quatre lions en pierre. Deux de ces lions étaient à l'entrée de la porte Norbert (aujourd'hui Portail-Imbert); l'un deux y est encore. L'autre est dans la pépinière de M. Juge. Les deux autres étaient placés à l'extrémité de la rue *Pennevayre*, et c'est de-là qu'ils furent transportés à la porte méridionale de l'église Saint-Michel.

L'an 1417, Jean de Blois dit de Bretagne, sieur Delaigle, passa devant Limoges sans s'y arrêter, à cause d'une épidémie dont cette ville était affligée; et tira vers Aixe où il séjourna quelque tems. Il manda aux consuls de Limoges de venir lui parler; ceux-ci lui députèrent Raymond de la Chartonie, juge ordinaire de la ville, et quelques autres Bourgeois, qui furent bien reçus du sieur Delaigle. Ce seigneur leur fit part de ses intentions amicales envers les Limousins, et leur demanda s'ils étaient dans le dessein de le reconnaître pour Vicomte; mais la réponse qu'ils lui firent n'étant pas satisfaisante, il se retira en la ville de Saint-Yrieix. Ce fut de ce dernier endroit qu'il leur envoya des lettres par lesquelles il les menaça de faire couper leurs vignes par ses soldats. Ce que voyant les Limogeaux, ils s'adressèrent au Dauphin, fils de Charles VI, qui leur envoya Bertrand-Champion son maître-d'hôtel, pour défendre au sieur Delaigle de ne porter aucun dommage aux Limousins. Cette défense eut son effet, et Delaigle se contenta de demander aux Consuls quelque somme d'argent pour payer sa dépense; ensuite il se retira au château d'Isle, où il demeura quelques années assez tranquille.

A cette époque, les consuls de Limoges firent remonter une partie des murs de leur ville; c'est-à-dire, depuis la tour appelée *Branlant* près la place de la terrasse, jusqu'à la porte Montmailler.

Dans le même tems, quelques partisans Anglais, épars dans le bas Limousin, se réunirent, s'emparèrent du château d'Ayen, et firent aux alentours de grands ravages. A cette nouvelle, les consuls de Limoges envoyèrent, contre eux, une compagnie de milice bourgeoise, commandée par Jean Dupont. Cette petite troupe fit le siége du château, qui se rendit par composition au bout de 17 jours de siége, et fut ensuite rasé.

Vers l'an 1419, une autre troupe d'Anglais s'étant réunie sous les ordres du capitaine Beauchamps, s'empara du château d'Auberoche. Ce chef y laissa une garnison, et fut s'établir au prieuré conventuel du Châlard-Peyroulier, près Saint-Yrieix. C'est de là que les Anglais faisaient des excursions jusque aux portes de Limoges. Le bruit de leurs ravages étant parvenu aux oreilles des Consuls, ils organisèrent une petite armée sous les ordres de M. de Mareuil, sénéchal du Limousin. Les seigneurs de Mortemart et de Lastours, avec leurs troupes, se réunirent aux Limogeaux, et tous ensemble furent à la poursuite des Anglais : ils assiégèrent pendant près d'un mois leur quartier général, en tuèrent plusieurs et mirent le reste en déroute. Les Anglais furent obligés de se retirer en Périgord, où ils essayèrent encore de se fixer, et vinrent faire encore des courses jusqu'aux environs de Limoges ; mais les Consuls qui avaient retenu 5o lances à leurs gages, sous les ordres d'un officier nommé Pothon de Xaintrailles, firent publier, à son de trompe, que ceux qui voudraient faire la guerre aux Anglais n'auraient qu'à se présenter, qu'on les armerait, équiperait et monterait aux frais de la ville. Un brave nommé Lesparre et plusieurs autres patriotes se présentèrent ; ils se réunirent aux lanciers, s'exercèrent au maniement des armes, se mirent en marche, et donnèrent si bien la chasse aux Anglais, qu'ils leur firent abandonner, à la hâte, le Limousin.

Au mois de janvier 1420, Charles, dauphin de France, revenant du Languedoc, passa par Limoges où il fut reçu avec beaucoup de pompe. S'étant informé de la résistance que cette ville continuait d'opposer aux Anglais, il en témoigna sa satisfaction particulière, en ajoutant aux armoiries de Limoges (qui sont *le chef de St. Martial en champ de gueules,*) *une bande azurée au chef dudit écu avec trois fleurs de lis d'or.* Il accorda en outre aux Consuls de ladite ville et à leurs successeurs, à perpétuité, le privilége de tenir des fiefs nobles, francs et quittes de toute redevance. Deux ans après, le Dauphin devint roi de France sous le nom de Charles VII : ce fut sous son règne, et en 1426, que le sieur Delaigle, qui avait toujours des prétentions sur la vicomté de Limoges, entreprit de se rendre maître de cette ville par les intelligences qu'il se procura avec un des Consuls nommé Gaultier Pradeau, lequel s'engagea à lui faire ouvrir la porte des Arênes. D'après les instructions transmises par ledit Gaultier Pradeau au sieur Delaigle, ce seigneur et sa troupe devaient s'embusquer dans une vigne de Pradeau près la porte des Arênes, la nuit avant le 27 août, jour désigné pour surprendre et mettre à feu et à sang la ville de Limoges. Cependant Delaigle envoya prévenir les Consuls, qu'il était sur le point de partir pour se rendre avec ses gens pour assiéger Nantiat près Excideuil, place occupée par les Anglais, et les priait en conséquence de lui envoyer des munitions de guerre, afin de pouvoir chasser l'ennemi. Ces Magistrats ne se doutant nullement du piége qu'on leur tendait, lui accordèrent sa demande ; mais le lendemain matin, comme on allait ouvrir la porte des

Arênes, on aperçut, devant, cinq capitaines Bretons armés et équipés ; on s'empare d'eux et on les met en lieu de sûreté : le bruit de l'arrestation de ces officiers se répand dans la ville et chacun court aux armes. Ainsi le complot fut découvert par l'interrogation que subirent ces émissaires. La veille du jour désigné pour l'exécution de ce complot, il était venu à Limoges plusieurs soldats du camp du sieur Delaigle pour faire les dispositions nécessaires. Le conciliabule eut lieu chez un nommé Blanchon, cordonnier rue du Clocher, à l'enseigne du Cygne ; Gaultier Pradeau s'y trouva avec Thibaut de la Combleya et Hélie de Paizac ses complices. Pradeau appliqué à la torture, confessa son crime, puis il fut condamné à avoir la tête tranchée et à être ensuite écartelé, ce qui fut exécuté le 3 septembre 1426, en la rue du grand marché des Bancs, au-dessous du pilori (1). Sa tête fut mise au bout d'une lance sur la porte des Arênes ; les autres quartiers de son corps, aux autres portes de la ville, et ses entrailles dans la vigne où devaient s'embusquer les conspirateurs. Le peuple de Limoges attribua la découverte de cette conspiration à la protection de St. Martial ; et, pour en perpétuer le souvenir, on établit une procession solennelle qui se faisait tous les ans le 27 août, jour que les conjurés avaient choisi pour l'exécution de leur

---

(1) Ce pilori était placé vis-à-vis le magasin actuel de M. Jabet négociant, à la place des Bancs.

complot. Après la procession, il y avait une assemblée dans la grande salle de la maison commune ; le premier Consul y prononçait un discours analogue à la circonstance, en présence d'un porte-faix déguisé sous les habits de Gaultier Pradeau. Le peuple se donnait ensuite le plaisir de répéter à haute voix : *maudit Gaultier Pradeau ! maudit traître !* Ce ne fut qu'en 1770 que l'administration consulaire des villes ayant pris la dénomination de Mairie, M. Jugé-de-Laborie avocat du Roi, magistrat célèbre par sa droiture et son éloquence, et premier maire de Limoges, obtint que cet usage serait aboli ; il avait duré 344 ans.

Lors de la découverte de la conspiration, les Consuls avaient député vers le Roi pour l'instruire de toutes ces choses. Le monarque qui se trouvait en ce moment-là à Poitiers, signifia par un héraut d'armes au sieur Delaigle qu'il eut à se retirer promptement. Delaigle qui s'était introduit avec ses gens dans la Cité où il s'était emparé du Palais épiscopal et de l'abbaye de la Règle, ne défera pourtant à cette injonction que 12 jours après. Cependant se voyant frustré dans ses espérances, il se retira à Pierre-Buffière et à Aixe. C'est de-là qu'il dirigeait ses excursions sur Limoges. Un marchand de Limoges, nommé Bouchaud, étant tombé entre ses mains, il lui fit couper la tête ; et plusieurs autres bourgeois notables subirent le même sort. Les brigandages de ce Delaigle furent portés à un tel point d'audace, que les Limogeaux n'osaient plus franchir l'enceinte de leurs murs. Cependant, pour mettre fin à tous ces désastres, les évêques de Limoges et de Poitiers se portèrent médiateurs, et il fut adjugé à Delaigle 5000 écus de composition qui furent levés sur le haut et bas Limousin, au moyen d'un impôt extraordinaire.

Depuis l'an 1431 jusqu'en 1433, il y eut une grande famine en Limousin et sur-tout en Marche ; ce qui occasionna, de ce dernier pays dans l'autre, une émigration considérable. On mangea la viande sans pain, l'avoine et même l'herbe. Il y eut cependant la première année une récolte abondante de glands, ce qui donna la facilité d'engraisser beaucoup de cochons. Mais le seigle fut plus rare que le froment. L'un et l'autre grain se vendirent au marché et mesure de Limoges (qui pèse de 70 à 75 livres le setier) 3 liv. 7 s. 6 d. ; prix exhorbitant pour ce tems-là, puisque l'écu d'or ne valait alors qu'un franc 50 c^{es}.

En 1436 on chassa du Limousin une troupe d'Espagnols qu'on nommait *les Écorcheurs*. Le plus fameux de leurs capitaines était Rodrigue de Villaudras, qui, pour faire sa cour à Charles VII et rentrer dans ses bonnes grâces, croyait devoir porter la désolation dans la Guienne. Il voulut se montrer sous les remparts de Limoges ; mais les bandits qu'il avait sous ses ordres y éprouvèrent une telle défection, qu'ils furent obligés de se disperser, et de chercher leur salut dans les montagnes.

La même année et le 19 mars Marie d'Anjou, reine de France, vint à Limoges, au tems de l'Ostension. Elle vénéra les reliques et partit au bout de quelques jours.

Le 2 mars 1438, Charles VII accompagné du dauphin Louis fit son entrée solennelle à Limoges. Ce monarque qui avait couché au Dorat dîna au château de Thouron, et le Dauphin qui avait logé à Bellac et y avait dîné se mit en chemin et vint attendre son père à Couzeix. L'abbé de St. Martial et l'évêque de Limoges à la tête de tous les corps ecclésiastiques furent au-devant de S. M. au-delà de la porte Montmailler. Là il fut accueilli des Consuls et de la Bourgeoisie avec un dais aux armes de France, sous lequel il se plaça avec le Dauphin. Ces deux princes et leur suite étaient montés sur des chevaux magnifiques. Le cortége descendant les rues des Combes et Pont-Hérisson, entra dans l'église de St. Martial. Le Roi ayant vaqué à ses devoirs de piété, remonta à cheval et fut conduit en la maison de Pierre Julien, dite *le Bâtiment*. Le Dauphin fut logé dans la maison de l'abbé de St. Martial. Le lendemain le Roi se rendit à St. Étienne où il vénéra la chemise et la machoire de sainte Valerie. Il parcourut ensuite les principaux quartiers de la ville, visita les monumens, les églises, les couvens et les édifices publics, et fut reçu en la maison d'un bourgeois nommé Simon-Luc.

Charles VII demeura dix jours à Limoges. Avant

de partir il fit trancher la tête à Bertrand Azat, (qui avait été pris à Domme) comme traître et partisan des Anglais. Entre les principaux Barons et Gentilshommes de la suite de Charles VII, on distinguait: Charles duc de Bourbon, comte d'Auvergne et gouverneur d'Aquitaine; Charles d'Anjou, comte du Maine; le comte de Vendôme; le Bâtard d'Orléans, comte de Dunois; le seigneur de Tancarville; le maréchal de la Fayette; Préjean de Coytivi; le seigneur de la Tour d'Auvergne; le seigneur de Chaumont et Charles de Chabannes. Quant aux Prélats, il y avait l'évêque de Toulouse, celui de Maguelonne, celui de Paris, celui de Poitiers, celui de Maillesais, celui de Limoges, celui d'Angoulême, celui de Tulle, enfin celui de Castres qui était confesseur du Roi. Charles se rendit ensuite à Saint-Léonard, à Guéret, à Ausance, à Montaigu en Combraille, puis à Riom.

Pendant son séjour à Limoges, Charles VII y tint sa Cour plénière et termina le différend du sieur Delaigle. Enfin, ce monarque ayant formé le projet de reconquérir entièrement la Guienne sur les Anglais, y envoya le comte de Dunois, qui les poursuivit sans relâche et qui parvint à les expulser de toute l'Aquitaine, en 1452. Ils essayèrent, depuis, d'y rentrer et de s'en rendre maîtres; mais leurs tentatives furent toujours infructueuses.

CHAPITRE IV.

Événemens mémorables depuis l'expulsion des Anglais du Limousin, jusqu'à la réunion de cette province à la Couronne de France, par Henri le Grand.

Après la mort de Charles VII, Louis, son fils aîné, monta sur le trône. Les premières actions de ce nouveau Roi furent autant de fautes contre la saine politique et le bien de l'État. Ce Prince se montra fourbe, hypocrite, superstitieux et cruel. Il affermit son autorité par des moyens plus convenables à un tyran que dignes d'un Roi. Les traits de sagesse que l'on remarque dans son règne n'ont pu effacer les crimes dont il est rempli. Tromper et opprimer furent les ressorts de sa politique.

En 1462, Louis XI revenant de Bayonne, où il était allé pour accorder les Castillans et les Arragonais, passa à Bordeaux et prit ensuite le chemin de Limoges. Une députation de notables Bourgeois fut attendre S. M. à Uzerche où elle arriva le premier juillet. Les consuls de Limoges furent recevoir le Roi à Boisseuil (1) où S. M. dîna. Le Roi reçut

---

(1) Petit bourg à deux lieues de Limoges, sur la grande route de Toulouse.

de bonne grâce les félicitations du Corps-de-Ville, et lui dit : *Vous vous êtes bien gouvernés jusqu'ici; faites toujours de mieux en mieux.* (Paroles bien flatteuses de la part d'un monarque tel que Louis XI.) La route, qui traverse la plaine de Saint-Lazare, était bordée d'une haie d'enfans tenant chacun une verge blanche en la main, surmontée d'un écusson aux armes de France. Après eux venaient tous les gens d'église en bon ordre. Le Monarque, précédé de ce cortége, descendit au pont Saint-Martial. Arrivé au haut de la butte des Jacobins, il fut complimenté par l'Évêque, qui, accompagné de son chapitre, le conduisit à l'église de saint Étienne. Louis XI ayant fait sa prière s'en retourna vers la porte Manigne, où les Consuls le reçurent sous un dais de drap d'or semé de fleurs de lis, et le conduisirent ainsi jusqu'à l'église de saint Martial où il vénéra les reliques du Saint apôtre. Les rues où passa le cortége étaient tendues de tapisseries, et couvertes de draps. Le Roi partit de Limoges le lendemain de son arrivée, il alla dîner à Verneuil et de-là coucher à Saint-Junien. Les Consuls firent présent à ce Prince de deux cerfs et de trois biches qu'ils avaient élevés dans les fossés du château. Louis XI avait en sa compagnie le duc de Berri son frère, et les autres Princes du sang.

Ce même Monarque fit, en 1465, un pélerinage à la chapelle de Notre-Dame du pont de Saint-Junien : ce pélerinage fut suivi de la fameuse guerre du *bien public*, durant laquelle Louis XI se vit près de sa ruine, car, de tous ses états, il ne lui restait que la Guienne et l'Isle de France ; ses affaires néanmoins se rétablirent l'année suivante.

L'imprimerie s'établit en France sous le règne de Louis XI. Vers l'an 1470, Ulric Gering, Martin Krantz et Michel Friburger, imprimeurs de Mayence, vinrent exercer leur art à Paris, attirés par Guillaume Fichet et Jean de Lapierre, docteurs en théologie.

En 1474, il y eut à Limoges une grande discussion pour la nomination des Consuls. Le désordre vint de ce qu'on avait admis plusieurs personnes de basse condition à donner leurs suffrages. Ces personnes s'étant laissé séduire par argent ou par prières, choisirent des hommes indignes de la confiance publique. Le Roi envoya, à cette occasion, à Limoges, MM. de Sorezay et de Saint-Pierre, maîtres des requêtes, munis de pleins pouvoirs. La forme de l'élection des Consuls fut changée. On désigna cent *prudhommes* (1) qui eurent le droit exclusif de concourir aux nominations ; et pour exercer la police on élut

---

(1) Ces prudhommes étaient choisis parmi les bourgeois notables de chaque quartier de la ville. Ces quartiers, au nombre de neuf, portaient les noms de Consulat, Manigne, les Bancs, le Clocher, Ferrerie, Boucherie, les Combes, Lansecot et rue Torte. La Cité formait un quartier particulier.

prévôt criminel Balthazar Dupeyrat. Mais quelques mécontens, jaloux de l'autorité des Consuls, persuadèrent à François de Pontbriant sieur de Villate de demander à Louis XI l'office de maire de Limoges. Ce seigneur fit en effet la demande de cet emploi, et ne tarda pas à en être pourvu. On voulut d'abord s'y opposer, mais ce fut inutilement. Les choses restèrent en cet état jusqu'en 1483, époque à laquelle Charles VIII, étant à Beaugency, supprima l'office de maire de Limoges, rétablit les Consuls, et confirma les priviléges qui leur avaient été accordés par Charles VII son aïeul.

Louis XI qui savait que les Limousins étaient industrieux et exercés dans les affaires de négoce, envoya demander, en 1479, à la ville de Limoges, qu'elle lui fournit quelques marchands qui pussent s'établir dans la ville d'Arras pour y vivifier le commerce. André Rogier, Élie Disnematin et plusieurs autres négocians y envoyèrent leurs enfans pour s'y fixer.

L'an 1480, Louis XI établit les postes sur les grandes routes, à l'occasion d'une maladie de son fils le Dauphin.

L'an 1481, le prince Zizim, fils puîné de Mahomet II, s'étant rendu au grand-maître de Rhodes, Pierre d'Aubusson, ce dernier le fit conduire, avec 18 ou 20 personnes de sa suite, par les chevaliers de Blanchefort et de Rochechouart, à Bourganeuf, où il resta environ huit années. Au bout de ce tems

Zizim fut livré aux députés du pape Innocent VIII, et conduit à Rome. En 1495, Alexandre VI le remit entre les mains des officiers de Charles VIII; mais Zizim mourut presque subitement, peu de jours après son départ de Rome.

Le jour de St. Marc 1484, la foudre tomba sur le clocher de St. Étienne et en abattit la pointe. Cette chute n'occasionna que la mort d'un enfant, de deux chevaux et d'une mule.

Ce fut en 1492, sous le règne de Charles VIII, que l'Amérique fut découverte par Christophe Colomb, génois. Cinq ans après, Americ Vespuce, florentin, y fit un voyage et donna son nom à cette partie du monde.

En 1512, le 23 juillet, M. le duc de Bourbon et son frère, accompagnés de 200 cavaliers, firent leur entrée à Limoges, où ils furent reçus au bruit de l'artillerie des remparts, et au son des trompettes et des clairons. Ils demeurèrent deux jours au palais du Breuil.

Il y avait plusieurs années qu'on avait pris l'habitude, à Limoges, de représenter sur un théâtre, sous les arbres de l'église de St. Martial, des histoires saintes qui excitaient le peuple à la dévotion. Le dimanche 11 août 1521 on donna la première représentation de la passion de N. S. Jésus-Christ, avec solennité et magnificence, pendant toute la durée des fêtes jusqu'au second dimanche de septembre. Le chanoine Fouchery, qui y assista, assure que les vêtemens et joyaux dont étaient parés les comédiens, étaient si riches et si précieux que plusieurs Parisiens, Poitevins, Bordelais, Saintongeois, Toulousains et Lyonnais, présens à ce spectacle, confessaient unanimement que jamais ils n'avaient vu rien de plus beau. Antoine la Chassaigne, recteur de Villeréal, licencié en droit, homme docte et dévot, représensa en ce *mystère* le personnage de Jésus-Christ.

Aucun événement très-remarquable ne signala en Limousin les règnes de Louis XII et de François Ier. La tranquillité de cette province ne fut troublée, pendant plus d'un demi-siècle, que par quelques poignées de brigands qui y portèrent plusieurs fois le ravage. Il s'y montra, en 1522, des bandes d'exacteurs appelés les *quatre mille Diables*, commandés par le capitaine Chandieu; une de ces bandes, au nombre de 1000, vint à Limoges, entra dans la Cité, mit tout au pillage, et voulut pénétrer dans la ville; mais elle en fut repoussée par le courage des habitans. Quelques-uns d'entre eux passèrent dans la ville du Dorat; mais ils n'y trouvèrent presque personne; la majeure partie des habitans avait pris la fuite. Ces brigands se jetèrent ensuite dans le Périgord; mais ils s'enivrèrent dans un village et s'y endormirent. Les paysans les ayant surpris, entrèrent et en noyèrent la plus grande partie; il y en eut peu qui échappèrent et se retirèrent chez eux. Les *cinq mille Diables* qui parurent ensuite vers 1523 ne furent pas bien moins châtiés. Montclou

Monlevrier et Sautprivat, leurs chefs, semaient par-tout la terreur par leurs atrocités. Ayant pris le lieutenant du prévôt des maréchaux, Monmorillon, ils lui rasèrent la tête, lui coupèrent le membre viril et le nez, lui mutilèrent les jambes et les pieds, le promenèrent en cet état, puis le firent périr. Charles de Bourbon, comte de la Marche, qui était encore en France à l'époque où ces *Diables* faisaient le diable par-tout, envoya des ordres de la part du Roi pour assembler les communes et la noblesse de la Marche, du Limousin et du Poitou, afin de donner la chasse à ces brigands. On les joignit au Châtelard près Saint-Junien, et ils furent exterminés. Montclou fut mené à Paris où il eut le poing coupé et la tête tranchée. Plusieurs autres capitaines furent exécutés à Montmorillon. Monlevrier et Sautprivat furent décapités à Limoges.

En 1525, les consuls de Limoges commencèrent à faire bâtir le collége ; mais il ne fut en plein exercice qu'en 1583. Les Jésuites furent d'abord chargés de sa direction ; ils firent même reconstruire une partie des bâtimens ainsi que l'église. Cet édifice, par la singularité de sa forme, sa largeur et son élévation, est un des plus beaux vaisseaux de la ville de Limoges.

Vers l'an 1530, la maison de Pompadour fonda à Paris le collége de Saint-Michel, pour des étudians Limousins. Le principal et le procureur de la maison devaient être aussi Limousins.

Henri roi de Navarre, comte de Foix, prince de Béarn, fils de Jean d'Albret, succéda à son aïeul l'an 1522, et à son aïeule Françoise de Blois, dans la vicomté de Limoges. L'an 1526 il épousa Marguerite de Valois, sœur de François Ier. L'an 1529, étant pourvu de la charge de lieutenant-général, gouverneur et amiral de Guienne, il fit son entrée solennelle à Limoges, en qualité de Vicomte, le 7 janvier. Les Consuls et Bourgeois de la ville, au nombre de 160, furent l'attendre, à cheval, vers la forêt de Beaubreuil, sur la route de Paris. Ce prince, à son départ, témoigna aux Consuls combien il était flatté de la réception brillante qu'on lui avait faite.

En cette même année, une famine cruelle désola le Limousin. En cette circonstance, un grand nombre de citadins fut réduit à la mendicité. Les uns vendirent à vil prix leurs métairies pour se procurer du pain ; d'autres leurs meubles ; d'autres même jusqu'à leur habit et leur chemise. Pour comble, la peste vint encore aggraver la misère publique.

Le 18 décembre de la même année, il tomba en Limousin une quantité de pluie si extraordinaire que les rivières, les ruisseaux et les fontaines sortirent simultanément de leur lit ordinaire. Les eaux de la Vienne s'élevèrent à plus d'une toise au-dessus du pont d'Aixe. Beaucoup de personnes et de bestiaux périrent dans ce désastre. Il survint ensuite une gelée qui détruisit presqu'entièrement les blés et les vignes. Le froment, mesure de Limoges, monta à 2 liv. 10 s. le setier, et le seigle à 2 liv., ce qui était considérable à cette époque, où le marc d'argent ne valait que 14 livres.

Le 28 décembre 1537, Marguerite reine de Navarre, vicomtesse de Limoges, fit son entrée dans cette ville. Les Consuls accompagnés des plus notables bourgeois et des jeunes-gens de qualité de la ville, à cheval, vêtus de casaques de velours noir et de pourpoints de satin, furent au-devant de la princesse. On la rencontra près du pont de l'Aurence, et ce fut-là que M. Jean Lamy, consul, harangua S. M. Elle entra par la porte Montmailler où elle fut saluée par l'artillerie des forts et des remparts. Le clergé en procession, vint la recevoir à cette porte d'où elle s'achemina vers St. Martial, puis vers la Cathédrale. Pendant tout ce trajet, les Consuls portèrent sur la litière de la Reine un dais de satin blanc, orné des armes de Navarre. S. M. se logea au Palais épiscopal. Entr'autres présens que les Consuls firent à S. M., on remarqua celui d'une barrique de vin muscat, chose très-rare en Limousin, dans ce tems-là. Trois jours après, le roi de Navarre arriva à Limoges où on lui fit une réception digne de son rang.

L'an 1541, on tint à Limoges, dans la salle consulaire, les *grands jours*. M. de Brinon, 3.ᵉ président du parlement de Bordeaux, avec douze conseillers et quelques avocats et procureurs composèrent cette cour. Le 30 août les Consuls furent les recevoir. Le président fut logé au Breuil et les autres magistrats dans des maisons bourgeoises. Cette cour dura deux mois. Elle était relative aux emprunts que François I.er ordonna de lever en Limousin.

En 1542, la veille de la Toussaint, la reine Éléonore passa à Limoges. Les Consuls furent la saluer à Saint-Léonard et lui firent une réception magnifique. S. M. alla descendre au logis de M. Chantois, lieutenant criminel. Avant son départ, qui eut lieu le lendemain de son arrivée, les Consuls offrirent à la Reine une coupe en vermeil et une chaîne d'or du poids de cent écus.

Dans les premiers jours du mois de septembre 1544, les Consuls furent avertis qu'une armée de Gascons, conduite par le baron de Beze, s'approchait de Limoges. Cette armée composée de 3 ou 4000 hommes de pied et de 500 cavaliers avait déjà fait des ravages épouvantables dans le Poitou, la Touraine et le Berri. Leur rendez-vous était pour lors à Arnac. Ils voulaient s'emparer des faubourgs et de la cité de Limoges, puis de la ville, pour y vivre à discrétion et la mettre ensuite au pillage. Mais les Consuls signifièrent à leurs fourriers que s'ils voulaient du pain, du vin et de la viande on leur en fournirait, pourvu qu'ils passassent sans loger ni dans la ville, ni dans les faubourgs, ni dans la cité : ce qu'ils refusèrent. Alors, on ferma les portes et on courut aux armes. L'ennemi se présenta aux portes de la ville, en ordre de bataille ; mais quelques boulets qu'on lui envoya des remparts, le firent déguerpir. Cette troupe de brigands prit la route de Solignac et commit sur son passage beaucoup d'excès, de meurtres et de ravages.

L'an 1548, pendant que Henri II était en Piémont, il y eut un soulèvement général en Guienne, à l'occasion de la gabelle. La populace de Saintonge avait déjà donné l'exemple de la rébellion et avait fait main-basse sur les gabelleurs. Le même spectacle se renouvela à Bordeaux, où M. de Moneins, gouverneur du château Trompette, périt victime de la fureur populaire. Dans cette extrémité, le connétable Anne de Montmorency vint à Bordeaux, où il fit faire beaucoup d'exécutions, et enlever toutes les cloches, à l'exception de celles de l'Hôtel-de-Ville. Le Connétable instruit qu'il se préparait à Limoges un mouvement, envoya dans cette ville les sieurs de la Fayette et de la Terride, chacun avec sa compagnie de 100 hommes d'armes et leur suite, avec 2000 hommes d'infanterie, conduits par les capitaines Basques, de Grammont, le vicomte d'Elte et Belfauce. Cette troupe fut mise *en garnison* chez les habitans pendant dix jours. Deux jours avant l'entrée de cette troupe, M. de Bassi, commandant des gens de pied, était venu s'emparer des clefs de la ville et de celles de la maison consulaire ; il avait, en outre, fait désarmer la milice bourgeoise. M. de la Fayette fit descendre les cloches et horloges des églises de la ville, de la cité, des faubourgs et lieux circonvoisins. (Ces cloches ne furent rétablies qu'en l'année 1551). Cependant les provinces de Poitou, Saintonge, Angoumois et Périgord, arrêtèrent de se rédimer de cet impôt : après une assemblée tenue à Poitiers, on donna un à-compte de 100,000 écus, et quatre ans après, la province de Guienne paya, pour l'extinction de cet impôt, une somme de 1,200,000 liv.

En 1556, Antoine de Bourbon, roi de Navarre et duc de Vendôme, et sa femme Jeanne d'Albret, reine de Navarre et vicomtesse de Limoges, firent leur entrée solennelle dans cette ville. Les Consuls furent saluer LL. MM. au château d'Isle (à demi-lieue de Limoges, sur le bord de la Vienne.) Le lendemain, 22 décembre, le Roi et la Reine, accompagnés des évêques de Mende et d'Oleron, et des seigneurs de Montauban, baron de Bretagne, Descars, Lavauguyon, Pompadour et autres gentilshommes Limousins, vinrent descendre au prieuré de Saint-Gérald. On leur fit la réception la plus pompeuse et la plus brillante. LL. MM. restèrent huit jours à Limoges. Le jour de Noël, le Roi et la Reine reçurent le St. Sacrement dans l'église de Saint-Michel-des-Lions.

Les révolutions dont nous avons parlé jusqu'à présent, avaient été occasionnées, en partie, par les incursions des Barbares, et ensuite par les prétentions de l'Angleterre. Les guerres qui suivirent, et dont le Limousin fut le théâtre sous le règne de

Henri II et de ses trois fils, eurent pour principe les querelles religieuses et les intrigues des grands du Royaume. Il n'y eût pas une ville, pas une bourgade de ce pays qui ne fût en proie à l'esprit de parti. Ce fut vers l'an 1560 que la doctrine de Calvin fut la cause ou le prétexte des premières dissentions civiles. La *ligue* fut reçue à Limoges en 1576 : les fureurs d'une faction, la résistance de l'autre, excitèrent des troubles dont je vais tracer rapidement l'histoire. Les communes qui souffrirent le plus de ces troubles, furent celles qui se trouvent actuellement comprises dans les arrondissemens de Rochechouart et de Saint-Yrieix. Passons aux détails que nous fournissent les chroniques.

Au mois d'avril 1560, les Calvinistes levèrent l'étendard de la rébellion. Ces religionnaires mirent en pièces les images de la Vierge et de St. François qui étaient placées sur le premier portail des Cordeliers. Le 4 juillet de la même année, ils mutilèrent l'image de la Mère du Sauveur, placée au coin de l'église et de la place de St. Michel, et furent porter sa tête sur le pilori de la place des Bancs; mais le clergé de St. Michel fit une procession en réparation de cet attentat, et un chanoine de St. Étienne, nommé de Chansat, fit bâtir une chapelle pour enfermer cette dernière image. Les Calvinistes ne bornèrent pas là leurs impiétés : ils abattirent encore l'image de la Vierge qui était sur une des portes de la Cité, du côté des *vimières*. M. de Ponbriant voulut mettre un frein à ces excès en faisant pendre en effigie quelques indévots qui avaient pris la fuite; mais peu de jours après, de nouvelles scènes irréligieuses vinrent affliger les bons Catholiques. Presque toutes les croix et les images placées sur les murs des vignes, autour de la ville, furent détruites ou renversées. Les Catholiques furieux de tant d'audace s'assemblèrent, alors, au nombre de 120 personnes, afin de prêter main-forte aux Consuls. François Colomb, apothicaire, fut nommé capitaine de la ville, et chargé de diriger jour et nuit, où besoin serait, de nombreuses patrouilles; mais les perturbateurs déjouèrent constamment la vigilance de l'autorité. On prétend même qu'ils s'avisèrent d'un stratagème assez plaisant pour vexer les *faiseurs de patrouilles* : ils trouvèrent, dit-on, le moyen de placer secrètement, dans le pavé de la place des Bancs et dans celui des autres lieux du passage des rondes nocturnes, une grande quantité de fers d'alènes. Ils disposèrent, en outre, à certaines distances, dans la rue Manigne, un grand nombre de pétards. Enfin les Religionnaires lâchaient de leurs croisées des coups d'arquebuse sur les soldats catholiques. Sur ces entrefaites arrive à Limoges un ministre de la nouvelle religion, nommé Lafontaine: le peuple, naturellement amateur des nouveautés, accourut en foule à son prêche, qu'il faisait sur la route d'Aixe, dans le bois du Moulin-Blanc, appartenant alors à Jean Lascure. Les choses en vinrent au point que l'on fut obligé d'établir une garde particulière dans toutes les églises pour les mettre à l'abri des insultes des Religionnaires. Le capitaine Loyset fut alors chargé de la garde de St. Étienne. Cependant le Roi étant informé des désordres qui se commettaient à Limoges, y envoya M. de Ventadour, pour faire une enquête à ce sujet. Sur son rapport, S. M. ordonna au maréchal de Thermes d'aller en Limousin, avec 10 compagnies d'ordonnance et 1200 hommes de pied. Ces troupes arrivèrent à Saint-Junien le 6 décembre 1560. Les gens de pied furent cantonnés à Aixe. Les Consuls, qui avaient été recevoir les instructions du Maréchal, envoyèrent chercher, à leur retour à Limoges, les prévôts de la Marche, de Montmorillon et du Limousin, pour châtier les perturbateurs. Ils firent, en même tems, restaurer les croix et les images mutilées. Alors tout rentra dans l'ordre. Sur ces entrefaites arriva la nouvelle de la mort de François II, et le maréchal de Thermes reçut ordre de ramener les troupes en Picardie.

Aux mois de février, de mars, d'avril et de mai 1561, plusieurs émotions populaires, à l'occasion de la religion, se manifestèrent sur divers points du Royaume : Bordeaux, Agen, Périgueux et Poitiers en furent les principaux théâtres ; ce qui engagea Charles IX à rendre un édit pour expulser de France tous les Huguenots ; mais ensuite il le révoqua à la sollicitation de la reine de Navarre. Les

Huguenots Limogeaux établirent des prêches à La=
borie, à la Couture et à Montjovis; puis ils se
retirèrent dans l'église de St. Cessateur, d'où on
parvint pourtant à les expulser. Ils s'emparèrent ensuite de l'église de Ste. Valerie, dont on eut bien
de la peine à les chasser. Ces Religionnaires se voyant
débusqués des saints temples, se virent contraints
à faire leurs exercices dans des maisons particulières.
Ils établirent dans la basse-cour d'un orfèvre nommé
Jean Bertrand, en la rue des Combes, proche l'hôpital Saint-Martial, une chaire avec des bancs; le
ministre Duparc, assisté de son compagnon Belchi,
y faisaient leurs prêches. A ces prêches accouraient
des gens de toute qualité et de tout sexe; on vit
même deux moines Augustins jeter leur froc en
pleine assemblée. L'an 1562, dans les premiers jours
de janvier, Belchi transporta son prêche à Aixe.

Un coup de pierre lancé sur la châsse de saint
Martial pendant la procession du mardi de Pâques
et à son passage dans la rue Croix-Neuve, excita une
grande rumeur parmi le peuple. La maison d'un nommé Binlon, soupçonné de cet attentat, fut aussitôt
investie et livrée au pillage. Les Huguenots, au bruit
de cet événement, se hâtèrent de courir aux armes;
mais le ministre Duparc parvint à les contenir, et la
procession continua son tour ordinaire. Le Roi instruit de l'attentat de Binlon, ordonna de punir sévèrement ce sectaire; mais il s'était déjà soustrait à son
châtiment, par une prompte fuite. Sa maison fut

rasée. Les Huguenots transportèrent, alors, leur prêche hors des murs de la ville, dans le jardin de l'hôpital Saint-Gerald. Leurs allées et leurs venues firent naître des soupçons sinistres ; mais la prévoyance du gouverneur Pontbriant et la vigilance du capitaine Meilhac évitèrent, en cette rencontre, de nouveaux malheurs. Les Huguenots serrés de près se virent obligés à se disperser dans les campagnes ; d'autres allèrent au siége de Châteauneuf en Angoumois ; et après la prise de cette place se retirèrent à Confolens où les habitans les accueillirent.

La reine de Navarre, le prince de Condé et l'amiral Coligni sollicitèrent la Reine régente pour obtenir un édit relativement à la liberté de conscience. La Régente se rendit à leurs désirs : en effet, le 17 janvier 1562, il fut donné, à Saint-Germain en Laye, un édit portant que les Religionnaires rendraient aux églises ce qu'ils leur avaient enlevé ; qu'il leur était expressément défendu de ravager les temples et de détruire les croix et les images ; qu'ils n'auraient dans les villes, ni assemblées, ni prêches, ni administrations des sacremens, même en cachette ; qu'ils pourraient néanmoins exercer leur culte hors de l'enceinte des villes ; qu'ils observeraient les fêtes chômées par les Catholiques et se conformeraient toujours à l'usage de ces derniers touchant l'observation des degrés de consanguinité et d'affinité ; qu'ils ne prêcheraient rien de contraire au symbole de Nicée ni aux livres de l'ancien et du nouveau-testament; enfin qu'ils se garderaient bien de troubler les cérémonies religieuses des Catholiques. Par ce même édit, il fut défendu aux Huguenots de porter des armes en allant à leurs prêches ou en en revenant. Les nobles seuls furent exceptés de cette mesure prohibitive. Le président de Thou, au nom du parlement de Paris, s'opposa à l'enregistrement de cet édit. Il fallut, pour l'y contraindre, trois lettres consécutives de jussion de la part du Roi. Cet édit ne produisit point l'effet salutaire qu'on devait en attendre : sur plusieurs points du Royaume on vit bientôt de nouveaux désordres.

Après l'assassinat de François de Guise, (tué par Poltrot le 18 février 1563) il y eut entre les deux partis, une trêve qui fut bientôt suivie d'une paix générale. On vit même les Catholiques et les Calvinistes se réunir pour expulser les Anglais de la Normandie. Mais le repos que cette réconciliation venait de procurer à la France ne fut pas de longue durée.

La ville d'Uzerche ayant été accordée aux Religionnaires du haut et bas Limousin pour y faire le prêche et autres cérémonies, il y fut établi un ministre. La cène y fut faite le dernier jour d'avril 1563, et cette cérémonie attira un grand concours de peuple tant de Limoges que des lieux circonvoisins.

En 1564, Jeanne d'Albret vint à Limoges et fut loger au palais du Breuil. Elle fit prêcher son ministre publiquement, ayant fait apporter en son logis par ses Suisses l'ancienne chaire des prédicateurs de

St. Martial. C'est pourquoi les chanoines ne voulu-lurent point reprendre cette chaire; ils en firent construire une neuve afin, dit l'annaliste, *que personne ne s'assît plus en cette chaire de pestilence.*

Si le parti Calviniste fit des progrès en Limousin, il les dut presque tous à la protection éclatante de la reine de Navarre. Jeanne l'y favorisa autant qu'il dépendit d'elle, et l'y propagea par tous les moyens que lui donnaient son crédit et son influence. Il paraît qu'elle porta le fanatisme jusqu'au point de monter en chaire et faire des prédications. Il existe même près la Croix-Mandonnaud, hors la ville de Limoges, un local qu'on appelle encore *la place du Prêche*. On assure qu'elle s'y rendait souvent pour pérorer les gens de sa secte. Aussi les chanoines de St. Martial firent-ils peindre, sur les vitraux de leur église, une femme montée en chaire et entourée d'auditeurs; ils mirent au bas ces deux vers :

> Mal sont les gens endoctrinés
> Quand par femme sont sermonés.

L'an 1565, la cure de St. Lazare fut unie à celle de St. Félicité par Mathieu Benoist, vicaire-général de Mgr. de l'Aubespine, évêque de Limoges.

Les grands-vicaires de Limoges ordonnèrent, en 1567, à tous les fidèles du Diocèse, de communier le dimanche après la publication de leur mandement; de jeûner trois jours et de prier pour le Roi et pour l'extirpation de l'hérésie; car les Huguenots ravageaient alors tout le Royaume, pillaient les églises, massacraient les Catholiques et sur-tout les ecclésiastiques. Le Roi envoya à Limoges M. de Vertillac pour y rétablir l'ordre. Durant son gouvernement, plusieurs habitans se liguèrent contre les Religionnaires et formèrent une confrérie armée, dite *de Sainte-Croix*. M. de Vertillac mourut en 1568. M. le comte Descars, qui lui succéda, donna par ordre de S. M. à François de Pontbriant, ancien gouverneur et sénéchal du Limousin, le collier de l'ordre de Saint-Michel. Cette cérémonie eut lieu dans l'église de St. Étienne, à la grand'messe et devant le maître-autel.

La même année, les Religionnaires pillèrent la ville et le monastère de Solignac, enlevèrent le trésor et brûlèrent les reliques.

Le 13 mars 1569, le prince de Condé, chef des Religionnaires, fut tué d'un coup de pistolet par Montesquiou, capitaine des Gardes de Monsieur, à l'issue de l'action qui eut lieu près de Jarnac entre les troupes du Prince et celles du duc d'Anjou, chef des Catholiques royalistes. Le corps du prince de Condé fut porté à Vendôme, où il fut inhumé dans le tombeau de ses ancêtres. On fit ce quatrain sur la mort de ce Prince :

> L'an mil cinq cent soixante-neuf,
> Entre Jarnac et Châteauneuf,
> Fut porté mort sur une ânesse
> Le grand ennemi de la messe.

La fin tragique du prince de Condé, le rôle important qu'il joua dans les guerres civiles qui eurent la religion pour prétexte, nous conduisent naturellement à suspendre notre narration pour donner quelques détails sur la vie politique de cet homme célèbre.

Les dogmes de Calvin s'étaient répandus dans presque toute la France. En vain, pour en arrêter le cours, on avait employé les gibets, les échafauds et les bûchers. Le nombre des nouveaux sectaires augmentait tous les jours, et devint assez considérable pour faire un parti puissant dans l'État. Furieux de se voir continuellement traîner au supplice, les Calvinistes songèrent à se défendre contre ceux qu'ils regardaient comme leurs tyrans. Ce qui acheva de les irriter, fut la mort d'Anne Dubourg, personnage recommandable par la régularité de ses mœurs et par la scrupuleuse intégrité avec laquelle il exerçait sa charge de conseiller au parlement de Paris. Il avait adopté la doctrine de Calvin et il eut la hardiesse de déclarer ses sentimens en présence du roi Henri II. Comme on n'avait puni jusqu'alors que des gens d'une naissance obscure, la Cour voulut faire un exemple sur un homme d'un rang distingué. Anne Dubourg fut la victime qu'on choisit pour intimider les partisans des nouvelles opinions. On lui fit son procès, et on le condamna à être pendu et brûlé. L'arrêt fut exécuté dans la place de Grève, en présence d'une foule innombrable de peuple qui assista au supplice de cet infortuné magistrat. Il mourut avec cette fermeté qui fait quelquefois passer un fanatique pour un héros. La mort d'Anne Dubourg et les fréquentes exécutions qui se faisaient, tant à Paris que dans les provinces, animèrent furieusement les Calvinistes contre la Cour. Comme ils se voyaient, à tout moment, en danger de perdre leurs biens, leur liberté et la vie même, ils songeaient continuellement aux moyens de se délivrer d'une si cruelle situation. Il ne leur manquait qu'un chef : ils le trouvèrent dans la personne du prince de Condé. Celui-ci était très-mécontent de se voir sans crédit, tandis que les Guises jouissaient de toute l'autorité. Comme il voulait absolument jouer dans l'État un rôle digne de sa naissance, il résolut de ne pas souffrir plus long-tems les injustices dont il croyait avoir lieu de se plaindre. Dans ce dessein, il assembla ses plus zélés partisans, sur les confins de la Champagne, dans son château de la Ferté ; il leur exposa les mauvais traitemens que lui et le roi de Navarre son frère, avaient reçu de la Cour, et leur déclara qu'il était déterminé à prendre les armes pour se venger des affronts et des outrages qu'il avait continuellement à essuyer. Tous ceux qui étaient présens applaudirent à cette résolution, et parurent très-disposés à tout entreprendre pour les intérêts du prince de Condé ; mais l'amiral de Coligni leur représenta qu'il fallait conduire avec prudence une pareille entreprise. Il leur insinua que la guerre projetée devait avoir pour motif apparent des intérêts de conscience, afin de se mettre, par-là, à l'abri du reproche qu'on leur faisait de vouloir bouleverser le Royaume par leur ambition. Il leur persuada encore qu'ils pouvaient compter, au besoin, sur le secours de la reine d'Angleterre Élizabeth, et sur celui des princes protestans d'Allemagne. Le discours de Coligni reçut l'approbation de l'assemblée des conjurés, où l'on voyait figurer Dandelot, le cardinal de Châtillon, Charles de la Rochefoucault, François de Vendôme, le vidame de Chartres, Antoine de Croï, le comte de Porcien et plusieurs autres seigneurs attachés aux maisons de Bourbon et de Montmorency. Les conjurés profitant de la disposition où étaient les esprits, communiquèrent leurs projets à plusieurs gentilshommes, et notamment à un périgourdin nommé Jean du Barri de la Renaudie. Ce gentilhomme fut député près de la reine Élizabeth, pour l'engager à faire diversion en Écosse, afin que les Guises fussent obligés d'envoyer le peu de troupes françaises, qui étaient sur pied, pour défendre le trône de Marie Stuart, femme de François II. Par ce moyen, les rebelles se seraient trouvés en état de tout oser. La Renaudie apporta de Londres de bonnes espérances. Il parcourut ensuite toute la France pour assigner, dans chaque province, des chefs aux Calvinistes. Le rendez-vous général de ces chefs fut fixé à Nantes, pour s'y concerter sur les moyens d'exécution du projet. Les conjurés s'y rendirent tous, en effet, sous divers prétextes ; et il fut convenu, dans leur conciliabule, que l'armée Calviniste se dirigerait secrètement vers le Blaisois ; qu'une députation, sans armes, irait présenter requête au Roi, pour lui demander un Édit en faveur de la liberté de conscience ; qu'en cas de refus, un bon nombre de soldats apostés investirait les avenues du Palais-Royal, ferait main-basse sur les Guises et sur leurs partisans, et contraindrait S. M. à déclarer le prince de Condé son lieutenant-général. Mais les Guises quoiqu'avertis du complot, jugèrent convenable de ne pas faire éclater leur ressentiment. Condé qui s'était rendu à la Cour, et qui feignait d'ignorer ce qu'il savait, fut chargé de la garde de la porte du château d'Amboise, où, sous prétexte d'une partie de plaisir, la Cour s'était retirée comme dans un lieu plus sûr que Blois, à cause de ses fortifications. Mais on eut soin en même tems de donner des Argus à Condé. Sur ces entrefaites, les conjurés, partagés en plusieurs troupes, s'avancent vers Amboise ; elles devaient se réunir proche du château ; on leur dressa des embuscades et on les défit successivement. La Renaudie fut tué. Coccaville, gentilhomme picard, essaya de rallier les rebelles, mais ceux-ci eurent constamment le dessous quoiqu'ils combattissent en désespérés. Coccaville périt dans l'action, et Masère, Castelnau et Raunai, capitaines calvinistes, laissèrent leurs têtes sur un échafaud. Ainsi fut déjouée la fameuse conjuration d'Amboise.

Quoique la Cour fut persuadée que Condé et Coligni étaient les principaux moteurs de cette conjuration, elle hésita long-tems sur le parti qu'elle avait à prendre à l'égard de Condé. La crainte de se voir en butte à la vengeance des autres Princes du sang, de Coligni, du Connétable et des Calvinistes, l'engagèrent à feindre de croire que Condé et tous ses adhérens étaient innocens. C'était alors l'époque de l'assemblée des États d'Orléans : comme la majorité des députés professait le Catholicisme, on compta qu'elle approuverait, sans opposition, ce qu'on entreprendrait contre Condé et son frère le roi de Navarre; c'est pourquoi on fit en sorte d'attirer ces deux Princes à Orléans. Ils se rendirent aux ordres du Roi malgré les remontrances que leur fit la noblesse huguenote. Ils ne tardèrent pas à être constitués prisonniers. On instruisit contre Condé une procédure, et ce prince fut condamné à mort, comme coupable d'avoir voulu s'emparer d'Orléans. L'exécution de cet arrêt ne fut différée qu'afin d'envelopper le roi de Navarre dans le même malheur; mais la politique de Catherine de Médicis, et la mort de François II mirent un frein à l'ambition des Guises. Les fers de Condé furent brisés, et ce prince exigea même que son innocence fut déclarée solennellement. Cependant Condé, plus furieux que jamais contre les Guises, ne tarda pas à se remettre à la tête des Calvinistes. Il s'empare d'Orléans et en fait sa principale place d'armes. Bientôt Blois, Tours, Poitiers, Angers, le pont de Cé, Beaugency, Châlons-sur-Saône, Mâcon, la Rochelle, Rouen, Pont-Audemer, Dieppe, le Havre-de-Grâce, Bourges, Montauban, Castres, Montpellier, Nîmes, Castelnaudary, Pézenas, Beziers, Agen, Maguelonne, Aigues-Mortes, Orange, Pierre-Late, Mornas, Lyon, Grenoble, Montelimart, Romans, Sisteron, Gap, Tournon et Valence tombent au pouvoir des Calvinistes. La Cour ordonna aux rebelles de mettre bas les armes; mais cette injonction ne fit qu'exalter leur audace. Cependant Condé prévoyant qu'il ne pourrait long-tems tenir tête à l'armée Royaliste, qui était supérieure à la sienne tant par le nombre que par la qualité des soldats, implora le secours des Anglais. Ceux-ci exigèrent, en récompense, la remise du Hâvre, puis ils se dirigèrent vers Rouen dont l'armée Royale faisait en ce moment le siége. Le roi de Navarre, qui avait depuis peu abandonné le Calvinisme, était présent à ce siége; il y reçut une blessure qui causa sa mort. Rouen fut pris d'assaut par les Royalistes, et plusieurs habitans huguenots furent pendus. La guerre continuait toujours avec une égale furie : le résultat de la bataille de Dreux, où Condé fut fait prisonnier, acheva de consterner les Huguenots. Les Royalistes profitèrent de cette conjoncture pour s'emparer d'Orléans. Le duc de Guise accourut assiéger cette place, et il s'était déjà rendu maître d'un faubourg, lorsqu'un gentilhomme angoumoisin, nommé Poltrot, qui guêtait depuis long-tems le Duc, lui tira un coup de pistolet qui lui fracassa l'épaule. L'assassin prit aussitôt la fuite, mais il ne tarda pas être arrêté. La blessure du Duc ne fut pas d'abord jugée mortelle; mais les balles qui se trouvèrent empoisonnées la rendirent incurable. On fit le procès à Poltrot, et il fut écartelé. Après l'assassinat du duc de Guise, les deux partis semblèrent un moment vouloir se réconcilier; mais bientôt les Calvinistes reprirent les armes, ayant toujours à leur tête le prince de Condé et l'amiral de Coligni. Ces deux chefs de la rébellion résolurent alors d'enlever le Roi. La Cour ayant encore découvert ce nouveau complot se retira à Meaux. Il fut question de s'opposer aux entreprises des rebelles. Le Connétable prit des mesures pour les chasser de la plaine Saint-Denis où ils étaient campés. Cela donna lieu à une affaire meurtrière, après laquelle chaque parti s'attribua l'honneur de la victoire. Il est cependant certain que l'avantage fut du côté de l'armée Royale; mais elle perdit, dans cette journée, Anne de Montmorency son général, guerrier plus habile qu'heureux.

En 1569, le prince de Condé sachant que le duc d'Anjou, chef des Royalistes, avait assemblé ses troupes et qu'il faudrait décider leur querelle par le sort des armes, ne se sentant pas assez fort pour opposer à son ennemi une résistance vigoureuse, se dirigea avec son armée vers Cognac, où il comptait passer la Charente pour recevoir les troupes qu'on lui amenait de Guienne et de Languedoc. L'amiral Coligni se saisit de Jarnac et de Châteauneuf; mais le duc d'Anjou reprit ces places. On en vint à une affaire décisive : elle eut lieu le 13 mars entre Jarnac et Châteauneuf. Condé après avoir rallié plusieurs fois ses troupes, combattait vaillamment au fort de la mêlée lorsque, son cheval ayant été tué, il fut renversé par terre. Alors un capitaine, nommé Montesquiou, lui détache à bout portant un coup de pistolet, au moment où il se rendait à deux gentilshommes qui venaient de le faire prisonnier.

Revenons aux détails qui regardent particulièrement le Limousin :

Volgfan duc de Deux-Ponts, venant en Limousin joindre ses forces aux troupes de l'amiral de Coligni, mourut à Nexon des suites de la fièvre, le 11 juin 1569, après avoir nommé pour commander à sa place Volrad Mansfeld.

L'armée des Religionnaires ayant manifesté le dessein de s'emparer de Limoges, les Consuls de cette ville en donnèrent avis au duc d'Anjou. Ce prince, qui était alors à Saint-Pardoux près de Razès, fit d'abord marcher ses troupes et vint loger au bourg de Couzeix, la veille de la Fête-Dieu. Les Consuls vinrent l'y saluer et lui porter les clefs de la ville. La Reine mère et les cardinaux de Bourbon et de

Lorraine se rendirent à Montmailler où ils furent reçus par M. de Masset, lieutenant du comte Descars gouverneur de Limoges. Les soldats formaient la haie depuis Montmailler jusqu'au Breuil, où logea la Reine. Elle ordonna que tous les habitans qui avaient du vin dans leurs caves, missent des bouchons à leur porte pour en faciliter l'achat aux troupes. Elle voulut aussi que les portes de la ville demeurassent ouvertes jour et nuit pendant son séjour à Limoges. Le jour de la Fête-Dieu le duc d'Anjou vint visiter sa mère, et le même jour on fut averti que Mansfeld, avec sa troupe, se disposait à traverser la Vienne. En conséquence on envoya des troupes, au gué de la Salesse, pour s'opposer à son passage. Mansfeld qui avait passé la rivière, un peu plus haut, favorisé par le sieur de Chargnac, éprouva en cette rencontre une défection considérable. Coligni s'avança alors de Châlus vers Aixe et s'empara de cette dernière ville. Le duc d'Anjou vint de Couzeix camper à Isle, et fit mettre le feu aux faubourgs d'Aixe. Après un combat vigoureux, cette ville fut enlevée aux Religionnaires, et leur armée se retira en désordre vers Saint-Junien.

Le lendemain, le duc d'Anjou atteignit les rebelles près de la Roche-l'Abeille. Il s'y livra un combat sanglant où périt M. de Masset, lieutenant du comte Descars. Ce seigneur fut inhumé à Limoges, dans l'église de Saint-Pierre-du-Queyroix, devant l'autel de Notre-Dame la Joyeuse. Durant que le duc d'Anjou avait son camp près de Limoges; le pain de munition de l'armée Royale se cuisait dans le réfectoire de l'abbaye de St. Martial, où furent construits des fours exprès. L'amiral Coligni fut, par arrêt du Parlement, dégradé de ses offices; ses biens furent déclarés confisqués et sa tête mise à prix de 150,000 livres. Le duc d'Anjou ayant réuni ses divers corps d'armée, lui livra bataille le 30 septembre 1569, à Saint-Clair en Poitou; mais il ne put le battre complètement à cause de la nuit qui survint. Quatre jours après eut lieu la fameuse bataille de Moncontour, où les Religionnaires éprouvèrent une défection complète. Plus de 18,000 y perdirent la vie. Le duc d'Anjou faillit périr dans la mêlée, et le duc de Guise fut blessé au pied.

Le dernier juin 1571, environ vers l'heure de Vêpres, le tonnerre tomba sur le clocher de la cathédrale de Limoges, et mit le feu à l'aiguille en bois, couverte de plomb, qui soutenait une grande croix de fer. Dans peu de tems le feu gagna l'intérieur du clocher, et se montra au dehors. Les secours que les chanoines voulurent y apporter ne purent arrêter l'incendie, à cause du plomb fondu qui tombait sur les ouvriers, tant au dedans qu'au dehors. A sept heures tout le beffroi était embrasé; les flammes poussées avec violence sortaient par toutes les issues de haut en bas. Les cloches qui étaient au nombre de onze et dont les sons étaient en harmonie, furent fondues. La matière coula dans la rue comme aurait coulé l'eau. Tout l'attirail de l'horloge tomba et fut consumé. Cet épouvantable incendie, qui dura jusqu'à minuit, a causé la ruine entière de la flèche, de manière que ce beau clocher n'est plus qu'une tour d'architecture gothique. Disons un mot sur le vaisseau de cette Cathédrale. Cette église, sous l'invocation de St. Étienne, fut reconstruite vers le 13.ᵉ siècle. Cet édifice, le plus considérable de Limoges, quoiqu'imparfait, présente dans son ensemble et dans ses détails des beautés qui fixent l'attention des connaisseurs. Son genre d'architecture est un gothique qui a de la majesté et de la légèreté; ces deux effets si difficiles à réunir ont été obtenus en forçant les dimensions de la longueur et de la hauteur, en se resserrant sur la largeur. Ce qui attire principalement l'attention, est le rond-point du sanctuaire, qui, étant éclairé par les vitraux des bas-côtés correspondant aux sept travées qui en forment le contour, offre un très-beau coup d'œil. On admire la coupe supérieure des grands vitraux, entre lesquels s'élèvent des faisceaux de moulures très-légères qui se prolongent ensuite pour aller former les ogives de la voûte. Le portail qui se trouve à l'extrémité de la croisée à gauche, est également remarquable; on y aperçoit un détail d'ornemens gothiques, qui, quoique multipliés, ne font point confusion. On y distingue sur-tout une galerie et un fronton à découpures détachées. Les deux piliers buttans qui se terminent des deux côtés ne sont pas symétriques ; celui de la droite est arrondi, celui de la gauche, moins saillant à cause de la rue, est à pans carrés. Le clocher ne paraît pas avoir été construit dans le plan général de l'église ; car, outre qu'il est d'un goût d'architecture différent, son emplacement ne se rapporte point au milieu de la nef. l'intérieur de cette église n'a pas été à l'abri des fureurs révolutionnaires. On y a mutilé quelques monumens qui n'étaient pas sans mérite, entre autres le fameux Jubé construit par M. de Langeac en 1534. Voici la description abrégée de ce bel ouvrage. Il forme l'entrée du chœur, et se distribue en parties symétriques qui occupent toute la largeur de la nef entre les deux piliers de la croisée. Quoiqu'il soit difficile d'y démêler aucun ordre, on y distingue d'abord quatre colonnes arabesques avec des piédestaux ; de chaque côté de la porte sont trois niches avec des couronnemens, des pilastres et des culs-de-lampes. Ces niches, ornées des statues de deux apôtres et de quatre pères de l'église latine, font la partie la plus riche de la décoration. Le reste de l'espace des entrecolonnemens est rempli par les armes de Langeac en médaillons, avec des guirlandes autour. Au-dessous de ces niches est un espace correspondant à ce qu'on peut appeler la base des colonnes ; cet espace offre trois panneaux de chaque côté, où sont en bas-relief les travaux d'Hercule. On est surpris de voir, dans un lieu consacré aux exercices du culte chrétien, les détails de la vie fabuleuse de l'un des héros les plus célèbres du paganisme ; mais il faut observer que dans le tems où l'artiste composait le dessin du Jubé, les prédicateurs citaient en chaire les auteurs profanes et tiraient un grand parti de la Mythologie payenne, pendant que les avocats donnaient au barreau pour autorités les pères de l'église. Au-dessus du détail de ce Jubé, la voûte se présente comme en perspective ; de la partie la plus saillante et la plus élevée pendent six culs-de-lampes, dans la longueur desquels on a pratiqué des niches ornées de statues ; l'intervalle de ces niches est en archivolte avec des moulures un peu gothiques. Enfin le tout est couronné par une balustrade percée à jour, et composée de petites colonnes arabesques, dont les formes gracieuses sont très-variées. La proportion des masses, l'élégance des formes, la pureté des ornemens, tout annonce une composition délicate et recherchée ; il y a une grande fécondité dans l'invention et une heureuse facilité dans l'exécution.

Le 24 août 1572, jour de St. Barthelemy, au son du beffroi de l'église de Saint-Germain et de l'horloge du palais, un massacre horrible des Huguenots eut lieu à Paris. L'amiral Coligni fut précipité par la fenêtre de son hôtel. François de Rochechouart, Téligni, la Guerche, Soubise, Piles, Pardaillan et plusieurs autres éprouvèrent le même sort. Montgommery, Ségur, Lafin, qui étaient au faubourg Saint-Germain, évitèrent la mort par une prompte fuite. On évalue à environ 3000 personnes de tout sexe et de tout âge le nombre des Huguenots égorgés dans ce massacre. L'exemple des Parisiens fut imité par Meaux, Orléans, Rouen, Troyes, Angers, Bourges, Lyon et Toulouse.

En 1574 les Religionnaires excitèrent de nouveaux troubles en Limousin. Jacques de Maulmont, seigneur de Vicq, ayant assemblé quelques partisans de sa secte, se saisit du château de Châlucet qui était demeuré en ruines et inhabitable depuis l'expulsion des Anglais. Il le fortifia tellement qu'il le rendit presque imprenable. Ayant muni ce château des choses nécessaires à sa défense, il déclara le tenir pour ceux de la religion réformée, et commença à faire jour et nuit des excursions dans les villages voisins et sur les grandes routes. Mais les Limogeaux envoyèrent, contre ce partisan, sous la conduite du capitaine Vouzelle, des troupes qui le forcèrent à rentrer dans son château.

L'année suivante les Religionnaires surprirent plusieurs villes et bonnes places en diverses provinces. Le vicomte de Turenne, qui avait embrassé le parti des Huguenots, parcourait le Périgord et le Limousin ; il s'empara d'Uzerche et de Brive. Langoyran surprit Périgueux et pilla cette ville.

Sur ces entrefaites Gilbert de Lévi, comte de Ventadour et gouverneur du Limousin, arriva le 16 octobre 1575 à Saint-Léonard, accompagné de 3000 hommes ; il écrivit aux consuls de Limoges qu'ils eussent à venir lui porter les clefs de leur ville et recevoir en même tems ses ordres. Il leur insinua, dans cette lettre, « que Langoyran, qui avait pris « Périgueux, avait à Thiviers une armée de 6000 « hommes, et que probablement il tenterait de s'em- « parer de Limoges; que pour obvier à ce malheur « il convenait qu'il établit ses gens dans Limoges. » Les Consuls remercièrent d'abord le Gouverneur de ses bons avis et de ses offres de services; mais ensuite se ravisant, ils crûrent entrevoir que sa proposition était insidieuse; c'est pourquoi ils cherchèrent à l'éluder. Cependant le comte de Ventadour, accompagné des seigneurs de Pompadour, de Bouchard et de Corbières, se présente aux portes de Limoges, et somme les Consuls de le recevoir. Les Limogeaux consentent à obéir, à condition que le Gouverneur n'introduira que sa maison avec 50 gentilshommes. Ventadour prend son logement dans la Cité et cantonne ses troupes dans les faubourgs Boucherie et Manigne. Il mande aux douze Consuls de venir le trouver avec les receveurs, chefs de justice et trente des marchands les plus riches et les plus notables, afin qu'ils s'obligeassent solidairement à garder la ville et qu'il fut par-là dégagé de toute responsabilité envers le Roi. Les Consuls hésitèrent d'abord à donner au Gouverneur une réponse satisfaisante, et au lieu de la nombreuse députation qu'il demandait, lui envoyèrent seulement cinq personnes : savoir, M. Pétiot juge de Limoges, Guibert avocat du Roi,

Jean Colomb consul, Jean Dubois maître de la monnaie, et Guinot-Forest greffier des Consuls. M. du Chambéry, gouverneur en l'absence de M. de Ventadour, voulut accompagner les députés. Ventadour furieux de ce que les Consuls ne lui envoyaient pas le nombre des notables qu'il avait demandé, ordonna à ses soldats de conduire en prison les cinq députés Limogeaux, et retint près de lui M. du Chambéry. Dès-lors Ventadour agit, non en gouverneur, mais en vrai chef de Vandales. Il fit prendre les armes à sa troupe, s'empara de l'église de saint Étienne et la livra au pillage. Il traita rigoureusement les habitans de la Cité, et ses soldats eurent ordre de créneler toutes les maisons des faubourgs Manigne et Boucherie. Plusieurs escarmouches eurent lieu de part et d'autre : Ventadour fit dresser des barricades et tendre des draps cousus sur les rues des faubourgs qu'il occupait, afin de n'être point dérangé dans ses opérations hostiles. Il avait d'abord compté sur le secours de Langoyran ; mais voyant que son espérance était déçue, il eut recours à son neveu Henri de la Tour, vicomte de Turenne. Celui-ci se disposa à venir au secours de son oncle, avec trois compagnies qu'il tira de la garnison de Felletin, que les Huguenots avaient surpris. Mais le 24 octobre, M. du Chambéry, qui avait trouvé le moyen de rentrer dans Limoges, fit, à la tête des bourgeois de la ville, une sortie sur les troupes du Gouverneur ; leurs barricades furent forcées ainsi que leurs corps-de-garde, et elles furent obligées d'évacuer les faubourgs Manigne et Boucherie. Cent vingt soldats du Gouverneur restèrent sur le champ de bataille; le faubourg Boucherie en entier et une partie du faubourg Manigne furent incendiés. M. du Chambéry fit ensuite abattre l'aiguille du clocher des Jacobins, une partie du bâtiment des Cordeliers et plusieurs églises, afin d'empêcher l'ennemi de s'approcher des remparts de la ville. Ventadour, qui s'était retiré dans la Cité, fit tirer, du haut de la tour de St. Étienne, des coups de fauconneau et d'arquebuse à crochet, mais sans beaucoup de succès. Il quitta son logement du Doyenné pour se retrancher dans le monastère de la Règle. Enfin, s'apercevant que le nombre de ses soldats diminuait de jour en jour, il contremanda le vicomte de Turenne, et prit, le 25 octobre, la route de Saint-Léonard. Ventadour ne s'arrêta que quelques jours dans cette ville, et y laissa pour gouverneur le sieur Dubuy avec quatre compagnies, qui y tinrent garnison depuis le 28 octobre 1575 jusqu'au mois d'avril 1576. Le capitaine Sédières se dirigea sur Brive qu'il surprit et qu'il rançonna. Le comte de Ventadour fit part au Roi de la prétendue rébellion des habitans de Limoges; mais les Consuls ayant instruit S. M. des procédés déloyaux du Gouverneur, leur conduite fut approuvée.

En 1576, les Limogeaux voulant se débarrasser des différentes garnisons que M. de Ventadour avait établi aux environs de la ville, choisirent, à cet effet, le capitaine Vouzelle. A sa première sortie, cet officier distingué amena prisonnier le sieur de Neuvillards, un des principaux partisans de Ventadour. La garnison de Saint-Léonard se met aussitôt en campagne, une affaire sérieuse a lieu aux Alloix. Les partisans vaincus fuient vers Saint-Léonard, ils veulent rentrer dans la place ; mais ils en trouvent les issues barricadées et défendues par les habitans, qui s'ennuyaient depuis long-tems d'avoir de pareils hôtes. Dans cette extrémité, ils se dirigèrent, à travers les bois et les précipices, vers Châlucet et Sainte-Anne, d'où le capitaine Vouzelle parvint ensuite à les expulser.

Le 26 avril de la même année, la paix de religion fut publiée. Durant cette paix, les Huguenots de Limoges faisaient leur prêche en la maison de M. Joseph Vertamond, rue Manigne. Cette paix ne tarda pas à être troublée : les Huguenots recommencèrent leurs excursions désastreuses, et les choses en vinrent à un tel point que l'on n'osait plus se montrer hors de l'enceinte des villes. Ceux de Châlucet, surtout, se rendaient redoutables. Le capitaine Vouzelle fut encore désigné pour donner la chasse à ces malfaiteurs. Il partit à la tête de plusieurs compagnies et dirigea son expédition vers la forteresse de Châlucet, où le sieur de Saint-Vicq avait établi son quartier-général. Chemin faisant il rencontra à Boisseuil le sieur Beaupré, à la tête d'un corps de partisans, et le força à se réfugier avec sa troupe dans l'église. Vouzelle se préparait à en former le siége, lorsque Beaupré s'élance avec impétuosité de son asile, se fait jour l'épée à la main, et fait prisonnier le capitaine Galichier qu'il emmène à Châlucet.

Le sieur de Saint-Vicq ayant été pris au dépourvu par le vicomte de Pompadour, les forces combinées de Limoges, de Solignac et de Saint-Léonard, furent former le siége de Châlucet. La place capitula le 19 avril 1577, après cinq jours de résistance. Aussitôt, la démolition de la forteresse fut ordonnée. La ville d'Eymoutiers fournit aussi une compagnie pour cette expédition; elle était commandée par le sieur de Fraisseix.

Le duc d'Alençon, frère du Roi, ayant pacifié l'Auvergne et ôté par-là toute lueur d'espoir aux Religionnaires, se dirigea vers Limoges, avec l'armée Royale. Étant à Bourganeuf, les consuls de Limoges accompagnans M. de Busset gouverneur, furent lui présenter les clefs de la ville, et le 14 juillet il y fut reçu avec la plus grande pompe. S. A. R. logea au palais du Breuil; les seigneurs de sa suite furent placés dans diverses maisons bourgeoises; la Garde française fut logée dans le faubourg Manigne, la Garde suisse dans le quartier des Combes; l'armée fut cantonnée aux environs de Saint-Junien. Le prince fit son entrée par la porte Manigne et sortit au bout de quelques jours par la porte Montmailler, s'acheminant vers Poitiers, et laissant le commandement des troupes au duc de Nevers. Mais au bout d'un mois, la paix de religion ayant été conclue, le duc de Nevers se retira avec son armée, emmenant toute son artillerie, à l'exception de deux pièces de canon que S. A. R. donna à la ville de Limoges.

Au mois d'octobre 1579, on arrêta à Limoges, dans le faubourg Manigne, deux gentilshommes poitevins nommés du Prinçay et Bouché. Ces gentilshommes convaincus de conspiration contre la ville furent décapités le 12 du même mois. En cette même année 1579, les Huguenots s'emparèrent d'Uzerche et commirent de grands ravages dans un rayon de plus de six lieues.

En 1580, M. de la Mothe d'Autefort ayant été fait gouverneur du Limousin, s'appliqua à faire la guerre aux Huguenots. Il assiégea le château de Saint-Vicq, s'en empara, fit passer par les armes toute la garnison, et fit raser le fort. En même tems, le maréchal d'Aulmont, en vertu des arrêts obtenus contre M. de Saint-Germain-Beaupré, mena en Limousin plusieurs compagnies d'infanterie et de cavalerie pour réduire ce seigneur à l'obéissance, et il y parvint avec le secours de l'artillerie que lui prêta la ville de Limoges.

En 1584, Bouthin, marchand à Limoges, revenant de Lyon, prit la peste à son passage à Thiers, et la porta à Limoges, où elle fit de grands ravages jusqu'en 1586. La plupart des habitans de la ville furent obligés de se retirer à la campagne, afin de se soustraire à ce fléau.

En 1585, le cardinal de Bourbon, de concert avec plusieurs Princes, Cardinaux, Pairs, Évêques, grands Seigneurs, Gouverneurs de provinces, Cités et Colléges, donnèrent une déclaration publique par laquelle ils s'obligeaient, sous la foi du serment, à défendre l'ancienne religion catholique, à extirper l'hérésie, à rendre les dignités aux nobles qui en avaient été dépouillés, enfin à délivrer les peuples des impôts onéreux dont ils avaient été constamment grevés depuis le règne de Charles IX. Ils déclarèrent, en outre, que, pour l'accomplissement de ce système d'amélioration dans le gouvernement, ils étaient résolus de prendre les armes. Cette déclaration fut envoyée à Henri III, qui exhorta vivement les Ligueurs à déposer les armes, et à attendre de sa bonté et de sa clémence ce qu'ils tenteraient en vain d'obtenir par le fer. Dans sa réponse, le Monarque accusa hautement les Guises d'être les machinateurs de cette association rebelle; il parla de leur ambition, de leurs conseils pernicieux, de leurs traités secrets avec l'Espagne, de leur religion affectée qui n'était rien moins qu'un manteau officieux, à l'abri duquel ils conspiraient impunément contre l'État et contre le trône. Henri III promettait cependant aux Ligueurs de leur donner entière satisfaction, pourvu qu'ils déposassent les armes; mais les Ligueurs, loin de condescendre aux désir du Monarque, juraient qu'ils périraient tous, s'il le fallait, pour soutenir leur déclaration. Le Roi vaincu par leurs obsessions, redoutant même leur puissance, se vit obligé de leur céder. En effet, il parut, le 13 juillet, un nouvel édit qui révoqua toutes les ordonnances royales antérieurement rendues en matière de liberté de conscience; prescrivit à l'armée d'aller exterminer les Religionnaires, déclara la Religion catholique, apostolique et romaine seule religion de l'État; défendit, sous peine de mort et de confiscation des biens, d'exercer un autre culte; ordonna aux Ministres de vider, sous un mois, le Royaume, et aux autres Religionnaires sous six mois, à moins qu'ils ne cessassent de persister dans leur hérésie. Les Religionnaires furent encore déclarés, par le même édit, indignes d'occuper aucunes charges et fonctions publiques. De son côté, le roi de Navarre protesta contre la faction des Guises, et déclara qu'il allait prendre les armes pour repousser leurs prétentions ambitieuses. Dès-lors la France se vit inondée de soldats des deux partis: au mois de novembre, Tulle tomba au pouvoir des vicomtes de Turenne, de la Rochefoucault et d'autres seigneurs Religionnaires. En 1586, ils faillirent surprendre la ville de Saint-Germain; mais étant découverts, on enleva leurs échelles et on leur donna la chasse. L'année suivante ils tentèrent aussi de s'emparer de Saint-Junien; mais ils échouèrent encore dans leur entreprise. Château-Chervis tomba en leur pouvoir; mais il fut presqu'aussitôt repris par les Catholiques. En 1587, les Religionnaires s'emparèrent du château de Cromières, d'où ayant été chassés, ils se barricadèrent à Saint-Victurnien. Une compagnie de Limogeaux, commandée par le capitaine Puymoulinier, vint former le siége de ce bourg; mais les Religionnaires étant parvenus à se retrancher dans l'église, on ne put les en faire sortir. A Ambazac, il se montra une troupe de Huguenots sous les ordres de MM. de Lage, des Bories et des Charbonnières. Cette troupe dirigeait principalement ses attaques contre les faubourgs et la Cité de Limoges.

En cette même année 1587, Maurille Lascure, fils de Jean Lascure, marchand à Limoges, convaincu d'avoir voulu livrer la ville aux Religionnaires, eut la tête tranchée sur la place du Pilori, ou des Bancs à Limoges.

Après la bataille de Coutras, si funeste à l'armée Catholique, les Religionnaires déployèrent une nouvelle énergie. Leur capitaine Pamphile s'empara des châteaux de Charrières et de Beaumont : mais M. de la Guierche parvint à l'en expulser ainsi que du château de Muraud, près Saint-Léonard. Le capitaine huguenot Beaupré s'empara du prieuré de l'Artige, pilla le monastère, et fit servir les ornemens d'église de housses à ses chevaux.

La Ligue commencée sous un prétexte religieux, dégénéra bientôt en faction et produisit une multitude de catastrophes. A Limoges et en Limousin, comme dans le reste du royaume, beaucoup de gentilshommes entrèrent dans ce parti. Le vicomte de Pompadour se mit à la tête des Ligueurs Limousins. Les Rastignacs commandaient sous ses ordres. Le 1.er mai 1589, les capitaines Rastignac, Gaillard et Puymoulinier, accompagnés de MM. Benoist, Descordes et Boyol, sortirent en armes de la ville de Saint-Yrieix et se présentèrent devant les Carmes des Arênes de Limoges, en manifestant des intentions hostiles contre la ville. Dans cette première excursion, ils firent neuf bourgeois prisonniers, qu'ils emmenèrent d'abord à Saint-Yrieix, mais qu'ils renvoyèrent quelques jours après sans rançon. Ces insultes des Ligueurs étrangers firent craindre aux Consuls les manœuvres des Ligueurs domestiques ; c'est pourquoi il fut pris, à l'égard de ces derniers, diverses mesures pour les contenir au besoin. Ils furent scrupuleusement surveillés et même gardés à vue dans la maison Puymoulinier, où on avait eu soin de les réunir. Le comte de la Voute, fils du duc de Ventadour, assiégea Saint-Yrieix et s'en empara sans coup férir. Les Rastignac surprirent les forts de Béchadie et de Sainte-Anne. Ce qui obligea les Consuls à lever une compagnie de cuirassiers qu'ils cantonnèrent au pont Saint-Martial et dont ils donnèrent le commandement au sieur de Sannat. Le capitaine Vertamond fut en même tems chargé de garder avec sa compagnie les abords de la Cité. Les régimens de Maligny et de Mauft étant venu à passer par Limoges, les Consuls, qui avaient résolu d'attaquer le château du Puymoulinier, prièrent les colonels de ces deux régimens de vouloir bien les assister dans cette opération ; mais le sieur du Puymoulinier averti de ces préparatifs hostiles, ne jugea pas à propos de faire résistance ; il capitula et sortit avec sa famille. Au mois d'août suivant, le comte de la Voute fit son entrée à Limoges comme gouverneur. Les Consuls et notables habitans, suivis d'un corps de troupes commandé par le président Martin, furent recevoir ce seigneur et le conduisirent au Breuil, où son logement avait été préparé. Les soldats qu'avait amené le Gouverneur se répandirent dans divers cantonnemens aux environs de la ville. Sur ces entrefaites, les Ligueurs, qui étaient à Béchadie, apprenant qu'une partie de ces soldats était cantonnée à Naugeat, vinrent les y surprendre, pendant la nuit. Ils en égorgèrent sept, en blessèrent trois et en emmenèrent trois prisonniers ; mais quelques jours après, le sieur de Montagu, lieutenant du gouverneur, eut sa revanche.

Suspendons un moment notre récit pour parler d'un événement qui causa, dans son tems, une grande rumeur à Limoges. Écoutons l'annaliste :

« Il arriva cette année à Limoges une chose éton-
« nante pour la confirmation de la foi catholique
« et confusion des Hérétiques. Car l'ignorance et
« les vices des ecclésiastiques ayant donné prétexte
« à l'hérésie pour introduire une folle réformation
« de l'Église, Dieu voulut autoriser la sainteté de

« l'Église catholique par l'exemple suivant : Le cha-
« noine Ardant mourut à Limoges, lequel scanda-
« lisait la ville par ses impudicités, et déshonorait
« son caractère : le lendemain de son trépas il parut
« dans la maison de son frère, où il habitait au-
« dessus des Jésuites (1). Il est vu des domestiques
« et étrangers, il se montre aux fenêtres, et ceux
« qui passent dans la rue peuvent le contempler à
« leur aise. Cela dura plus de six mois jusqu'à ce
« qu'un bon prêtre, avec la permission de l'Évêque,
« se transporte à la maison avec le saint Sacrement.
« Le défunt est interrogé de sa qualité et du sujet
« qui l'a fait venir là ? Après une profonde révérence
« faite à la sainte Eucharistie, devant laquelle il se
« tint à genoux, il se dit être le chanoine Ardant,
« condamné aux flammes éternelles pour n'avoir
« gardé la chasteté promise en recevant les ordres
« sacrés ; pour avoir souvent reçu le corps et le sang
« de Jésus-Christ, sous les espèces sacramentales,
« en mauvaise conscience ; que le souverain Juge l'a
« obligé de se montrer, afin d'exhorter ses conci-
« toyens à prendre le contrepied de sa méchante
« vie, et à ne tirer aucune mauvaise conséquence,
« au préjudice de la religion catholique, de ses com-
« portemens, dont il sent déjà une peine ineffable.

---

(1) La maison où l'on dit que se passa cette scène est située rue du Collége, et appartient actuellement à M. Bordas.

« Cela dit, il disparut, et ne fut plus vu depuis. »

Après l'assassinat de Henri III par le Jacobin Jacques Clément, un grand nombre de Limogeaux abandonna le parti des Consuls pour embrasser celui de la Ligue ; ce qui occasionna dans Limoges les plus grands désordres. L'Évêque se fortifia de son côté et la ville du sien. La ville était gardée par des gens de différens partis. On voyait des barricades et des chaînes tendues dans plusieurs quartiers. Les Ligueurs du quartier de Saint-Michel forcèrent les prisons royales et mirent en liberté les prisonniers. Les partisans de la Cité prirent douze Huguenots et les enfermèrent dans les voûtes de la cathédrale, sous la puissance de l'Évêque. Le Gouverneur attaqua, sur la place des Bancs, les Ligueurs du quartier de Saint-Michel, les poursuivit, en prit un bon nombre dans l'église paroissiale où ils avaient cherché un asile, et en fit pendre six pour l'exemple et en expiation de la mort du consul Pinchaud.

Le vicomte de Pompadour commandait dans la Cité, ayant sous ses ordres La Capelle-Biron, les Rastignacs, la Bastide, le Boffran et autres, qui se saisirent du couvent des Jacobins et du faubourg Boucherie, où ils établirent des retranchemens qui furent emportés de vive force par les Bourgeois de la ville. Ce que voyant les Ligueurs, ils incendièrent le faubourg, avant de battre en retraite vers la Cité. L'évêque de Limoges et le vicomte de Pompadour apprenant que le duc d'Épernon venait au secours du Gouverneur, se hâtèrent d'évacuer la Cité dont le commandement fut laissé à La Capelle-Biron. D'Épernon à la tête de 2000 arquebusiers et 500 hommes de cavalerie, attaqua brusquement, pendant la nuit, La Capelle ; força les barricades du pont Saint-Étienne, et obligea les Ligueurs à se retrancher dans l'Église cathédrale. Il se prépara ensuite à former le siége de cette église ; mais des pourparlers ayant eu lieu entre d'Épernon et La Capelle, il s'ensuivit une capitulation par laquelle La Capelle et ses soldats obtinrent de se retirer avec les honneurs de la guerre. Les habitans de la ville qui avaient pris le parti de la Ligue furent seuls retenus et rançonnés. En mémoire de cet événement, le duc d'Épernon fit chanter un Te Deum à Saint-Martial. Le lendemain 23 octobre 1589, les soldats de l'armée du Duc, de concert avec ceux du Gouverneur, mirent la Cité au pillage ; ils n'épargnèrent même pas le Palais épiscopal.

L'année 1590 fut remarquable par la continuité des guerres civiles qui eurent lieu entre les Ligueurs et les Royalistes. La Cité tenait pour la Ligue à la persuasion de son évêque Henri de Lamartonie. Les Ligueurs occupaient alors Meillars, Eymoutiers, Laurière, Masseré et Saint-Germain. Le sieur de Beaupré fut fait prisonnier par ceux de Laurière. Le gouverneur de Limoges commit la garde de la Cathédrale à Thomas Papou ; et dans la ville, le capitaine Romanet assembla quantité de noblesse pour aller délivrer Beaupré. Parmi cette noblesse on distinguait le vicomte de Châteauneuf, la Coste-Mézières et le sieur de Beaumont. Le capitaine Raymond à la tête d'une compagnie de soldats stipendiés se joignit au corps de la noblesse pour faire le siége de Laurière; mais les assiégés, intimidés par cet appareil, capitulèrent sans coup férir, et Beaupré fut mis en liberté. Peu de jours après, à la sollicitation du sieur de Rochefort, on marcha vers le château de Croz : le vicomte de Châteauneuf qui était Charles de Pierre-Buffière, vicomte de Comborn, et les régimens de Frugelon furent de la partie : les Consuls fournirent, pour cet objet, un détachement de milice bourgeoise avec une couleuvrine qui fit trois brêches au château, lequel fut pris d'assaut le jour du Jeudi-Saint. Les Royalistes tout en expulsant les Ligueurs de leurs positions fortifiées, avaient soin en même tems de se ménager des lieux de retraite. Le président Martin chassa les Ligueurs du village de Gris, et fit des préparatifs pour le siége du château de Meillars. Le sieur de Rochefort se joignit aux troupes de Martin, et la garnison du château fut sommée de se rendre; ce qu'elle refusa. Sur ces entrefaites arriva la compagnie du capitaine Dubuy avec deux chariots chargés de cuirasses, de mousquets et d'une pipe de vin. Les assiégés ayant pris cette pipe pour une pièce d'artillerie, furent saisis d'une terreur panique et s'empressèrent de capituler et de sortir après avoir abandonné leurs hardes, leurs munitions et leurs chevaux. Le président Martin, devenu maître du château de Meillars, ordonna qu'il fut démoli. Eymoutiers, Masseré, Saint-Germain, le château de Chamberet et Laurière furent successivement enlevés aux Ligueurs. Martin accompagné du régiment de Saint-Léger et de la milice bourgeoise de Limoges, conduisit une couleuvrine aux Alloix, et Melchior Cenon, lieutenant de Martin, prit le chemin de Saint-Paul. Rendu à cette destination, Cenon somma le sieur de Veyrine de lui livrer le fort. Ce dernier opposa quelque résistance; mais bientôt parut le régiment de Saint-Léger et le sieur Martin avec sa troupe. L'assaut fut donné et Saint-Paul livré au pillage. Les Ligueurs de Ladignac causaient aussi de grandes inquiétudes. Le Gouverneur rassembla des forces considérables, et secondé des régimens de la Rondarie, de Dussac et du président Martin, il alla leur présenter le combat, emmenant avec lui la fameuse couleuvrine dite la Marsale. Le sieur de la Cousse fit brûler les maisons voisines pour empêcher le siége de la forteresse de Ladignac; mais le canon ayant fait une trouée considérable, l'assaut fut donné, et le combat dura au moins deux heures. Le canon et le pétard jouèrent contre l'église, où la Cousse et les siens s'étaient réfugiés; les assiégés furent enfin forcés de se rendre à la discrétion du vainqueur; sept d'entre eux furent pendus; la Cousse fut décapité à Limoges. Mais quelques jours après, le comte de Ventadour éprouva un échec considérable près de Béchadie. Son armée fut assaillie par celle du vicomte de Pompadour, chef des Ligueurs Limousins, qui lui tua beaucoup de monde et s'empara de la Marsale. Les habitans de Limoges, à qui toutes ces guerres civiles donnaient des transes mortelles, appréhendant que la déroute du Gouverneur n'attirât sous leurs murs les Ligueurs qui dans ce moment faisaient le siége de Domme en Périgord, envoyèrent un renfort considérable à M. de Ventadour, et trouvèrent convenable de raser les murailles de la Cité depuis Saint-Maurice jusqu'au portail des *Vimières*. Après que le sieur de Chamberet, à la tête du régiment de Puymeau, eut attaqué le sieur de la Pouge qui s'était retranché à Saint-Martin près de Treignac, le vicomte de Pompadour assiégea à son tour le fort de Neuvic près Châteauneuf, occupé par le sieur de Beaumont frère de Chamberet ; mais Chamberet ayant appris cette nouvelle, partit aussitôt de Limoges et parvint à délivrer son frère. Le 1.er janvier 1591, le duc de Ventadour fut former le siége de Masseré. Le faubourg tomba d'abord en son pouvoir. Le lendemain la ville fut prise d'assaut. Les vainqueurs entrèrent par la brèche et passèrent toute la garnison au fil de l'épée, à l'exception de trois soldats qui s'étaient rendus. Les Ligueurs, à leur tour, obtinrent quelques avantages. Les Rastignacs, qui appartenaient, comme nous l'avons dit, à cette faction, s'emparèrent du château de Courbefy. Le vicomte de Pompadour, de son côté, battait les remparts de Saint-Yrieix avec trois pièces de canon. Le Gouverneur pria plusieurs Seigneurs de venir à son secours pour faire lever le siége. Ils y accoururent, et entr'autres les sieurs Rilhat, Latour, le comte de la Rochefoucault; les sieurs de la Coste-Mézières, de Beaupré, de Landoys, de la Mothe-Saint-Claud, de Rochefort, de Frédaigue, de Progi et autres, amenant avec eux environ 1500 hommes, dont 140 environ armés de toutes pièces. L'armée arriva aux portes de Saint-Yrieix vers les trois heures après midi. On commença l'attaque aussitôt. Le capitaine Saint-Chamant fut tué dans la première charge; mais les Ligueurs attirèrent, par une manœuvre savante, les Royalistes dans une embuscade; et les troupes de Montpezat, qui survinrent, achevèrent de déterminer la victoire. Ce fut en vain que Chamberet, qui commandait la place assiégée, voulut tenter plusieurs sorties sur les troupes du vicomte de Pompadour; celui-ci les repoussa constamment avec avantage. Le carnage fut horrible dans cette journée. Presque toute l'armée du Gouverneur resta sur le champ de bataille. Le comte de la Rochefoucault, la Coste-Mézière, Rochefort père et fils, Landoys, la Motte-Saint-Claud, Frédaigue et Progi y laissèrent la vie. Cette affaire eut lieu le 20 mars 1591. Pompadour leva le siége après cette bataille. Le 1.er mai de la même année, au moment d'une procession générale, les Ligueurs essayèrent inutilement de s'emparer du fort de Saint-Yrieix. La Guierche, qui commandait les assiégeans, fut repoussé par Chamberet qui lui tua 200 hommes.

Le seigneur de Saint-Germain avait réduit sous l'obéissance de Henri IV plusieurs places de la Marche, du Limousin et du Berri ; mais voulant forcer l'abbaye d'Ahun, en la haute Marche, il y reçut un coup d'arquebuse dans la tête, dont il mourut sur la fin d'avril 1591.

Georges de Villequier, vicomte de la Guierche, qui avait été gouverneur de la Marche pour la Ligue, crut qu'il était de son honneur de recouvrer cet emploi. Il profita d'une absence du gouverneur, Louis Chatugnier-d'Abonne, et de l'éloignement du prince de Conti, pour lever des troupes et des contributions. Il sortit de Poitiers, s'empara de Saint-Savin-de-Belâbre en Berri, et vint dans la Marche avec huit cents fusiliers, trois cents hommes de cavalerie et trois pièces de canon. Il prit d'abord Magnac, se porta ensuite au Dorat, d'où il fut repoussé, et vint se présenter devant la ville de Bellac, qui, fidèle à son Roi, refusa de le recevoir. Il en entreprit le siége au mois de mars 1591 ; mais au bout de quelques jours, après avoir inutilement canonné la ville et les faubourgs, il fut obligé de le lever en toute hâte, par le prince de Conti, qui, ayant pris d'assaut Montmorillon, venait avec des forces considérables au secours de Bellac. Le vicomte de la Guierche, retournant dans le Poitou, fut vivement poursuivi par le sieur d'Abonne, gouverneur de la Marche, et se noya dans la Vienne. Henri IV satisfait de la fidélité des habitans du Dorat, ordonna que les clefs de cette ville demeureraient en la garde d'un de ses Consuls. D'Abonne après avoir pris Chauvigny-le-Blanc rentra dans la basse Marche, et remit sous l'obéissance du Roi, après avoir taillé en pièces un parti nombreux d'Espagnols, les places d'Availle, Magnac, Châteauponsac et autres.

M. de Chamberet, lieutenant de Roi au gouvernement de Limousin, étant venu à décéder, fut remplacé par le baron de Salaignac qui fit son entrée à Limoges le 9 juillet 1596. Cet officier estimable, ayant appris qu'un grand nombre d'honorables bourgeois avaient été chassés de la ville, parce qu'ils avaient embrassé le parti de la Ligue, s'empressa d'employer tout son pouvoir pour réunir tous les esprits et pacifier toutes choses. A cet effet, il convoqua une assemblée des notables habitans et principaux ecclésiastiques de la ville, pour leur faire part de ses intentions. L'assemblée ayant adhéré sans difficulté aux propositions pacifiques du Gouverneur, celui-ci se rendit aux portes de la ville, accompagné des Consuls, pour y recevoir les proscrits. Ils furent conduits de-là, en cérémonie, à l'église de St. Martial, où fut chanté le Te Deum; puis chacun d'eux fut réintégré dans ses possessions, offices et honneurs.

En 1599, M. le baron de Châteauneuf ayant obtenu la lieutenance du gouvernement de Limousin, en remplacement du baron de Salaignac, ce seigneur fit son entrée à Limoges. Il n'alla point à St. Martial selon l'ancienne coutume, parce qu'il était de la religion réformée ; mais il se rendit tout droit au château du Breuil.

L'an 1602, le 20 avril, arriva à Limoges le chevalier du Guet d'Orléans, appelé Lambert, accompagné des archers du grand prévôt, avec commission du Roi d'établir l'*impôt du sou pour livre*. Étant arrivé au *Gras* (1) pour y publier sa *pancarte*, il y eut une émeute des femmes de la Halle. Elles assaillirent Lambert et ses archers, et les poursuivirent à coups de pierre jusque dans la rue du Cheval-Blanc, où était leur logis. Le lendemain, un rassemblement considérable investit la maison du sieur Dubois (1), dans laquelle habitait Jean Verdier trésorier de France, rédacteur de la pancarte ; les vitres de la maison furent brisées, et Verdier fut obligé de s'évader, pour éviter la fureur de la populace. Il se réfugia au palais épiscopal, où il resta enfermé pendant toute une semaine. Le 22, Limoges était dans une rumeur difficile à décrire. Les marchands tinrent

---

(1) On nommait ainsi la halle au poisson qui était autrefois placée sur la petite place Saint-Pierre.

(1) Cette maison était située vis-à-vis le cloître de St. Martial.

pendant toute cette journée leurs magasins fermés. Les mécontens, dont la foule s'était grossie prodigieusement, se transportèrent à l'Hôtel-de-Ville pour demander aux Consuls d'avoir à chasser Lambert et ses gens. La troupe séditieuse fut ensuite assiéger le palais du Breuil où Lambert était alors en conférence avec le commandant Châteauneuf. Elle demande à grands cris la tête de Lambert et de ses suppôts. Aussitôt la première porte est enfoncée. Quelques gentilshommes qui se trouvaient au palais se précipitent sur les agresseurs, l'épée à la main, et parviennent un moment à les contenir. Mais bientôt le tumulte est à son comble, la multitude exaspérée se prépare à de nouveaux excès. Heureusement que sur ces entrefaites on vit arriver le corps de Ville. La voix du président Martin se fait entendre : il harangue le peuple et parvient à le calmer en lui promettant satisfaction. Les Consuls entrent ensuite au Breuil et bientôt en sortent avec M. de Châteauneuf, emmenant, sous leur sauvegarde, hors des murs de la ville, Lambert et ses archers. De-là Lambert se réfugia avec ses gens au château de Beauvais (appartenant au fils du trésorier Verdier, qui était alors abbé de St. Martial), où il dressa son procès-verbal. Il partit ensuite pour la Rochelle. « Comme cette « sorte de gens gabelleurs et sangsues du peuple, « font (dit l'annaliste) des procès-verbaux farcis de « mensonges pour avoir main-levée et faire des exé- « cutions torsionnaires sur toutes sortes de gens

« qu'ils enveloppent dans leur cause, » les Consuls voulant obvier à cet inconvénient, dressèrent aussi leur procès-verbal et l'envoyèrent au Roi qui était alors à Poitiers. S. M. ayant pris connaissance de l'affaire, ordonna aussitôt au président Jambeville, d'aller à Limoges punir les moteurs de la sédition. Le Président commença ses opérations par la destitution des membres du corps de Ville : il leur donna pour successeurs, Jean Mauplo trésorier général, Jean Pétiot juge de Limoges, Gaspard Benoist, Élu, Durand Brugère marchand, Pierre Dubois sieur du Boucheiron et Jean Bonin procureur du Roi. Puis s'étant enquis de ceux qui s'étaient plus particulièrement opposés à la publication de la pancarte, il fit faire leur procès par les juges d'Angoulême, qui avaient reçu l'ordre de se rendre pour cet objet à Limoges. Plusieurs séditieux absens furent condamnés par contumace au supplice de la roue. Deux épingliers nommés Nambot et la Roque furent pendus sur la place Saint-Michel, devant la porte du Breuil.

Au mois d'octobre 1605, Henri IV allant de Poitiers à Limoges, vint à Bellac, où il demeura quelques jours, et prit le divertissement de la chasse. M. Jean Robert lieutenant-général de la basse Marche, au siége royal du Dorat, accompagné du clergé et de tous les officiers et avocats du siége de cette ville, eut l'honneur de haranguer S. M., à laquelle il fut présenté par M. Henri de Schomberg, gouverneur de la Marche : le Roi répondit à la harangue de M. Robert : *Qu'il avait toujours affectionné la ville du Dorat, et qu'il ne cesserait de l'affectionner.* Il se tourna ensuite vers le Gouverneur et vers les Princes et Seigneurs de sa suite, et leur dit, en montrant l'orateur de la députation : *Depuis Paris je n'ai trouvé personne dont j'ai été plus content que de ce bon vieillard.*

La même année 1602, eut lieu l'établissement des chevaux de relais pour aller à Paris, à Bordeaux, à Toulouse et à Lyon.

En 1605, Henri IV vint visiter le Limousin. Nous allons d'abord nous entretenir du motif auquel on attribue communément le voyage de ce monarque. Nous donnerons ensuite les détails de son entrée solennelle à Limoges. Nous terminerons le chapitre par la relation de l'entrée de Louis XIII.

Depuis la conversion du Roi à la foi catholique, le duc de Bouillon, vicomte de Turenne, était reconnu chef principal des Religionnaires de France. Dès-lors commencèrent à avoir lieu des intelligences secrètes avec la reine d'Angleterre et quelques princes protestans d'Allemagne, sous prétexte de maintenir la nouvelle religion, contre la prétendue persécution qui se préparait, contre elle, de la part des Catholiques. Si le motif de la religion portait le duc de Bouillon à la révolte, celui de l'ambition y était aussi pour quelque chose. Il ne pouvait voir, sans un vif déplaisir, que Sully, religionnaire comme lui, l'eût supplanté dans le rang suprême qu'il occupait naguères près du Roi. Même avant l'emprisonnement de Biron, Henri avait déjà conçu des soupçons sur les menées du Duc : étant à Blois, il lui en donna quelque atteinte, dans l'espérance sans doute de le ramener au devoir ; mais Bouillon offensé d'une pareille ouverture, se retira brusquement dans ses terres du Limousin. Plusieurs autres démarches inconsidérées ayant eu lieu ensuite de la part de Bouillon, il prit le parti de s'expatrier afin de se soustraire au courroux du monarque. En conséquence, il se retira à Genève ; mais avant son départ le Duc eut soin de laisser en Limousin des agens habiles et fidèles. Les principaux étaient, Reignac et Bassignac, qui attirèrent dans leur parti le sieur Tayac, le capitaine Chassain de Sarlat, les sieurs de la Chapelle-Biron, Lugaignac, Giversac, les frères Fossat et une bonne partie de la noblesse de la province. Henri craignant que cette conspiration n'étendît plus loin ses progrès, résolut de venir en personne couper le mal à sa racine. Il donna commission à Jean-Jacques de Mesmes sieur de Roissy, maître des requêtes de son Hôtel, d'aller à Limoges pour informer de cette trahison et la juger souverainement, de concert avec la Justice présidiale ; et afin de contenir la province dans le devoir, il envoya le duc d'Épernon à Limoges, avec dix compagnies des Gardes et quatre de Chevau-légers. Mais au moment où s'opéraient tous ces préparatifs, les conspirateurs se dissipèrent. Les uns vinrent implorer la clémence du Roi ; d'autres s'enfuirent à Sédan ou ailleurs. Cependant l'instruction de la procédure ayant jeté un nouveau jour sur les machinations des rebelles, le Roi donna des ordres pour qu'on arrêtât Jean Blanchart de Saint-Cyprien en Périgord, intendant du duc de Bouillon en ses terres d'Auvergne, de la Marche et du Velai, qui devait nécessairement être instruit des projets et des intelligences de son maître. Blanchart ayant eu vent du mandat d'arrêt décerné contre lui, prit le parti de se constituer prisonnier. Dans la suite, il parvint à obtenir sa grâce au moyen des importantes révélations qu'il fit à la Justice. Il résulta des aveux de Blanchart, que les conjurés tenaient leur principal conciliabule au bourg des Salles, en la maison La Roque, et dans le bois de *las Massadas* en Périgord, où tous firent serment de servir le duc de Bouillon envers tous et contre tous, même contre le Roi ; que Reignac et Bassignac offraient et donnaient de l'argent à ceux qui s'enrôlaient, et aux plus notables, des gouvernemens et d'autres charges ; que le Duc devait amener d'Allemagne une armée de 40,000 hommes, et que secondé des Anglais, il avait le projet de surprendre Bordeaux et ensuite de s'emparer de Rhodez, de Clermont, de Riom, de Sarlat et de Villeneuve. Toutes ces choses furent déclarées dans l'information qui eut lieu devant le Chancelier et le Garde des sceaux. Le duc de Bouillon se conduisit très-prudemment dans cette affaire, car il avait eu soin de ne rien transmettre par écrit à ses agens. Et encore, le nombre de ceux à qui il avait fait des confidences verbales se trouva si petit, qu'il devint très-difficile aux juges d'acquérir la conviction de sa culpabilité. M. de Roissy s'étant présenté devant le château de Turenne, y fut reçu sans résistance. Reignac et Bassignac avaient déjà déguerpi, laissant seulement pour la garde du château une soixantaine d'hommes, que Roissy mit dehors et remplaça par une compagnie de Gardes sous les ordres de M. de Villepion. Roissy prit ensuite le chemin de Limoges où le Roi ne tarda pas à faire son entrée solennelle. L'arrivée imprévue de S. M. répandit au loin la terreur dans l'âme des conjurés : une multitude de villes et de seigneurs s'empressèrent d'envoyer des députés pour témoigner leur obéissance. Le Roi avant de reprendre le chemin de sa capitale, ordonna de faire le procès aux prévenus. M. de Feuillas maître des requêtes de l'Hôtel, qui venait d'informer sur le même sujet en Périgord, étant arrivé à Limoges, procéda avec Roissy et les membres du présidial, contre Jean de la Sandrie et Mathelin son frère bâtard, Paul de Comarque dit Pegondon, Louis Renaut dit du Gripet et Jean Chassin, qui furent exécutés à Limoges. Pareil jugement fut prononcé contre Jean-Charles de Carbonières sieur de la Chapelle-Biron, Marc de Cugnac sieur de Giversac, Jean Guy de la Roque de Beynac sieur de Tayac, Jacques Besmes sieur de Ligognac, Gedon de Bassignac et Pierre Reignac, contumaces. Mais ils obtinrent, depuis, de la clémence du Roi, la remise pleine et entière de leur condamnation. Le vicomte de Pompadour n'avait eu aucune part dans ce complot. Passons aux détails de l'entrée solennelle de Henri le Grand à Limoges.

Le Roi ayant ordonné au duc d'Épernon de faire faire les préparatifs de son entrée à Limoges, pour le 20 octobre 1605, ce seigneur en prévint les Consuls, qui s'empressèrent de disposer toutes choses convenablement pour la solennité de cette cérémonie. Les Consuls de cette année étaient maître Jean Martin, procureur au présidial, et banquier; Antoine Barny, conseiller audit siège; Martial Martin sieur des Monts; Grégoire Descordes seigneur du haut Ligoure; Jean Vidaud et Pierre Dubois. Le 14 octobre une députation du Corps municipal se rendit à la Maison-Rouge pour offrir au Roi qui y était arrivé le matin, les hommages des Limogeaux. S. M. répondit : *Qu'elle agréait ce témoignage de leur fidélité; qu'elle aimait Limoges; mais qu'il ne les verrait que comme Vicomte durant trois ou quatre jours, et puis après comme Roi, afin de leur donner le tems de faire tout à propos.* En conséquence, le Roi entra à Limoges, sans aucune cérémonie. Il y fut seulement accueilli par les acclamations d'une multitude innombrable ivre de joie de voir son Souverain. Henri IV fut conduit au palais du Breuil. S. M. ayant resté dans la ville environ six jours, pendant lesquels le tems fut constamment pluvieux, résolut de faire son entrée le 20 octobre. A cet effet, le Roi sortit le matin de la ville et alla dîner à Montjovis, en la maison du sieur Jean Mercier, distante du faubourg d'environ 500 pas. Devant cette maison avait été construit un théâtre de dix pieds d'élévation sur 120 pieds carrés de superficie. On avait pratiqué deux escaliers sur les faces latérales de ce théâtre, qui était entouré de banières et tendu de riches tapisseries. Au milieu s'élevait un trône placé sur une base de quatre degrés couverts de velours violet et surmonté d'un dais de même étoffe, le tout semé de fleurs de lis et rehaussé de broderies en or. Après son dîner S. M. entourée des Princes du sang, des Maréchaux de France, des Chevaliers de ses ordres, du Garde des sceaux et des grands Officiers de la couronne, s'avança sur le bord du théâtre pour voir défiler le brillant cortége qui lui avait été préparé. La marche était ouverte par les ordres monastiques et le clergé de toutes les paroisses, à l'exception de ceux de St. Étienne et de St. Martial. Après ces troupes saintes, paraissait la milice bourgeoise divisée en neuf compagnies, conduites sous autant d'enseignes différentes, au nombre d'environ 1500 hommes d'élite. Les uns avaient des casques dorés ; d'autres des toques de velours cramoisi ou écarlate, des chausses pareilles, le pourpoint de satin blanc avec des bas de soie ; d'autres enfin portaient les couleurs du Roi. Chaque compagnie, richement armée, marchait sur un front de cinq hommes, précédée de quantité de fifres et de tambours. A la tête de cette milice paraissait messire Jean Douhet, Élu, sieur du Puymoulinier et de Saint-Pardoux, couvert d'un habit de brocatelle, enrichi de pourfilures et broderies. Ce colonel, arrivé à la hauteur du théâtre, se prosterna devant S. M., et lui adressa un discours auquel le Roi répondit avec bonté.

Immédiatement après la milice bourgeoise, paraissait un corps de cavalerie composé de 50 jeunes-gens de l'âge de 18 à 20 ans, appartenans aux familles les plus distinguées de la ville de Limoges. Ces jeunes-gens étaient vêtus magnifiquement et uniformément. Leur manteau était d'écarlate, enrichi de broderies et doublé de velours. Chacun d'eux, monté sur un cheval de prix et richement enharnaché, était suivi de deux laquais en livrée. M. de Compreignac, capitaine de ce corps d'élite, ayant mis pied à terre, fit une humble inclination au Roi, et harangua S. M.

Le Roi répondit à l'orateur : *Je reçois vos volontés de pareille affection que vous me les offrez, et vous le témoignerai lorsque m'en réquerrez.*

S. M. vit avec plaisir la superbe tenue de ces jeunes-gens. Elle adressa la parole à plusieurs d'eux, s'enquit du nom de leurs maisons et leur dit les choses les plus obligeantes.

Le cortége ayant continué de défiler devant le Roi, on vit paraître, montés sur des chevaux richement caparaçonnés, le Vice-Sénéchal avec son Lieutenant, son Greffier et les Archers portant leur hoquetons de livrée. Venait ensuite le Corps de la Magistrature. Un groupe de Procureurs et d'Avocats précédaient le Présidial, les Lieutenans civil, criminel et particulier, le Procureur du Roi et les Greffiers de la Cour. Ces Magistrats, entourés d'Huissiers et de Sergens, étaient montés sur des haquenées couvertes de housses traînantes, garnies de houppes de soie. Ils étaient vêtus de robes et de soutanes de satin noir damassé avec des bonnets et des chaperons de même étoffe. Le Président et le Lieutenant-Général avaient des robes d'écarlate. Le Roi voyant arriver les Officiers de justice, dit : *Faites retirer le peuple de l'abord du théâtre, afin que les Officiers de justice puissent monter.* Et en même tems S. M. alla s'asseoir sur le siége royal. Le président Martin (1), homme

---

(1) Henri IV étant à Limoges, nomma évêque de Périgueux un des fils du président Martin. Ce Prélat emmena avec lui un de ses neveux, M. Martin du Tirac, comte de Marcellus, qui fut de-là se fixer à Bordeaux. En sorte qu'il paraît que la famille des Martin de Labastide de Limoges, descendance directe du président Martin, appartient à la même souche que celle d'où est issu le comte de Marcellus, membre de la chambre actuelle des Députés, orateur distingué, dont les talens ne sont pas moins chers aux amis de la Religion qu'à ceux de la légitimité.

Le président Martin était seigneur de Labastide et de Curzac. Il existe encore à Limoges deux branches de cette honorable famille. Le baron Hypolite de Labastide, qui réunissait un savoir profond à une éloquence peu commune, harangua S. M. au nom de ses collégues.

Henri qui avait écouté son discours, avec plus d'attention que les autres, lui répondit : « *Je sais que vous m'avez fidèlement servi, continuez et faites que mes sujets soient conservés en leurs droits, leur rendant la justice que j'ai déposé entre vos mains, car ne me pourriez faire chose plus agréable et qui me soit à plus de contentement.* »

Après le Présidial venaient les Consuls de Limoges, vêtus de robes de velours tané-canellé et de *sayes* de satin noir, montés sur des haquenées enharnachées de housses, ornées de bandes de différentes couleurs, précédés des Sergens de ville, couverts de robes mi-parties de bleu et de rouge et

---

colonel de la Garde nationale urbaine, est le chef de la branche aînée. Son oncle, M. le chevalier Athanase de Labastide, ancien émigré, chevalier de Saint-Louis, fut appelé, après les cent jours, à remplacer, dans l'office de Maire, feu M. le comte de Villelume, son beau-père. C'est avec le plus vif regret que tous ses administrés viennent de voir ce Magistrat respectable, se démettre d'une charge qu'il honora constamment par ses vertus et par son intégrité. C'est à son administration paternelle, à sa sage économie, que la caisse municipale de Limoges doit son état prospère, ainsi que les embellissemens nombreux dont la ville s'énorgueillit.

armés de massues. Chacun des Consuls avait à sa suite deux *estafiers* à pied, en livrée. Les Conseillers municipaux, et un grand nombre de bourgeois notables accompagnaient le Corps consulaire. Messire Martin, prévôt des Consuls, harangua S. M.

Le Roi répondit d'un air riant à l'orateur : « *C'est la vérité que vous m'avez toujours été fidèles ; je n'oublierai jamais la connaissance que j'ai de votre fidélité.* »

S. M. se levant ensuite de son siége donna des ordres pour que le cortége s'acheminât vers la ville. Toutes les rues où il devait passer étaient tapissées de riches tentures, garnies de feuillages et ornées de devises et d'allégories ingénieuses. Les régimens des Gardes formaient une double haie, afin de maintenir le bon ordre. Le Roi étant descendu du théâtre monta à cheval, et s'avança, précédé des Consuls, vers la porte Montmailler. Devant cette porte, il avait été érigé un arc de triomphe élégamment décoré, soutenu par quatorze colonnes d'ordre dorique, sur le sommet duquel s'élevait un dôme de forme antique, surmonté d'une figure colossale de douze pieds de dimension, représentant le prince *Lemovix*, fondateur de Limoges, armé de pied en cap, tenant d'une main une clef d'argent et de l'autre un cœur enflammé. Près de cet arc de triomphe on remarquait deux autels de très-bon goût : l'un était dédié à la clémence de Henri, l'autre à son courage. Le bas-relief du premier représentait un lion jouant avec une biche, avec cette inscription : *Mansuetis clemens.* Sur la partie supérieure de ce même autel on avait écrit en lettres d'or : *Augustæ Henrici IV clementiæ quæ victos sublenat quos fortitudo prostaverat S. P. Q. Lemov. P. D.* Le bas-relief de l'autre autel représentait un lion déchirant une bête féroce, avec cette inscription : *Superbia ferox.* Au-dessus on lisait : *Invictæ Henrici IV fortitudini quæ superbos domat, rebelles profligat. S. P. Q. Lemov. P. D.* Un orchestre nombreux garnissait les galeries et les pavillons de cet arc de triomphe. Au moment où le Roi s'approchait on vit, disent les chroniques, s'élever une nuée *clairement épaisse*, d'où sortit un jeune garçon déguisé en ange, lequel offrit à S. M. les clefs de la ville faites d'argent doré, autour desquelles se voyaient deux serpens entrelacés avec beaucoup d'art. On y avait ciselé les armes du Roi, celles de la Reine, celles du Dauphin et celles de Limoges. Le Roi reçut avec plaisir l'hommage de ces deux clefs. S. M. les remit à M. de la Fare, capitaine de ses Gardes. Cette première cérémonie terminée, les six Consuls mirent pied à terre sur le boulevart Montmailler, et ayant pris chacun un bâton d'un dais magnifique en velours bleu de ciel brodé en or, le portèrent au-dessus de la tête du Roi. En ce moment, l'artillerie placée sur la plate-forme des Arènes, fit des salves répétées. S. M. avec son brillant cortége s'achemina vers Saint-Martial, en passant dans la rue des Combes, au milieu d'une multitude innombrable qui faisait retentir les airs de cris d'alégresse et d'amour. Chemin faisant, le bon Henri s'entretenait familièrement avec les Consuls. En leur témoignant sa satisfaction sur l'ordonnance de la cérémonie, il leur observa qu'il y avait bien long-tems qu'une pareille entrée n'avait eu lieu à Limoges. Sur quoi le prévôt Martin répondit à S. M. : « Sire, nous « avons de notre mémoire reçu fort magnifiquement « Antoine de Bourbon, père de Votre Majesté. » *Il est vrai*, répartit le Monarque, *mais c'était seulement en qualité de Vicomte : il n'était pas roi de France.*

La fontaine du *Chevalet* qui se trouvait sur le passage du Roi et de son cortége, avait été ornée avec magnificence : une pyramide de cent pieds de haut, surmontée d'un globe doré, avec cette inscription, *Donec totum impleat orbem*, s'élevait majestueusement au milieu d'un groupe de Néréïdes. Autour de la base de cette pyramide, on lisait ces deux inscriptions : *Prudentia et fortitudine paravi regnum. — Partum justitia et moderatione retinebo*. Un arc triomphal où l'on distinguait les statues colossales de St. Martial et de Ste. Valerie, décorait l'entrée principale de la basilique de St. Martial. Henri IV y fut reçu par l'évêque de Limoges, assisté de tout son clergé. S. M. ayant été haranguée fut conduite dans le chœur de l'Église, où on lui avait dressé un prie-Dieu, et le clergé chanta un *Te Deum*. Après cette cérémonie, on offrit à la vénération du Roi, les reliques de

St. Martial. S. M. baisa plusieurs fois ce dépôt sacré et y fit toucher sa croix et son chapelet. Le Roi retourna ensuite à la porte de l'Église, où les Consuls l'attendaient. *Allons*, leur dit-il, *là par où vous voudrez*. S. M. remonta à cheval, se remit sous le dais que portait le Corps municipal et s'achemina vers le Breuil, en passant par les rues des Taules, Cruche-d'Or, Manigne, des Bancs et Ferrerie. Le palais du Breuil avait été décoré avec luxe et élégance. Au-dessus de la principale porte, on voyait l'écusson des armes de France, entouré des colliers des Ordres royaux et supporté par des génies ailés. Dans l'intérieur de la première cour, à l'entrée du grand escalier du palais, s'élevaient plusieurs pilastres soutenant des arcs ornés de moulures et des écussons de Navarre et de Limoges. Au-dessus on lisait en lettres d'or : *Henrico IV heroï fortissimo et prudentissimo, quod reconciliatis pacatis que subditorum animis, pace firmata regnum regno restitueret S. P. Q. Lemov. P. hilaritati publicæ, fidelitatique perpetuæ*. Pendant son souper, le Roi s'entretint de l'accueil magnifique que lui avait fait la ville de Limoges, et chargea M. de Villeroy d'en témoigner sa satisfaction aux Consuls. Le lendemain, 21 octobre, les Consuls se rendirent au palais du Breuil pour offrir à S. M. deux grandes médailles d'or du poids de 12 marcs. La première représentait Henri IV armé de toutes pièces, monté sur son cheval de bataille. Vis-à-vis la figure du Monarque étaient les écussons de France et de Navarre, et à ses pieds les armoiries de Limoges. Autour de cette médaille était l'inscription suivante : *Henrico IV regi christianis. Heroï fortis. invictis. clementis. S. P. Q. Lemov. adven. D. D.* 1605. La seconde médaille était dédiée au Dauphin. On y voyait son portrait, qui avait un pied sur la terre et l'autre sur la mer, soutenu par un dauphin marin. On avait placé dans la main du jeune Prince une palme triomphale; deux génies semblaient poser sur sa tête une double couronne; et un aigle s'élançant des nues, faisait choir sur le Dauphin une couronne impériale. Cette médaille avait pour inscription : *Jam cœlum imperii dignum te signat honore, nusquàm abero, et tutum patriâ te sede locabo.* Comme ces médailles n'avaient pu être parachevées à cause du prompt départ du Roi, le prévôt Jean Martin en fit ses excuses à S. M., et la supplia en même tems de vouloir bien confirmer les priviléges accordés aux consuls de Limoges par les Roi ses prédécesseurs.

Le Roi après avoir examiné avec satisfaction les médailles qu'on venait de lui offrir, les fit voir aux Seigneurs de sa suite, puis les remit entre les mains des Consuls, en leur disant : « *Faites-les parachever* « *et me les envoyez au plutôt. Quant à vos demandes,* « *je suis bien mémoratif que vous m'avez offert vos* « *cœurs. Faites dresser votre requête, j'en communi-* « *querai à mon conseil, et vous y apporterai tout ce* « *que je pourrai.* » Henri quitta Limoges le lendemain 23 octobre, et prit avec sa suite la direction de Paris.

Il faut observer à l'occasion de l'entrée solennelle dont nous venons de parler, que depuis cette époque la corporation de MM. les Marchands-Bouchers de Limoges, a élevé constamment la singulière prétention d'être en droit d'accompagner le Roi et les Princes de sa maison lorsqu'ils passent dans la ville. Ils se fondent, indubitablement, sur ce qu'à l'entrée de Henri IV, leur compagnie de milice qui marchait la dernière, se trouvait la plus proche de la personne de S. M. Ils firent valoir leur prétendu privilége en 1814, lors du passage de Mgr. le duc d'Angoulême. S. A. R. vit avec plaisir l'enthousiasme de cette estimable Corporation, qui s'est toujours distinguée par sa probité, son respect pour la religion et son amour pour ses Princes légitimes.

Par un édit du mois de juillet 1607, Henri IV réunit à sa couronne la partie qui lui restait du royaume de Navarre, la souveraineté de Béarn, les duchés d'Alençon, de Vendôme, d'Albret, de Beaumont-le-Vicomte, les comtés de Foix, d'Armagnac, de Bigorre, de Rhodez, de Marle, de Conversan, de Périgord, de Rouergue, de La Fère, de Soissons, de Limoges, de Marsan, de Tursan, de Gévaudan, de Nébousan, de Lautrec, de Tartas, d'Aillas, de Nartempuis, de Villenuis; les baronies de Châteauneuf en Thimerais, Chamrond en Gâtine, et plusieurs autres grandes terres.

Nous n'avons point de Roi qui soit monté sur le trône dans un degré aussi éloigné que Henri IV.

Il y a de St. Louis, duquel il descendait en ligne directe, jusqu'à lui, onze générations; et à sa naissance il y avait un si grand espace entre lui et la couronne, par le nombre des princes du sang qui le précédaient, qu'il faut reconnaître un soin particulier de la Providence, dans la chaîne des événemens qui lui donnèrent le sceptre. Quoique son droit à la couronne fut incontestable, comme le plus proche héritier, elle lui fut cependant disputée par les Ligueurs, sous prétexte qu'il était plongé dans l'hérésie; et ce ne fut qu'à force de combats et de victoires, qu'il vint à bout de terrasser ses ennemis (1) et qu'il conquit pied à pied son royaume. Mais ce Prince *qui fut de ses sujets le vainqueur et le père*, qui se présentait au combat avec un courage héroïque, qui bravait le péril avec autant de hardiesse qu'aucun de ses capitaines, et qui témoignait de la joie avant la victoire, était ensuite le premier à gémir sur ses succès. « *Puis-je me réjouir*, disait ce bon Roi, *de*

---

(1) Il avait contre lui les Ligueurs qui faisaient la plus grande partie de ses sujets, le Pape, le roi d'Espagne, la maison d'Autriche, les ducs de Savoie et de Lorraine. Il ne tira de secours que des Suisses, des protestans d'Allemagne et de la reine d'Angleterre. Il fut obligé de tenir en prison le vieux cardinal de Bourbon que la Ligue déclara Roi; le jeune cardinal de Bourbon se fit chef du tiers-parti; enfin il se vit abandonné du duc d'Épernon au moment de son avènement au trône.

« *voir mes sujets morts et baignés dans leur sang ?*
« *Quel plaisir peut me donner un gain que je ne puis*
« *faire qu'en perdant ?* » Henri IV, ce prince si digne
de l'amour de son peuple par ses grandes qualités,
sur-tout par sa bonté et sa clémence, tomba à Paris,
le 14 mai 1610, sous le fer d'un monstre nommé
Ravaillac. Henri n'avait alors que 57 ans. Son fils
aîné, Louis XIII, lui succéda, n'ayant pas encore neuf
ans accomplis. La mère de ce jeune prince, Marie
de Médicis, fut nommée Régente jusqu'à ce qu'il
eût atteint l'âge de 14 ans.

Le 20 mai de la même année, Simon de Coutures,
avocat du Roi et consul, accompagné de Pierre
Dubois sieur du Boucheiron, furent députés pour
porter aux pieds du trône du jeune Roi, l'expression
de la fidélité des habitans de Limoges.

Louis XIII revenant de Toulouse, après l'exécution du duc de Montmorency, arriva à Limoges le 9 octobre 1632. Il ne voulut pas permettre qu'on fît la moindre cérémonie relativement à son entrée. Il passa devant la basilique de St. Martial sans s'y arrêter, à cause de la dispute qui existait alors entre l'évêque et l'abbé de St. Martial, touchant la réception de S. M. Le Roi logea au Breuil. Il partit le lendemain de son arrivée après avoir entendu la messe de son aumônier, à laquelle assista l'évêque de Limoges, revêtu de ses habits pontificaux.

CHAPITRE V.

Notice sur les anciennes Seigneuries du Limousin. — Hommes illustres de cette province. — Coup d'œil sur les Arts.

Section I.re

Anciennes Seigneuries du Limousin.

Depuis la réunion de la vicomté de Limoges à la couronne de France, cette Seigneurie n'en a plus été démembrée, quoiqu'elle ait été cédée quelquefois, en apanage, à des Princes de la maison Royale, comme elle l'avait été avant la Révolution à S. A. R. Monsieur, comte d'Artois, frère de Louis XVI et de S. M. le roi régnant.

Tulle portait jadis le titre de vicomté ; l'Évêque en était seigneur. L'évêque de Limoges était seigneur de Saint-Junien. La seigneurie d'Eymoutiers appartenait à l'évêque de Limoges et au Chapitre du lieu. Le Roi et l'évêque de Limoges étaient co-seigneurs de Saint-Léonard. Pierre-Buffière était le chef-lieu d'une baronnie, possédée par les seigneurs de Pierre-Buffière, puis par ceux de Sauvebœuf. Le Roi et le chapitre de Saint-Yrieix avaient la co-seigneurie de cette ville. Solignac avait pour co-seigneurs le Roi et l'Abbé du lieu. Châlus était le chef-lieu d'un comté appartenant à la maison de Bourbon-Busset. La Roche-l'Abeille dépendait du domaine du comte Descars. Le duché de Noailles, érigé en 1663, en faveur d'Anne de Noailles, était composé des quatre châtellenies d'Ayen, de l'Arche, de Manzat et de Terrasson. Sédières et Gims étaient le chef-lieu d'une baronnie appartenant à la maison de Lentilhac. Le marquisat de Saint-Jal et Chamboulive appartenait à la maison de Saint-Jal-Lastic. La vicomté du Verdier appartenait à la maison Gréen-de-Saint-Marsault. La baronnie de Blanchefort, provenant de l'héritage des vicomtes de Comborn, appartenait à la maison de Bonneval ; elle passa ensuite dans celle de Lasteyrie-du-Saillant. La vicomté de Comborn était une des plus anciennes seigneuries du Limousin. Elle fut possédée par les vicomtes de Limoges, et fut le partage des cadets. Le marquisat de Bar appartenait aux seigneurs de ce nom. La seigneurie de Brive était divisée entre les princes de Bouillon et de Noailles, comme barons de Mallemort, et les Maire et Consuls de cette ville. Le marquisat de Saint-Victour avait pour seigneur le marquis de ce nom. La maison de Roussille, d'où était la célèbre duchesse de Fontanges, possédait le marquisat de ce nom. La vicomté de Turenne appartenait à M. le duc de Bouillon avant d'être possédée par Mgr. le comte d'Artois. La maison de Roffignac et l'évêque de Limoges étaient co-seigneurs de la terre d'Allassat. La vicomté de Ségur appartint d'abord aux vicomtes de Limoges ; elle passa ensuite dans la maison de Hautefort. Le marquisat de Pompadour appartenait à la maison de Hautefort. La seigneurie de Saint-Aulaire appartenait à la maison de Beaupoil. Le marquisat de Saint-Viance appartenait aux seigneurs de ce nom. Castelnouel, chef-lieu d'un marquisat, appartenait à la maison d'Aubusson-de-la-Feuillade. La terre de Cosnac passa, en 1698, à la comtesse d'Egmont. La Roche était le chef-lieu d'une baronnie appartenant à la maison de Canillac-d'Auvergne. La terre de Lostange appartenait aux marquis de ce nom. La terre du Pescher appartenait au marquis de Saint-Chamand. La baronnie de Chamberet appartenait, vers la fin du 17.ᵉ siècle, à la douairière de Rignac. Bort avait pour seigneur l'Abbé du lieu, et plusieurs Seigneurs particuliers. Le prince de Rohan était seigneur de Donzenac. Treignac formait une baronnie appartenant à la maison de Pompadour. Ussel était le chef-lieu du siége ducal de Ventadour. Chabannais avait le titre de principauté ; elle s'étendait sur douze paroisses et six annexes ; elle appartenait à la maison Morel. La seigneurie du Deffens appartenait à la maison de Montbas ; celle d'Arnac à la maison de Lusignan ; celle de Magnac-Laval à la maison de Fénélon ; celle de la Souterraine au Prévôt ecclésiastique ; celle de Châteauponsac au Chapitre de Châteauroux ; celle du

Dorat au Roi; celle de Nantiat à un gentilhomme de la maison de Roffignac; celle de Thouron à la maison Dupeyrat; celle de Bellac au Roi; la baronnie de Ris à la maison de Lubersac; la terre du Vigean au marquis de Faure.

Section II.

Hommes illustres de cette Province.

Guérin, chevalier de l'ordre de Saint-Jean de Jérusalem, était originaire du Limousin. Il fut fait conseiller d'État en 1190, et garde des sceaux vers 1203. Il fut fait évêque de Senlis vers 1213, et l'un des principaux ministres de Philippe-Auguste. A l'avènement de Louis VIII à la couronne, il fut fait chancelier en titre.

Clément VI, 144.e pape, naquit au château de Maulmont. Il était fils de *Pierre Roger*, seigneur de Rosières en Limousin, et de N.... de Turenne. Il fut d'abord moine à la Chaise-Dieu, puis archevêque de Rouen; puis cardinal; ensuite chancelier de France, sous Philippe de Valois; enfin souverain pontife en 1342.

Innocent VI, 145.e pape, naquit en la paroisse de Beyssac. Son nom de famille était *Étienne d'Albert*. Il avait exercé la profession d'avocat à Limoges avant d'embrasser l'état ecclésiastique. Avant son élévation à la papauté, Innocent VI était cardinal-évêque d'Ostie.

Grégoire XI, 147.ᵉ pape, était neveu du pape Clément VI, et s'appelait aussi Pierre Roger. Il naquit au château de Maulmont, et fut élu pape en 1370.

Bernard Guidonis, évêque de Lodève, naquit au lieu de Royère. Il mourut en 1331. Ce savant prélat nous a laissé plusieurs ouvrages d'histoire et de chronologie.

Guillaume de Chanac, patriarche d'Alexandrie, était originaire du Limousin. Il mourut en 1348. Il fut le fondateur du collége de Saint-Michel, à Paris. Un autre ecclésiastique Limousin, du nom de *Chanac*, vivait au 14.ᵉ siècle. Il fut évêque de Chartres et de Mende. Il fut fait ensuite cardinal par le pape Grégoire XI. Il enseigna le droit canon, et fut chancelier de Louis d'Anjou, roi de Sicile.

Aimery de Châlus fut successivement archidiacre de Tours, évêque de Chartres, archevêque de Ravenne, et cardinal. Il fut Bailli pour le siége apostolique au royaume de Naples; il y reçut l'hommage de la reine Jeanne, nièce du roi Robert. Il gouverna quelque tems le royaume, et mourut en 1348.

Pierre de Caze, patriarche de Jérusalem, était encore d'origine Limousine. Ce prélat a écrit sur le maître des sentences et la politique d'Aristote.

Guillaume de Lagarde, patriarche de Jérusalem, couronna en 1365 à Avignon Charles IV, empereur d'Allemagne, lorsqu'il vint prendre possession du royaume d'Arles, en présence des ducs de Savoye et de Bourbon.

Guillaume Lamy, fils de *Jean* et d'*Anne de Murmans*, naquit à Limoges en 1307. Il devint successivement évêque de Chartres et patriarche de Jérusalem.

Le fameux cardinal *Dubois* était originaire de Brive-la-Gaillarde.

Gouffié de Lastours sieur de *Nexon*, fut un des plus vaillans chevaliers qui accompagnèrent Godefroi de Bouillon à la première Croisade. Il monta le premier à l'assaut au siége de Marra.

Réné de Rochechouart fut l'un des plus grands capitaines du 16.ᵉ siècle. Son fils *Gabriel de Rochechouart duc de Mortemart*, fut pair de France et gouverneur de Paris.

Yrieix Chouly de Permangle, commanda long-tems avec distinction les chevau-légers de la Garde. Il fut gouverneur de Limoges, et mourut en 1679.

Claude Alexandre comte de Bonneval, naquit à Coussac-Bonneval. Ce gentilhomme appartenait à une maison qui n'est pas moins recommandable par son ancienneté que par ses alliances illustres. Un ancien proverbe Limousin dit :

> *Pompadour*, pompe.
> *Ventadour*, vante.
> *Châteauneuf*, n'est pas si neuf.
> *Turenne*, règne.
> *Descars*, richesse.
> *Bonneval*, noblesse.

Le comte de Bonneval fut officier de marine à l'âge de 11 ans. Il se distingua sous les ordres du maréchal de Tourville son parent, aux combats de Dieppe, de la Hogue et de Cadix. Il quitta la marine et fut fait capitaine aux Gardes françaises, et bientôt après en 1701, à l'âge de 26 ans, colonel du régiment de Labour. Ayant eu quelques démêlés avec le ministre Chamillart il passa au service de l'empereur d'Allemagne, se distingua en Italie et en Hongrie, sur-tout à la bataille de Peterwaradin. S'étant échappé, dit-on, en discours peu mesurés sur le compte de quelques dames de distinction, il perdit tous ses emplois. Après sa mise en liberté, ayant conçu le dessein de se venger de l'Autriche, il passa en Turquie où il fut fait pacha à trois queues. Il mourut près de Scutari, dans sa maison de campagne, en 1747, ayant alors le titre de Topigi-Bachi, dont hérita son fils, appelé Soliman Aga.

Marc-Antoine Muret, natif de Limoges, orateur des Papes, mort en 1585, fut un grand Humaniste. Il avait enseigné les belles-lettres dans diverses académies de France et d'Italie. La ville de Paris souhaita de l'avoir pour professeur. L'université de Padoue chercha à l'attirer, et le roi de Pologne lui fit des offres très-obligeantes. Tous les savans lui ont donné des éloges; mais sa facilité à écrire et le peu de soin qu'il mettait dans sa composition nuisirent beaucoup à ses ouvrages.

Jean Dorat fut un des plus célèbres poètes de la fin du 16.ᵉ siècle. Il était savant dans la connaissance des langues et particulièrement dans celle de la langue grecque, qu'il professa à Paris. On l'appelait *le Poète du Roi*. On prétend que Charles IX créa cette place pour lui.

Le *Bienheureux Bardon*, né à Limoges, était très-versé dans les langues latine, grecque et hébraïque. Il étudia la jurisprudence à Toulouse où il s'était lié avec St. François de Salles. Il se fit prêtre après la mort de sa femme, et mourut en 1625.

François-Joseph Beaupoil de Saint-Aulaire, naquit au château du Bary, près la ville d'Aixe. C'est en parlant de ce poète que Voltaire a dit : *Anacréon moins vieux, fit de moins jolies choses*. Il mourut à Paris en 1742. Il ne publia ses poésies qu'à l'âge de 90 ans.

L'homme le plus illustre qu'ait produit le Limousin est le *Chancelier d'Aguesseau*, dont les ouvrages seront long-tems des modèles d'éloquence, des leçons de bonne morale et de grands principes de législation. Il naquit à Limoges, le 27 novembre 1668. Sa famille était originaire de la Saintonge. Son père avait été intendant de Limoges et ensuite du Languedoc. C'est à cette première magistrature de Henri d'Aguesseau, père du Chancelier, que le Limousin doit l'honneur de compter un nom si justement célèbre. Il mourut en 1751 et fut enterré à Auteuil, près de Marie Lefèvre d'Ormesson son épouse.

Étienne de Silhouette, né à Limoges en 1709, fut contrôleur-général des finances, ministre-d'état et bon littérateur. Il a laissé plusieurs ouvrages.

Le savant *Baluze*, mort en 1718, était originaire de Tulle. Cette ville a encore produit *J. F. Melon*, diplomate distingué, mort en 1738. Le Régent l'estimait tellement, qu'il le consultait souvent sur les points les plus importans de l'administration du Royaume.

Section III.

Coup d'œil sur les Arts.

De tous les artistes Limousins, les émailleurs sont ceux qui se sont rendus les plus célèbres. Ils étaient connus dès le règne de Louis le Jeune. Léonard Limousin, peintre en émail, valet de chambre du Roi, travaillait avec honneur en 1551. L'artiste Laudin travailla sous les yeux du Régent. C'est le dernier qui se soit fait une certaine réputation. On doit d'autant plus déplorer la perte de cette branche d'industrie, que les eaux du Limousin ont une qualité particulière pour embellir la couleur des émaux.

M. de Crossas a introduit à Limoges l'art de la gravure en taille-douce. Le Limousin doit, au crayon de M. Albert, des productions distinguées.

Ce fut M. Guettard qui le premier annonça, en 1765, à l'Académie, qu'on trouvait, dans les environs de Limoges des matières propres à fabriquer de la porcelaine. A la même époque, M. Darnay de Saint-Yrieix, en envoya des échantillons à M. Villaris à Bordeaux. Celui-ci les transmit, à Paris, à M. Maquer, sollicita et obtint la récompense promise. M. Gabriel Grellet entreprit le premier, à Limoges, la fabrication de la porcelaine. Il obtint des succès, grâces à la protection de Turgot, vendit son établissement au Roi en 1784, et en fut nommé directeur.

La fabrication de la porcelaine est devenue successivement une branche d'industrie, d'autant plus importante pour le Limousin, qu'elle n'exige aucune échange de valeurs avec les provinces voisines ; que les matières premières se trouvent sur les lieux, et que le salaire des ouvriers s'y consomme. Les principales manufactures appartiennent à MM. Alluaud frères, Baignol, Tharaud, Monnerie et Chabrol.

Les papeteries limousines sont encore des objets qui méritent de fixer l'attention. Il en sort des papiers d'impression qui rivalisent avec ceux des meilleures fabriques. Parmi les fabricans on distingue MM. Georges Pouyat et Roulhac-Rochebrune. Plusieurs imprimeries se trouvent à Limoges, à Tulle et à Brive. La plus ancienne est celle de MM. Barbou frères, dont la famille exerce cet état, avec distinction, depuis plusieurs siècles, à Paris, à Lyon et à Limoges.

On doit aussi remarquer les filatures hydrauliques de coton de MM. Leclerc à Brive, et Constantin à Limoges ; les filatures hydrauliques de laine de MM. Pétiniaud, F.^{s} Pouyat, Romanet, Laporte et Bouillon, Bouillon jeune, Chaize-Martin, Rigonnaud et Tarnaud. Leurs produits soutiennent une honorable concurrence avec ceux des autres manufactures de France.

Enfin, M. André Brès est le premier qui ait introduit à Limoges la fabrication du *noir de fumée*, au moyen de la torréfaction des ossemens.

FIN DU TROISIÈME ET DERNIER LIVRE.

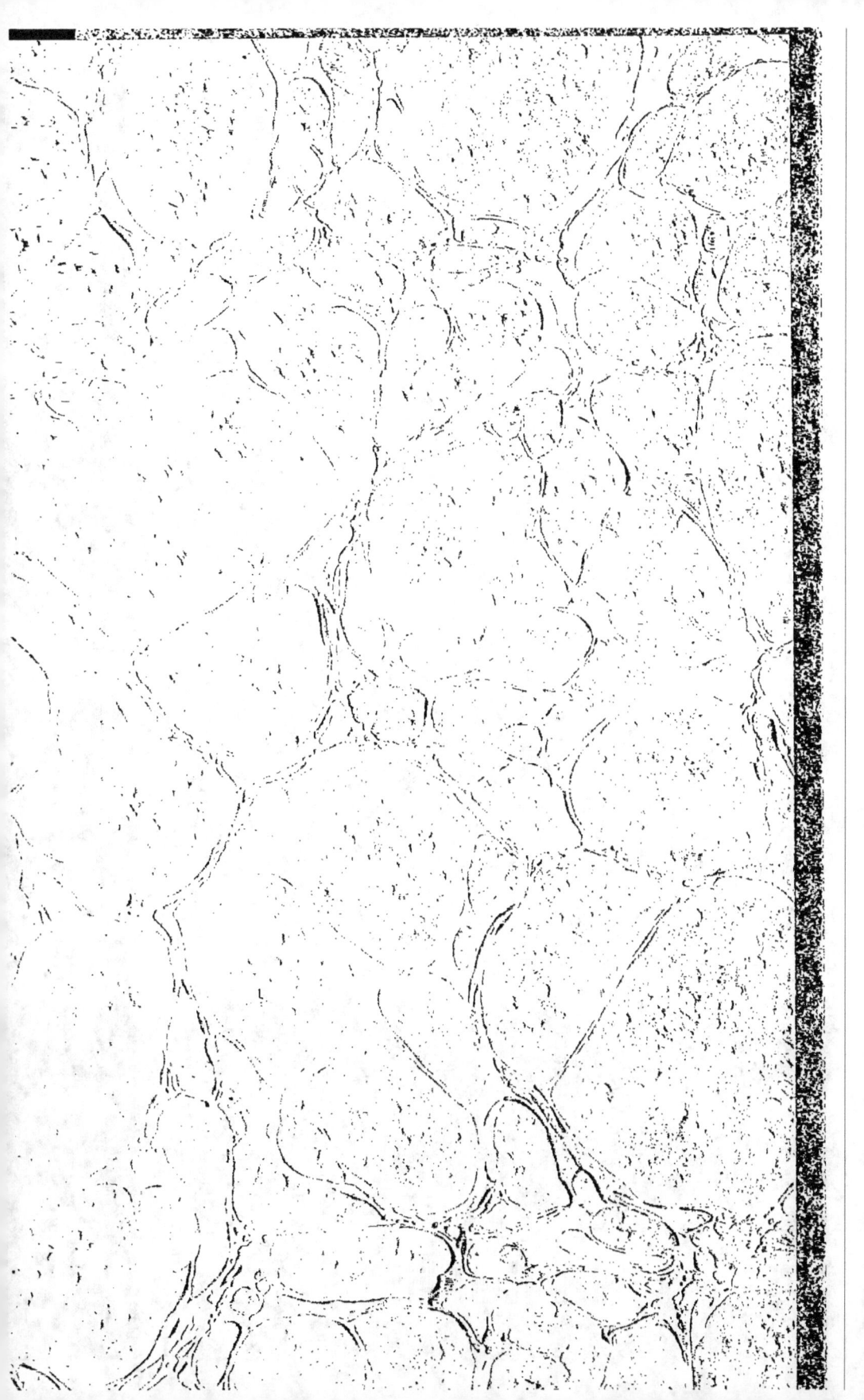

www.ingramcontent.com/pod-product-compliance
Lightning Source LLC
Chambersburg PA
CBHW051353230426
43669CB00011B/1628